MORDSMANN

Ernst Geiger
Mordsmann

Alle Rechte vorbehalten
© 2024 edition a, Wien
www.edition-a.at

Cover: Bastian Welzer
Satz: Anna-Mariya Rakhmankina
Lektorat: Maximilian Hauptmann

Gesetzt in der Benne
Gedruckt in Europa

3 4 5 6 7 — 27 26 25 24

ISBN: 978-3-99001-718-0

Die Gedichte aus Dantes *Göttlicher Komödie* sind den Übersetzungen von Wilhem G. Hertz und Hermann Gmelin entnommen.

Als Quellen für einige Kapitel dienten *Der Mann aus dem Fegefeuer* von John Leake (Heyne, 2010), *Wenn der Achter im Zenit steht* von Gert Schmidt, Gerlinde Wambacher und Heinz Wernitznig (Erfolg, 1993) sowie *hiJACKed* von Bianca Mrak (egoth, 2004).

Zitate aus *Fegefeuer oder die Reise ins Zuchthaus* von Jack Unterweger entsprechen der 2. Ausgabe (Maro Verlag, 1983).

ERNST GEIGER

MORDS MANN

Thriller

edition a

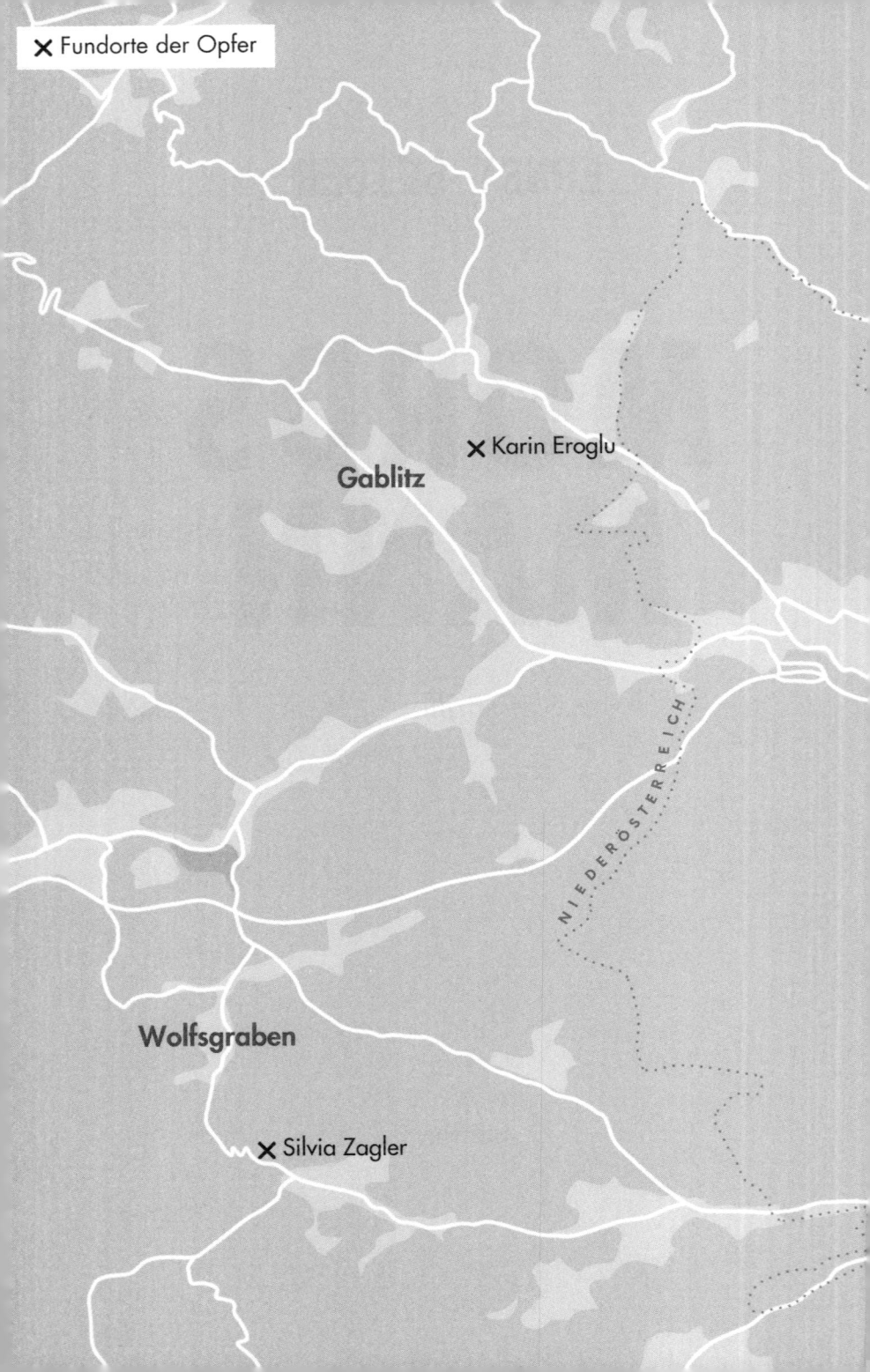

Mittwoch, 23. Mai 1990
Artikel in der *Neuen Presse*

Kann sich der Mensch ändern?
Häfenpoet und Mörder Jack Unterweger
nach 15 Jahren frei

Er war bis heute der berühmteste Insasse des österreichischen Strafvollzugs: Jack Unterweger. 1975 wegen des Mordes an der 18-jährigen Margret Schäfer zu lebenslanger Haft verurteilt, begann Unterweger im Gefängnis mit dem Schreiben. Vor seiner Verurteilung war er als Gelegenheitsverbrecher aufgefallen, dessen kriminelle Karriere im Totschlag gipfelte. Danach entdeckte er sein literarisches Talent.

Unterweger schrieb sieben Bücher, darunter den autobiografischen Roman *Fegefeuer – Die Reise ins Zuchthaus*, der zum Bestseller und mittlerweile verfilmt wurde.

»Meine Zeit im Gefängnis begann nicht erst mit meiner Verurteilung«, erzählt Unterweger in einem Exklusiv-Interview, das die *Neue Presse* bereits einige Wochen vor seiner Entlassung mit ihm führen konnte. »Seit meiner Geburt schwebt über mir das Urteil lebenslänglich.«

Unterweger bezieht sich damit auf seine Kindheit: Der Vater ein in Österreich stationierter amerikanischer GI, den er nie kennenlernen sollte, die Mutter saß immer wieder wegen diverser Delikte im Gefängnis und prostituierte sich wohl auch. An dem kleinen Jack hatte sie kein Interesse.

Aufgewachsen ist Unterweger daher bei seinem Großvater in einem Kärntner Dorf. Dieser war allerdings Alkoholiker und Frauenheld, schlug den kleinen Buben regelmäßig und führte ihn in das kriminelle Geschäft ein: Taschendiebstahl, Betrügereien und Ähnliches.

»Jeden Tag habe ich gehofft, meine Mutter würde auftauchen und mich retten«, erzählt Unterweger. Sitzt er einem gegenüber in seinem Sträflingsgewand, wirkt er in sich gekehrt, fast schüchtern. Seine dünnen Lippen bewegen sich schnell, wenn er spricht. Mit den kleinen, stechenden Augen sucht er nach Verständnis bei seinen Gesprächspartnern.

»Aber sie ist nicht gekommen. Ich habe nie Liebe erfahren oder Geborgenheit. Als ich älter war, bin ich einmal nach Salzburg gefahren, um meine Mutter zu suchen. Gefunden habe ich ihre Schwester, meine Tante Anna. Sie war eine Prostituierte, aber sehr nett zu mir. Leider wurde sie später von einem ihrer Freier ermordet.«

Die Grausamkeit, die Unterweger widerfuhr, prägte den heranwachsenden Mann. Immer wieder erhielt er kleine Gefängnisstrafen für Diebstahl und Körperverletzung. Nie ging er einer geregelten Tätigkeit länger als ein paar Monate nach.

»Ich hatte keinen Halt im Leben, keinen Sinn«, gibt Unterweger an. »Nur Wut und Hass, weil ich alles als ungerecht empfand.«

Diese Wut gipfelte in dem Mord an der 18-jährigen Margret Schäfer, die er gemeinsam mit einer Komplizin als Opfer für einen Raubüberfall ausgesucht hatte.

Darf ein solcher Mensch in die Freiheit entlassen werden?

»Ich bin nicht mehr dieser Mensch«, sagt Unterweger, als er darauf angesprochen wird. »Von dem Roman *Fegefeuer* habe ich drei Versionen geschrieben. Die erste war über tausend Seiten lang. Ich habe alles so lange umgeschrieben, bis ich nicht mehr der Jack war, der im Buch vorkommt. Da habe ich erkannt: Ich kann anders sein. Und war befreit von Mutter, Kindheit und was alles ist.«

Die Zeit seit seinem Strafantritt ist jedenfalls bemerkenswert: Unterweger schrieb Geschichten für die Kinderserie *Der Sandmann* des ORF, gründete eine Literaturzeitschrift für Mithäftlinge, veröffentlichte Gedichte, Dramen und Bücher. Sein Theaterstück *Endstation Zuchthaus* wurde 1985 österreichweit aufgeführt. Unterweger durfte sogar, in Smoking gekleidet, die Premiere im Wiener Volkstheater besuchen.

»Schon lustig, wenn der erste Besuch des Volkstheaters für das eigene Stück ist«, erzählt er heute.

Dass sich der einstige Verbrecher gewandelt hat, daran glauben auch andere Menschen. Einige von ihnen unterschrieben eine Petition, die Unterwegers vorzeitige Entlassung erst möglich machte. So auch die Schriftstellerin Elfriede Jelinek. »Die Klarheit, mit der Jack Unterweger die Ursachen für seine Kindheit mit großer literarischer Qualität beschrieben hat, hat einen großen Eindruck auf mich gemacht«, schrieb sie an den Gerichtshof Krems.

Arno Pilgram, Universitätsdozent für Kriminalsoziologie, schrieb an Präsident Kirchschläger: »Soweit an Literatur Persönlichkeitsentwicklung ablesbar ist, hat sie Unterweger vollzogen.«

Die anderen namhaften Unterstützer von Unterweger lesen sich wie ein Verzeichnis der österreichischen Kulturelite: Milo Dor, Erich Fried, Barbara Frischmuth, Ernst Jandl, Peter Huemer, Günther Nenning.

Wie Jack Unterweger der Gesellschaft beweisen will, dass er sich geändert hat?

»Ich weiß, das braucht Zeit«, antwortete Unterweger. »Aber ich werde allen zeigen, dass sich auch ein Mörder ändern kann. Ich werde ihnen den Menschen Jack Unterweger zeigen.«

Heute, am 23. Mai 1990, ist Jack Unterweger nach fünfzehn Jahren und vier Monaten wieder ein freier Mann. Die Zeit wird zeigen, was diese Freiheit für den aufstrebenden Literaturstar bereithält.

Von Severin Plum

TEIL EINS

PARADISO

OKTOBER 1990 BIS JULI 1991

Zwar, wie die Form zeigt häufig nur verdorrt,
Was in des Künstlers Absicht hat gelegen,
Weil taub der Stoff sich zeigte seinem Wort,

So weicht zuweilen ab von seinen Wegen
Auch das Geschöpf, da ihm die Macht geschenkt,
Trotz seines Triebs, sich abseits zu bewegen,

Gleichwie aus Wolken ja hinuntergedrängt
Das Feuer, wird die ursprüngliche Regung
Durch falsche Lust zur Erde abgelenkt.

Dante, La Divina Comedia, Paradiso, I. Gesang

1990

Freitag, 12. Oktober, 15:00 Uhr
Nestroy-Gymnasium, Hütteldorf, Wien

Sie erkannte den blauen Mercedes sofort. Er parkte an einer Ecke, von der aus man den Eingang des Schultores im Blick behalten konnte. Kaum war sie vom Schulhof auf die Straße getreten, öffnete sich die Hintertür und ein Deutscher Schäferhund sprang heraus. Die Zunge schlingerte ihm um das Kinn, als er auf sie zugestürmt kam.

Katharina ging in die Knie, ließ die Schultasche neben sich auf den Boden sinken und streckte die Arme aus. Sie hatte sich immer einen Hund gewünscht. In den paar Tagen, in denen sie auf Joy aufgepasst hatte, war ihr die Hündin ans Herz gewachsen. Dennoch verspürte sie jedes Mal, wenn die Hündin auf sie zustürmte, ein Zucken in ihrer Magengrube. Kurz bevor Joy in ihre Arme sprang, sah Katharina die scharfen Zähne aufblitzen. Sie konnte nicht völlig verdrängen, dass die Zutraulichkeit der Hündin innerhalb von Sekunden in Aggressivität umschlagen konnte.

Sie fühlte das weiche Fell der Hündin an ihrer Wange und schloss die Augen, als ihr Joys Zunge über das Gesicht fuhr. Katharina lachte und tätschelte Joy den Kopf. Als sie die Augen wieder öffnete, stand er über ihr und lächelte sie an.

Sie streichelte die Hündin noch ein wenig, dann erhob sie sich. »Mein Vater hat verboten, dass du mit mir sprichst«, sagte sie.

»Dabei habe ich mich noch gar nicht richtig dafür bedankt, dass ihr euch um meinen Hund gekümmert habt«, sagte er. Er trug eine ausgebleichte Jeans, braune Cowboystiefel, ein pinkes Hemd und darüber eine weiße Lederjacke. Seine Outfits amüsierten sie.

»Den Hund kannst du jederzeit bei uns lassen.«

Jack lachte. »Ich weiß. Weil deine Mutter mich mag, egal, was dein Vater sagt.«

»Red nicht so daher«, sagte Katharina, musste nun aber auch grinsen.

Vor einigen Wochen war sie mit ihrer Mutter spazieren gewesen, als ein riesiger Deutscher Schäferhund plötzlich aus dem Gebüsch gesprungen kam. Kein Besitzer war zu sehen. Joy hatte sofort Vertrauen zu Katharina gefasst und sich von ihr nach Hause mitnehmen lassen. Dort konnten ihre Mutter und sie ausfindig machen, wem der Hund gehörte: einem Schriftsteller namens Jack Unterweger. Zu dieser Zeit war Unterweger auf der Frankfurter Buchmesse gewesen, um ein Buch vorzustellen, und eine Frau Müller sollte sich um den Hund kümmern. Allerdings war Joy ihr weggelaufen.

Die nächsten Tage blieb Joy bei Katharina. Als Jack sie abholen kam, ging er mit ihrer Mutter und ihr eine Runde spazieren. Er bedankte sich und war ausgesprochen höflich. Was Katharina vor allem gefiel, war, wie erwachsen er sie behandelte. Er schenkte ihr genauso viel Aufmerksamkeit wie ihrer Mutter. Wenn nicht sogar mehr.

»Joy mag dich«, hatte er zu Katharina gesagt.

»Wenn du möchtest, kannst du häufiger mit ihr spazieren gehen.« Katharina hatte glücklich zugestimmt, doch wenige Wochen später war ihr Vater wutentbrannt aus der Arbeit zurückgekommen.

»Weißt du eigentlich, wer der Kerl ist?«, hatte er geschrien. »Das ist ein verurteilter Verbrecher! Ich lasse mein Kind sicher nicht in seine Nähe!«

Jacks Anrufe waren seitdem unbeantwortet geblieben. Das hatte ihn jedoch nicht davon abgehalten, heute vor Katharinas Schule zu warten. Hatte sie ihm je erzählt, wo sie in die Schule ging? Sie konnte sich nicht erinnern.

»Willst du was trinken gehen?«, unterbrach Jack ihre Gedanken. »Ich lade dich ein. Es gibt ein nettes Lokal in der Nähe.«

»Wir können zu Fuß hin?«, fragte Katharina.

»Du musst nicht in mein Auto steigen«, sagte Jack und Katharina fühlte sich ertappt. Sie wusste nicht, warum Jack im Gefängnis gewesen war, ihr Vater hatte es ihr nicht erzählt. Doch sie war klug genug, nicht zu einem verurteilten Kriminellen ins Auto zu steigen.

»Ich lade dich auf einen Kaffee ein. Und wenn du keine Lust mehr hast, gehst du einfach, okay?«, sagte Jack. »Ich zwinge dich zu nichts.«

Katharina nickte. Sie mochte es, dass Jack sie ernst nahm, anders als ihre Eltern. Dass er sich um sie bemühte und sich für sie interessierte. Und sie konnte sich einreden, dass es ihr selbst vor allem um Joy ging.

Jack griff nach ihrer Hand und Katharina fühlte, wie ihre Wangen plötzlich warm wurden.

»Ist dir das nicht zu blöd?«, fragte sie, um das Thema zu wechseln. »Dass dich jeder sofort erkennt.« Sie deutete auf den Mercedes mit dem Nummernschild W-JACK 1.

»Sollen sie mich erkennen«, sagte Jack und schnaubte. »Die Gaffer können gar nicht genug von mir kriegen. Aber ich bin ihnen immer einen Schritt voraus.«

Sein Grinsen machte ihn um Jahre jünger. Katharina konnte ihm kein Alter zuordnen, für sie gab es nur junge und alte Menschen und Jack war ganz sicher nicht mehr jung. Doch die Art, wie er sprach und lächelte, die Energie, die seine Augen ausstrahlten, die Impulsivität seiner Handlungen, das alles ließ ihn jugendhaft wirken.

»Mit diesem Wagen bin ich schon durch ganz Österreich gefahren«, erzählte er ihr. »Und sogar über die Grenzen.«

»Du warst schon im Ausland?«, fragte Katharina, die Wien bisher bloß für Tagesausflüge nach Niederösterreich verlassen hatte. »Wo?«

»Überall«, sagte Jack. »In Italien, der Schweiz, in Deutschland. Vor einem Monat war ich in Prag. Warst du schon einmal dort?«

Katharina schüttelte den Kopf.

»Eine wunderschöne Stadt.«

»Warum warst du dort?«, fragte sie.

Jack ließ sich eine Sekunde Zeit mit seiner Antwort.

»Arbeit«, sagte er schließlich. In der kurzen Zeit, die sie Jack nun kannte, und die neben wenigen Spaziergängen vor allem aus langen Telefonaten bestand, hatte sie gelernt, dass er zwei völlig verschiedene Seiten besaß.

Er konnte eine Stunde lang sprechen und von einer Geschichte in die andere stürzen, nur um im nächsten Augenblick einsilbig zu werden und sich zurückzuziehen. Ein Charakterzug, der ihr Interesse weckte.

Joy trottete vor ihnen her, während sie durch die Wiener Innenstadt schlenderten. Es wirkte nicht, als wüsste Jack, wohin er seine Schritte lenkte.

»Hör mal«, sagte er schließlich. »Ich will nicht, dass du einen falschen Eindruck bekommst. Ich war früher ein anderer Mensch, der keine guten Dinge getan hat. Aber ich habe mich im Gefängnis verändert. Die Bücher haben mir geholfen. Ich würde dich gerne weiterhin sehen. Deine Eltern müssen davon nichts wissen. Wenn das für dich in Ordnung geht?«

Er blickte Katharina von der Seite aus an. »Joy würde sich freuen.«

Katharina fühlte, wie sie rot anlief. »Ich freue mich auch, Zeit mit Joy zu verbringen.«

»Nur mit Joy?« Jack machte ein beleidigtes Gesicht, woraufhin Katharina lachen musste.

»Vielleicht nicht nur mit Joy.«

»Du wirst sehen«, sagte Jack, »Joy und ich haben einige Gemeinsamkeiten. Wir wirken vielleicht gefährlich, aber tief drin«, und er schlug sich mit der Faust gegen die Brust, »sind wir liebenswerte Wesen.«

Katharina lehnte ihren Kopf gegen Jacks Schulter. Sie wusste, dass sie ein seltsames Bild abgaben: ein älterer Herr, der auch noch um einige Zentimeter kleiner war als die junge Frau neben ihm. Doch das war ihr in diesem Moment egal. Wie um ihre Gedanken zu bekräftigen, bellte Joy zweimal laut auf.

Montag, 15. Oktober, 18:00 Uhr
Postamt Schallergasse, Schallergasse, Meidling, Wien

»Gut, dass Sie hier sind, Doktor Geiger«, begrüßte mich der WEGA-Einsatzleiter. Trotz seines professionellen Tons war sein Gesicht schweißbedeckt.

»Wir haben drei Tote und zwei Schwerverletzte. Der Tatort ist gesichert.«

»Verstanden«, sagte ich.

Als Leiter des Raubdezernats war ich mit meinem Team kurz nach der WEGA am Tatort eingetroffen und musste mir erst einmal einen Überblick verschaffen.

Das Blaulicht der Einsatzfahrzeuge wurde von den Fenstern zurückgeworfen. Beamte eilten an mir vorbei. An beiden Enden der Gasse hatte sich eine kleine Menschenmenge gesammelt, die es zurückzudrängen galt. Das hier war ein Tatort und keine Theaterbühne.

Es war gegen 18 Uhr passiert. Ein Geldtransporter der Post stand vor der Filiale in der Schallergasse. Begleitet wurde er von einem Bezirkspolizisten. Als der Postbeamte und der Polizist mit dem Geld aus der Filiale kamen, schlugen die Räuber zu. Sie sprangen hinter parkenden Autos hervor und eröffneten von beiden Seiten das Feuer.

Der Fahrer des Wagens, der noch hinter dem Steuer saß, wurde ins Herz getroffen und war sofort tot. Der zweite Postbeamte und der Polizist wurden ebenfalls getroffen. Die Räuber trugen kugelsichere Westen und verwendeten Magnum-Revolver. Dem Polizisten gelang es, schwer verletzt und auf dem Boden liegend, das Feuer zu erwidern.

Einen der Täter konnte er mit einem Kopfschuss töten, den anderen traf er im Bauch. Als ich mit der Kriminalbeamtengruppe am Tatort ankam, erwartete uns ein blutiges Chaos. Der Geldtransporter stand mit offener Fahrertür, platten Reifen und eingeschossenen Fensterscheiben auf der Straße. Glassplitter bedeckten den Asphalt. Den Fahrer des Wagens hatten Beamte mittlerweile auf die Straße gezerrt und wiederzubeleben versucht, allerdings vergeblich. Drei Leichen lagen auf dem Asphalt.

Der Beamte und der Polizist, die beide angeschossen worden waren, befanden sich bereits auf dem Weg ins Spital. Vor allem der Zustand des Polizisten war kritisch.

»Ein Glück, dass der Kollege schon eine Glock 17 hatte«, sagte mein Kollege Georg Kreil. Kreil war ein massiver Mann, der trotz seiner Statur flinke Finger besaß und jedes Schloss in Minutenschnelle aufbekommen konnte. Fähigkeiten, die er sicher nicht im Sicherheitsbüro gelernt hatte.

Ich nickte. Erst vor kurzem war die Walter PP mit sechs Schuss durch eine siebzehnschüssige Glock ersetzt worden. Ohne sie wäre der Beamte im Kugelhagel verloren gewesen.

»Die waren verdammt gut vorbereitet«, fuhr Kreil fort. Man hatte das Fluchtauto gefunden, einen Peugeot 205 mit italienischem Kennzeichen. Vermutlich wollten die Täter es aussehen lassen wie einen Überfall der Mafia. Im Auto lagen weitere Waffen, aber auch Funkgeräte.

Die Spurensicherung war bereits dabei, die ganze Straße nach Spuren abzusuchen. Jede Patronenhülse musste dokumentiert werden, jede Blutspur gesichert.

»Sehen wir uns mal die Täter an«, sagte ich zu Kreil. Man hatte den Toten mittlerweile die Masken vom Gesicht genommen. Der erste Mann war mit einem einzigen Kopfschuss ausgeschaltet worden.

»Wenn der Kollege das mit Absicht gemacht hat, ist er ein Wunderschütze«, meinte Kreil. »Auf dem Boden liegend, selbst verletzt, ein bewegliches Ziel ... fast unmöglich.«

Wir gingen zur anderen Seite der Straße, wo der zweite Täter lag. Ich beugte mich über die Leiche. Unter dem Räuber hatte sich eine große Blutlacke gebildet, er hielt die Magnum noch in der Hand.

»Sieht so aus, als hätte er sich selbst erschossen«, sagte Kreil, der neben mich getreten war.

»Der Beamte hat ihn von unten erwischt. Die Kugel ging unter die kugelsichere Weste und traf ihn in den Bauch.«

Der Mann musste die Aussichtslosigkeit seiner Situation erkannt haben. Er wäre mit dieser Verletzung nicht mehr vom Tatort weggekommen und hatte offenbar den Freitod dem Gefängnis vorgezogen.

Obwohl die Kugel seinen Hinterkopf zerfetzt hatte, erkannte ich den Mann. Nun verstand ich auch, warum er diesen Ausweg gewählt hatte.

»Das ist doch Viktor Zangler«, sagte Kreidl, der den Mann offenbar ebenfalls erkannt hatte. »War der nicht letzte Woche noch im ORF?«

»Ja«, sagte ich. »Er war gerade erst aus Stein raus. Er muss gewusst haben, dass er bei einer neuen Verurteilung den Rest seiner Tage hinter Gittern verbringen würde.«

Zangler war wegen Überfällen und Körperverletzung zu einer mehrjährigen Haftstrafe in Stein verurteilt worden. Er hatte an diversen Resozialisierungsprogrammen teilgenommen und ließ keine Gelegenheit aus, den Direktor der Haftanstalt Stein, Karl Schreiner, für seine Methoden und den Umgang im Gefängnis zu kritisieren. Weil Zangler für einen Schwerverbrecher ungewöhnlich gut aussah und sich besser artikulieren konnte als seine Mitgefangenen, war er von verschiedenen Journalisten interviewt und zitiert worden. Den kurzen Höhepunkt seiner Berühmtheit stellte ein Auftritt in der Sendung *Club 2* dar, den er letzte Woche gehabt hatte und in dem er Steiner und das gesamte Justizsystem scharf kritisiert hatte.

Nun lag er vor uns in seinem eigenen Blut. Die WEGA zog sich zurück, die Beamten sicherten den Tatort und die Leichen wurden in metallische Transportsärge verfrachtet. Wir konnten nicht ausschließen, dass es vielleicht einen dritten Räuber gegeben hatte, also gaben wir eine Fahndung heraus.

Kreil zündete sich eine Zigarette an. Ich hatte schon vor einiger Zeit aufgehört zu rauchen und stattdessen mit dem Laufen begonnen. Doch in diesem Moment war ich froh über den Geruch von Teer, der den Geruch des Blutes ein wenig überdeckte. Kreil nahm einen tiefen Zug.

»Davon hat Zangler im Fernsehen nicht gesprochen«, sagte Kreil.

»Einen geplanten Raubüberfall zu erwähnen hätte sich sicherlich nicht gut auf seine Resozialisierung ausgewirkt«, antwortete ich.

»Zangler beschwerte sich immer darüber, dass die Gesellschaft keinen Platz für Leute wie ihn hat.« Kreil lachte, doch es war ein trockenes, kaltes Lachen.

»Ich frage mich, in welcher Gesellschaft er sich jetzt wohl befindet. Und ob es dort einen Platz für ihn gibt.«

Freitag, 19. Oktober, 22:00 Uhr
Reiss-Bar, Weihburggasse, Innere Stadt, Wien

»Wie war der Sex im Knast?«

Margit wunderte es nicht, dass er nach der Premiere in die *Reiss-Bar* gehen wollte. Das enge Lokal im ersten Bezirk zog sich vom Eingang schlauchförmig dahin, mit einer ovalen Bar in der Mitte. Über dem schwarz-weiß polierten Tresen hingen die Champagnergläser verkehrt herum von der großen, kubusförmigen Leuchtstoffröhre, die den Innenraum in ein mattes Licht tauchte. Jedes Mal, wenn Margit die Bar betrat, hatte sie das Gefühl, in den Passagierraum eines Privatflugzeuges zu gelangen.

Sie wusste, dass die Bar bei der Wiener Schickeria beliebt war. Es war ihr Beruf, über diese Dinge Bescheid zu wissen.

Margit arbeitete für eine Wiener Zeitschrift, die über das Szeneleben und die Gastronomie berichtete. Das war vielleicht nicht das, was sich ihre Eltern für sie vorgestellt hatten, als sie ihre Tochter in ihrem herrschaftlichen Anwesen in Döbling erzogen, dessen Garten groß genug war, um Treibjagden darin zu veranstalten. Noch weniger durfte es den Eltern jedoch gefallen, dass Margit sich im Zuge ihrer Arbeit in der Wiener Unterwelt bewegte. Es kam öfters vor, dass sie einen elegant gekleideten, höflichen Mann bei einem Veuve Clicquot begegnete, der sein Geld mit dem Führen mehrerer Bordelle verdiente. Das war das Wien der 90er-Jahre und Margit liebte es.

Nun saß ihr so ein Mann gegenüber. Weißer Leinenanzug und weißer Fedora, dazu eine rote Kunststoffblume im Knopfloch, als hätte ihn jemand ins Herz geschossen.

Jack lächelte. »Es hat sich noch keine beschwert.«

Der Mann erschien ihr wie ein Widerspruch. Zum ersten Mal hatte sie seine Stimme vor einigen Wochen gehört, als sie ihn für einen Artikel nach seinem Lieblingsrestaurant gefragt hatte.

»Das *Cobenzl*«, hatte er sofort geantwortet. Die meisten Prominenten, die Margit angerufen hatte, baten um mehr Bedenkzeit, um sich eine Antwort zu überlegen, die zu ihrem Auftreten passte. Nicht so Jack. Er war direkt.

Das *Cobenzl* war ein Restaurant auf der gleichnamigen Erhebung, von der man einen Blick über ganz Wien hatte. Bei Touristen war es deswegen sehr beliebt, Wiener traf man dort selten. Noch eher auf dem Parkplatz vor dem Restaurant, wo Jugendliche mit ihren Autos parkten und sich ungestört miteinander vergnügen konnten.

»Was gefällt Ihnen denn am *Cobenzl*?«, hatte Margit gefragt.

»Die Aussicht«, hatte Jack geantwortet. »Und der Wald rundherum. Ich fahre dort gerne spazieren.«

Sie fragte ihn, ob er den Parkplatz vor dem *Cobenzl* kenne. Jack hatte gelacht.

»Ich bin ein erwachsener Mann mit einer Wohnung«, hatte er geantwortet. »Ich brauche keinen Parkplatz.«

Nur wenige Tage später war ein Ticket zur Premiere seines Theaterstücks *Kerker* in Margits Büro angekommen, zusammen mit einer Einladung, danach in die *Reiss-Bar* auf einen Drink zu gehen. Nun saßen sie sich gegenüber und Margit wurde nicht ganz schlau aus dem Mann.

Als sie ihn vor der Vorstellung auf der Bühne gesehen hatte, war sie überrascht gewesen, wie klein, schmächtig und zierlich er schien. Sie wusste, dass er ein Mörder war, aber er wirkte völlig ungefährlich auf sie.

Seine Stimme jedoch war schneidend, die Wörter flossen nur so aus seinem Mund, überschlugen sich beinahe. Er sagte, was er dachte, und ließ sein Gegenüber dabei nicht aus den Augen. Das gefiel Margit.

»Ich meine«, fuhr sie fort, »wie hat sich der Sex im Gefängnis für dich verändert?« Jack hatte ihr bereits beim Betreten der Bar das Du angeboten.

»Ich kenne einige Leute, die länger gesessen sind. Alle sagen, dass sich nach spätestens fünf Jahren die Sexualität verändert. Die Gedanken streifen umher ...«

Jack hatte seinen Ellbogen auf den Tresen der Bar gestützt. Sein Kinn lag auf seiner Handfläche. Mit schiefgelegtem Kopf musterte er sie.

Etwas in seinem Gesicht veränderte sich. Er straffte seinen Rücken, als machte er sich kampfbereit. Mit einer schnellen Bewegung zog er seinen Stuhl zu Margit heran, so nah, dass sich ihre Knie berührten.

»Ich war mir selbst genug«, flüsterte er ihr zu. »Musste mir selbst genug sein. Aber seit ich wieder in Freiheit bin, lebe ich für zwei. Ich habe fünfundzwanzig Jahre meines Lebens verloren. Und jetzt hole ich sie mir zurück.«

Er lehnte sich wieder etwas zurück, lächelte Margit an und griff nach seinem Champagnerglas.

»Möchtest du noch woanders hin?«, fragte Margit. »Ich kann dir meinen Lieblingsclub zeigen.«

»Klingt gut«, sagte Jack.

Margit bezahlte. »Immerhin ist heute dein großer Tag«, sagte sie. Jack wehrte sich nicht. Sie gingen nach draußen, wo er seinen weißen Ford Mustang geparkt hatte. Sein Auftreten, seine

Kleidung, selbst sein Auto wirkten wie Anachronismen, als hätte sein Leben angehalten, als er 1975 ins Gefängnis gegangen war. Vielleicht, dachte Margit, hatte es das ja auch.

»Wo soll es hingehen?«, fragte er.

»Ins *Motto*«, sagte sie.

Margit sah, wie er eine Augenbraue hochzog. Schweigend fuhren sie am Stadtpark und dem Schwarzenbergplatz vorbei, dessen Denkmal für die sowjetische Armee, die in Wien 1945 gegen die Nationalsozialisten gekämpft hatte, im nächtlichen Dunkel bedrohlich aufragte.

Das *Motto* war in einem alten Kellergewölbe untergebracht. Der Eingang war leicht zu übersehen. Hineingelassen wurde nur, wer sich nicht vorzustellen brauchte. Margit kannte man dort. Der Türsteher winkte Jack und sie weiter.

Das *Motto* verstand sich als ein modernes Sodom, ein stilisierter Sündenpfuhl in der gutbürgerlichen Wiener Lebenswelt. Tropische Pflanzen schlängelten sich die Decke entlang, überdimensionierte Aktfotos bedeckten die Wände und auf den Toiletten wurden pausenlos pornografische Filme projiziert. Margit wollte sehen, wie Jack in einer so aufgeladenen Atmosphäre reagieren würde. Ob sie ihn zum Explodieren bringen könnte. Sie beobachtete ihn genau, doch sie konnte keine Regung in Jacks Gesicht feststellen. Als wäre er ein unbeteiligter Zuschauer, den das alles hier nichts anginge, ließ er seinen Blick über die Bilder und die Gäste schweifen.

Sie nahmen in einer ledergepolsterten Sitznische Platz und bestellten eine weitere Flasche Champagner. Jack beugte sich zu Margit, damit sie ihn über den Lärm des Clubs hinweg verstehen konnte. Sie erwartete, dass er etwas sagen würde.

Da spürte sie seine Hand auf ihrem Oberschenkel. Seine Finger fuhren den Stoff ihrer Strumpfhose entlang, vom Knie bis zum Saum ihres Rockes. Dabei lächelte er sie an.

»Was du tust, ist gefährlich«, sagte er, gerade noch laut genug, dass sie ihn verstehen konnte.

»Ich mag gefährlich«, antwortete sie.

Jack lehnte sich zu ihr, Margit schloss die Augen und einen Moment später spürte sie seine Zunge ihre umkreisen. Er küsste gierig. Als würde er all die verlorenen Jahre auf der Zunge tragen.

In diesem Moment tauchte der Kellner mit ihrem Champagner auf. Jack ließ sich von Margit wegschieben. Als würde er nicht bemerken, wobei er sie gerade störte, goss der Kellner ihre Gläser ein und stellte die Flasche in dem Kühlbehälter ab.

Margit hob ihr Glas. »Auf den Theaterautor und eine erfolgreiche Premiere!«

Jack stieß an. »Hoffen wir, dass die anderen Aufführungen auch so gut laufen. Ich toure bald durch ganz Österreich. In den nächsten Wochen sind wir in Bregenz, Innsbruck, Graz. Nicht schlecht, was?«

Margit lernte in den nächsten Stunden eine weitere Seite von Jack kennen: den Zuhörer. Er stellte viele Fragen, folgte ihren Ausführungen gespannt, lachte an den richtigen Stellen und fragte dort nach, wo er merkte, dass sie nicht alles erzählt hatte.

Sie bemerkte, wie sehr sie es genoss, mit ihm zu sprechen und von sich zu erzählen. Die meisten Männer versuchten, sie mit ihren Geschichten zu beeindrucken. Weitschweifig und selbstverliebt erzählten sie von ihrem Beruf, ihren Häusern oder Autos. Aber nicht Jack. Er wusste, dass alles über ihn in den Zeitungen stand. Er brauchte sich nicht mehr vorzustellen. Also hörte er zu.

Als Margit auf die Uhr blickte, erschrak sie. Der Morgen war fast angebrochen.

»Ich sollte jetzt los!«, rief sie Jack zu. Der nickte nur und folgte ihr nach draußen.

Auf dem Weg zu Jacks Auto liefen sie durch die dunklen Straßen des fünften Bezirks, gefangen in der lichtlosen Zeit vor dem Sonnenaufgang. In einer kleinen Seitengasse packte er sie an der Hüfte, drückte sie gegen eine Hauswand und presste ihr seinen Oberschenkel zwischen die Beine. Sie konnte spüren, dass er hart war.

Er versuchte sie zu küssen, doch Margit schob ihn zur Seite. Sie fühlte, dass der zierliche Körper sehnig und kräftig war, kräftiger, als sie gedacht hatte. Doch Jack ließ es geschehen.

»Ich glaube, es ist Zeit, nach Hause zu gehen«, sagte sie. »Es war ein schöner Abend.«

Jack nickte. »Soll ich dich nach Hause fahren?«, fragte er.

»Das wäre nett.«

Sie fuhren die Wienzeile entlang. Neben ihnen wirkten die geschlossenen Buden des Naschmarkts mit ihren heruntergelassenen Gittern wie stumme, aufgerissene Münder.

»Warum hast du das Mädchen damals eigentlich umgebracht?«, fragte Margit in beiläufigem Ton.

»Du wirst wahrscheinlich wissen, dass ich eine schwere Kindheit hatte«, sagte Jack, ohne den Blick von der Straße zu nehmen, als hätte er auf diese Frage gewartet. »Ich hatte so viel Wut und Hass in mir, vor allem auf meine Mutter, die mich verließ und mir nie Liebe zeigte. Außerdem war ich zu dieser Zeit am Boden, ich nahm Drogen und trank. Ich hatte eine Freundin und dieses Mädchen, das ich umgebracht habe … Sie hat mich angemacht. Das hat mich irritiert. Irgendwas an ihr hat mich an meine Mutter erinnert. Plötzlich habe ich völlig automatisch gehandelt, ohne irgendetwas dagegen tun zu können. Meine Hand erhob sich und ich schlug sie. Nach dem ersten Schlag gab es kein Zurück mehr. Ich sah in ihr meine Mutter und entlud meine gesamte Wut. Als ich begriff, was passiert war, war es zu spät.«

»Denkst du noch daran?«, fragte Margit.

»Ich wünschte, ich könnte es rückgängig machen«, sagte Jack. »Aber was passiert ist, ist passiert.«

»Hast du Kontakt zu deiner Mutter?«

»Ja, im Gefängnis habe ich begonnen, das alles aufzuarbeiten und wieder Kontakt mit ihr aufzunehmen. Sie lebt in München. Manchmal besuche ich sie.«

»Und dein Vater?«, fragte Margit.

»Den habe ich nie kennengelernt. Er war ein amerikanischer Soldat und lebt, glaube ich, in New Jersey.« Jack lachte auf, was Margit irritierte. »Aber ich werde ihn bald suchen. Stell dir sein Gesicht vor, wenn plötzlich sein Sohn vor ihm steht!«

»Hier kannst du anhalten«, sagte Margit.

Sie bemerkte, wie Jack einen ungläubigen Blick auf die Villa warf, in der Margit lebte. Früher hatte sie der Familie Rothschild gehört und erinnerte an ein Schloss.

»Willst du nicht doch mit zu mir kommen?«, fragte Jack. »Wir könnten noch etwas trinken und reden. Ich habe ein Gästezimmer, das kann man von innen absperren.«

»Vielleicht ein andermal«, sagte Margit. Sie blieb vor dem schmiedeeisernen Eingangstor stehen und blickte dem weißen Mustang nach, als er davonfuhr. Die roten Rückleuchten verschwanden langsam, glühende Augen in der Dunkelheit.

Sie fühlte Anziehung und Abstoßung in gleichem Maße für diesen Mann. Er wirkte schwach, verletzlich und einsam genauso wie berechnend, stark und impulsiv. Margit konnte Jack Unterweger nicht einschätzen. Sie nahm sich vor, herauszufinden, wer er wirklich war.

Samstag, 27. Oktober, 11:00 Uhr
Polizeiwachzimmer, Schmiedgasse, Graz, Steiermark

»Bitte nennen Sie den Namen, das Geburtsdatum und den Wohnort der vermissten Person.«

Reinhold Masser, den alle nur Ronny riefen, ballte die Fäuste. Das kleine Büro war vollgestopft mit Aktenschränken. Um hinter den Tisch zu kommen, an dem der Beamte saß, musste man sich zwischen Tischkante und einem der Schränke seitlich hindurchschieben. Lieblos gepflegte Topfpflanzen standen in Winkeln, in denen sie unmöglich Sonnenlicht bekommen konnten, und die Oberfläche des Tisches war zu einem Mosaik aus Kaffeeflecken und Aschehäufchen geworden.

Ihm gegenüber saß ein Polizist, der sich als Herr Steiner vorgestellt hatte. Steiner schien nicht besonders erpicht darauf, Ronnys Aussage aufzunehmen. Vor ihm auf dem Schreibtisch lag das Formular für Abgängigkeitsanzeigen, aber er machte keine Anstalten, etwas zu notieren. Stattdessen kaute er auf dem Ende seines Kugelschreibers herum.

»Brunhilde Masser, geboren Eberl«, gab Ronny zum Protokoll. »Geboren am 9. Mai 1949 in Knittelfeld.« Er nannte die gemeinsame Wohnadresse.

»Und Sie sind der Ehemann?«, fragte der Polizist, ohne aufzublicken.

»Der Freund«, antwortete Ronny. »Sie benutzt meinen Nachnamen, aber offiziell haben wir nicht geheiratet.«

»Und Ihre ... Freundin«, der Polizist sprach das Wort mit hörbarem Missfallen aus, »warum glauben Sie, dass sie abgängig ist?«

Ronny bereute es bereits, das Wachzimmer in der Grazer Innenstadt aufgesucht zu haben. Die ganze Nacht hatte er nicht geschlafen. Als klar war, dass Brunhilde nicht nach Hause kommen würde, hatte er an die Decke ihrer Wohnung gestarrt, die Schimmelflecken gezählt und sich gefragt, was er tun sollte. Er machte sich Sorgen, aber den Kontakt mit der Polizei wollte er eigentlich vermeiden. Schließlich hatte seine Sorge gesiegt.

»Gestern hat sie gearbeitet«, erklärte Ronny. »Nicht weit vom Uhrturm entfernt war ihr Platz. Schon seit zehn Jahren steht sie dort. Und bis heute ist sie jedes Mal pünktlich um fünf Uhr früh nach Hause gekommen.«

Der Polizist seufzte. »Ihre Freundin arbeitet also als Prostituierte. Ist sie gemeldet?«

»Nein«, sagte Ronny leise. »Wird sie jetzt Probleme kriegen?«

Endlich schob der Polizist seine Notizen beiseite und blickte Ronny an. »Darum kümmern wir uns, wenn wir Ihre Freundin gefunden haben. Haben Sie ein Foto von ihr dabei, das wir rausgeben können?«

Ronny nickte. Er holte sein Portemonnaie hervor und zog ein quadratisches Foto heraus, das er dem Polizisten überreichte. Die Frau darauf hatte harte Gesichtszüge, gelocktes, braunes

Haar, eine große Nase und markante Wangenknochen. Forsch blickte sie in die Kamera.

»Wir werden das Foto mit den Personendaten raussenden«, erklärte der Beamte. »Sie müssen uns auch eine Liste von Personen dalassen, mit denen Ihre Freundin in Kontakt stand. Privat und ... beruflich. Besonders Ex-Freunde und Kunden.« Der Polizist stand auf, zwängte sich um den Tisch herum und kam neben Ronny zum Stehen. Für ihn ein Zeichen, dass er nicht mehr benötigt wurde.

»Sie werden sehen«, sagte der Polizist, als er ihn in den Vorraum des Wachzimmers führte, »die meisten solcher Fälle lösen sich von selbst. In den nächsten Tagen wird Ihre Freundin auftauchen und tun, als wäre nichts gewesen. Dann vergessen Sie aber nicht, uns anzurufen!«

Der Beamte klopfte Ronny auf die Schulter und hielt ihm sogar die Tür auf, als er nach draußen trat.

Als Ronny durch die Innenstadt zur Straßenbahn ging, die ihn nach Hause bringen würde, suchte sein Blick den Uhrturm, der über den Dächern der Innenstadt aufragte. Brunhilde hatte ihm oft erzählt, wie sie den Uhrturm bei der Arbeit im Blick behielt, die Stunden ablas, die noch vergehen mussten, bis sie wieder bei ihm sein konnte. Er fragte sich, wo sie wohl war und wie viele Stunden diesmal vergehen mussten, bis er sie wiedersehen würde.

Montag, 5. November, 10:00 Uhr
Fakultät für Psychologie, Liebiggasse, Innere Stadt, Wien

Elisa blickte prüfend in den von Fettflecken übersäten Spiegel. Sie strich sich das schwarze Jackett über ihrer weißen Bluse glatt, kontrollierte noch einmal das dezent aufgetragene Make-up und brachte jedes ihrer langen kastanienbraunen Haare an seinen Platz. Sie trug sie heute als Pferdeschwanz. Zu lange hatte sie auf diesen Termin gewartet, um nicht wie die perfekte Kandidatin auszusehen.

Wobei der Begriff Audienz angemessener wäre. Doktor Ernst Töller war der angesehenste Gerichtspsychologe im Land. Seit zwei Jahrzehnten hielt er Vorlesungen an der Universität, die bei den Psychologiestudenten aufgrund ihrer Komplexität und der geforderten Lektüre gefürchtet waren. Er betreute einen kleinen, ausgesuchten Kreis an Doktoranden, die mit dem Rest der Fakultät kaum etwas zu tun hatten. Während sich andere Psychologen mit Depressionen beschäftigten oder das Kaufverhalten des *homo oeconomicus* analysierten, arbeitete Töllers Team in den Abgründen der menschlichen Seele. Genau dort wollte Elisa hin.

Sie verließ die Toilette und stieg die Stufen in den zweiten Stock empor. Während sie den Flur entlangging, übertönten die Schläge ihres Herzens die Absätze ihrer Schuhe.

Elisa klopfte sachte an die Bürotür von Töller. Da sie keine Reaktion vernahm, versuchte sie es erneut. Wieder nichts. Sie atmete tief durch. Hatte er etwa vergessen? War er gar nicht im Büro? Dann wäre die Tür bestimmt versperrt. Sie nahm all ihren Mut zusammen und drückte die Klinke nach unten.

Die Tür sprang auf. Langsam und vorsichtig schob Elisa sie auf.

Vor ihr herrschte Chaos. Bücherstapel wuchsen aus dem Boden wie Bäume, manche ähnelten in ihrer Architektonik gefährlich dem Schiefen Turm von Pisa. Bilder von Freud, Jung und Adler hingen an der Wand und Elisa entging nicht, dass Freuds Porträt mit der Pfeife ein wenig höher als die anderen beiden hing. Es gab weder Pflanzen noch anderen Zierrat.

Töller saß auf seinem Stuhl, den Kopf in den Nacken gelegt und die Füße auf dem Tisch. Seine teuer wirkenden schwarzen Lederschuhe ruhten auf einem Stapel Akten. Elisa sah, dass der Professor Kopfhörer aufgesetzt hatte. Ein Kassettenrekorder lag neben seiner Schreibmaschine.

Elisa räusperte sich, aber offenbar nicht laut genug. Töller zeigte jedenfalls keine Reaktion. Noch einmal öffnete Elisa die Tür des Büros, ließ sie diesmal jedoch so laut zufallen, dass der Knall selbst den Hausmeister im ersten Stock alarmieren musste.

Töller zuckte zusammen und konnte erst im letzten Moment verhindern, dass er mitsamt dem Stuhl umkippte, indem er die Tischkante neben sich zu fassen bekam. Die Kopfhörer fielen ihm vom Kopf.

Verwirrt blickte er Elisa an. »Ja, bitte?«

»Doktor Töller«, begann Elisa verlegen, »bitte entschuldigen Sie die Störung. Mein Name ist Elisa Kronfeld. Wir haben einen Termin.«

»Natürlich, Frau Magister Kronfeld ...« Töller versuchte, eine respektable Haltung einzunehmen. Er schob ein paar Unterlagen zur Seite und zog sich seine Krawatte, die einen schrillen, lachsfarbenen Ton hatte, enger. Da allerdings die obersten zwei Knöpfe seines Hemds geöffnet waren, zog er sich die Krawatte wie eine Schlinge um den Hals und hustete.

»Wollen Sie ein Glas Wasser?«, fragte er keuchend, als er aufsprang, um sich selbst ein Glas einzuschenken. Elisa lehnte dankend ab.

Schließlich schien er die Fassung wiedergewonnen zu haben. Er nahm hinter seinem Schreibtisch Platz und deutete Elisa, sich ihm gegenüberzusetzen.

Um die Verlegenheit zu überspielen, die Elisa empfand, zeigte sie auf den Kassettenrekorder. »Habe ich Sie bei der Arbeit gestört?«

»Nun«, sagte Töller, »wie man es nimmt. *Sergeant Pepper's Lonely Hearts Club Band* von den Beatles. Hilft mir beim Nachdenken.« Er räusperte sich. »Sie wollen Ihre Doktorarbeit bei mir schreiben, Frau Kronfeld?«, fragte er. »Warum, glauben Sie, sind Sie bei mir richtig?«

Elisa schluckte. Töller verlor keine Zeit. Aber sie war vorbereitet. Sie zog einen Bogen Papier aus ihrer Tasche.

»Wie in meiner Bewerbung stand, habe ich mich in meiner Magisterarbeit mit dem Thema Hybristophilie beschäftigt.«

»Ich erinnere mich«, unterbrach Töller sie. »Die Zuneigung zu Kriminellen. Ich habe Ihre Arbeit mit Interesse gelesen. Die Kategorisierung der Betroffenen schien mir sehr gelungen.«

»Danke«, stammelte Elisa. Sie war überrascht, dass Töller ihre Arbeit tatsächlich gelesen hatte.

»Wenn ich mich richtig erinnere, unterteilen Sie die Betroffenen in drei Gruppen«, begann Töller zu dozieren. Sein Zeigefinger kreiste vor Elisa Augen. »Statistisch betrachtet betrifft Hybristophilie meist Frauen. Sie benennen die *Retterinnen*, die das Gute in einem Verbrecher zu erkennen glauben und ihn läutern wollen. Die zweite Gruppe bilden die Romantikerinnen. Sie wissen, dass ein Mann hinter Gittern ihnen nicht untreu werden oder weglaufen kann, und können so in einer Illusion des häuslichen Glücks leben. Zumindest so lange, bis das Objekt ihrer Zuneigung freikommt. Und die dritte Gruppe bezeichnen Sie als ...«

»Die schwarzen Witwen«, führte Elisa weiter aus. Sie wollte nicht ihre ganze Arbeit von Töller erklärt bekommen. »Sie sind tatsächlich vom Verbrechen selbst angezogen und glauben, die Abgründe des Menschen besser verstehen zu können, wenn sie einem Verbrecher näher kommen. Diese Gruppe hat am ehesten eine sexuelle Faszination für Kriminelle.«

»Besonders interessant fand ich Ihre Bemerkung, dass diese Faszination nicht, wie oft angenommen, nur von Frauen geteilt wird, die eine traumatische Kindheit erlebt haben«, sagte Töller. »Sondern dass sie in jedem Milieu vorkommen kann.«

»Danke.«

Töller nahm seine Hornbrille ab und putzte sie mit der Krawatte. Als er sie wieder aufgesetzt hatte, bedachte er Elisa mit einem interessierten Blick.

»Worüber wollen Sie Ihre Dissertation schreiben?«

»Für meine Dissertation möchte ich in die andere Richtung gehen«, sagte sie. Sie holte einen weiteren Stapel zusammengehefteter Papiere heraus. »Ich habe ein Exposé vorbereitet. Ich möchte untersuchen, was Sexualstraftäter zu ihren Taten motiviert.«

Töller seufzte. »Lassen Sie mich raten«, sagte er. »Sie sind wegen Jack Unterweger zu mir gekommen.«

»Ich bin zu Ihnen gekommen, weil Sie eine Koryphäe auf dem Gebiet der Gerichtspsychologie sind«, sagte Elisa schnell. Töller lächelte schwach. Elisa versuchte, sich nicht anmerken zu lassen, dass der Professor ins Schwarze getroffen hatte. Töller hatte ein Gutachten über Unterwegers psychischen Zustand verfasst, das eine gewichtige Rolle bei seiner Freilassung gespielt hatte.

Darin hatte er Unterweger attestiert, sich in seinen künstlerischen Werken mit seiner Vergangenheit auseinandergesetzt und einen echten Persönlichkeitswandel vollzogen zu haben. Elisa erhoffte sich, dass Töller seine Einsichten in die Psyche von Verbrechern mit ihr teilen würde.

»Denken Sie denn, Sie seien der Arbeit gewachsen?«, fragte Töller. »Sie müssten sich beständig mit Verbrechern, Vergewaltigern und Mördern beschäftigen.«

»Ich habe mit kriminellen Jugendlichen gearbeitet und Verbrecher in Resozialisierungsprogrammen betreut«, antwortete Elisa kühl. »Ich weiß, auf was ich mich einlasse. Ich denke, eine weibliche Perspektive auf dieses Thema wäre wichtig.«

»Die Wissenschaft, Frau Kronfeld, kennt kein Geschlecht«, antwortete Töller ebenso kühl. Elisa biss sich auf die Zunge. Sie wollte nicht schon bei ihrer ersten Begegnung eine Diskussion über die Grundlagen der Wissenschaft lostreten. Sonst würde es mit ziemlicher Sicherheit nicht nur ihre erste, sondern auch die einzige Begegnung bleiben.

»Ich bin gewillt, Ihre Arbeit zu betreuen«, sagte Töller schließlich. Elisa musste einen Freudenschrei unterdrücken. »Unter einer Bedingung.«

»Was für eine Bedingung?«

»Sie lassen mich mit dem leidigen Thema Unterweger in Ruhe.«

Elisa verstand zwar nicht, was Töller damit genau meinte, aber in diesem Moment war ihr das egal. Sie hatte den bedeutendsten Gerichtspsychologen Österreichs als ihren Doktorvater gewinnen können.

»Abgemacht!«

Töller stand auf, kam um den Tisch herum und streckte Elisa seine große Hand hin.

»Willkommen auf der dunklen Seite.«

Donnerstag, 8. November, 17:00 Uhr
Wienerwald, Wien

Es war ein sonniger, aber klirrend kalter Novembernachmittag. Jack hatte Katharina von der Schule abgeholt und sie waren gemeinsam in den Wienerwald gefahren, um mit Joy spazieren zu gehen. Ihren Eltern hatte Katharina erzählt, sie sei bei einer Freundin.

»Jack«, sagte Katharina, als sie bereits einige Zeit lang nebeneinander gelaufen waren, während Joy freudig zwischen den herabgefallenen Blättern schnüffelte.

»Ich mag es nicht, meine Eltern anzulügen.«

»Ich verstehe dich«, sagte Jack. »Ich wünschte, du müsstest es nicht tun. Aber sie würden es nicht verstehen.«

Katharina wusste, dass Jack recht hatte. Wenn ihr Vater herausfinden würde, dass sie mit ihm spazieren ging, noch dazu an einem abgelegenen Ort wie diesem, dürfte sie das Haus bestimmt bis nach ihrer Matura nicht mehr verlassen. Dabei sahen ihre Eltern nur seine Vergangenheit, den Mann, der er einmal gewesen war. Jack sprach offen über diese Zeit. Er erzählte Katharina von seiner schweren Kindheit, seiner Drogensucht, seiner Zeit im Gefängnis. Sie fühlte, dass er ihr vertraute. Er dachte nicht, sie würde diese Dinge nicht verstehen, nur weil sie jünger war als er. Er begegnete ihr auf Augenhöhe.

Anders als die Jungs in ihrem Alter wusste er, was er wollte. Er machte ihr Geschenke und überschüttete sie mit Komplimenten. Außerdem konnte er lustige Geschichten über Prominente erzählen, die er abends in Wiener Bars traf oder bei Kulturveranstaltungen. Welcher ihrer Schulkollegen konnte das?

Jack sprach oft von der Zukunft. Wenn sie erst einmal die Matura geschafft hatte, würden sie viel zusammen reisen. Sie könnte zu ihm ziehen. Er würde sie mit all seinen Freunden bekannt machen. Nicht selten starrte Katharina während des Unterrichts an die Tafel und sah dort nicht Gleichungen oder Jahreszahlen, sondern eine abenteuerliche Zukunft mit Jack.

Ihre Gedanken wurden unterbrochen, als Jack sie am rechten Handgelenk packte. In wenigen Augenblicken hatte er die Lederleine, an der Joy vor ihnen herlief, um ihr Gelenk gewickelt. Bevor Katharina etwas sagen konnte, nahm er ihre andere Hand und umschloss sie ebenfalls mit der Leine. Eine Schlaufe in Form einer Acht verband nun Katharinas Handgelenke und machte es ihr unmöglich, sich zu befreien.

»Hey, was soll das?«

Jack lächelte sie an. »Ich zeige dir nur was.«

Joy war stehen geblieben. Nun preschte sie wieder los, worauf sich der Knoten um Katharinas Handgelenke enger zog. Das Leder schnitt ihr in die Haut und das Mädchen wurde nach vorne gezogen.

Katharina schrie auf.

»Joy, still!«, rief Jack. Er fing Katharina auf, als sie stolperte.

»Das tut weh!«

»Entschuldige«, stammelte Jack. Er löste den Knoten. Katharina rieb sich die Handgelenke. Rote Striemen waren auf ihrer Haut zurückgeblieben.

Katharina konnte hören, wie der Wind durch die dünnen Äste pfiff.

Das Laub raschelte unter ihren Füßen. Das Hecheln von Joy erklang hinter einem umgefallenen Baumstamm. Ihr wurde bewusst, dass Jack und sie völlig allein waren. Doch die Romantik dieser Situation, die Jack ihr versprochen hatte, war verschwunden.

»Warum hast du das gemacht?«, fragte sie.

»Ich habe erst kürzlich in einem Frauenmagazin von Fesselpraktiken gelesen«, antwortete Jack. »Ich fand, das klingt sehr aufregend. Vielleicht möchtest du es mal mit mir probieren?«

»Jedenfalls nicht, ohne vorher gefragt zu werden«, sagte Katharina aufgebracht.

Jacks Blick wurde weich. Er nahm sie behutsam bei den Schultern und umarmte sie.

»Es tut mir leid«, sagte er. »Ich wollte dich nicht erschrecken. Das sollte nur ein Scherz sein. Du weißt, ich würde dir nie etwas tun.«

Er schenkte Katharina einen Blick, den sie wohl als Beweis für seine Worte auffassen sollte.

Sie nickte und er küsste sie auf die Stirn.

»Ich würde gerne einen Skiurlaub mit dir machen«, sagte Jack. »In Bregenz, Anfang Dezember. Ich muss sowieso beruflich nach Dornbirn. Was hältst du davon?«

»Was soll ich meinen Eltern sagen?«, fragte Katharina.

»Sag ihnen, du bist mit Freundinnen Ski fahren«, sagte Jack. »Wir nehmen uns ein schönes Hotel, ich lade dich ein. Was sagst du?«

Katharina seufzte. So war Jack. Er sprang von einer Gefühlslage in die andere, als wären Emotionen Räume, durch die er sich frei bewegen konnte. Als hielte er die Schlüssel zu all den Türen in seinem Inneren in der Hand. Katharina wollte jedenfalls glauben, dass er diese Schlüssel besaß und sich nicht in einem Labyrinth verirrt hatte.

Sie schmiegte sich an ihn. »Natürlich komme ich mit dir«, sagte sie. »Ich freue mich schon.«

Montag, 3. Dezember, 19:00 Uhr
Wohnung Familie Geiger, Hietzing, Wien

Während die Tage draußen kürzer wurden, streckten sie sich in meinem Büro in der Berggasse immer weiter in die Länge. Seit ich neben meinem Posten als Leiter im Dezernat für Raub auch noch stellvertretender Vorstand im Büro für Erkennungsdienst, Kriminaltechnik und Fahndung geworden war, hatte sich mein Arbeitspensum mehr als verdoppelt.

Der Fall des Eisernen Vorhangs brachte eine neue Welle der Bandenkriminalität auf die Straßen Wiens. Der Wiener Gürtel entwickelte sich immer stärker zu einem Sumpf aus Zuhälterei und Gewalt, kontrolliert von einigen Banden, die miteinander in Konflikt standen. Jede Woche wurde ich mehrmals an Tatorte gerufen, wobei die Zeugen untereinander dichthielten und Täter oftmals über die Landesgrenzen flohen, bevor wir überhaupt eine brauchbare Spur gefunden hatten.

Zumindest hatten wir dieses Jahr die gefürchtete GTI-Bande gesprengt. Die Räuber waren für zahlreiche Überfälle von Geldtransportern verantwortlich und entkamen in ihren VW GTI, wodurch sie den Namen erhielten. Diesen Sommer war es uns gelungen, sie bei einem Überfall zu fassen. Die Aufarbeitung ihrer Taten war allerdings noch immer nicht abgeschlossen und bedeutete noch viel Arbeit.

Zuletzt belastete mich auch die Einführung des Automatisierten Fingerabdruck Identifizierungssystems (AFIS), das erstmals österreichweit Fingerabdrücke katalogisieren und einfach abrufbar machen sollte. Damit würde sich unsere Arbeit enorm erleichtern, aber die Durchführung des Vorhabens stellte sich als Mammutaufgabe heraus, die mich von den Ermittlungen, die mir die meiste Freude bereiteten, fernhielt.

All das lastete auf meinen Schultern, als ich an diesem grauen Dezembertag nach Hause kam. Es dämmerte bereits, die Straßenlaternen warfen ihr trübes Licht auf den grauen Matsch der Gehsteige. Ich wollte bloß noch einen warmen Tee trinken, mich vor den Fernseher setzen und ein paar Stunden abschalten.

Ich schloss die Eingangstür auf, streifte mir den Schlamm von den Schuhen und trat ins Vorzimmer. Es war ungewöhnlich still in der Wohnung. Ich hängte meinen Mantel in den Kleiderkasten neben der Eingangstür, zog mir die Schuhe aus und ging ins Wohnzimmer, wo ich meine Aktentasche auf einen der Couchsessel fallen ließ. Mein Jackett schmiss ich hinterher. Dann kam ich endlich dazu, meine Krawatte zu lockern. Es war, als würde ich nach einem Tag unter Wasser endlich wieder frische Luft atmen.

Als ich mich umwandte, sah ich Eva am Esstisch sitzen. Ich kannte den Blick, mit dem mich meine Frau bedachte.

»Was habe ich vergessen?«

Eva seufzte. »Heute war die erste Probe von Katjas Weihnachtsaufführung. Wir hatten doch ausgemacht, dass du dabei bist. Sie war heute Morgen ganz aufgeregt.«

Das hatte ich tatsächlich völlig vergessen. Katja war dieses Jahr in die Volksschule St. Ursula gekommen. Neue Umgebung, neue Klassenkameraden und neue Lehrer bedeuteten für meine Tochter eine große Umstellung.

Das Weihnachtsspiel war für sie eine Möglichkeit, sich in diesem neuen Umfeld einzubringen. Ich hatte mit Eva darüber gesprochen. In der letzten Schulwoche vor den Weihnachtsferien würde Katjas Klasse das Stück für alle Volksschüler und ihre Eltern aufführen.

Heute hatte die erste Probe stattgefunden. Statt Katja moralische Unterstützung zu zeigen, hatte ich mich mit Methoden der Kategorisierung von Fingerabdrücken beschäftigt.

»Es tut mir leid«, sagte ich niedergeschlagen.

»Sag das nicht mir, sag es Katja«, antwortete Evi. »Nachdem ihre Lehrerin anrief, habe ich sie abgeholt. Sie liegt seitdem in ihrem Zimmer und kommt nicht raus. Nicht mal ein Abendessen wollte sie.«

Ich seufzte und wandte mich um. Bevor ich zu Katjas Zimmer gehen konnte, nahm mich Evi am Arm.

Sie blickte mich mitfühlend an. »Ich weiß, wie viel du gerade zu tun hast, Ernst. Aber Katja braucht dich. Ich brauche dich.« Nach einer kurzen Pause fügte sie hinzu: »Und du brauchst uns auch. Das hier«, sie deutete um sich, »ist das Gute und Schöne in deinem Leben. Der Kontrast zu den Dingen, die du in deiner Arbeit siehst.«

Ich nickte. »Du hast recht«, sagte ich und küsste sie auf die Stirn.

»Ohne euch könnte ich nicht darauf hoffen, dass meine Arbeit einen Unterschied macht.« Ich fuhr behutsam über Evas Handfläche.

»Vielleicht möchte Katja mir ihren Text noch mal aufsagen«, sagte ich. »Ich verspreche, ich werde bis zur Aufführung mit ihr daran arbeiten und sie unterstützen.«

Eva lächelte. »Das ist gut«, sagte sie. »Denn die erste Probe heute fiel noch etwas holprig aus. Aber wer mit Schwerverbrechern fertig wird, dem werden Siebenjährige doch keine Probleme bereiten.« Sie sagte es auf eine Art, die mich an ihren Worten zweifeln ließ.

Donnerstag, 6. Dezember, 17:00 Uhr
Bahnhof Bregenz, Fritz-Meyer-Platz, Bregenz, Vorarlberg

Als Katharina aus der kleinen Bahnhofshalle auf den Parkplatz trat, wartete Jack bereits auf sie. Grinsend lehnte er an seinem Mustang, den er vor Kurzem gegen den Mercedes getauscht hatte. Er hatte eine große Sonnenbrille aufgesetzt und trug braune Lederstiefel, eine enge Jeanshose und eine knallrote Daunenjacke. Er stach aus der grauen Umgebung und der winterlichen Tristesse heraus wie ein Paradiesvogel. Die ganze Zugfahrt über hatte Katharina mit ihrem schlechten Gewissen gekämpft. Ihren Eltern hatte sie erzählt, sie würde mit ihrer besten Freundin ein Ski-Wochenende in Vorarlberg unternehmen. Bereits das hatte eine Menge Überredungskunst erfordert. Ihre Eltern behandelten sie, als wäre sie keine Maturantin kurz vor dem Schulabschluss, sondern vielmehr ein kleines Mädchen, das blind in jede Gefahr hineinstolperte. Und seit sie Jack kennengelernt hatte, wollte sie ihr Vater am liebsten gar nicht mehr aus dem Haus lassen. Dabei würde sie bald 18 Jahre alt werden. Dann war sie endlich volljährig. Sie konnte kaum erwarten, von zu Hause auszuziehen und ihr eigenes Leben zu beginnen. Dann würden ihre Eltern sehen, dass sie auch sehr gut allein zurechtkam.

Das mulmige Gefühl verschwand sofort, als Jack mit ausgebreiteten Armen auf sie zuging und sie umarmte. Obwohl sie ihn um einige Zentimeter überragte, fühlte sie sich in seinen Armen geborgen, als würde eine Höhle nur für sie entstehen.

»Ich habe dich vermisst«, flüsterte er ihr ins Ohr.

»Ich dich auch«, gab sie zurück.

Er küsste sie lange und fordernd. Erst als sie kaum mehr Luft bekam, ließ er von ihr ab. Er nahm ihren Koffer in die Hand und verstaute ihn im Mustang.

Noch bevor sie richtig auf dem Beifahrersitz Platz genommen hatte, begann Jack zu erzählen.

»Heute früh war ich im Landesstudio vom ORF in Dornbirn.« Er klang stolz. »Ich habe ein Hörspiel eingelesen und sie haben ein Interview mit mir gemacht. Wollten viel über meine Zeit im Gefängnis wissen und über mein neues Stück, das nächstes Jahr erscheint. Ich habe den Journalisten natürlich hingehalten.«

Jack sprach viel von seinem neuen Theaterstück, mit dem er nächstes Jahr auf Tournee durch ganz Österreich und Deutschland gehen wollte. Er setzte große Hoffnungen darauf. Noch wollte er Katharina aber nicht verraten, worum genau es ging.

»Nächste Woche werden mich alle Vorarlberger hören«, sagte er zufrieden. »Wenn die mich überhaupt verstehen, mit ihrem seltsamen Dialekt.«

Jack hatte sie beide im Hotel *Andreas Hofer* in Dornbirn untergebracht. Er selbst war schon zwei Tage hier, wie er Katharina erklärte, als sie ihre Sachen in dem rustikal eingerichteten Zimmer verstaute.

»Habe mich mit ein paar Freundinnen getroffen«, sagte er und lächelte.

Katharina, die gerade ihre Pullover in dem Holzschrank einordnete, drehte sich nicht um, spürte allerdings einen kleinen Stich unter der linken Achsel, dort, wo sich das Herz befand. Jack tat das häufiger, beiläufig von weiblichen Bekanntschaften zu erzählen. Katharina schien, dass seine Freundinnen über das ganze Land verteilt lebten. In jeder Stadt gab es zumindest eine Frau, die mit Jack auf einen Kaffee gehen oder sich ein Buch signieren lassen wollte. Am Anfang hatten sie ein paar Mal deswegen gestritten.

Jack hatte ihr vorgeworfen, sie könne das nicht verstehen. Er brauche diese Kontakte, es sei schwierig für ihn, ohne Bekanntschaften nach so langer Zeit im Gefängnis wieder in der Gesellschaft Fuß zu fassen. Wenn sie das Thema anschnitt, ließ er sie spüren, wie viel älter er war.

»Eifersucht ist was für kleine Mädchen«, sagte er stets. Dann biss sich Katharina auf die Zunge und zwang sich, zu schweigen. Sie wollte nicht wie ein kleines Mädchen wirken. Womöglich hatte Jack recht. Er war ein erwachsener Mann, was war also dabei, wenn er sich mit einer Frau zum Kaffee traf? Er versicherte Katharina oft genug, dass sie die Einzige für ihn sei. Also versuchte Katharina stolz darauf zu sein, dass Jack so viele Verehrerinnen hatte, die alle neidisch auf sie wären, wenn sie von ihr wüssten.

Zum Abendessen gingen sie in die Gaststube des Hotels. Der Wirt, der gleichzeitig das Hotel führte, war sehr freundlich zu ihnen. Offenbar wusste er um seinen prominenten Gast. Jack bestellte für sie beide Rotwein, ein Schnitzel für sich und eine Gulaschsuppe für Katharina. Kaum war das Essen serviert, stürzte sich Jack darauf. Wie er Katharina erzählt hatte, war sein Appetit nach seiner Freilassung kaum zu zügeln. Man sah es ihm nicht an, denn er war ein drahtiger, schlanker Mann, doch jede Mahlzeit verzehrte er mit einer Hingabe, als wäre sie seine letzte.

Katharina kostete den Wein. Ein herber Geschmack, der sich um ihre Zunge legte. Mit ihren Freundinnen trank sie Wodka mit Orangensaft oder einen billigen Weißwein, gespritzt mit Mineralwasser, doch Jack orderte teurere Weine und manchmal sogar Champagner für sie. Wenn sie die bauchigen Gläser leicht schwenkte, fühlte sie sich ihren Altersgenossinnen weit voraus.

Als Jack aufgegessen hatte, lehnte er sich in seinem Stuhl zurück und blickte Katharina zufrieden an. »Weißt du, auf was ich jetzt Lust hätte?«

Katharina schüttelte den Kopf. »Nachtisch.« Sein anzügliches Grinsen zeigte ihr, dass ihm ein Nachtisch vorschwebte, der nicht auf der Speisekarte zu finden war.

Sex mit Jack war aufregend. Zum ersten Mal hatten sie im Oktober, einen Monat nach ihrem Kennenlernen, in seiner Wohnung miteinander geschlafen. Katharina war noch Jungfrau gewesen und hatte mit Burschen erst wenig Erfahrung gesammelt. Jack war der erste Mann, mit dem sie mehr als nur Küsse austauschte. Er war gefühlvoll und behutsam im Bett gewesen, hatte ihr viele Dinge gezeigt, von denen sie nicht wusste, das sie Lust bereiten konnten.

Danach war er nicht um Worte verlegen, sondern sprach mit ihr und brachte sie zum Lachen.

Mit der Zeit hatte er immer stärker darauf gedrängt, neue Dinge auszuprobieren. Katharina nahm an, dieses Verlangen hatte damit zu tun, dass Jack so viel mehr Erfahrung besaß als sie und sich im Gefängnis viele Jahre in Verzicht hatte üben müssen. Immer wieder betonte er, nichts machen zu wollen, dass ihr nicht gefiel, allerdings hatte sie Angst, er könnte das Interesse verlieren, wenn sie ablehnte.

Kaum waren sie zurück auf ihrem Zimmer, drehte Jack den Schlüssel zweimal herum und begann, seine Hose zu öffnen. Der Sex fing bei ihnen immer gleich an. Katharina musste Jack oral befriedigen, bis er steif wurde. Sie verspürte keine Lust dabei, tat es aber ihm zuliebe.

Irgendwann zog Jack sie dann hoch und begann, sie auszuziehen. Er mochte es, wenn sie nackt auf dem Bett lag, während er noch angezogen über ihr stand. Er musterte sie dann, verlangte von ihr, sich in verschiedene Positionen zu bringen, während er sich selbst befriedigte.

Dann befahl er ihr, sich auf den Bauch zu legen. Seit einigen Wochen schon wollte Jack nur Analverkehr mit ihr.

Katharina hatte ihn nach dem Grund gefragt, aber Jack hatte bloß gemeint, es gefiele ihm besser und außerdem könne sie so nicht schwanger werden. Verhüten wollte er nicht, das hielt er für »Kinderkram«.

Katharina hatte zugestimmt. Jack war langsam und behutsam vorgegangen. Anfänglich hatte es wehgetan, doch mit der Zeit hatte sie sich daran gewöhnt. Sie musste sich allerdings eingestehen, dass sich die Lust langsam verschob. Hatte sich Jack zu Beginn ihrer Beziehung noch sehr um ihre Bedürfnisse gekümmert, kam es ihr vor, als würde er mit jedem Mal mehr der eigenen Befriedigung nachjagen und dabei immer rücksichtsloser werden.

Darauf ansprechen wollte sie ihn jedoch nicht, zumindest jetzt nicht. Er hatte ihr oft gesagt, wie sehr er sich auf dieses Wochenende freute. Es war ihr erster Urlaub gemeinsam, das erste Mal in einem Hotel. Es war, das hatte Jack Katharina häufig versichert, romantisch.

Als sie mit geschlossenen Augen auf der rauen Matratze lag, die über ihren Bauch wetzte, und das Holz des Bettgestells riechen konnte, spürte sie, wie Jack seinen Körper über ihren schob. Dann jedoch fühlte sie etwas, das neu war.

Er griff nach ihren Oberarmen und zog sie mit einem Ruck nach hinten. Schmerz durchschoss Katharinas Schulter, doch da ihr Gesicht auf der Matratze lag, war nur ein dumpfes Geräusch zu hören, als sie aufschrie.

Sie fühlte, wie er hinter ihrem Rücken ihre beiden Unterarme parallel zueinander und neunzig Grad zu ihren Oberarmen verschränkte. Mit einer Hand hielt er ihre beiden dünnen Handgelenke in einem eisernen Griff.

Sie konnte sich nicht bewegen.

Der Schock raubte ihr jegliche Empfindung. In ihrem Kopf herrschte ein Nebel, der jeden begrifflichen Gedanken verschluckte und unerkennbar machte. Als er in sie eindrang, war das Gefühl weit entfernt, als würde es einem anderen Körper zustoßen, den sie einmal besessen, aber vor langer Zeit abgeworfen hatte wie eine Raupe ihren Panzer.

Dann wurde der Druck auf ihre Arme schwächer, der Körper, der sie in die Matratze gedrückt hatte, glitt von ihr und sie konnte ihren Kopf zur Seite drehen. Ihre Arme kamen neben ihrem Körper schlaff zum Liegen. Sie hörte Jacks kräftiges Schnaufen.

Ein Blick auf den Wecker verriet ihr, dass das Ganze nicht länger als drei Minuten gedauert hatte. Doch diese Zeitangabe bedeutete ihr nichts, es war, als wären Minuten und Jahre ineinander verwachsen und hätten sich zu einem Zeitstrom verflüssigt, in dem sich Katharina treiben ließ.

Die Begriffe in ihrem Kopf kamen erst langsam wieder hinter dem Schleier hervor, der sich über sie gelegt hatte, und formten eine Frage: Was war gerade geschehen? Doch bevor sie sich eine Antwort geben konnte, fühlte sie Jacks Atem an ihrem Ohr.

»Das wollte ich schon lange mit dir machen«, sagte er. »Danke.«

Und er küsste sie zärtlich auf das Ohrläppchen, den Hals, auf eine Strähne ihres blonden Haares.

»Ich wollte dir nicht wehtun«, sprach Jack weiter, während Katharina nach Worten suchte, die sie nicht fand. Nichts in Sicht, das ihr Halt geben konnte, wie ein Schiffbrüchiger im Ozean. »Im Gefängnis bin ich abgestumpft ... Mein ganzes Leben musste ich mich immer weiter zurückziehen, um zu überleben. Ich muss mich erst wieder aus mir selbst herausholen. Ich möchte dir keine Angst machen, dir nicht wehtun. Aber ohne dich schaffe ich das nicht.«

Katharina rührte sich nicht, ertrank in seiner Stimme.

Ihre Freundinnen bewunderten sie, wenn sie von Jack erzählte. Und selbst die, die sie nicht bewunderten, sondern ihre Beziehung mit Jack hinter ihrem Rücken als »krank« oder »abartig« bezeichneten, beneideten sie. Grund für diese Bewunderung und diesen Neid war, wie Katharina selbst oft und stolz erwähnte, dass Jack anders war als alle Männer, die ihre Freundinnen kannten oder sich vorstellen konnten.

Manchmal wünschte sie, sie könnte ihnen erzählen, wie anders er war.

Freitag, 20. Dezember, 16:00 Uhr
Volksschule St. Ursula, Franz-Asenbauer-Gasse, Liesing, Wien

Nun kam der entscheidende Moment. Der Augenblick, auf den wir die letzten drei Wochen hingearbeitet hatten. Vor Aufregung hielt ich die Luft an.

Katja trat auf die Bühne, ihre Haare verborgen unter einem Filzhut und einen Schnurrbart aufgemalt, und setzte an, das Gedicht des Hirten vorzutragen, dem ein Engel erschienen war, der die Geburt Jesu verkündet hatte.

Es war das Erste von zwei Gedichten, das sie beim Weihnachtsspiel ihrer Klasse rezitieren musste. Das Gedicht hatte ein paar schwierige Wörter und lange Verse. Es war nicht einfach gewesen, das richtige Tempo zu finden, sodass sich Katja nicht an den Worten verschluckte. Jeden Abend hatten wir die Sätze vor dem Schlafengehen durchgesprochen und uns Eselsbrücken überlegt.

Ich merkte erst, dass ich die Worte leise vor mich hin murmelte, als Eva fest meinen Unterarm drückte. Vor einem Einsatz fühlte ich mich nicht so nervös wie jetzt, im Dunkel des Zuschauerraums.

Katja meisterte ihren Part bravourös. Als sie wenig später vor der Krippe des Jesuskindes ihr zweites Gedicht vortrug, war ihre Stimme bereits kräftiger und selbstsicherer. Am Ende des Stückes bekam die gesamte Klasse minutenlangen Applaus. Jedes Kind trat vor und ließ sich beklatschen. Als Katja nach vorne an den Bühnenrand ging und sich etwas ungelenk verneigte, suchte sie meinen Blick und lächelte mir zu. Bis zu diesem Augenblick wusste ich nicht, wie einfach es war, der glücklichste Mensch der Welt zu werden.

Als Eva und ich nach der Aufführung vor der Schule standen und die Schneeflocken sanft auf unsere Schultern fielen, war ich froh über die Kälte, die mit einem Schlag die Enge und Hitze des stickigen Turnsaals vertrieb, der für diesen Abend zur Theaterbühne umgebaut worden war. Katja war dabei, sich abzuschminken und umzuziehen, und Eltern waren Backstage natürlich nicht erlaubt. Das wäre viel zu peinlich gewesen.

Eva zog sich den Mantel enger. Ich trat zu ihr und legte meine Arme um sie.

»Das habt ihr gut hingekriegt«, sagte sie und lächelte.

»Das war Katja ganz allein«, antwortete ich. »Ich habe nur ein wenig geholfen.«

Sie drehte sich um und blickte mir in die Augen.

»Das hat ihr viel bedeutet.«

»Ich weiß.« Ein paar Momente verstrichen, ehe ich weitersprach. »Ich habe mich um eine Stelle beworben.«

Eva trat einen Schritt zurück.

»Wann ist das denn passiert?«

»Vor zwei Wochen«, antwortete ich. »Ich wollte noch nichts sagen, weil ich nicht wusste, wie konkret es ist. Es geht um eine neue Einheit zur Terrorbekämpfung. Ich habe mich für die Leitung beworben und wie es aussieht, werde ich sie auch bekommen. Ganz sicher ist es noch nicht. Aber wenn das durchgeht, dann werde ich vor allem organisatorische Aufgaben haben. Und mehr Zeit für Katja und dich.«

Eva legte mir ihre Hand auf die Wange.

Es war, als würde die Wärme ihrer Berührung die kleinen Schneeflocken, die sich in meinen Haaren verfangen hatten, verdampfen lassen.

»Ich kann kaum erwarten, mehr darüber zu erfahren, wenn wir nach Hause kommen«, sagte sie und in ihrer Stimme konnte ich sanften Tadel und leise Zweifel an meinem Versprechen ausmachen. »Ich weiß, wie sehr du deine Arbeit im Sicherheitsbüro liebst.«

Ich ergriff ihre Hand. »Nichts ist so wichtig wie das hier.«

Das Eingangstor der Schule ging auf und eine Schar Kinder strömte heraus. Katja kam auf uns zu. Sie strahlte über das ganze Gesicht.

»Na, wie war ich?«, fragte sie.

»Umwerfend«, sagte Eva und umarmte sie.

Über Evas Schulter warf mir Katja einen komplizenhaften Blick zu. Ich zwinkerte und meine Tochter zwinkerte zurück.

Montag, 31. Dezember, 18:00 Uhr
Gerichtsmedizin Innsbruck, Müllerstraße, Innsbruck, Tirol

Das schnalzende Geräusch des Plastikhandschuhs, den sich der Assistent von Doktor Braun über die rechte Hand zog, hallte durch den kahlen, gefliesten Raum.

»Ich wäre auch lieber bei der Familie, um die Silvesterfeier vorzubereiten«, sagte Doktor Braun, während er sich den Mundschutz anlegte. »Aber reißen Sie sich zusammen, Grein. Wenn wir uns beeilen, sind wir rechtzeitig zu Hause, um das neue Jahr zu begrüßen.«

Als ob sein Assistent das neue Jahr mitbekommen würde, dachte Braun. Vermutlich würde er besoffen im Gebüsch liegen. Diese Jugend!

Auch wenn er es sich nie anmerken lassen würde, war Doktor Braun heute ebenso ungern in der Pathologie der Innsbrucker Gerichtsmedizin wie sein Assistent. Silvester war normalerweise eine ruhige Zeit.

Die Selbstmordrate stieg um den Weihnachtsabend rapide an und flachte dann ab. Zum Jahreswechsel kam es überwiegend zu Autounfällen, verursacht von feierwütigen Jugendlichen, die so überschwänglich das neue Jahr begrüßten, dass es ihr letztes wurde. Doch da Unfälle kein Fall für die Gerichtsmedizin waren, hatte Doktor Braun normalerweise zu dieser Zeit des Jahres ein paar ruhige Tage. Es kam ihm also äußerst ungelegen, dass heute Vormittag im Lustenauer Ried, einem Schilf- und Waldgebiet in Vorarlberg, die Leiche einer Frau gefunden wurde. Da Vorarlberg über keine eigene Gerichtsmedizin verfügte, hatte man die Leiche nach Innsbruck gebracht.

»Was steht im Polizeibericht?«, fragte Braun, während er sich über die Leiche der Frau beugte, die auf einer metallenen Trage bereitlag und von dem kühlen Licht der beweglichen Stehlampe beleuchtet wurde.

»Heidemarie Hammerer«, las sein Assistent vor. »Hat offenbar als Prostituierte in Bregenz gearbeitet. Galt seit der Nacht des fünften Dezember als abgängig.« Grein legte den Bericht weg und trat zum Doktor.

»Wie kommt eine Prostituierte aus Bregenz in einen Wald nahe Lustenau?«

»Wohl kaum zu Fuß«, bemerkte Braun trocken. Der Doktor machte sich daran, zunächst die Körperoberfläche nach sichtbaren Wunden zu untersuchen.

Er schaltete das Diktiergerät ein. »Das Opfer ist weiblich, etwa einen Meter siebzig groß, schlank und blond. Zahlreiche Hämatome an Armen, Beinen und dem Oberkörper. Vermutlich setzte sich das Opfer zur Wehr. Auffallende Blutunterlaufung am linken Handgelenk, etwa einen Zentimeter groß, bläulich angelaufen.«

Der Doktor griff nach dem Handgelenk des Opfers, führte es sich vor die Augen und drehte es ein wenig unter dem Licht der Lampe. »Womöglich wurde das Opfer gefesselt. Die Haut weist keine Abschürfungen auf. Möglicherweise benutzte der Täter Handschellen.«

»Ihr letzter Freier war wohl kein Gentlemen«, sagte Grein.

Doktor Braun warf ihm einen finsteren Blick zu. Warum konnte er keinen der Schweizer Gerichtsmediziner als Assistenten bekommen, wenn er schon einen Bregenzer Fall behandelte? Über der Grenze waren die Menschen so viel feinsinniger und fähiger. Braun untersuchte nun das Gesicht, den Hals und den Mundbereich.

»Wie wurde die Leiche gefunden?«, fragte er.

Grein nahm wieder die Notizen zur Hand. »Die Leiche lag auf dem Bauch, die Beine gespreizt. Sie war angekleidet, allerdings fehlte die Strumpfhose. Ihr Slip wurde als Knebel verwendet.«

»Die Spuren an ihrem Hals deuten darauf hin, dass das Opfer gewürgt wurde, möglicherweise erdrosselt«, sprach Braun in das Diktiergerät. »Sie ist jedenfalls erstickt. Die Striemen lassen die Möglichkeit zu, dass der Täter nicht seine Hände benutzte. Womöglich einen Strick oder die Strumpfhose des Opfers. Dass das Opfer keine Bisswunden in der Mundhöhle aufweist, passt mit der Annahme zusammen, dass sie mit dem Slip geknebelt wurde. Ich nehme an, das Opfer wurde durch einen kombinierten Würge-, Erdrosselungs- und Knebelungsvorgang getötet.«

»Mein Gott«, entfuhr es Grein.

Braun wandte sich an seinen Assistenten. »Grein, helfen Sie mir, die Leiche umzudrehen.«

Gemeinsam drehten die beiden den Körper in Bauchlage. Grein wandte den Blick ab.

Braun musste über diese Unprofessionalität den Kopf schütteln.

»Die Spuren im Afterbereich deuten auf sexuellen Verkehr hin«, sprach er in das Diktiergerät. »Die Afteröffnung ist stark geweitet und es gibt oberflächliche Schleimhautdefekte. Keine Spuren von Ejakulat zu finden. Ob der Verkehr postmortal geschah oder vor dem Tod des Opfers, lässt sich nicht mit Sicherheit sagen.«

Nach einigen weiteren Routineuntersuchungen, bei denen der Doktor keine weiteren Auffälligkeiten finden konnte, ließ er die Leiche von Grein wegschließen.

Nachdem sich die beiden gereinigt hatten, gingen sie in die Eingangshalle der Gerichtsmedizin. Sie hörten mit lautem Gejaule einen Krankenwagen vorbeifahren. Ein paar Übermütige hatten es offenbar nicht abwarten können, ihre Raketen zu schießen. Wenn der Wagen zu ihnen kam, musste er sich zumindest nicht mehr beeilen, dachte Braun.

»Sorgen Sie dafür, dass der Obduktionsbericht heute noch zur Polizei kommt«, sagte Braun zu Grein. »Die Leiche kann morgen für das Begräbnis freigegeben werden.«

Grein nickte und eilte hinaus. Der Doktor seufzte. Er fühlte ein wenig Mitleid mit seinem Assistenten. Als Gerichtsmediziner bekam man selten erheiternde Bilder zu sehen, doch die Leiche heute war ein besonders grausamer Fall. Das Bild würde selbst Braun noch ein paar Tage verfolgen.

Zumindest hatte Grein dieses Jahr einen Grund, sich zu betrinken.

1991

Montag, 14. Jänner
Artikel in der *Neuen Presse*

**Die gefängnislose Gesellschaft –
Utopie oder Hoffnung?**

Wenige Juristen prägten das österreichische Recht der Zweiten Republik so sehr wie Christian Broda. In den Jahren zwischen 1970 und 1983 war Broda Justizminister unter Bundeskanzler Bruno Kreisky (SPÖ). In dieser Dekade legalisierte die Homosexualität, führte die Möglichkeit auf Schwangerschaftsabbruch ein und arbeitete an der Gleichstellung von Mann und Frau. Broda wurde für sein konsequentes Vorgehen bewundert und gehasst. Nicht zuletzt wurden immer wieder Vorwürfe laut, er behindere Verfahren gegen ehemalige Nationalsozialisten, die im neuen Österreich ein unbehelligtes Dasein führten, da solche Prozesse ein schlechtes Licht auf den aufstrebenden Staat werfen würden.

Nichts lag Broda allerdings so am Herzen wie seine Vorstellung der gefängnislosen Gesellschaft. Es war seine Überzeugung, dass Verbrecher in der Haft nur noch weiter von jener Gesellschaft entfernt werden, in die sie nach Verbüßen ihrer Strafe wieder eingegliedert werden sollten. Viele Häftlinge hätten, so war es Brodas Überzeugung, in einem anderen Strafvollzugssystem die Chance, ein aufrechtes Leben zu führen. In der Realität hielten sie es aber meist nur wenige Monate in Freiheit aus, bis sie wieder rückfällig wurden. Es fehlten Perspektive und Betreuung. Nun jedoch gibt es ein leuchtendes Beispiel dafür, dass die gefängnislose Gesellschaft vielleicht nicht für immer Utopie bleiben muss und Resozialisierung funktionieren kann. Der 1975 wegen Mordes zu lebenslanger Haftstrafe verurteile Jack Unterweger vollzog im Gefängnis einen radikalen Lebens- und Persönlichkeitswandel. Wer sich davon überzeugen will, muss bloß eines seiner Werke lesen oder ins Gespräch mit dem Mann kommen. Wie der Autor dieses Artikels selbst erfahren konnte, gibt er bereitwillig Auskunft über sein früheres Leben und beschönigt nichts.

»Natürlich wünschte ich, das wäre damals nicht geschehen. Aber ich war ein anderer. Ich war Opfer einer traumatischen Kindheit, nahm Drogen und lebte in der Kriminalität. Perspektive sah ich keine«, so Unterweger. »Ich habe mich nie mit mir selbst und meinen Problemen beschäftigt. Daher konnte ich sie auch nicht überwinden.«

Diese Möglichkeit gab ihm die Haft im Gefängnis Stein (NÖ). Unterweger konnte dort sein Talent für die Literatur entdecken und fand damit ein Vehikel, seine lange unterdrückten Traumata hervorzuholen und zu verarbeiten. Möglich wurde das auch durch Sonderausnahmen, die ihm der Gefängnisdirektor Dr. Karl Schreiner zubilligte.

So durfte Unterweger während seiner Haft vor Publikum Lesungen im Gefängnis halten, die vom ORF übertragen wurden. Später fuhr ihn Karl Schreiner im Privatauto nach Wien, wo er im Volkstheater die Premiere seines Stücks *Endstation Zuchthaus* miterleben konnte. Zweifellos waren das wichtige Schritte auf dem Weg zurück in ein normales Leben.

Karl Schreiner sagte bei Unterwegers Entlassung: »Einen so gut auf die Freiheit vorbereiteten Häftling finden wir nie wieder.« Und Gerhard Ruiss, Generalsekretär der IG Autorinnen Autoren, schrieb: »Mit der Person Jack Unterweger steht und fällt die Glaubwürdigkeit des Ministeriums für Justiz hinsichtlich des Resozialisierungsgedankens.«

Nicht zuletzt dank solcher Fürsprache wurde Unterweger 1990 vorzeitig aus der Haft entlassen. Doch die fünfzehn Jahre, die er abseits der Gesellschaft verbracht hatte, gingen nicht spurlos an ihm vorbei. Viele Menschen stellten sich die berechtigte Frage: Wird Unterweger die Freiheit womöglich überfordern?

Der Autor dieses Textes hat Jack Unterweger seit seiner Freilassung auf Lesungen und Theateraufführungen durch das ganze Land begleitet. Und er kann sagen: Unterweger tut alles dafür, von der Gesellschaft akzeptiert zu werden. Bald startet das neue Stück des Autors, *Schrei der Angst*, worin er die AIDS-Problematik verhandelt. Damit, so hofft Unterweger, wird er endlich nicht mehr als Mörder, sondern als Autor wahrgenommen.

»Mörder war ich, Autor bin ich«, wie er selbst sagt. »Man muss dem Menschen zugestehen, dass er sich ändern kann.«

Und wenn das jemand wie Unterweger schafft, dann kann es jeder schaffen. Das weiß man auch im Justizministerium. Vielleicht wird sich der Traum von Christian Broda ausgerechnet in Jack Unterweger erfüllen. Es wäre eine Wendung, wie sie selbst der Autor Unterweger nicht hätte erdichten können.

Von Severin Plum

Dienstag, 15. Jänner, 18:00 Uhr
Haus der Familie Prem, Hütteldorf, Wien

Die Tür fiel mit einem lauten Krachen ins Schloss.

»Mama!« Der kleine Junge kam aus seinem Zimmer gestürzt.

»Nicht so schnell.« Regina lachte, als sich ihr Sohn gegen ihr Schienbein warf. »Wo kommt denn die Begeisterung her?«

»Er hat heute in der Schule ein fehlerfreies Diktat geschrieben«, antwortete Reginas Mann Rudolf, der am Rahmen der Kinderzimmertür lehnte und seine Frau anlächelte.

Die Mutter fuhr ihrem Sohn durch die blonden Haare.

»Ein kluges Kind.«

»Das hat er von seiner Mutter«, sagte Rudolf. Regina lachte und setzte René ab. Sie zog sich Mantel und Schuhe aus.

»Darf ich fernsehen?«, fragte René seine Mutter.

»Hausaufgaben sind fertig?«

Rudolf nickte. »Wir haben gerade das letzte Mathe-Beispiel gelöst.«

»Dann hast du dir eine kleine Pause verdient«, sagte Regina. Während René jubelnd in das Wohnzimmer lief und sich auf die Couch fallen ließ, fragte Rudolf: »Meinst du ihn oder mich?«

Regina umarmte ihn als Antwort.

»Alles bereit für heute?«, fragte Rudolf, als er sich von ihr löste. Regina deutete auf die beiden Taschen, die sie neben der Tür abgestellt hatte.

»Neue Wäsche«, flüsterte sie. »Wurde dringend Zeit.« Sie hob eine der Taschen hoch. »Und ich habe eine kleine Überraschung für René mitgebracht.« Sie zog einen blauen Matrosenanzug heraus und reichte ihn Rudolf.

»Für die Erstkommunion.«

»Das wird ihn freuen.« Rudolf küsste sie auf die Wange.

»Ich bringe ihn gleich in Renés Zimmer. Willst du etwas essen? Ich habe Krautrouladen mit Sauerrahm gemacht.«

»Klingt lecker!« Regina folgte ihrem Mann in die Küche. »Nur eine, bitte«, sagte sie, während Rudolf die Roulade auf einem Teller platzierte und in die Mikrowelle schob. »Ich muss auf meine Figur achten. In den letzten Monaten habe ich drei Kilo zugenommen.«

Rudolf küsste sie auf die Wange. »Mach dir nichts draus, Kurven sind sexy.«

»Ich hoffe, du bist mit der Meinung nicht allein.«

Die Mikrowelle gab ein schrilles Läuten von sich. Rudolf öffnete sie und entnahm die dampfende Krautroulade. Er öffnete eine Schüssel, aus der er die weiße, dickflüssige Sauce auf den Teller schöpfte. Dann stellte er beides auf dem kleinen Küchentisch ab.

»Am besten isst du hier, dann hast du noch ein wenig Ruhe, bevor du wieder losmusst.«

Regina warf ihm einen dankbaren Blick zu. Als er ihr ein Glas Wasser hinstellte, schüttelte sie den Kopf.

»Mach mir bitte ein Bier auf.« Rudolf nahm ein Ottakringer aus dem Kühlschrank, öffnete es und stellte es neben Regina.

»Ich räume ein wenig auf«, sagte er. »Lass das Geschirr ruhig stehen, ich spüle alles ab, nachdem ich dich zur Arbeit gebracht habe.«

»Du bist der Beste«, sagte Regina. Rudolf warf ihr eine Kusshand zu und verließ die Küche.

»Muss Mama heute Abend wieder weg?«, fragte ihn René. Das Kind hatte sich quer über die Couch geworfen. Obwohl der Fernseher lief, hatte er seinen Kopf über die Lehne gestreckt und blickte Rudolf an, der im Flur stand.

»Ja«, sagte Rudolf. »Du weißt doch, dass sie heute kellnern muss.«

»Ich möchte, dass Mama vorliest.«

»Lese ich nicht gut genug?«, fragte Rudolf in gespielter Bestürztheit.

René verdrehte die Augen. »Doch, aber die Stimme vom Burgfräulein klingt bei dir ganz schrecklich.«

»Frechheit«, grummelte Rudolf, aber sein Lächeln verriet, dass er es nicht ernst meinte. Zurzeit bekam René am liebsten Rittergeschichten mit Drachen, bösen Zauberern, Burgfräulein und edlen Rittern vorgelesen.

Die Geschichten variierten bloß in der Abfolge der Ereignisse: Manchmal erschlug der Ritter zuerst den Drachen und rettete dann das Burgfräulein vor den Fängen des bösen Zauberers, andere Male war es umgekehrt.

Für René war nur eines wichtig: Der strahlend weiße Ritter rettete das Burgfräulein und die beiden lebten glücklich miteinander, bis in alle Ewigkeit.

Nachdem Rudolf das Zimmer seines Sohnes aufgeräumt hatte und wieder ins Wohnzimmer ging, schlief Regina neben dem Jungen, der konzentriert in den Fernseher schaute.

Als er seinen Vater bemerkte, legte er den Zeigefinger auf die Lippen. Der Vater nickte.

Rudolf ging mit der Tageszeitung in die Küche, brühte Kaffee auf und setzte sich dann mit dem dampfenden Becher und der aufgeschlagenen Zeitung an den Küchentisch. Gegen sieben Uhr faltete er die Zeitung zusammen und räumte sowohl Reginas Geschirr als auch seinen Becher in die Spüle. Er ging ins Wohnzimmer, schickte René in sein Zimmer und rüttelte Regina sanft.

»Schatz, es ist Zeit.«

Regina rieb sich verschlafen die Augen und gähnte. »Ich richte mich nur schnell her, gib mir zwanzig Minuten.«

Während Regina mit ihren Taschen im Badezimmer verschwand, sorgte Rudolf dafür, dass René sich das Pyjama anzog. Er stellte ein Schinkenbrot und ein Glas Orangensaft für René auf dem Küchentisch bereit.

»Ich fahre Mama zum Lokal«, sagte Rudolf. »Wenn ich zurückkomme, möchte ich das Geschirr weggeräumt sehen und die Zähne geputzt, okay?«

René nickte.

»Du weißt, ich rieche, wenn du nicht ordentlich geputzt hast.«

»Papa«, sagte René genervt.

Bevor Rudolf aus der Küche ging, rief ihn sein Sohn noch einmal zurück.

»Können wir heute eine andere Geschichte lesen?«, fragte er.

»Welche willst du denn hören?«

»Vielleicht eine, wo das Burgfräulein auch ein Ritter ist«, sagte René und schien angestrengt über den weiteren Verlauf der Handlung nachzudenken. »Und dann haut sie dem Zauberer kräftig auf den Kopf und fliegt auf dem Drachen davon. Ich mag es nicht, wenn der Drache erlegt wird.«

»Verstanden«, sagte Rudolf. »Ich werde schauen, was ich finden kann.«

Zufrieden wandte sich der Kleine wieder seinem Abendessen zu. Als Rudolf auf den Flur trat, stand Regina bereits abfahrbereit vor der Tür.

Mittlerweile war sie perfekt darin, sich in wenigen Minuten zu schminken und umzuziehen. Ihr Haar war hochgesteckt, der Lippenstift eine Spur zu dick aufgetragen. Das Mascara ließ ihre Wimpern lang und dünn wirken, ein dunkelblauer Lidschatten verlieh ihr etwas Geheimnisvolles. Sie trug weiße Stöckelschuhe mit hohen Absätzen und eine Strumpfhose, die unter ihrem langen schwarzen Mantel verschwand.

»Du siehst gut aus«, stellte Rudolf fest.

»Danke«, sagte Regina und lächelte. »Lass uns fahren.«

Freitag, 1. Februar, 9:00 Uhr
Büro des Polizeipräsidenten, Schottenring, Innere Stadt, Wien

»Wie kommt das auf meinen Schreibtisch?«

Der Polizeipräsident hob ein Blatt Papier in die Höhe. Ich erkannte darin mein Ansuchen um Versetzung zur Einsatzgruppe zur Bekämpfung des Terrorismus, für deren Leitung ich mich erfolgreich beworben hatte.

»Doktor Bögl, ich habe lange über dieses Ansuchen nachgedacht.«

Bögl seufzte.

Der Polizeipräsident war ein Mann des alten Schlags. Er hatte den Beruf des Gerbers gelernt, ehe er auf die Polizeischule kam. Sein Körper war drahtig und sportlich, sein Gesicht trug stets einen harten Ausdruck, der ihm Ähnlichkeit mit dem Schauspieler Clint Eastwood verlieh. Bögl strahlte Autorität aus.

»Hören Sie zu, Ernst«, sagte er und wenn jemand wie Bögl sagte, man solle zuhören, dann tat man das auch. »Ich verstehe Ihre Situation. Sie wollen was erreichen. Kampf gegen den Terrorismus, das klingt gut. Aber es gibt wichtigere Aufgaben. Sie wissen selbst, dass wir jeden Mann brauchen können. Der Fall des Eisernen Vorhangs überfordert uns. Jede Woche ein neuer Bankraub. Und die Mädchenmorde von Favoriten konnten wir auch noch nicht klären.«

Bögl hielt inne. Ich wagte nicht, einen meiner zahlreichen Gründe vorzubringen, warum ich um die Versetzung angesucht hatte. Dass ich dann mehr Zeit für meine Familie hätte, zum Beispiel.

Oder dass ich mich in meiner derzeitigen Position nicht so einbringen konnte, wie ich es gerne wollte. Die Probleme, die Bögl aufzählte, waren mir bekannt. Was sollte ich dagegen tun? Es stand nicht in meiner Macht, sie zu lösen.

»Ich habe einen Vorschlag«, fuhr Bögl fort. »Sie bleiben im Sicherheitsbüro und dafür mache ich Sie zum Leiter der Mordkommission und zum stellvertretenden Vorstand. Sie hätten dann nur noch Max Edelbacher über sich.« Bögl lächelte. »Und mich natürlich.«

Im ersten Moment wusste ich nicht, was ich darauf sagen sollte. Eine solche Beförderung würde mich nicht nur eine, sondern drei Stufen nach oben katapultieren. Max Edelbacher war der Leiter des Sicherheitsbüros und ein progressiv denkender Beamter. Er war vor einigen Jahren in Chicago gewesen und seitdem bemüht, die österreichische Polizei auf den Stand der amerikanischen Kollegen zu bringen. Ein Unterfangen, das sich als ausgesprochen schwierig herausstellte.

»Edelbacher ist damit einverstanden?«, fragte ich.

»Ja, er meinte, sie beide kämen gut miteinander aus«, sagte Bögl.

»Was ist mit Siska?« Josef Siska war zurzeit der Leiter der Mordkommission. Ich würde also seinen Job bekommen.

»Ich werde Siska als Stadthauptmann nach Währing versetzen«, sagte Bögl. »Das wird ihm nicht gefallen. Aber wir brauchen frischen Wind in der Polizei. Es steht eine Zeitenwende bevor, Ernst.«

Die Leitung der Mordkommission war die begehrteste Stelle der Polizei. Jeder Beamte, der etwas erreichen wollte, musste Morde aufklären. Es waren die schwierigsten Fälle, denn der Druck war enorm groß: Politik, Medien und die Bevölkerung ließen einen nicht aus den Augen. Man durfte sich kaum Fehler erlauben. Bisher hatte ich als zweiter Mordreferent bei einigen Fällen ermitteln können, allerdings nie in erster Reihe. Das würde sich mit dieser Beförderung ändern.

»Sie müssen bedenken, dass Sie jünger wären als viele der Kollegen, denen Sie dann vorstehen«, sagte Bögl. »Sie werden sich behaupten müssen. Aber ich schätze Sie so ein, dass Sie sich dieser Herausforderung gerne stellen. Oder sehe ich das falsch?«

Bögl stand auf und streckte mir die Hand entgegen. Keine Bedenkzeit. Er wusste, wenn ich darüber nachdenken musste, war ich nicht der richtige Mann. War ich der richtige Mann? Es wäre der Höhepunkt meiner Karriere.

Doch könnte ich es Evi erklären? Dieser Posten würde mich noch mehr in Anspruch nehmen. Die Mordermittler saßen oft bis in die frühen Morgenstunden zusammen, um Zeugenaussagen durchzugehen oder Theorien zu spinnen. Wenn ihre Kollegen der anderen Dezernate morgens eintrafen, gingen sie in ihre Büros und holten sich frische Kleidung, die sie dort deponiert hatten. Sie tranken und rauchten mehr als die anderen. Es war eine eingeschweißte Truppe mit eigenen Regeln. Wer einmal in der Mord war, blieb es in gewisser Weise für immer. Denn die Dinge dort vergaß man nie. Würde der Job auch mich verändern?

Und konnte ich es mir verzeihen, das nicht selbst herauszufinden?

»Danke für die Möglichkeit«, sagte ich und schlug ein. »Wann kann ich anfangen?«

Freitag, 22. Februar, 22:00 Uhr
Club Styx, Strozzigasse, Josefstadt, Wien

Die Musik war laut, das flackernde Deckenlicht brach sich in den Nebelwolken und tauchte den Raum in ein unheimliches Hellblau. Jacks Haut sah aus wie Wachs, seine Gesichtszüge traten schärfer hervor als sonst. Ein Vampir, dachte Katharina, als er durch die tanzende Menge schritt, in seinem weißen Anzug, diesmal mit schwarzem Hemd und einem spitzen Kragen. Er hatte so viele Knöpfe geöffnet, dass man das Tattoo auf seiner Brust erahnen konnte. *Make Love, Not War* in einem Flammenkreis.

Als er Katharina anlächelte, sah sie nicht die spitzen Eckzähne eines Vampirs, sondern die kleinen, scharfen Zähne eines Piranhas. Keine Begierde, sondern Gier.

Bei dem Gedanken musste sie lachen. Sie war schon ganz schön angetrunken, seit Jack sie heute von der Schule abgeholt hatte. Ihre Eltern dachten, sie sei bei ihrer besten Freundin, um sich auf die Mathematik-Matura vorzubereiten.

Der Winterurlaub mit Jack war ein Geheimnis geblieben. Genauso wie das, was an ihrem ersten gemeinsamen Abend in Vorarlberg geschehen war. Jack hatte so etwas seitdem nicht noch einmal getan. Am nächsten Tag war er sehr liebevoll zu Katharina gewesen. Sie wusste nicht, ob er sich schuldig fühlte. Jedenfalls erwähnte er den Vorfall mit keinem Wort. Sie fuhren Ski, tranken Punsch und bewarfen sich mit Schnee. Am Sonntag waren Jack und sie wieder nach Wien zurückgefahren. Er ließ sie vorsichtshalber ein paar Straßen von ihrem Haus entfernt aussteigen. Dabei überreichte er ihr silberne Ohrringe und eine Lederjacke, die sie schon ein paar Mal an ihm gesehen hatte.

»Damit du etwas von mir hast«, hatte er gesagt. Katharina versuchte gar nicht erst, ihm klarzumachen, dass sie diese Jacke von ihren Eltern unbemerkt ins Haus schmuggeln und versteckt halten musste. Sie bedankte sich und gab ihm zum Abschied einen Kuss.

Katharina hatte beschlossen, sich über Jacks Verhalten an jenem Abend erst mal keine weiteren Gedanken zu machen. Die bevorstehende Matura stresste sie schon genug. Außerdem fragten sie ihre Eltern bei jeder gemeinsamen Mahlzeit, was sie nach der Schule zu tun gedenke. Katharina befand sich in einem Zustand permanenter Genervtheit.

Jack fuhr sie herum und lud sie ein, er schenkte ihr Schmuck und sorgte dafür, dass sie in Clubs kam, in die sie sonst keinen Zutritt bekommen hätte. Sie merkte selbst, dass ihre Verliebtheit für ihn stark nachgelassen hatte, aber damit wollte sie sich beschäftigen, wenn sie die Matura geschafft hatte.

Jack trat an ihren Stehtisch und überreichte ihr einen Drink.

»Trink aus!«, forderte Jack sie auf. Er klang überschwänglich und konnte kaum ruhig bleiben. »Lass uns tanzen!«

Noch ehe sie etwas erwidern konnte, packte Jack Katharina am Arm. Sie stürzte das Getränk in einem Zug hinunter und schaffte es gerade noch, das Glas auf dem Tisch abzustellen, ehe sie von Jack in den Dschungel der tanzenden Menge gezogen wurde.

Jack war kein großer Tänzer, aber er liebte es, sie beim Tanzen zu beobachten. Während er sich leicht im Takt der Musik bewegte, ließ er die Augen nicht von ihr. Sie wusste mittlerweile, was ihm gefiel. Sie streckte die Arme in die Höhe, ließ die Hände durch ihre Haare wandern, an den Hüften entlanggleiten, ging leicht in die Knie.

Es war ein Spiel und sie wusste, dass Jack ein unverbesserlicher Spieler war. Das Spiel zog ihn stärker an, als jede Droge es könnte. Vieles an ihm war ihr ein Rätsel, doch das wusste sie mit Bestimmtheit.

Die Musik wurde lauter, dröhnte geradezu in ihrem Kopf. Der Nebel schien sich zu verfestigen, das Licht brannte sich durch ihre Netzhaut und hinterließ farbige Flecken in ihrem Gehirn. Ihr Körper befand sich an mehreren Orten gleichzeitig, floss über den Boden, schlängelte sich zwischen den Füßen der Tanzenden hindurch.

Sie nahm Zeit nur noch in Bruchstücken wahr, als würde jedes Blinzeln sie an einen neuen Ort transportieren. Sie fühlte die Kälte der Nacht als Nadelstiche über ihre Haut streifen, blinzelte, das Leder des Mustangs legte sich wie eine schützende Hand um sie, blinzelte, dann stolperte sie endlose Stufen hinauf, blinzelte, dann wurde es schwarz.

Als sie aufwachte, schienen Sonnenstrahlen durch das Fenster. Das Licht wurde vom Parkettboden reflektiert und zersprang hinter ihren Liedern in schmerzhafte Splitter. Katharina hatte fürchterliche Kopfschmerzen. Ihr war schlecht, ihr ganzer Körper schmerzte, als hätte ein Muskelkater bis in die Enden ihrer Nerven von ihr Besitz ergriffen. Ihre Schulterblätter brannten und ihre Hände fühlten sich taub an.

Langsam nahmen die Dinge um sie herum Kontur an. Sie erkannte, wo sie sich befand: in Jacks Schlafzimmer. Sie fühlte sich so schwer und müde ...

In diesem Moment ging die Tür auf und Jack kam herein.

»Na, mein Schatz, wie hast du geschlafen?« Er wirkte ausgeschlafen und munter. Locker ließ er sich neben sie auf das Bett fallen und streichelte ihr über den Kopf.

»Ich kann mich nicht erinnern, wie ich hierhergekommen bin.«

»Du hattest ganz schön viel zu trinken«, sagte Jack und lachte. »Ich musste dich fast die Stiegen rauftragen.«

Sie konnte nicht sagen, warum, doch plötzlich überkam Katharina ein kalter Schauer. Sie zitterte und war froh, dass Jack es unter der Decke nicht sehen konnte.

»Du hast doch nichts gemacht in der Nacht, oder?«, fragte sie. »Als ich geschlafen habe? Mich gefesselt oder so?«

»Natürlich nicht«, beteuerte Jack, »das würde ich niemals tun.« Er klang ruhig und freundlich. Und lächelte sie an.

»Du solltest noch etwas schlafen«, sagte Jack und drückte Katharina sanft in die Matratze. »Ich muss ein paar Dinge erledigen, aber ich bin bald zurück.«

Kaum hatte Katharina dem Druck seiner Finger nachgegeben, legte sich der Schlaf wie ein Schleier über ihr Gesicht.

Als sie das nächste Mal aufwachte, fühlte sie sich schon etwas besser. Die Kopfschmerzen hatten nachgelassen, die Übelkeit war verschwunden. Langsam richtete sie sich auf. Sie sah, dass Jack offenbar ihre Kleidung fein säuberlich auf einem Stuhl zusammengelegt hatte. Sie trug nur Slip und BH. Mühsam zog sie sich an. Dann ging sie in die Küche, nahm ein Glas aus dem Schrank über der Spüle und ließ das Wasser laufen. Zunächst spritzte sie sich das kalte Wasser ins Gesicht, dann füllte sie das Glas voll und trank es in gierigen Zügen aus. Katharina bemerkte, dass sie unglaublich durstig war, als hätte sie tagelang nichts zu trinken bekommen. Auf dem Küchentisch fand sie eine Nachricht.

Bin nur kurz weg, warte auf mich. Jack

Aber Katharina wollte nicht warten. Ihre Eltern machten sich bestimmt Sorgen. Sie ging in den Vorraum, zog sich Schuhe und Mantel an und wollte die Tür öffnen. Doch die Tür war versperrt. Sie blickte auf den Kasten neben dem Eingang, doch konnte darauf keinen Schlüssel entdecken. Sie ging zurück in die Küche, womöglich hatte Jack den Schlüssel neben die Notiz gelegt. Nichts. Katharina blickte unter den Tisch, kroch schließlich auf allen vieren über den Boden. Schlüssel fand sie keinen. Jack hatte sie eingesperrt.

Private Notizen von Mag. Elisa Kronfeld
Psychologisches Profil von J. U.

Meine erste Begegnung mit J. U. lief anders als erwartet. Wir trafen uns am Samstag, den 23. Februar 1991, im Café Landtmann. Er erschien in tiefblauem Anzug mit blutrotem Hemd, einem weißen Hut und einem großen Schäferhund an seiner Seite.

Ich war nervös, ihn zu treffen, und das aus zwei Gründen: J. U. war ein verurteilter Mörder. Und Doktor Töller durfte nichts von unserem Treffen erfahren. Ich hatte ihm versprochen, in der Sache nichts zu unternehmen. Aber wie konnte ich ihn nicht treffen? In gewisser Weise drehte sich meine Doktorarbeit um ihn. Nicht um ihn als Mensch, sondern um ihn als Pathologie.

Seine Nummer erhielt ich von seinem Verlag, als ich angab, ich sei eine Journalistin und wolle einen langen, exklusiven Artikel über ihn schreiben. Offenbar waren die Verlagsangestellten angewiesen worden, Journalisten sofort zu J. U. durchzustellen. Dies würde für seine Geltungssucht sprechen.

Als er sich mir gegenübersetzte, musterte er mich. Ich merkte, dass er mich mit seinem Blick auszog, wie sich eindeutige Vorstellungen in seinem Kopf bildeten. Eine solche

Vorgehensweise ist aber nicht exklusiv bei Sexualstraftätern zu finden, sondern weit verbreitet unter Männern.

Tatsächlich hatte er sich überraschend gut unter Kontrolle. Er machte mir ein Kompliment zu meiner Kleidung, hielt sich aber ansonsten zurück. Ich wahrte ein professionelles Auftreten und eine Distanz, die er zu respektieren schien.

J. U. zeigte sich interessiert an meiner Arbeit. Ob er etwas von mir lesen könne? Ich blieb vage und er fragte nicht mehr nach. Nach diesem ersten Treffen ist es schwierig, einzuschätzen, ob er das Interesse nur vortäuschte, um Sympathie zu erwecken. Aus der bisherigen Datenlage muss ich diese Möglichkeit in Betracht ziehen. Ich hatte mir für unser Treffen eine Geschichte zurechtgelegt. Für ein Literaturmagazin schreibe ich eine Reportage über *Fegefeuer* und ihn, den Autor. Das erlaubte mir, ihn mit einigen Zitaten aus dem Buch zu konfrontieren und seine Reaktion zu überprüfen. Das etwa schreibt J. U. über seine Kindheit:

Wenn eine der Tanten, oder auch eine der vielen Omas, sich auf das Holzbrett über der Jauchengrube hockte, schielte ich durch ein vorbereitetes Astloch von oben herab, später wurde ich geübter, man sah mehr, wenn man von schräg unten beobachtete. [...] Mit offenem Mund, an die Bretterwand gepreßter Nase und anhaltendem Atem verfolgte ich die Finger, die die letzten Tropfen aus dem Haarbusch trockneten. Mancher Finger tauchte ins Loch, dann schloß ich die Augen –

Dies sollen die Gedanken eines sieben- oder achtjährigen Kindes sein. Die Schilderung wirkt allerdings anachronistisch und retrospektiv. Nicht so, als hätte J. U. seine Gefühle als Kind wiedergegeben, sondern als hätte sich die erwachsene Person mit ihren Gefühlen und Gedanken über das Kind gelegt, das sie einstmals gewesen war. Ich konfrontierte J. U. vorsichtig mit dieser Szene und behielt meine Interpretation für mich. Seine Antworten bestanden durchgängig aus Plattitüden, dass es genauso gewesen sei, dass er sich an die Wahrheit gehalten habe und dergleichen.

J. U. erzählte freigiebig aus seiner Kindheit, allerdings nichts, was nicht in seinen Texten stand. Bei genauer Betrachtung sowohl seiner Erzählungen als auch von *Fegefeuer* wird deutlich, dass sich einige Muster immer wiederholen: Egal, ob er sich bei seinem Großvater, seiner Tante oder seiner Großmutter befindet, immer muss er den Erwachsenen beim Geschlechtsverkehr zusehen. Die Erwachsenen vernachlässigen ihn alle auf dieselbe Weise, benutzen teilweise sogar den gleichen Duktus. Sie wirken wie Variationen ein- und derselben Figur, nicht wie lebensnahe Gestalten. Aus psychologischer Sicht stellt sich die Frage, ob *Fegefeuer* tatsächlich als Biografie des Autors gelesen werden darf. Aus beruflicher Perspektive scheinen mir zwei andere Deutungen naheliegender.

Die Erste ist die Offensichtlichste. J. U. nutzte die Literatur, um eine Geschichte zu fabrizieren, die ihn als Opfer darstellt, und um sich so einen strategischen Vorteil bei Medien, in der Kulturszene und im Prozess um seine Freilassung zu verschaffen.

Die zweite Deutung ist die erschreckendere und schließt die erste nicht aus. Möglicherweise half die literarische Arbeit J. U. nicht, seine Vergangenheit zu bewältigen, wie etwa Doktor Töller in seinem Gutachten schrieb.

Vielmehr produzierte J. U. sich eine Vergangenheit nach eigenen Wünschen und verlor sich in ihr, sodass die Fiktion die Wirklichkeit überlagerte. Ob er tatsächlich Opfer all der schrecklichen Erlebnisse wurde, die in *Fegefeuer* beschrieben werden, ist dann nicht mehr entscheidend. Er schrieb sie sich ein. Damit wären seine Bücher als Echokammer zu verstehen, die bereits vorhandene Triebe wie etwa den Voyeurismus oder die Lust am Quälen anderer, die im Buch immer wieder auftauchen, bloß noch verstärken. Literatur wäre dann nicht Befreiung, sondern Verstärkung; er schrieb seine krankhaften Obsessionen nicht aus sich heraus, sondern bloß tiefer in sich hinein.

Beim ersten Treffen konnten diese Interpretationen noch nicht überprüft werden. J. U. zeigte sich das einstündige Gespräch über aufmerksam und trank nichts anderes als einen Milchkaffee. Einzig der wiederkehrende Blick auf seine Uhr lenkte ab. Auf die Frage, ob er noch etwas zu erledigen habe, meinte er nur, zu Hause würde etwas auf ihn warten.

Ich beendete unser »Interview« mit der Hoffnung auf weitere Gespräche. J. U. schien diesem Vorhaben nicht abgeneigt, wie es bei seinem ausgeprägten Geltungsbedürfnis auch nicht anders zu erwarten war. Ich bin zuversichtlich, dass die wahre Motivation seiner Tat, des Mordes an Margret Schäfer im Jahr 1974, womöglich, ohne ihm selbst klar zu sein, in seinem Unbewussten und zwischen den Zeilen seiner Werke zu finden ist. Wer J. U. verstehen will, muss diese Tat verstehen, und umgekehrt. Davon bin ich überzeugt. Mit etwas Glück wird ein solches Verständnis auch Erkenntnis über die Pathologie des Sexualverbrechers als solcher bringen.

Je stärker ein Mensch etwas zu verbergen versucht, desto deutlicher wird seine Maskerade; umso klarer zeichnen sich die Umrisse der Wahrheit hinter dem Schleier der Täuschung ab.

Und J. U., so viel kann ich bereits sagen, versucht einiges zu verbergen.

Samstag, 23. Februar, 12:00 Uhr
Wohnung Jack Unterweger, Florianigasse, Josefstadt, Wien

Langsam stieg Panik in Katharina hoch, kratzte mit kalten Krallen in ihren Eingeweiden. Sie wollte um keinen Preis hier sein, wenn Jack zurückkam. Sie begann, in seinen Schränken zu wühlen und seine Laden zu durchsuchen.

Sie wusste selbst nicht, was das bringen sollte, doch still zu sitzen und abzuwarten würde sie verrückt machen. Als sie Jacks Unterhosen durchsuchte, entdeckte sie ein Notizbuch mit rotem Ledereinband.

Katharina setzte sich damit auf das Bett. Sie schlug es ungefähr in der Mitte auf. Die Seiten waren mit blauem und schwarzem Kugelschreiber vollgeschrieben worden. Sie erkannte Jacks krakelige und verzerrte Handschrift.

Die Eintragungen bestanden alle aus verschiedenen Frauennamen, versehen mit einem Datum. Darunter standen jeweils nur kurze Zeilen.

Ursula: Erstes Mal oral. Schluckte mein Sperma.
Nadia: Große, runde Brüste. Lieblingsposition: Reitstellung

So ging es seitenlang weiter. Die Aufzeichnungen waren nüchtern gehalten. Sie ließen keine Rückschlüsse darüber zu, ob oder was Jack für diese Frauen empfand. Es mussten über hundert Eintragungen sein. Sie begannen mit Jacks Entlassung. Die letzte Eintragung war zwei Tage alt.

Angewidert wollte Katharina das Buch zurücklegen, als ihr eine Eintragung ins Auge sprang. Sie war im November des letzten Jahres gemacht worden.

Katharina: Erstes Mal anal. Eng, kaum Schmerzen.

Die Übelkeit kehrte zurück. Katharina musste sich bemühen, sich nicht auf das Bett zu übergeben. Schnell legte sie das Notizbuch zurück und schloss die Schublade. Sie musste irgendwie hier rauskommen, bevor Jack zurückkehrte.

Sie zwang sich, tief durchzuatmen und nachzudenken. Sie wusste, dass er einen Zweitschlüssel hatte. Schon ein paarmal hatte er ihn ihr gegeben, damit sie sich selbst einlassen konnte. Hatte er ihn mitgenommen? Oder war er noch in der Wohnung? Er war Katharinas einzige Chance.

Jack war ausgezeichnet darin, Pläne zu schmieden, doch er war meist zu ungeduldig, alle Details auszuarbeiten. Das hatte

Katharina schon öfters erlebt. Sie ging in den Vorraum zurück und überlegte. Ihr Blick schweifte über die Jacken und Taschen. Vielleicht hatte Jack den Schlüssel in einer Jackentasche vergessen? Hastig durchwühlte Katharina die Taschen. Sie wollte die Hoffnung schon aufgeben, als sie etwas Spitzes durch das Innenfutter ertastete. Sie griff in die Innentasche einer Wildlederjacke und zog tatsächlich einen kleinen, silbernen Schlüssel heraus. Vor Freude hätte sie weinen können. Es war der Zweitschlüssel.

Sie sperrte die Tür auf und steckte den Schlüssel in die Tasche zurück. Atemlos horchte sie in das Stiegenhaus, ob Schritte zu hören waren. Als sie sicher war, dass niemand kam, schlüpfte sie aus der Wohnung, ließ die Tür unversperrt hinter sich und lief die Stiegen hinunter. Erst als sie aus dem Haus und ein paar Straßen weiter war, erlaubte sie sich, aufzuatmen. Sie ließ sich auf die Bank einer Bushaltestelle fallen. Ihre Hände zitterten.

Katharina tat, was sie schon lange hatte tun wollen, sich in Jacks Gegenwart aber nie getraut hatte: Sie weinte.

Donnerstag, 7. März, 22:00 Uhr
Villa Haas, Döbling, Wien

Margit saß auf ihrem großen Himmelbett, den Rücken an das metallene Kopfteil gelehnt, dessen Streben sich zu einem eleganten, floralen Muster verzweigten, und las. Seit ein paar Tagen hatte sie sich wieder in eines ihrer Lieblingsbücher vertieft: *Der Mann mit der Ledertasche*, der erste Roman von Charles Bukowski. Die Liebe zu Bukowski hatte sie bereits als Schülerin entdeckt. Der trinkfeste, von Akne gezeichnete, streitlustige Amerikaner erzählte von einem völlig anderen Leben, als sie es kannte. Keine Dinnerpartys mit Männern in Anzügen und Frauen in langen Kleidern, keine Sommerurlaube am Meer und Winterurlaube in den Alpen, sondern schlecht bezahlte Jobs und billiger Sex. Die dreckige, ungeschminkte und harte Sprache Bukowskis hatte sich in Margits Mund angefühlt wie die erste Zigarette. Eintrittskarten in eine neue Welt, von der ihre Eltern nichts wussten. In der sie sich allein und ungestört bewegen und entwickeln konnte. Seit dieser Zeit interessierten sie Zuhälter mehr als hübsche Ärzte und sie verbrachte ihre Zeit lieber in verrauchten Gasthäusern und schlecht ausgeleuchteten Bars als in der Staatsoper.

Das Klingeln des Telefons unterbrach Margits Lektüre. Sie legte das Buch weg und wälzte sich auf die andere Seite des Bettes, wo ihr Telefon auf dem Nachttisch stand. Sie wollte es stets griffbereit haben, denn Margit war eine obsessive Telefoniererin. Sie liebte es, sich stundenlang, oft bis tief in die Nacht hinein, mit ihren Bekanntschaften über alles zu unterhalten, was in Wien geschah, vorzugsweise außerhalb des Scheinwerferlichts. Damit ihre Eltern davon nichts mitbekamen, hatte sie sich eine eigene Leitung mit eigener Nummer installieren lassen. Sie wollte keinesfalls, dass ihre Mutter aus Versehen abhob, während einer von Margits männlichen Bekannten zu später Stunde derbe Scherze in den Hörer grölte.

»Hallo?«, meldete sich Margit.

»Ich sage dir, die verarschen mich hier alle!«

Margit erkannte die Stimme sofort. Seit sie Jack vor zwei Monaten kennengelernt hatte, rief er sie meist an, wenn er unterwegs war. Und er war oft unterwegs. Rastlos fuhr er durch das ganze Land. In seiner Wiener Wohnung, die ihm, wie Margit von anderer Stelle erfahren hatte, eine reiche Industriegattin bereitstellte, hielt er es nie lange aus. Es wirkte auf sie, als wäre er getrieben. Sie war froh, mit Jack nie ernsthaft etwas angefangen zu haben. Seine Geschichten zu hören, amüsierte sie. Er war ein unterhaltsamer Gesprächspartner und besaß viele interessante, ungewöhnliche Ansichten. Aber auf Dauer verursachte er Margit mit seinen Gefühlswechseln Kopfschmerzen. Außerdem, das wusste Margit von seinen anderen Beziehungen, wollte er seine Partnerin früher oder später verschlingen. Margit hatte keine Lust darauf, sich von einem Mann so einnehmen zu lassen.

»Keine zwanzig Gäste bei meiner beschissenen Lesung! Diese Hinterwäldler glauben, ich sei irgendein Autor! Die sollten mir auf Knien danken, dass ich in ihr Scheißkaff fahre!«

»Wo bist du denn?«, wollte Margit wissen.

»Diese Bauern könnten Kunst nicht mal erkennen, wenn sie ihnen im Arsch herumkriecht!«, schrie Jack in den Hörer, ohne Margit eine Antwort zu geben. »Und das Ministerium will mir auch noch die Subventionen kürzen für mein neues Stück! Statt 120.000 Schilling nur noch 80.000. Das können die doch nicht machen! Was glauben die, wer sie sind? Ich bin einer der bekanntesten Schriftsteller in diesem kleinen Scheißland!«

Margit seufzte leise. Wenn Jack einmal in Rage war, ließ man ihn besser in Ruhe und wartete, bis er sich beruhigt hatte. Er war in diesem Zustand nicht aufnahmefähig und nur am anderen Ende einer Telefonleitung zu ertragen.

»Ich muss hier raus, verdammte Scheiße!«

»Das wird schon wieder«, sagte Margit lustlos, doch das Klicken in ihrem Ohr signalisierte ihr, dass Jack bereits aufgelegt hatte. Auch das war nicht unüblich. Manchmal rief er sie an, bloß um sich abzureagieren, und legte dann genauso unvermutet auf, wie er angerufen hatte.

Margit nahm das Buch wieder zur Hand und las jene großartige Szene, in der Hank Chinaski, Antiheld der Geschichte und Alter Ego von Bukowski, auf einer Pferderennbahn herumirrte, seine eigene Existenz so unfrei wie die Pferde, auf die er wettete. In den Beschreibungen des Alltäglichen, der Pferdebahnen, Bars und des Briefträgerlebens versteckte sich der lächerliche Versuch, den die Menschen immer wieder wagen: ein wenig Schönheit aus dem Dreck der Existenz zu ziehen. Und die Anerkennung dieses Versuches machte das Menschliche bei Bukowski aus.

Sie wusste nicht, wie viel Zeit vergangen war, als ihre Augen über die letzten Zeilen des Buches wanderten, die sie auswendig kannte:

»Am nächsten Morgen war die Nacht vorbei, und ich war noch am Leben. Vielleicht schreibe ich einen Roman, dachte ich. Und dann schrieb ich ihn.«

Sie klappte das Buch zu, warf es auf den Boden und blickte auf die Uhr. Es war weit nach ein Uhr nachts. Sie fühlte sich noch nicht müde, aber sie wusste, kaum würde sie das Licht ausmachen und die Augen schließen, würde sie in ihrem weichen Bett langsam und behutsam in den Schlaf sinken.

Kaum hatte sie die Augen geschlossen, läutete das Telefon erneut. So müde konnte Margit gar nicht sein, dass sie nicht ihrer Neugier nachgab, wer sie so spät noch anrief. Mit einer Vorahnung hob sie ab.

»Margit.« Es war Jacks Stimme, allerdings sanft und ruhig. Von dem Zittern war nichts mehr zu spüren.

»Ich habe dich doch nicht geweckt?«

»Alles gut, Jack«, sagte Margit. »Ich habe noch gelesen.«

»Ich wollte mich nur entschuldigen, dass ich vorhin so aufgebracht war«, sagte Jack. »Du weißt ja, wie wichtig mir meine Schriftstellerei ist. Und wie sehr mich das alles mitnimmt. Manchmal muss ich meine Enttäuschung rauslassen und ich weiß nicht, wen ich sonst anrufen kann.«

»Dafür sind Freunde doch da«, sagte Margit. »Jetzt geht es dir besser?«

»Ja ...« Jack schien ein wenig um Worte verlegen. »Ich war noch ein wenig unterwegs, um einen klaren Kopf zu bekommen.«

Margit lächelte. Sie konnte sich vorstellen, was das bedeutete. »Das freut mich zu hören«, sagte sie. »Dann schlaf gut.«

»Schlaf du auch gut«, sagte Jack. »Und lass uns bald mal im *Cobenzl* essen gehen, ja?«

Nachdem sie aufgelegt und es sich unter ihrer Decke bequem gemacht hatte, erinnerte sie sich, dass sie zu Beginn ihrer Bekanntschaft mit Jack über Bukowski gesprochen hatte. Sie hatte ihm von dem Schriftsteller vorgeschwärmt. Jack teilte ihre Leidenschaft. Er erzählte ihr, dass er im Gefängnis alles von Bukowski gelesen hatte. Zumindest behauptete er das. Wenn sie jetzt darüber nachdachte, kam es ihr nicht so vor, als hätte Jack irgendein Buch von Bukowski tatsächlich gelesen. Vielleicht hatte er darin geblättert und von anderen Leuten etwas darüber gehört. So war es immer mit Jack. In seinen vielen Erzählungen vermischten sich Fiktion und Realität, bis sie kaum noch voneinander zu unterscheiden waren. Doch bevor Margit länger darüber nachdenken konnte, war sie eingeschlafen.

Freitag, 15. März, 18:00 Uhr
Opernplatz, Innere Stadt, Wien

Sie trat aus dem U-Bahn-Aufgang auf den Opernplatz, schlang den braunen Wollmantel enger um ihren Oberkörper und schob den Kaschmirschal zurecht. Dann hob sie den Blick und erstarrte.

Vergessen war ihr Termin mit ihrem Verleger, der bereits im Café *Sacher* auf sie wartete und für den sie sich schick gemacht hatte. In diesem Moment hätte sie nicht einmal sagen können, wie der Titel ihres eigenen Buches lautete, um das es bei dem Treffen gehen sollte. Das Bild vor ihr verdrängte alle anderen Gedanken aus ihrem Kopf. Es zeigte das Gesicht eines jungen Mannes, der schmerzverzerrt den Mund aufriss und die Augen geschlossen hatte. Unter seinem Gesicht stand in großen roten Buchstaben »Schrei der Angst«. Und unter diesem Titel wiederum der Name eines Mannes, den Sonja von Eisenstein gut kannte und am liebsten vergessen hätte: Jack Unterweger.

Sie las, dass an diesem Abend eine Vorstellung im Theater Tribüne gegeben wurde. Wenn sie ihren Verleger schnell genug loswürde, könnte sie es schaffen. Die Angst, von Jack entdeckt zu werden, rang mit ihrer Neugier. Was er wohl allein zustande brachte? Sie bemerkte, dass Passanten sie zu mustern begannen.

In ihrer eleganten Kleidung auf ein solches Bild zu starren erregte Aufmerksamkeit. Schnell eilte sie weiter und war froh, als sie im Café *Sacher* verschwinden konnte.

Während des ganzen Gesprächs mit ihrem Verleger, das sich um ihr neues Buch drehte, musste sie an das Stück denken. Ihr Buch sollte untersuchen, wie sich die Methode des intuitiven Schreibens, einer Technik, bei der Menschen in einer Art Trance ihrem Unterbewusstsein Sätze entlockten und diese niederschrieben, auf das Heilungspotenzial von Traumata auswirkte. Ihr Verleger war begeistert von der Idee. Was sie ihm nicht verriet, war die Tatsache, dass eine ihrer ersten Testpersonen, mit der sie vor über einem Jahrzehnt diese Technik ausprobiert hatte, nun schon einige Bücher und Theaterstücke geschrieben hatte, von denen eines heute Abend aufgeführt wurde.

Als sie sich schließlich verabschiedete, hatte sie noch zwanzig Minuten, bis die Aufführung begann. Noch war Zeit, einfach ein Taxi zu nehmen und in ihre Wohnung zu fahren. Oder ins *Schwarze Kameel* zu gehen, dort würde sie sicher jemanden treffen, den sie kannte.

Sonja seufzte. Sie wusste, dass sie keinen Rückzieher machen konnte. Sie musste sehen, was aus ihrem einstigen Projekt geworden war. Sie ging die Ringstraße hinab, beim Burgtheater vorbei und auf das Café *Landtmann* zu, in dessen Keller sich die *Tribüne* befand. Es war ein kleines Theater, das sich selbst als ein Undergroundtheater verstand und junge Autoren fördern wollte. Sonja kaufte eine Karte, zog ihren Mantel aus und setzte sich mit ihrem dezenten schwarzen Rollkragenpullover in die hinterste Reihe. Die goldene Halskette nahm sie ab. Sie wollte nicht, dass ein verirrter Lichtstrahl sie verriet.

Die Lichter gingen aus. Sonja ließ sich tiefer in ihren Sitz sinken, denn obwohl das Theater nicht sehr groß war, blieben viele Plätze leer. Ein Mann in weißem Anzug und rosa Hemd trat auf die Bühne. Die Ringe auf seinen Fingern glänzten, als er sie durch die Luft schwang. Jack ließ es sich nicht nehmen, unter großem Gestus sein Publikum zu begrüßen. Er war so damit beschäftigt, die schwierige Entstehungsgeschichte des Stücks zu erklären, dass er Sonja offenbar nicht bemerkte. Jack erzählte, dass sich viele seiner Mithäftlinge mit AIDS infiziert hatten. Er hatte sich mit der Geschichte dieser armen Menschen auseinandergesetzt und sich verpflichtet gefühlt, über dieses tabuisierte Thema ein Stück zu schreiben.

Unter zaghaftem Applaus trat er ab und das Stück begann. Die Geschichte handelte von Jürgen und seinem Freund Hanspeter. Jürgen wurde ins Krankenhaus eingeliefert, wo ein erster AIDS-Test positiv ausfiel. Er sprach mit seiner Familie und seinem Freund über Schuld, die Konsequenzen seiner Krankheit und wie die Gesellschaft ihn von nun an als Ausgestoßenen betrachten würde. Das Stück selbst kam Sonja vor wie eine kaum verhohlene politische Botschaft. Die Dialoge fielen flach aus, Spannungsbogen gab es keinen. Bei den stärkeren Stellen hatte Sonja Zweifel, ob sie wirklich von Jack kamen. Sie überlief ein Schauder, als der Schauspieler des Jürgen deklamierte:

»Viele Lügen sind oft die Wahrheit – wenn die Wahrheit oft auch als Lüge angesehen wird – wer weiß das schon? Wer kennt den Unterschied? Noch nie standen Sieger vor Gericht. Nur Verlierer! Gründe? Weil der Sieg jede Lüge zur Wahrheit macht!«

Bis zum Ende hielt sie nicht durch. Nach knapp einer Stunde packte sie ihren Mantel und stürzte aus dem Saal. Sie lief zum nächsten Taxistand, setzte sich auf den Rücksitz eines der Autos und blickte sich um, als der Fahrer auf die Ringstraße abbog. Von Jack keine Spur. Eine halbe Stunde später saß sie vor dem Schreibtisch in ihrer Wohnung, eine Rotweinflasche neben sich und einen Haufen Zettel vor sich ausgebreitet. Es waren all die Briefe und Geschichten, die ihr Jack aus dem Gefängnis geschickt hatte. Sie reichten zurück bis in das Jahr 1975. Damals hatte sie ein Bekannter auf den jungen, gerade zu lebenslänglicher Haft verurteilten Jack Unterweger aufmerksam gemacht. Sie schrieb ihm und seine Antworten imponierten ihr. Als er erfuhr, dass sie Schriftstellerin war, sandte er ihr seine Gedichte. Er schrieb ihr von seinem Leben im Gefängnis, von seiner Reue über den Mord, für den man ihn verurteilt hatte, und über Selbstmordgedanken.

Sonja bekam Mitleid. Sie half Jack, den Hauptschulabschluss nachzuholen, und finanzierte ihm im Anschluss einen Fernkurs in erzählendem Schreiben.

Nachdem das Manuskript seiner Autobiografie von einem Verlag angenommen worden war, schrieb Jack ihr einen Brief:

Es ist eine Ironie – Frauen haben mich zu Fall gebracht und hübsche Frauen helfen mir wieder auf

Doch das war lange her. Das Stück *Schrei der Angst* hatte diese verdrängte Vergangenheit schmerzhaft in die Gegenwart geholt. Bereits beim Betrachten des Plakats hatte sie sich gefragt, wer bei einer AIDS-Diagnose schreien würde. Wäre man nicht viel eher in Tränen aufgelöst oder würde in eine Schockstarre verfallen? Nein, Schreie aus Angst kannte Jack aus anderen Situationen. Sie hatten nichts mit AIDS zu tun. Sonja spannte ein Blatt Papier in ihre Schreibmaschine. Sie begann zu tippen.

Jack Unterweger ist ein Betrüger, der die österreichische Kulturszene nutzt, um sein Image aufzupolieren und sich von seinen

Verbrechen zu distanzieren. Man muss dem ein Ende machen, bevor es zu spät ist.

Sie steckte den Zettel in ein Kuvert und adressierte ihn an den Herausgeber einer auflagenstarken österreichischen Tageszeitung. Dann nahm sie einen kräftigen Schluck aus der Rotweinflasche.

Aus dem Berg an Briefen fischte sie einen Zettel heraus. Er war abgegriffen, das Papier bereits vergilbt, Flecken hatten sich über die Zeilen gelegt. Es war der Brief, mit dem alles begonnen hatte. Jack hatte ihr kurz nach ihrem brieflichen Kennenlernen ein Gedicht geschickt, mit dem er seinen Selbstmordgedanken Ausdruck verleihen wollte.

LIEBESGEDICHT AN DEN TOD

Auch zu mir kommst du einmal,
du vergißt mich nicht,
und zu Ende ist die Qual
und die Kette bricht.

Noch erscheinst du fremd und fern,
und bist lebendig, Tod.
Stehest als ein kühler Stern
über meiner Not.

Aber einmal wirst du nah
und voll Flammen sein.
Komm, Geliebter, ich bin da,
nimm mich, ich bin dein.

Diese Zeilen hatten sie damals zu Tränen gerührt. Wer solche Verse schreiben konnte, der konnte nicht nur böse sein. In dem musste eine Seele wohnen, die Schönheit kannte und Güte, die trauern und mitfühlen konnte. Damals jedoch wusste sie noch nicht, was sie später herausfinden sollte: Dieses Gedicht stammte nicht von Jack. Hermann Hesse hatte es geschrieben und Jack hatte bloß ein paar Wörter ausgetauscht.

Sonja nahm noch einen weiteren Schluck aus der Flasche. Sie wusste, dass Jack den Autor nur spielte. Es war eine der vielen Masken, die er sich im Laufe seines Lebens aufgesetzt hatte. Was sich allerdings hinter diesen Masken verbarg, davon machte sich Sonja keine Vorstellung. Bei dem Gedanken daran überkam sie ein kaltes Schaudern.

Sonntag, 31. März, 12:00 Uhr
Café Cobenzl, Am Cobenzl, Döbling, Wien

Von der Terrasse des Café *Cobenzl* hatte man einen wundervollen Blick über Wien. Jack hatte recht, dachte Margit. Trotz der Kälte lohnte es sich, draußen zu sitzen und die Augen schweifen zu lassen. Vor ihr zogen sich die Weinstauden unter der Sonne dahin wie kleine Bäche. Der Turm des Stephansdoms glich einer Nadelspitze, so dünn ragte er in den Himmel. Etwas Nasses und Kaltes berührte ihren Handrücken. Margit wandte sich um. Es war Joy, Jacks Schäferhündin.

»Hallo, Margit«, begrüßte sie Jack, der einige Meter dahinterstand. Wie lange er wohl schon dort gestanden und sie beobachtet hatte?

»Ich habe dich gar nicht rauffahren sehen«, sagte Margit.

Jack zog sich seine Lederjacke aus, unter der er bloß ein weißes T-Shirt trug.

Die Kälte schien ihm nichts auszumachen. Er hängte die Jacke um die Lehne des Sessels, setzte sich neben sie und nahm seine Sonnenbrille ab.

Margit fiel einmal mehr auf, wie klein seine Augen waren. Sie schienen sich in seinen Kopf zurückzuziehen.

Was sie dort wohl sehen mochten?

»Ich habe dir doch erzählt, dass ich einen Unfall hatte«, sagte Jack. Margit erinnerte sich. Vor ein paar Tagen hatte er sie wieder einmal mitten in der Nacht angerufen und ihr unzusammenhängend von einem Autounfall in Italien erzählt. Sie hatte gedacht, dass es einer von Jacks Versuchen war, Aufmerksamkeit zu erheischen. In solchen Situationen verhielt er sich wie ein kleiner Bub.

»Richtig«, sagte sie. »Was ist mit dem Mustang?«

»Totalschaden«, brummte Jack. »Musste ihn in Italien lassen. Bin mit einem VW Passat zurückgekommen.«

Margit musterte ihn. »Die Kratzer an deinem Unterarm sind auch von dem Unfall?«

»Die?« Jack blickte sie für einen Augenblick verständnislos an. »Ach ja, die, genau, die sind auch von dem Unfall. Aber fast schon verheilt.«

»Willst du was essen?«, fragte Margit.

»Mir wäre es lieber, du trinkst aus und wir machen eine kleine Spritztour«, sagte er.

Margit trank den letzten Schluck Rotwein. »Das passt gut, ich bin sowieso mit dem Bus gekommen.«

Sie bezahlte und folgte Jack auf den Parkplatz. Tatsächlich stand dort ein grüner VW Passat.

»Kein Witz«, sagte Margit. »Der Mustang ist weg.« Das musste ein schwerer Schlag für Jack gewesen sein. Sie wusste, wie sehr er dieses Auto geliebt hatte.

Sie stieg ein und Jack startete den Motor.

»Wie wär's«, sagte sie, »wir fahren in die Innenstadt und gehen was essen? Ich lade dich ein.« Sie wusste, dass Jack Einladungen normalerweise nicht ablehnte.

»Klingt gut«, sagte er. Sie verließen den Parkplatz, doch statt die Cobenzlgasse nach Grinzing hinunterzufahren, fuhr Jack den Höhenweg entlang, der rund um Wien und durch den Wienerwald führte.

»Ist das nicht ein Umweg?«, fragte Margit, doch Jack antwortete nicht.

Er fuhr ungewohnt langsam.

»Ist was?«

»Nein«, sagte Jack, ohne seinen Blick abzuwenden.

Als sie das Restaurant Schottenhof passierten, fuhr er nur noch im Schritttempo. Konzentriert spähte er aus der Fensterscheibe, als suchte er etwas, das sich hinter den Bäumen des Wienerwaldes versteckte.

»Sollen wir stehen bleiben?«, fragte Margit.

»Ich will mir nur was anschauen.«

Hinter ihnen hupte ein Auto. Wütend blickte Jack in den Rückspiegel.

»Arschloch.«

Aber er schaltete hoch und drückte aufs Gas. Margit war an die seltsamen Launen von Jack gewöhnt. Sie lehnte sich in ihrem

Sitz zurück und genoss die Fahrt. Sie schlängelten sich die Serpentinen dahin. Margit wusste nicht, wie lange sie schon unterwegs waren, als sie ein bekanntes Gebäude sah.

»Hör mal, Jack, das ist doch die Villa Fuchs!« Sie deutete auf das imposante Jugendstilgebäude mit den vier griechischen Säulen und der Statue einer antik anmutenden Kriegerin vor dem Eingang.

»Wir sind einmal quer durch den Wienerwald gefahren.« Margit lachte. »So kommen wir nie ans Ziel.«

»Reg dich nicht auf, das ist doch der richtige Weg«, sagte Jack. Margit wusste nicht, ob er einen Scherz machte.

Ob er nun scherzte oder nicht, er hatte offenbar genug gesehen. Sie fuhren an der Villa vorbei und Richtung Innenstadt.

»Du willst also was essen?«, fragte Jack und der nachdenkliche, konzentrierte Ton war aus seiner Stimme verschwunden. Er blickte Margit an und sie sah den Schalk in seinen Augen aufblitzen, den sie so gut kannte. »Es wundert mich nicht, dass eine wie du immer hungrig ist.«

Sonntag, 28. April, 21:00 Uhr
Ecke Linzer Straße / Flachgasse, Penzing, Wien

Rudolf Prem sah seine Frau im Rückspiegel schrumpfen, ihre Konturen im Licht der Straßenlaterne verschwimmen, bis sie gänzlich aus seinem Blickfeld verschwunden war. Erst dann richtete er den Blick auf die Straße.

Seit sie ihren Job hinter der Wursttheke aufgegeben hatte, um auf der Straße zu arbeiten, hatte sich ihr Leben in vielerlei

Hinsicht verbessert. Rudolf hatte seinen Job als Installateur aufgegeben, um sich um René zu kümmern, da Regina mehr Geld einnahm, als sie davor zusammen verdient hatten. Ohne ihre neue Einkunftsquelle hätten sie sich nie das Haus mit kleinem Vorgarten leisten können, in dem sie jetzt wohnten. Die Arbeit fand zwar hauptsächlich nächtens statt, doch dafür waren die Arbeitszeiten flexibel. Seit zehn Jahren ging sie nun schon auf den Strich. Es war nicht immer leicht gewesen. In ihrer Anfangszeit hatte Regina von einem Kunden Rohypnol bekommen und war einige Zeit lang süchtig gewesen. Die anderen Zuhälter respektierten Rudolf nicht, nannten solche wie ihn, deren Frauen auf den Strich gingen, *Burenhäutelstrizzis*.

Doch mittlerweile hatte sich Regina einen guten Kundenstock aufgebaut und sich Respekt in der Szene verdient. Manchmal sprachen sie darüber, ob Regina überhaupt noch auf die Straße musste. Ob es nicht ausreichen würde, mit den Kunden weiterzumachen, die sie kannten und schätzten. Denn die Straße war eine beständige Gefahr. Sie versuchten diese Tatsache zu verdrängen, machten lieber Witze über Reginas Kunden und ihre seltsamen Vorlieben.

Ein Kunde etwa nahm sie zu sich in die Wohnung mit, wo er einen Kiosk aufgebaut hatte, hinter dem ihm Regina Pornohefte, Vibratoren und anderes Sexspielzeug verkaufen musste. Der Kunde kaufte alle Produkte und brachte sie in ein anderes Zimmer. Aus diesem kam er mit nichts anderem als einem Talar bekleidet zurück und informierte Regina mit amtsernster Stimme, dass der Verkauf solcher amoralischer Dinge verboten sei. Als Strafe schlug er ihr einige Male mit einer Reitgerte auf den Hintern, während er sich selbst befriedigte. Da er allerdings nur sehr zart zuschlug und sehr gut bezahlte, erfüllte ihm Regina diesen Dienst gerne. Trotz seines seltsamen Faibles war er noch einer ihrer liebsten Kunden.

Es gab einen Mann, der im Rollstuhl saß und auf ihre Hilfe angewiesen war. Oder einen reichen Weinbauern, der sich beständig über Frau und Tochter beklagte und Regina heiraten wollte. Einen Anwalt und Politiker, der in seinem gutbürgerlichen Leben ihren Beruf als Sittenverfall bezeichnete und ihr Gewerbe verbieten wollte. Die Widersprüche, die Menschen mit sich herumtrugen, wurden nirgends so sichtbar wie unter den flackernden rostigen Straßenlaternen, die das Wiener Rotlichtmilieu wie eine imaginäre Grenze vom Rest der Stadt trennten.

»Am Strich zeigen die Menschen ihr wahres Gesicht«, pflegte Regina zu sagen. Und genau davor hatte Rudolf Angst.

In den letzten Tagen waren Regina Gerüchte zu Ohren gekommen, dass zwei Prostituierte verschwunden seien. Sie hatte mit Rudolf darüber gesprochen.

»Willst du nicht für eine Zeit lang zu Hause bleiben?«, hatte er gefragt.

»Prostituierte können sich keinen Urlaub nehmen«, hatte Regina geantwortet. »Außerdem, das muss noch gar nichts heißen. Vielleicht sind sie einfach mit einem ihrer Freier abgehauen. Käme nicht zum ersten Mal vor.«

Doch seitdem entfernte sich Rudolf langsamer von ihrem Stellplatz, behielt sie so lange im Auge, wie es die Lichtverhältnisse und der Spiegel seines VWs zuließen. Als könnte sie sein Blick beschützen. Kaum war er zurück in der Wohnung, vergewisserte er sich, dass René im Bett lag.

Der Junge schlief bereits.

Rudolf küsste ihn sachte auf die Stirn und schloss die Tür hinter sich. Er machte sich einen Kaffee, nahm ihr zweites, nur für Reginas Beruf angeschafftes Telefon aus einem Kasten in der Küche und stellte es auf den Küchentisch. Dann setzte er sich davor und wartete. Bis zwei Uhr früh, wenn ihre Schicht endete und er sie abholte, rief sie ihn ungefähr alle neunzig Minuten an, um ihn wissen zu lassen, dass sie in Ordnung war. Das war die einzige Bedingung gewesen, die er damals an sie gestellt hatte, als sie sich entschied, als Prostituierte zu arbeiten. So konnten sie sich gegenseitig der Illusion hingeben, dass sie sicher war.

Es wurde 22:30 Uhr. Ein besonders wichtiger Kunde vermutlich, mit teuren Sonderwünschen.

Es wurde 23:00 Uhr. Regina musste einen zweiten Kunden gefunden haben, bevor sie anrufen konnte.

00:00 Uhr. Womöglich hatte sie auch der zweite Kunde in seine Wohnung mitgenommen. Das kostete extra und bedeutete für Regina einen guten Verdienst. Außerdem konnte sie sich dann frisch machen, ehe sie wieder an ihre Ecke zurückkehrte.

01:00 Uhr früh. Rudolf wurde unruhig. In ihren zehn Jahren auf dem Strich war das Telefon noch nie so lange still geblieben.

Um halb zwei packte er Mantel und Schlüssel, ging zum Auto und fuhr in den vierzehnten Bezirk. Er fuhr die Linzer Straße viermal auf und ab, doch konnte Regina nirgends entdecken. Er parkte das Auto an ihrem Stellplatz, lief die Seitengassen ab und sprach mit ein paar anderen Prostituierten, die sich das Gebiet mit Regina teilten.

»Ich habe sie so gegen halb elf das letzte Mal gesehen«, sagte ihm eine schwarzhaarige Frau mit dicken Goldringen um den Arm, deren Atem nach Zigaretten roch.

»Hatte sie einen Freier? Ist sie mit jemandem mitgefahren?«
Die Schwarzhaarige zuckte nur mit den Schultern.

Rudolf stieg wieder in seinen Wagen und fuhr zum Hotel *Rudolfshöhe*, wo Regina öfters mit Freiern hinging. Der Portier dort kannte sie.

»Ja, sie war heute hier«, erzählte er Rudolf. »Sie hat das Hotel gegen halb zwölf verlassen.«

»Mit wem war sie hier?«

»Das habe ich nicht gesehen«, antwortete der Portier verlegen. An der roten Nase konnte Rudolf sehen, dass er vermutlich wieder in seiner Kammer getrunken hatte. Der Würstelverkäufer gegenüber dem Hotel bestätigte die Aussage des Portiers. Um halb zwölf hatte er eine Frau, auf die Reginas Beschreibung passte, aus dem Hotel kommen sehen. Sie war Richtung Linzer Straße gegangen. Vermutlich war sie zu ihrem Stellplatz zurückgekehrt. Doch warum hatte sie nicht angerufen? Was war zwischen dem Hotel *Rudolfshöhe* und der Linzer Straße geschehen?

Um vier Uhr früh gab Rudolf die Suche auf. Er fuhr zurück in die Wohnung. Seine letzte Hoffnung wurde zunichte gemacht, als er sie leer vorfand.

Er setzte sich an den Küchentisch und blieb dort, bis die ersten Sonnenstrahlen durch das Fenster fielen. Er wusste, dass es sieben Uhr war, als sein Sohn verschlafen in die Küche tapste.

»Was machst du denn da, Papa?«, fragte er.

»Ich warte auf dich«, sagte Rudolf und bemühte sich um ein Lächeln.

»Was ist mit Mama?«

»Sie schläft«, log Rudolf. »Du weißt doch, dass sie immer sehr müde ist, wenn sie spät vom Kellnern zurückkommt.«

»Ich hatte einen total lustigen Traum«, erzählte René. »Wenn ich von der Schule komme, erzähle ich Mama davon.«
»Bestimmt«, sagte Rudolf. »Zieh dich an, ich mache uns Frühstück.«

Rudolf bestrich ein Brot mit Butter und legte Schinken und Käse darauf. Dazu erhitzte er Milch und gab ein wenig Kakaopulver hinein. Während René sein Frühstück aß, bemerkte Rudolf, dass er sich seit gestern nicht umgezogen hatte. Er ging ins Bad, ließ sein Gewand in den Wäschekorb fallen, duschte sich kurz und zog sich eine neue Hose und ein frisches Hemd an.

»Bist du fertig?«, rief er durch den Flur. René trat aus seinem Zimmer, die Schultasche um die rechte Schulter.

Nachdem er seinen Sohn in die Schule gebracht hatte, fuhr er zu ihrem Haus zurück. Er blickte in alle Zimmer, auch in das Kinderzimmer von René. Keine Spur von Regina. Bloß der blaue Matrosenanzug, den Regina ihrem Sohn zur Erstkommunion gekauft hatte, hing fein säuberlich vor Renés Kleiderschrank. Der Kleine liebte diesen Anzug, probierte ihn oft an und präsentierte sich damit vor seinen Eltern. Dieses Mal musste sich Rudolf bemühen, bei seinem Anblick nicht zusammenzuzucken. Er ließ sich auf die Couch sinken, stützte den Kopf in die Hände und seufzte.

Regina und Rudolf hatten oft besprochen, was er in einem solchen Fall zu tun hatte. Sie beide hatten gehofft, dass es nie so weit kommen würde.

Aber Rudolf Prem sah keine andere Wahl. Er würde sich an die Wiener Polizei wenden müssen. Seit gestern, halb zwölf, galt seine Frau als abgängig.

11. DEZEMBER 1974

Das fahle Licht des Mondes schlich über Bäume und Gestrüpp, gebar Schatten, die auf dem Rand der Straße ihre seltsamen Tänze aufführten. Barbara schauderte. Draußen war es dunkel und kalt. Die Scheinwerfer des Autos wurden von der nassen Straße reflektiert und blendeten sie. Weder durch die Frontscheibe noch durch das Seitenfenster mochte sie schauen.

Also wandte sie den Kopf zu dem Fahrer des Wagens. Er bemerkte ihren Blick und lächelte sie an.

»Gleich sind wir da, Schätzchen«, sagte er.

Barbara nickte. Sie war müde, das Kokain, das sie vor wenigen Stunden auf einer Toilette am Frankfurter Bahnhof geschnupft hatte, verlor allmählich seine Wirkung. Es war ihre Idee gewesen, von Frankfurt nach Ewersbach zu fahren, wo ihre Eltern wohnten. In dieser Nacht hatten sich kaum Männer blicken lassen und weil er langsam ungeduldig wurde, hatte ihm Barbara vorgeschlagen, Geld eben von einem anderen Ort zu holen.

Sollten ihre beschissenen Eltern etwas rausrücken. Sie hatten ihr nie etwas gegönnt. Ihre Mutter verklemmt, ihr Vater ein steifer Beamter. Für nichts anderes zu gebrauchen als zum Auspumpen.

Und doch beschlich sie mit jedem zurückgelegten Kilometer stärker das Gefühl, in einen Abgrund zu rasen, sich zu verlieren, sich den Schatten zu überantworten, die in das Auto einzudringen versuchten. War es klug gewesen, ihm ihre Adresse zu verraten? Sie waren verlobt und er besaß sie, benutzte sie wie ein Werkzeug, warf ihren Körper auf die Straße wie ein Stück

Fleisch vor die gierigen Mäuler der Wölfe. In den Nächten zu zweit streichelte er sie, küsste ihr Ohr und ihre Haare, zog mit seinen Zähnen sanft an ihren Lippen, er flüsterte und hauchte süße, schöne Worte, die ihr niemand je gesagt hatte und die sie daher in die Schuld trieben und in die Angst. Angst davor, diesen Worten nicht zu genügen. Schuld, diesen Menschen, der so zärtlich sein konnte, zu enttäuschen.

So formte er sie langsam, zerbrach ihre eigenen Vorstellungen und Wünsche, kroch unter ihre Haut wie ein Insekt, nistete sich in ihren Organen ein wie ein Virus. Ja, sie gehörte ihm, hatte sich ihm anvertraut für Worte und Drogen, die er ihr besorgte, Heroin, Kokain, Ketamin.

Aber dieser Ort ihrer Kindheit, wo sie aufgewachsen war, sollte ihr dieser Ort nicht vielleicht bleiben? Sollte sie ihn geheim halten, tief versteckt in einem Winkel ihrer selbst, den er nicht erreichen konnte?

Zu spät.

»Wir sind hier«, sagte er und deutete auf das Ortsschild, im Dunkeln kaum zu erkennen. Ewersbach. Ein kleiner Fleck in der bundesdeutschen Einöde. Nichts Aufregendes war hier je geschehen, doch in diesem Moment, in dem er lächelnd an dem Schild vorbeifuhr, wusste sie, dass etwas passieren würde.

Sie hielten an der gegenüberliegenden Straßenseite und betrachteten ihr Elternhaus. Es hatte einen kleinen, sorgfältig gepflegten Vorgarten. Zwei Stockwerke, im zweiten hatte sie ihr Zimmer gehabt. Wie es jetzt wohl aussehen mochte? Über fünf Jahre hatte sie es nicht mehr gesehen. Hatten ihre Eltern es so belassen, wie es gewesen war, mit den Postern der Bands und Schauspieler, mit ihren Platten und Büchern? Oder hatten sie alle Spuren ihres vergangenen Selbst getilgt, so wie auch Barbara selbst sich kaum noch erinnern konnte, wer sie einmal gewesen war?

»Du hast gesagt, es sei niemand zu Hause!«, sagte er wütend. Barbara zuckte zusammen. Das Licht im oberen Stockwerk brannte. Sie hatte nicht nachgedacht, einfach behauptet, ihre Eltern seien wahrscheinlich bei Freunden eingeladen, aber woher sollte sie das wissen? Das leere Haus hätten sie schnell ausgeräumt, sie wusste, wo ihre Mutter den Schmuck aufbewahrte und ihr Vater Bargeld »für den Notfall«. So jedoch würden sie nicht ohne Probleme in das Haus gelangen. Ihr war nicht wohl bei dem Gedanken, ihn in der Nähe ihrer Eltern zu wissen.

Sie sah ein Mädchen am Gehweg entlangkommen. Das Mädchen wandelte durch die Lichter der Straßenlaterne wie ein vager Traum. Er bemerkte ihren Blick.

»Wer ist das?«, fragte er misstrauisch.

Barbara sah durch ihren müden Verstand, dass sie eine Wahl treffen musste.

»Margret«, sagte sie. »Früher hingen wir oft gemeinsam rum. Wir waren gute Freundinnen. Sie wohnt nur ein paar Häuser weiter.«

»Steig aus und hol sie ins Auto«, sagte er.

Barbara stieg aus und ging auf Margret zu. Sie konnte spüren, wie er sie beobachtete, ein Raubtier in der Dunkelheit. Als Margret sie sah, lächelte sie.

»Barbara, das ist ja ein Ding«, sagte sie fröhlich. »Was machst du denn hier?«

»Wie geht es dir, Margret?«, fragte Barbara.

»Gut geht es mir«, sagte sie. »Und dir?«

»Auch gut, bin mit meinem Freund hier. Er wollte mal sehen, wo ich herkomme.«

Margret lachte. »Gibt nicht viel zu sehen.«

»Sag mal, musst du schon nach Hause?« Noch eine Chance, noch eine Wahl, zwei Möglichkeiten, von denen eine immer unvermeidlicher war als die andere.

»Nein«, sagte Margret. »Warum, wollt ihr noch was trinken?«

»Gerne«, sagte Barbara. »Wir können zum *Hammerweiner* fahren, was meinst du?«

»Klar«, sagte Margret. Im *Hammerweiner* trafen sich alle, die in Ewersbach Alkohol trinken wollten, ohne ihren Ausweis herzeigen zu müssen. Barbara und Margret waren früher oft dort gewesen.

Margret setzte sich auf den Rücksitz, Barbara auf den Beifahrersitz. Er lächelte, immer lächelte er, und stellte sich vor.

Sie fuhren los und Barbara beschrieb ihm den Weg. Währenddessen erzählte Margret von sich. Sie arbeitete in einem kleinen Laden in Ewersbach, hatte ein eigenes Haus bezogen und sparte für einen Fernkurs im Maschinenschreiben. Heute war sie im Gasthaus *Zum Hirsch* gewesen und hatte mit ein paar Bekannten gekegelt. Alles, was Margret erzählte, kam Barbara bekannt vor. Sie fragte sich, was wohl wäre, wenn sie sich in vertauschten Rollen wiederbegegnet wären.

Wenn Margret von zu Hause weggelaufen wäre, begonnen hätte, Rauschgift zu nehmen und ihren Körper zu verkaufen, während Barbara zu Hause geblieben wäre, behütet und umsorgt, ein paar unschuldige Verabredungen mit Schulfreunden gehabt hätte, am Wochenende zum Kegeln gegangen wäre und nun im Auto ihrer alten Freundin sitzen würde. Barbara erkannte, dass sie, wäre sie in Magarets Rolle auf dem Rücksitz dieses Autos, Angst verspüren würde.

Er fuhr auf den Parkplatz des Gasthauses und blieb in einiger Distanz zum beleuchteten Eingang stehen, sodass man von dort nicht sehen konnte, wer im Auto saß. Bei diesem Wetter war ohnehin niemand draußen.

Margret und Barbara schwiegen. Er hatte bisher kaum ein Wort gesprochen und Schweigen hatte sich im Wagen breit gemacht wie Rauch, drückte den Sauerstoff durch die kleinen Ritzen der Sitze und der Fenster, bis kaum noch genügend zum Atmen übrig war.

»Wollen wir nicht aussteigen?«, fragte Margret.

»Nein«, sagte er. »Wir können doch auch hier reden. Habt ihr denn nichts mehr zu erzählen?«

Barbara konnte hören, wie er sich amüsierte. Er sprach wie jemand, der Zeilen aus einem Drehbuch vorlas. Sicher, aber gelangweilt. Bemüht, sich nicht anmerken zu lassen, dass er den Dialog hinter sich bringen wollte.

»Ich habe schon alles gefragt«, sagte Barbara. »Margret, hast du noch was?«

Margret schüttelte nur den Kopf.

Da drehte er sich um. Zum ersten Mal blickte er Margret direkt an. Barbara erkannte im Rückspiegel, dass sich ihre alte Freundin nun endlich fürchtete.

»Dann wollen wir mal zum Hauptpunkt kommen.«

TEIL ZWEI

PURGATORIO
MAI 1991 BIS DEZEMBER 1992

Wir kamen an dem leeren Ufer an,
Auf dessen Wellen niemand schiffen sollte,
Der jemals wieder heimgefunden dann.

Dort gürtete er mich, so wie jener wollte;
Wie wunderbar, daß, kaum, daß er gepflückt
Die schlichte Pflanze, die sich neu entrollte

An gleicher Stelle, wo er sie zerstückt!

Dante, La Divina Comedia, Purgatorio, I. Gesang

Sonntag, 20. Mai, 5:30 Uhr
Hörndlwald, Hietzing, Wien

Die Luft wurde knapp. Buschwerk zog schemenhaft an mir vorbei. Ich blickte auf und erschauderte. So etwas hatte ich noch nie gesehen.

Die Farben des herannahenden Sommers umgaben mich. Das warme Grün der Wiesen und Bäume versprach Geborgenheit, die Blumen entfalteten ihre Blüten in zartem Rosa oder strahlendem Weiß. Nach den schweren Regenfällen der letzten Wochen roch nun alles nach dem Beginn eines neuen Lebens. Ich begriff zum ersten Mal den Kreislauf der Natur, sah, wie die Zeit starb und vor mir wiedergeboren wurde. Konnte nicht fassen, dass ein einziger Tag so viel Schönheit bringen konnte.

Mein Morgenlauf führte mich durch den Hörndlwald und an der Klinik Hietzinger vorbei. In dreißig Minuten war ich zurück in unserer Wohnung. Die schlammverzierten Schuhe ließ ich vor der Tür stehen, dann schlich ich ins Bad, um mich zu duschen. Ich warf einen Blick in unser Schlafzimmer, wo Evi noch friedlich schlummerte, und ebenso in Katjas Zimmer. Sie beide sollten am Sonntag in Ruhe ausschlafen können.

Nachdem ich mich angezogen hatte, trank ich ein Glas Wasser und einen Kaffee. Dabei bemühte ich mich, so geräuschlos wie möglich vorzugehen.

Seit meiner Beförderung zum Leiter der Mordkommission und stellvertretenden Leiter des Sicherheitsbüros waren Wochenenddienste zur Routine geworden. Ich hatte lange mit Evi darüber diskutiert. Sie war enttäuscht, hatte ich doch in Aussicht gestellt, einen Schritt zurückzutreten und mich mehr um die Familie zu kümmern. Die Beförderung würde den gegenteiligen Effekt haben. Sie wusste aber auch, dass damit einer meiner Träume wahr werden würde. Es wäre die Belohnung für Jahre harter Arbeit. Es sollte noch einige Zeit dauern, bis sie es völlig akzeptiert hatte. Doch nie stellte sie mich vor die Wahl zwischen Arbeit und Familie.

Sie hatte nur eine einzige Bedingung: Es musste noch Raum für Katja und sie geben. Wenn ich bei ihnen war, musste die Arbeit draußen bleiben. Ich wusste, es war das Mindeste, was ich tun konnte, und ich versprach, mein Bestes zu geben. In meinem neuen Posten ebenso wie in meiner Rolle als Vater und Ehemann.

Auf dem Weg ins Büro kaufte ich mir noch ein Croissant beim Bäcker, das musste als Frühstück reichen. In der Berggasse angekommen, holte ich mir die Berichte der vergangenen Tage ab und zog mich in mein Büro zurück.

Seit meiner Bestellung zum Leiter der Mordkommission und stellvertretenden Vorstand des Sicherheitsbüros musste ich zwar viele Wochenenden im Büro verbringen, aber zumindest war mein Büro größer geworden.

Es lag nun gegenüber dem Büro meines Chefs, Max Edelbacher. Dazwischen gab es einen Vorraum, in dem unsere Sekretärinnen saßen.

Hinter dem Schreibtisch breitete ich die Akten aus. Sie enthielten Informationen vom Nachtdienst, Zusammenfassungen der Kripostreifen und die aktuellen Fortschritte in laufenden Ermittlungen.

Mit meinem zweiten Kaffee und dem Croissant blätterte ich in den Akten und genoss die Ruhe des Sonntagvormittags.

Kurz vor der Mittagspause holte ich aus der Schreibtischschublade eine Packung Zigaretten, die ich dort deponiert hatte. Seit sich mein Arbeitspensum erhöht hatte und ich mehr Zeit im Büro verbrachte, hatte ich wieder zu rauchen begonnen. Nur gelegentlich, eine Genusszigarette zum Kaffee. Zumindest versuchte ich so mein schlechtes Gewissen zu beruhigen, wollte ich das Rauchen doch für meine neue Leidenschaft, das Laufen, aufgeben.

Gegen Mittag hatte ich die Akten durchgearbeitet. Ich schaute bei einigen Kollegen vorbei, sprach mit ihnen nicht nur über die Fälle, die sie zurzeit bearbeiteten, sondern auch über ihre Familien, ließ mir von ihren Sorgen und Freuden erzählen. Im Sicherheitsbüro brauchte es diese Erzählungen von einer geordneten, sicheren Welt, um die Flure mit etwas anderem zu füllen als Verbrechen.

Pünktlich um zwölf war ich wieder zu Hause. Evi hatte das Mittagessen vorbereitet, Katja saß noch verschlafen am Tisch.

»Machen wir doch heute Nachmittag einen Spaziergang im Lainzer Tiergarten, ehe wir zu den Fusseks gehen«, meinte Evi. Die Fusseks waren gute Freunde von uns, wir hatten sie schon viel zu lange nicht mehr gesehen. Heute Abend hatten sie uns zum Essen eingeladen. Katja freute sich schon seit Tagen, bei den Nachbarn, die zwei Mädchen in ihrem Alter hatten, zu übernachten.

»Das ist eine gute Idee«, meinte ich und blickte Katja an.

»Ja, super«, sagte sie nur und gähnte.

Nach dem Mittagessen tranken Evi und ich einen Kaffee, während sich Katja umzog. Wir hörten, wie sie die Treppe herunterkam.

»Fertig!«, rief sie aus dem Vorraum.

Evi nahm die Kaffeetassen und brachte sie in die Küche. Ich hörte, wie das Telefon läutete und meine Frau sich meldete.

»Geiger?«

Als ich mich umdrehte, sah ich den Ausdruck in ihrem Gesicht.

»Ernst, es ist für dich.«

Ich nahm ihr das Telefon aus der Hand. Während sie zu Katja ins Vorzimmer ging, fragte ich, was los sei. Der Gesichtsausdruck meiner Frau hatte mir verraten, dass es die Arbeit sein musste.

»Doktor Geiger, wie schnell können Sie am Schottenhof sein?«, fragte der Beamte. »Wir haben hier eine Leiche. Sie sollten sich das ansehen.«

»Ich bin in einer halben Stunde da.«

Katja und Evi mussten das Telefongespräch mitgehört haben. Vielleicht sah man es mir auch an. Sie standen vor der Eingangstür, hatten sich bereits die Jacken übergezogen.

»Ich muss für die Arbeit weg«, sagte ich ihnen. »Geht ihr doch allein, es ist heute so ein schöner Tag.«

»Und das Abendessen?«, fragte Evi.

Ich gab ihr einen Kuss auf die Wange. »Bis dahin bin ich längst zurück.«

Dann zog auch ich mir Schuhe und Mantel an und trat mit ihnen gemeinsam auf die Straße.

Sie winkten mir, während sie in die andere Richtung gingen. Ich stieg in mein Dienstauto und fuhr los.

Sonntag, 20. Mai, 14:00 Uhr
Haus von Katharinas Familie, Favoriten, Wien

Katharina lehnte am Fenster und spähte hinaus. Sie hatte den Vorhang so weit zur Seite geschoben, dass sie die Straße vor ihrem Reihenhaus erkennen konnte. Und den grünen VW Passat, der am Straßenrand parkte.

»Geh, Schatz, komm doch raus und sprich mit mir!« Jack stand nun schon seit fünfzehn Minuten vor ihrem Haus. Er hatte geklingelt, gegen die Tür geklopft und Kieselsteine gegen ihr Fenster geworfen. Katharina hatte Angst, dass er es bald mit größeren Steinen versuchen würde. Zunächst schien er sich auf Rufen verlegt zu haben.

Seit der Nacht, an die sie sich nur verschwommen erinnern konnte, und dem nächsten Morgen, an dem sie sich eingesperrt in Jacks Wohnung wiedergefunden hatte, war der Kontakt zwischen ihnen abgebrochen. Sie hatte ihn noch einmal angerufen und gesagt, dass sie nichts mehr mit ihm zu tun haben wolle. Seitdem hatte sie auf keinen seiner Kontaktversuche reagiert.

Ihren Eltern hatte sie nichts von der Sache erzählen wollen, doch die beständigen Anrufe und Briefe waren ihnen nicht verborgen geblieben. Sie hatten zumindest so viel verstanden: Katharina hatte sich auch noch mit Jack getroffen, als sie ihr das schon längst verboten hatten. Ihre Mutter hatte geweint und einige Wochen kaum mit ihr gesprochen. Ihr Vater hatte ihr eine lange Strafpredigt gehalten. »Dieser Wahnsinnige weiß, wo wir wohnen! Was denkst du dir, sollen wir vielleicht umziehen?«

Sie hatte alles stoisch über sich ergehen lassen. In der Schule hatte sie versucht, unbeschwert zu wirken. Hatte ihren Freundinnen erzählt, dass er ihr langweilig geworden war und dass sie sich lieber einen Jüngeren suchen wollte. Die Bewunderung ihrer Freundinnen hatte nicht nachgelassen, sie fragten immerzu nach weiteren Geschichten vom wilden Jack. Katharina merkte auch, dass die Burschen sie nun anders betrachteten. Dabei wollte sie nicht betrachtet werden. Der Gedanke an Berührungen ängstigte sie. Jack hatte ihr die Schönheit der Lust und der Körper gezeigt, bloß um ihr diese Lust wieder wegzunehmen, und Intimität zu einer Waffe gemacht, deren Wunden sie noch am ganzen Körper spürte. Sie fürchtete sich davor, sich jemand anderem zu öffnen, sich jemandem hinzugeben.

In den Wochen ohne Jack war es ihr gelungen, eine neue Sichtweise auf ihre Beziehung zu gewinnen. Erst in dieser Zeit war ihr klar geworden, wie Jack sie benutzt hatte. Waren seine Gefühle je echt gewesen? Und wenn ja, was bedeutete Liebe dann für ihn?

Katharina hörte, wie die Haustür aufging.

»Wenn Sie sich nicht von meiner Tochter fernhalten, rufe ich die Polizei!«

Ihr Vater war nach draußen gekommen.

»Das geht nur Katharina und mich was an«, antwortete Jack.

»Falsch«, sagte ihr Vater in scharfem Ton. »Sie ist meine Tochter und lebt unter meinem Dach. Solange das so ist, geht mich das sehr wohl was an. Und ich verbiete einem Verbrecher, meiner Tochter nahe zu kommen!«

Katharina presste ihr Gesicht ans Fenster. Sie konnte sehen, dass sich beide Männer gegenüberstanden. Die Szene wirkte bedrohlich. Ihr Vater war zwar viel schwerer als Jack, er hatte die Statur eines Schranks, aber sie wusste trotzdem nicht, wer einen Kampf für sich entscheiden würde. Sie hielt den Atem an.

Jack wirkte wie elektrisiert, bereit, mit einer einzigen Bewegung alles an Energie zu entladen. Der Augenblick schien Katharina ewig. Dann zuckte Jack mit den Schultern und die aufgestaute Energie fiel von ihm ab.

»Ich komme wieder«, sagte er, blickte dabei aber an ihrem Vater vorbei. Seine Augen richteten sich auf Katharinas Fenster. Es war ihr, als könnte er sie ausmachen, ihre Silhouette mit seinen Augen auffressen, ihr den eigenen Schatten vom Körper reißen. Sie drehte sich weg und presste sich mit dem Rücken gegen die Wand. Katharina wusste nicht, wie viel Zeit vergangen war, als sie sich wieder traute, einen Blick durch das Fenster zu werfen. Jack war verschwunden, der grüne Passat war nicht mehr zu sehen.

»Katharina!«, hörte sie die Stimme ihres Vaters von unten. Er klang nicht erfreut. »Wir müssen reden! Komm sofort runter!«

Katharina seufzte. Die letzten Worte von Jack hallten in ihrem Kopf nach. In ihrer Beziehung hatte er ihr viele leere Versprechen gemacht. Sie hoffte, dass auch dieses unerfüllt bleiben würde.

Sonntag, 20. Mai, 14:30 Uhr
Schottenhof, Penzing, Wien

Der Schottenwald war ein Teil des Wienerwaldes, bekannt für ein Restaurant und einen Pferdehof gleichen Namens. Es gab in ihm verschiedene Spazier- und Wanderwege. Einige davon führten über die Kreuzeichenwiese.

Dort stand ich nun, während ein Einsatzteam rund um mich damit beschäftigt war, den Tatort großräumig abzusperren und zu sichern. Ein schaler Geruch hatte sich über die Wiese gelegt wie Dunst. Er haftete sich meiner Kleidung an, verpestete die Luft. Ich dachte, dass alle Blumen verwelken, alle Blätter von den Bäumen fallen müssten.

Ein Spaziergänger hatte sie am Rand der Kreuzeichenwiese gefunden, hinter umgestürzten Baumstämmen verborgen. Die eintreffenden Beamten hatten bereits beim ersten Anblick gewusst, dass es sich hier um eine Sache für die Mordabteilung handelte.

»Was ist mit dem Mann, der die Leiche gefunden hat?«, fragte ich meinen Kollegen Werner Kucera, der aus dem Sicherheitsbüro zum Tatort gekommen war.

»Der Mann kann noch nicht wirklich sprechen«, sagte er. »Er steht unter Schock.«

»Kein Wunder«, murmelte ich. Nicht nur er hatte so etwas noch nie gesehen.

Es war die Leiche einer Frau. Sie lag auf dem Bauch, die Beine gespreizt, der Unterkörper in die Höhe gestreckt, sodass ein Betrachter von hinten ihre Geschlechtsorgane deutlich erkennen konnte. Das war keine natürliche Stellung, sie war in diese Position gebracht worden, damit wir sie so finden würden.

Ihr Gesicht war in den Boden gedrückt worden. Sie musste schon länger hier liegen, denn ihr Kopf war in den Boden eingesunken, vermutlich durch den Regen der letzten Wochen, der den Boden aufgeweicht hatte. Hatte ihr Mörder versucht, ihr Gesicht zu verbergen? Es wirkte, als würde sie im Morast versinken, hinabtauchen in die Unterwelt.

Der Körper der Leiche war bereits mit bläulichen Pilzen überzogen, was das Gefühl, sie wäre in eine andere Welt hinabgezogen worden, nur noch verstärkte. Ein Tier, vermutlich ein Fuchs, hatte das Fleisch von ihrem rechten Fuß gefressen. Die Leiche war nackt, bis auf einen engen Body, der bis zum Oberkörper hinaufgeschoben worden war.

Zwei Details sprangen mir sofort ins Auge.

»Was ist mit ihren Händen?«, fragte ich Kucera.

Ihre Hände waren seltsam nach hinten und oben gebogen.

»Hat sie der Mörder so platziert?«

»Möglich«, antwortete Kucera. »Er wollte offenbar ein Schauspiel daraus machen.«

Ich ging um die Leiche herum und vor ihrem Kopf in die Hocke. Um ihren Hals war eine Strumpfhose gewickelt.

»Hast du so einen Knoten schon mal gesehen?«, fragte ich Kucera und deutete auf den Strumpf.

Kucera schüttelte den Kopf. »Er sieht ziemlich kompliziert aus.«

»Der Mörder wird sie damit erdrosselt haben«, meinte ich.

»Mit ihrer eigenen Strumpfhose?«, fragte Kucera.

Ich nickte. Jedes Detail war ein Zeichen, geschrieben in der Sprache eines Wahnsinnigen, der seine Perversion in ein Alphabet der Gewalt übersetzt hatte. Er sendete uns Botschaften. Aber was wollte er uns mitteilen?

»Der Kopf der Leiche wurde mit Blättern und Zweigen zugedeckt«, sagte Kucera. »Aber wirklich versteckt hat der Täter sie nicht. Wieso?«

»Vielleicht ist das eine Art Bestattungsritual«, sagte ich. »Warten wir den Bericht aus der Gerichtsmedizin ab. Wir müssen mehr über die Tötungsart herausfinden.«

Ein Beamter kam zu uns. Ich bemerkte, wie er mied, die Leiche anzusehen.

»Ich habe hier eine Liste von den vermissten Personen, wie angefordert.«

Kucera bedankte sich und nahm sie dem Beamten ab. Der Beamte beeilte sich, von der Leiche wegzukommen.

Mein Kollege blätterte in den Unterlagen. Dann hielt er inne.

»Ich glaube, das ist sie.« Er zeigte mir das Foto einer Frau Mitte zwanzig. Sie hatte ein jugendliches Gesicht und schulterlange blonde Haare. Die Leiche hatte nur noch entfernte Ähnlichkeit mit dem Bild, doch genug, um sie zu identifizieren.

»Sabine Moitzi«, las ich laut. »Arbeitete in einer Bäckerei, war ab und zu als Geheimprostituierte tätig. Verschwunden am 14. April, letzter bekannter Aufenthaltsort war ihr Standort Johnstraße Ecke Fenzlgasse im vierzehnten Bezirk.«

Ich gab Kucera das Dokument zurück. Wir traten auf die Wiese, um die Tatortgruppe ihre Arbeit verrichten zu lassen. Ich ging zu den Beamten, die den Tatort abgesucht hatten.

»Irgendwas gefunden?«, fragte ich.

»Kleidung und eine Tasche, vermutlich gehörten sie dem Opfer«, antwortete ein Beamter. »Sie lagen im Umkreis von hundert Metern um die Leiche verstreut.«

»Der Täter muss sich also danach noch die Zeit genommen haben, die Sachen zu verteilen«, sagte ich.

»Außerdem das hier.« Der Beamte hielt einen Plastikbeutel mit einer Spritze hoch. »Wahrscheinlich Heroin.«

»War sie süchtig?«, fragte ich.

»Ich habe mehrere Einstichstellen auf den Armen gesehen«, sagte Kucera.

»Fahren wir zurück und warten auf den Obduktionsbericht«, sagte ich zu meinem Kollegen.

Wir verließen den Tatort. Während ich durch den Schottenwald ging, schien sich die Natur über mich lustig zu machen. Frische Knospen sprossen aus der Erde, Bäume hüllten sich in dichtes Blätterwerk, und überall dieses lebensverheißende, zarte, giftige Grün.

Der Kreislauf des Lebens, dachte ich. Sterben, um wiedergeboren zu werden. Wiedergeboren werden, um zu sterben.

Sonntag, 20. Mai, 18:00 Uhr
Sicherheitsbüro, Berggasse, Alsergrund, Wien

Der Zigarettenrauch trieb mir Tränen in die Augen. In den letzten zwei Stunden hatte sich die gesammelte Konzentration des Ermittlungsteams im Fall Sabine Moitzi zu dicken Schwaden verdichtet.

Die Kippen türmten sich in den Aschenbechern wie Mikado-Stäbchen. Akten und Fotos lagen auf vier zusammengeschobenen Tischen ausgebreitet.

Die Obduktion hatte unsere Vermutung bestätigt: Moitzi war mit ihrer Strumpfhose erdrosselt worden. Der Knoten war dabei so komplex ausgeführt, dass man mit leichten Veränderungen den Druck auf den Hals des Opfers verstärken und mildern konnte.

»Ich fasse unseren Wissensstand zusammen«, sagte Kucera neben mir. Die anderen Beamten standen um den Tisch herum und starrten auf die Fotos.

»Sabine Moitzi verschwindet am 12. April von ihrem Standplatz in der Johnstraße. Sie ist hauptberuflich Verkäuferin in einer Bäckerei, geht in manchen Nächten anschaffen. Ihr Mann weiß nichts davon. Mit dem Nebenverdienst finanziert sie ihre Heroinsucht.«

Kucera zog zwei Fotos aus dem Haufen auf dem Tisch. Sie zeigten das Foto von Moitzi auf der Abgängigkeitsanzeige und die gefundene Spritze.

»Vermutlich liest sie der Täter direkt von der Straße auf. Er nimmt sie im Auto mit und bringt sie zur Stelle im Schottenwald. Die fortgeschrittene Verwesung der Leiche deutet darauf hin, dass der Mord vermutlich noch in der Nacht ihres Verschwindens geschah. Wie genau ihm gelang, sie dorthin zu bringen, wissen wir noch nicht. Wir vermuten, er hat sie bedroht und unter Druck gesetzt.

Der Weg von der Straße hinein in den Wald war zu rutschig und steil, außerdem war es mitten in der Nacht. Er konnte sie nicht tragen. Er muss sie also vor sich hergetrieben haben. Wir wissen nicht, ob sie zu diesem Zeitpunkt schon nackt war oder ob er sie später auszog. Am Tatort legte er ihr die Strumpfhose um den Hals.

Ob er sie damit quälte und wie lange, können wir nicht sagen. Er positionierte die Leiche anschließend so, wie wir sie fanden, und verteilte ihre Kleidung rund um sie. Wir können ein Raubmotiv ausschließen, da sich der Schmuck noch am Körper des Opfers befand. Fragen?«

Die umstehenden Beamten schwiegen.

Kucera nahm drei Papiere, die er neben sich gelegt hatte, und hielt sie eines nach dem anderen vor die Versammelten. Es waren Abgängigkeitsanzeigen mit den Bildern der Vermissten darauf.

Erste Anzeige: »Silvia Zangler. Verschwunden am 8. April.«

Zweite Anzeige: »Regina Prem. Verschwunden am 28. April.«

Dritte Anzeige: »Karin Eroglu. Verschwunden am 7. Mai.«

Kucera legte die drei Anzeigen ab.

»Zusammen mit Sabine Moitzi macht das vier verschwundene Prostituierte innerhalb von einem Monat.«

»Was sagt das schon?«, meldete sich einer der Beamten. »Prostituierte laufen doch dauernd davon. Sie haben Angst vor ihrem Zuhälter oder Schulden ... Wenn wir nach jeder verschwundenen Hure suchen, werden wir nie fertig.«

Zustimmendes Gemurmel machte sich breit.

»Alle vier Frauen besitzen ein ähnliches Profil«, sagte ich. »Prostituierte, die in den Randbezirken arbeiteten und keiner Organisation angehörten, die sich um sie kümmert. Sie verschwanden alle von ihren Standplätzen. Wir müssen die Suche nach diesen Frauen fortsetzen, bei ihren Verwandten, Freunden und Arbeitskollegen nachfragen. Wir müssen uns in der Wiener Strichszene umhören, vielleicht hat jemand was aufgeschnappt.«

»Zuerst müssen wir alle aus der unmittelbaren Nähe der Prostituierten befragen«, fügte Kucera hinzu. »Ehemänner, Freunde, Ex-Männer, Freier und Zuhälter. Wenn wir Glück haben, finden wir unseren Täter dort.«

Bevor eine Diskussion über die Suche nach den vermissten Prostituierten aufkommen konnte, öffnete ich die Tür des Büros und erklärte die Besprechung für beendet. Nachdem alle gegangen waren, ließ ich mich müde in meinen Bürosessel fallen. Als mein Blick auf die Uhr an der Wand fiel, erschrak ich.

Es war fast sieben Uhr abends. Ich griff zum Telefon.

»Geiger?«, meldete sich Evi.

»Hallo, Schatz«, sagte ich. »Es tut mir leid, dass ich mich erst jetzt melde, aber es war die Hölle los. Wir haben einen sehr schweren Fall. Ich weiß nicht, wann ich heute nach Hause kommen werde.«
Es entstand eine Pause.
»Dann sage ich das Abendessen mit den Fusseks ab.«
»Danke«, sagte ich. »Es tut mir leid. Wir holen das bald nach.«
Meine Frau legte auf, ohne zu antworten.
Ich legte den Hörer zurück. Nun blieb ich allein mit dem stillen Grauen, das vor mir ausgebreitet war.
Ich machte mich an die Arbeit.

Mittwoch, 23. Mai, 9:30 Uhr
Geburtshilfeabteilung,
Universitätsklinikum Tulln, Niederösterreich

»Pressen! Noch einmal pressen, Sie haben es fast geschafft!«
Luisa schrie und presste und schrie noch lauter. Vier Stunden lag sie nun schon in den Wehen. Um jeden Millimeter musste sie kämpfen. Leopold Etz stand neben ihr und hielt ihre Hand. Mittlerweile musste sie seine Finger gebrochen haben, so stark quetschte sie. Aber das war nichts im Vergleich zu dem, was sie durchmachte. Also blieb Etz still und flüsterte bloß: »Du machst das wunderbar, du schaffst das, alles gut.« Worauf er bloß ein paar Flüche als Antwort bekam.

Endlich konnte er den Kopf sehen, dann die kleinen Ärmchen, den Oberkörper. Mit jedem weiteren Körperteil, das Etz erspähte, wuchs sein Herz ein wenig weiter an, bis es zu platzen drohte. Als sie die Schreie des Babys hörte, erschlaffte Luisas Hand. Schweißüberströmt lächelte sie ihn an.

»Ich möchte unsere Tochter sehen.«

Etz nahm der Krankenschwester vorsichtig sein Kind aus den Armen. Er hatte noch nie etwas so Wertvolles in Händen gehalten. Die Augen so groß, um die ganze neue Welt damit aufnehmen zu können. Alles steht dir noch bevor, dachte er. Dir gehört das Leben.

Dann legte er sie zärtlich in die Arme seiner Frau.

»Mein Engel«, sagte sie. »Mein wunderschöner Engel.«

Ein Vibrieren in seiner Hosentasche zeigte Etz, dass selbst die endlosen Augenblicke keinen Schutz boten vor der Realität, in der die Zeit unerbittlich weiterlief.

Er entschuldigte sich und trat auf den Gang des Krankenhauses. Dort zog er seinen Pager heraus. Eine dringende Meldung aus dem Büro. Fluchend rannte er den Gang entlang, öffnete die Tür zum Schwesternzimmer und kämpfte sich gegen den Protest der Schwestern und mit einem Hinweis auf einen Notfall zum Telefon durch.

»Was ist los?«, fragte er unwirsch, als endlich jemand den Hörer am anderen Ende der Leitung abhob. »Inspektor Etz hier, ich wurde angefunkt. Was für ein Notfall soll das sein?«

»Inspektor Etz ...«, stammelte der Beamte. »In Gablitz haben die Kollegen eine Leiche gefunden ...«

»Hören Sie, vor fünf Minuten wurde meine Tochter geboren«, sagte Etz. »Kann das nicht jemand anderer übernehmen?«

»Inspektor, Oberst Traninger selbst hat angeordnet, dass Sie zum Tatort kommen sollen.«

Etz fluchte erneut, diesmal jedoch still in sich hinein. Wenn es Traninger, Leiter der Kriminalabteilung Niederösterreich, anordnete, musste er der Anordnung Folge leisten. Er wusste aber auch, dass Traninger diese Anweisung nicht ohne Grund geben würde. Das beunruhigte ihn nur umso mehr.

»Also gut«, sagte er. »Ich bin in Tulln, ich kann in vierzig Minuten vor Ort sein. Geben Sie mir die Koordinaten durch.«

Nachdem er sich alles notiert hatte, hängte Etz auf.

»Entschuldigen Sie mal«, sagte eine der Krankenschwestern. Sie hatte wasserstoffblondes Haar und ein großes Muttermal auf der Nase. Kaugummikauend hatte sie das Gespräch verfolgt und blickte Etz verärgert an. »Was erlauben Sie sich?«

»Polizei«, sagte Etz bloß. Der Gesichtsausdruck der Schwester veränderte sich.

»Ist was passiert?«

»Nichts, was man hier kurieren könnte«, sagte er und drückte sich an ihr vorbei nach draußen.

Nachdem er sich von seiner Frau und seiner neugeborenen Tochter verabschiedet hatte, fuhr er, so schnell er konnte, Richtung Gablitz. Während der ganzen Fahrt dachte er an seine Tochter und dass er nun arbeitete, um die Welt sicherer für sie zu machen. Er fühlte sich zugleich besorgt und unverwundbar. Es kam ihm seltsam vor. Er hatte nicht gewusst, dass sich Liebe so anfühlen konnte.

Er durchquerte den Ort Gablitz und hielt vor einem Waldstück. Er sah bereits Beamte zwischen den Bäumen herumeilen.

Etz stieg aus und ging auf einen der Kollegen zu.

»Inspektor Etz«, sagte er und zeigte seinen Ausweis. »Was haben wir hier?«

»Besser, Sie sehen sich das selbst an, Inspektor«, sagte der Beamte. Verwirrt folgte Etz dem Mann. Das bleiche Gesicht hatte ihn erschreckt.

Sie gingen ein gutes Stück in den Wienerwald hinein, der zwischen Gablitz und der Hauptstadt lag. Vor einem Fichtenhain blieben sie stehen.

»Da drin liegt sie«, sagte der Beamte. Es war ihm anzusehen, dass er hier stehen bleiben wollte.

Etz schritt auf den Hain zu und zog ein paar Zweige auseinander. Da sah er sie.

Die Frau lag auf dem Bauch. Sie war nackt, nur um ihren Hals war etwas gewickelt worden. Das Hinterteil war obszön in die Höhe gestreckt, die Hände lagen in einem seltsamen Winkel da.

»Gut, dass Sie da sind, Etz.«

Etz kannte die Stimme. Sie gehörte dem Gerichtsmediziner Doktor Hanser.

Der Doktor erinnerte Etz an die kahlgeschorene Version von Albert Einstein, nur der Schnauzbart war ihm geblieben. Hanser war schon so lange im Dienst, dass manche meinten, seine ersten Leichen seien noch mit Pfeil und Bogen getötet worden. Den Doktor brachte so leicht nichts aus der Ruhe. Etz schätzte seine stoische Art. Allerdings sah selbst Hanser mitgenommen aus, als er nun neben den Inspektor trat.

»Was zum Teufel ist das?«, fragte Etz.

»Teufel trifft es gut«, meinte Hanser. »Kommen Sie näher.«

Etz folgte dem Mediziner zur Leiche.

»Sehen Sie sich das an«, sagte Hanser und deutete auf den Hals der Leiche. »Es ist ihr Trikot, ein schwarzes Top. Der Mörder hat es ihr um den Hals gebunden und sie damit erdrosselt.«

Der Inspektor ging in die Knie und musste sich die Nase zuhalten, als ihn der Gestank mit der Wucht eines Kinnhakens von unten traf.

»Die liegt schon eine Zeit lang hier«, erklärte der Arzt.

»Was ist das für ein Knoten?«, fragte Etz.

Hanser zuckte mit den Schultern. »Ich bin Mediziner, kein Segler. Aber die Frau ist definitiv erdrosselt worden.«

»Was ist mit ihrem Kopf passiert?«, fragte Etz. Das Gesicht lag nach unten in der Erde, doch nun, da er so nah neben ihr kniete, erkannte der Inspektor die Verwüstung.

»Der Täter muss mit einem schweren, stumpfen Gegenstand auf sie eingeschlagen haben. Eine Gesichtshälfte ist Brei, das rechte Ohr ist zur Hälfte abgeschlagen.«

»Großer Gott«, sagte Etz und erhob sich wieder. »Was soll der Ast, der quer über ihrem Kopf liegt?«

»Den muss der Täter dort platziert haben«, antwortete Hanser. »Vielleicht eine Art Bestattung?«

»Ich habe sowas noch nie gesehen«, sagte Etz und fragte sich im selben Moment, ob er je wieder etwas anderes sehen würde, wenn er die Augen schloss. Doch, natürlich, mahnte er sich. Seine Tochter, die gerade erst geboren wurde.

»Ich auch nicht«, sagte Hanser und schüttelte den Kopf. »Es ist abscheulich. Unmenschlich.«

»Was ist mit ihren Armen?«, fragte Etz.

Die Hände der Leiche lagen auf ihren Oberschenkeln, die Handflächen nach oben gedreht.

»Vielleicht gehört das zum Ritual«, sagte Hanser. »Wir haben unter dem Körper das Stück eines Latexhandschuhs gefunden, wie man sie im Krankenhaus verwendet. Wenn der Täter mit solchen Handschuhen vorgegangen ist, werden wir keine Fingerabdrücke finden. Ich habe das Stück mal ins Labor schicken lassen.«

Etz blickte sich um. »Hier kommt man nur zu Fuß her. Das Opfer ist stark übergewichtig. Falls der Täter nicht kräftig ist wie ein Bär, müssen die beiden hierher gegangen sein.«

»Was könnte eine Frau dazu bringen, mit einem Mann an einen solchen Ort zu gehen?«, fragte Hanser.

»Das müssen wir rausfinden.«

Etz ging zurück zu seinem Fahrzeug, wo er ein Funkgerät herausholte.

»Stellen Sie mich zu Oberst Traninger durch.«

Kurz darauf hörte er die schneidende Stimme des Obersts.

»Etz, wie ist die Situation?«

In knappen Worten schilderte Etz die Lage.

»So etwas habe ich noch nie gesehen«, sagte er schließlich.

Traninger hörte geduldig zu. Als Etz geendet hatte, sagte der Oberst: »Verdammt.«

»Herr Oberst?«, fragte Etz nach. Er konnte seinen Vorgesetzten seufzen hören.

»Kommen Sie in die Kriminalabteilung, Etz. Sie müssen sich hier die Fotos von drei Frauen ansehen. Und ich muss im Sicherheitsbüro anrufen.«

Donnerstag, 24. Mai
Artikel in der *Neuen Presse*

Mordet das Phantom von Graz nun auch in Wien?

Gibt es einen Zusammenhang zwischen den Prostituiertenmorden in Graz und Wien? Die Polizei hält sich dazu bedeckt. Fakt ist: Am 26. Oktober 1990 verschwand die Prostituierte Brunhilde Masser in Graz. Am 5. Jänner dieses Jahres wurde ihre Leiche in Gratkorn gefunden. Das Schicksal der Prostituierten Elfriede Schrempf, die am 7. März 1991 in Graz verschwand, ist weiterhin ungeklärt.

Sollte sich die Serie von verschwundenen Frauen in Wien fortsetzen? Zwischen dem 8. April und dem 7. Mai, also innerhalb eines Monats, verschwanden mit Silvia Zagler, Sabine Moitzi, Regina Prem und Karin Eroglu vier Prostituierte von den Straßen Wiens. Gerieten sie an den falschen Kunden?

Die Leiche von Sabine Moitzi wurde am 20. Mai nahe dem Schottenhof gefunden, jene von Karin Eroglu nur drei Tage später in Gablitz (NÖ). Bisher konnte die Polizei keine Spuren vorweisen. Oder möchte sie den Mörder in Sicherheit wiegen?

Die Öffentlichkeit verfolgt diese grausame Mordserie mit atemloser Spannung. Ein Mann hat ganz besonderes Interesse daran, dass der Mörder bald gefasst wird: Rudolf Prem, der Ehemann der verschwundenen Regina Prem.

»Sie war eine unheimlich gute Mutter«, erzählt Prem im Exklusiv-Interview. »Für unser Kind hätte sie sich in Stücke reißen lassen.« Kurz vor ihrem Verschwinden schenkte sie ihrem Sohn einen Matrosenanzug für die bevorstehende Erstkommunion. Doch wird sie ihn jemals darin sehen können?

Prem richtete sich mit einem dramatischen Appell direkt an den Mörder: »Ich will nicht glauben, dass meine Regina tot ist. Vielleicht wurde sie verschleppt und wird irgendwo gefangen gehalten. Aber wenn der Verrückte die Regina umgebracht hat, dann soll er wenigstens sagen, wo ihre Leiche liegt. Meine Frau hat sich ein anständiges Begräbnis verdient!«

Wird der Täter diese Zeilen lesen? Und wird er den größten Wunsch eines Ehemanns, der in Ungewissheit und Angst leben muss, erfüllen?

Doch Worte sind Rudolf Prem nicht genug: Jede Information zu Regina Prems Aufenthaltsort ist ihrem Mann 10.000 Schilling wert.

Freitag, 31. Mai, 15:00 Uhr
Sicherheitsbüro, Alsergrund, Wien

»Guten Tag, Sie sprechen mit dem Sicherheitsbüro Wien.«

»Grüß Gott, mein Name ist August Schenner.« Die Stimme am anderen Ende der Leitung klang fest und bestimmt. »Ich war Polizeiinspektor in Salzburg, mittlerweile in Pension.«

Kästner hasste es, zum Journaldienst eingeteilt zu werden. Es war die langweiligste Tätigkeit, die er sich vorstellen konnte. Die meisten Anrufe musste er weiterleiten, weil verlorene Brieftaschen nicht in ihren Tätigkeitsbereich fielen. Das Sicherheitsbüro war bundesweit für große Strafsachen zuständig: Mord, schwere Körperverletzung, Raub oder Drogen. Er selbst war dem Suchtgiftdezernat zugeteilt, hoffte aber, bald zur Mord versetzt zu werden. Kästner wollte Fälle aufklären und sich nicht durch Wiener Seitenstraßen kämpfen, in denen es nach Urin stank, und zombieartige Junkies verhören, deren Erinnerungen sich in Heroindampf aufgelöst hatten.

Vielleicht würde ja ein wichtiger Hinweis von einem Anrufer zu einem ungelösten Fall einlangen, hatte ihm sein Chef erklärt. Kästner konnte darüber nur die Augen verdrehen. Bestenfalls riefen alte Damen an und stellten ihre neu eingezogenen Nachbarn als Satanisten dar, nur um kurz darauf zuzugeben, dass es sich bei dem gemeldeten Schwerverbrechen um eine uneheliche Verbindung mit Kind handelte.

Von einem August Schenner hatte Kästner noch nie gehört, aber er war noch nicht lange im Sicherheitsbüro, das musste also nichts heißen. Er zog den Notizblock zu sich, den er für wichtige Informationen bereithielt und der noch völlig unbeschrieben war, und notierte sich zumindest den Namen des Anrufers.

»Also gut, Herr Schenner. Worum geht es?«

»Ich möchte Ihnen einen heißen Tipp geben zu den Prostituiertenmorden in Wien. Das Profil passt zu einem Mörder, mit dem ich vor vielen Jahren zu tun hatte. Sein Name ist Jack Unterweger.«

Kästner konnte nicht abschätzen, ob dieser Mann ihm ein Märchen erzählte oder es sich tatsächlich um ernste Informationen handelte. Sicherheitshalber notierte Kästner alles.

»Können Sie mir mehr erzählen?«

»Natürlich.« Schenner schien begierig darauf, sein Wissen loszuwerden. »Unterweger hat zwei Frauen umgebracht, ehe er 1975 lebenslang bekam. Im Gefängnis begann er zu schreiben und wurde ein berühmter Autor. Nach fünfzehn Jahren wurde er 1990 freigelassen. Angeblich, weil er resozialisiert ist. Aber er hat sich nicht verändert. Er sucht sich wehrlose Frauen, vorzugsweise Prostituierte, bringt sie an entlegene Orte, fesselt und stranguliert sie. Das ist seine Vorgehensweise. Und genau so wurden auch die beiden Wiener Prostituierten umgebracht.«

Konzentriert versuchte Kästner alles festzuhalten, was ihm der Mann erzählte. Hinter »berühmter Autor« setzte er zwei Fragezeichen.

»Sie sollten sich den Mann bei Ihren Ermittlungen näher ansehen. Ich bin sicher, Sie werden was finden.«

»Vielen Dank, Herr Schenner«, sagte Kästner. »Ich werde Ihre Informationen weitergeben. Sollten wir etwas finden, werden wir uns eventuell noch mal bei Ihnen melden.«

Nachdem Schenner seine Kontaktdaten durchgegeben hatte, legte Kästner auf. Ein warmes Gefühl stieg in ihm hoch und ließ seine Fingerspitzen kribbeln. Sollte das tatsächlich ein Hinweis gewesen sein? Würde er womöglich etwas zu einer Mordermittlung beitragen können?

Er legte den Hinweis in die dafür vorgesehene Mappe ab. Sie würde später von einem Beamten abgeholt und zur zuständigen Ermittlungsgruppe gebracht werden.

Kästner konnte allerdings nicht aufhören, an das Gespräch zu denken. Seine Kaffeepause nutzte er, um sich auf den Weg zum Büro seines Chefs zu machen. Vielleicht wusste der etwas über den seltsamen Anrufer.

Vor der Holztür blieb er stehen, atmete ein paarmal durch und klopfte dann.

»Herein«, ertönte es von drinnen.

»Dr. Glasner«, sagte Kästner, kaum hatte er die Tür geöffnet, »könnte ich Sie eine Minute sprechen?«

»Kästner, sollten Sie nicht beim Telefonieren sein?«

»Das ist es ja«, sagte Kästner und trat näher an den großen Eichenholzschreibtisch heran, hinter dem sein Chef saß. Glasner war Kettenraucher, was sich mittlerweile auf seine Stimme und Beweglichkeit ausgewirkt hatte. Kästner sah eine traurige Ironie darin, dass der Chef des Suchtgiftdezernats von einer legalen Droge langsam umgebracht wurde.

»Ich bekam einen eigenartigen Anruf.«

»Eigenartig, sagen Sie?«, fragte Glasner. »Von wem?«

»Von einem gewissen August Schenner«, antwortete Kästner. In kurzen Worten erklärte er seinem Chef, worum es ging. Dieser lehnte sich in seinem Stuhl zurück und tippte die Fingerspitzen aneinander, während er nachdachte.

»Ich kenne Schenner«, sagte er schließlich. »Nicht persönlich, aber ich habe von ihm gehört. Ein guter Ermittler, aber ein seltsamer Typ. Trug immer einen Khaki-Regenmantel, fuhr einen Jaguar E-Type und sieht aus wie Jerry Cotton. Habe gehört, er hätte sich vor Jahren in einen Fall verbissen, den er nicht lösen konnte. Hatte etwas mit diesem Unterweger zu tun. Hat ihn ganz schön mitgenommen und offenbar nie losgelassen. Vielleicht hat er deswegen angerufen. Die beiden Prostituierten, die dieses Jahr gefunden wurden, haben womöglich Erinnerungen wachgerufen.«

Enttäuscht ließ Kästner die Papiere sinken.

»Dann glauben Sie nicht, dass an der Spur was dran ist?«

»Keine Ahnung«, antwortete Glasner und zuckte die Schultern. »Das müssen die zuständigen Ermittler entscheiden. Sie brauchen sich darüber keine Gedanken zu machen.«

Kästner musste sich bemühen, seine Enttäuschung zu verbergen. Er wollte sich darüber Gedanken machen und hatte sich bereits als Teil der Mordermittlungen gesehen. So wie Glasner diesen Schenner beschrieb, mit Regenmantel und Jaguar, so stellte sich Kästner einen Ermittler vor. Von diesem Bild war er selbst allerdings noch weit entfernt.

»Worauf warten Sie noch?«, unterbrach Glasner seine Gedanken. »Zurück ans Telefon!«

Freitag, 1. Juni, 12:00 Uhr
Gasthaus Krümmel, Brünner Straße, Floridsdorf, Wien

Jack Unterweger ist ein Betrüger, der die österreichische Kulturszene nutzt, um sein Image aufzupolieren und sich von seinen Verbrechen zu distanzieren. Man muss dem ein Ende machen, bevor es zu spät ist.

Severin Plum starrte auf die Zeilen des Briefs, als würden sich die Buchstaben bewegen und er müsste sie mit seinen Augen festhalten, damit sie nicht über den Rand des Papiers verschwanden. »Und der ist echt?«, fragte er.

»Hab es überprüft«, antwortete Meyerhofer. Er strich sich die fettigen Haare aus dem Gesicht, kramte dann hektisch in der Innentasche seiner fleckigen Lederjacke, bis er seine Zigarettenpackung zu fassen bekam. Er zog eine Dunhill heraus, steckte sie sich zwischen die Lippen und zündete sie an. Er zog an, hustete, zog noch einmal an.

Plum hob die Hand. Der Kellner nickte ihm zu und begann, zwei weitere Bier zu zapfen. Im *Krümmel* zählte er zu den treuen Stammkunden. Die Einrichtung der Bauernstube hätte aus dem Nachlass seiner Großmutter stammen können, die Tischdecken hatten ein gesticktes Blumenmuster, die Sessel und Bänke waren aus Fichtenholz, die Lampenschirme bestanden aus dunkler Baumwolle und warfen ein gedämpftes, heimeliges Licht.

»Der Brief ist mir erst letzte Woche in die Hände gefallen. Lag bei uns im Büro herum, war an den Chef adressiert. Aber du weißt ja, der liest Leserbriefe nie«, erzählte Meyerhofer.

Plum kannte Meyerhofers Chef, der auch einmal sein Chef gewesen war. Ein schwieriger Charakter, der das größte Medienimperium des Landes nicht auf den Grundpfeilern der journalistischen Integrität aufgebaut hatte.

»Für uns ist das nichts«, fuhr Meyerhofer fort, »aber ich dachte, du könntest vielleicht was damit anfangen. Du bist der Experte in Sachen Unterweger. Bist ihm doch durch das ganze Land nachgefahren, oder?«

Es stimmte, Plum hatte seit der Entlassung zahlreiche Lesungen und Theateraufführungen von Jack besucht. Die beiden kannten sich, wenn auch nur oberflächlich. Plum fühlte, dass Jack Journalisten gegenüber ein natürliches Misstrauen hegte, sie aber gleichzeitig zur Selbstinszenierung brauchte. Er konnte ihm diese ambivalente Haltung nicht verübeln. Plum jedoch war ehrlich an dem Fall Jack Unterweger interessiert. Seine Geschichte könnte das Strafsystem revolutionieren, vielleicht auch den Kulturbetrieb. Wenn es so weit war, würde Plum als Unterweger-Experte bereitstehen. Verlage würden sich überbieten, damit er seine exklusive Biografie bei ihnen herausbrachte. Ganz uneigennützig war sein Interesse an Jack Unterweger also nicht, allerdings glaubte er tatsächlich an den ehemaligen Häftling. Er sah, wie er von einem Provinzdorf ins andere tingelte, dort seine Lesungen abhielt, mit Theaterschauspielern arbeitete, wie er sich um Finanzierungen und Auftritte bemühte und sich immer wieder mit Fragen nach seiner Vergangenheit auseinandersetzen musste. Aus der Distanz hatte Plum Mitgefühl für den Mann entwickelt.

»Wer ist diese Eisenstein?«, fragte Plum und tippte auf den Namen, mit dem der Brief unterzeichnet worden war.

»Eine deutsche Autorin, die mittlerweile in Österreich lebt«, sagte Meyerhofer. »Sie hat Jack in der Haft das Schreiben beigebracht. Waren offenbar lange befreundet, aber irgendwas ist passiert. Mittlerweile reden sie nicht mehr miteinander. Vielleicht war sie auf seinen Erfolg eifersüchtig?«

Plum faltete den Brief zusammen und steckte ihn in seine Hosentasche.

»Was wirst du jetzt machen?«, fragte Meyerhofer neugierig, nachdem der Kellner die beiden Bier gebracht und er sich einen ausgiebigen Schluck genehmigt hatte. Eine Schaumkrone zierte seine Oberlippe.

»Ich werde diese Eisenstein kontaktieren«, antwortete Plum. »Vielleicht weiß sie etwas über Jack, das wir nicht wissen.«

In jedem Fall, dachte Plum, würden es ein paar Quellen mehr für seine Biografie werden.

Montag, 3. Juni, 12:00 Uhr
Sicherheitsbüro, Berggasse, Alsergrund, Wien

Max Edelbacher klappte den Akt über einen Raub in Favoriten zu, strich sich über seinen Schnauzer und war nun bereit, seine Mittagspause anzutreten. Den ganzen Tag schon freute er sich auf das Gulasch im *Braunen Bären*. In diesem Moment ging die Bürotür auf. Es war seine Sekretärin Brigitte.

»Hofrat Edelbacher, der Reporter wäre da«, sagte sie.

»Der Reporter?« Erst als er die Worte aussprach, erinnerte er sich, dass er letzte Woche die Anfrage für einen Interviewtermin erhalten hatte. Der Reporter kam vom ORF und machte eine Sendung für *Journal Panorama* über die beiden Leichenfunde. Er hatte zugesagt, den Termin aber in der Zwischenzeit völlig vergessen.

»Natürlich, schicken Sie ihn rein«, sagte er und hoffte, man würde ihm nicht anmerken, dass er den Termin vergessen hatte. Der Reporter hatte sich doch sicherlich mit Namen vorgestellt, doch auch dieser wollte Edelbacher nicht mehr einfallen. Zu dumm! Edelbacher richtete sich die Krawatte, fuhr sich durch die Haare und verdrängte den Gedanken an die bevorstehende Mittagspause. Kurz darauf ging die Tür erneut auf und ein kleiner Mann trat ein, drahtig, mit spitzen Wangenknochen und einem fliehenden Haaransatz. Er entsprach nicht den Journalisten, mit denen Edelbacher es sonst zu tun hatte. Der Mann trat vor und streckte ihm die Hand entgegen.

»Hofrat Edelbacher, es ist mir eine Freude, dass Sie sich Zeit für mich nehmen.« Er war auch höflicher als die Journalisten, denen Edelbacher sonst begegnete. Während er in seinem Kopf noch fieberhaft nach dem Namen des Journalisten setzte, schüttelte er ihm die Hand und bat ihn, sich zu setzen.

Der Journalist stellte ein ORF-Mikrofon auf Edelbachers Tisch, das an einen Kassettenrekorder angeschlossen war.

»Meine erste Frage«, begann er, »gibt es schon Hinweise auf den Täter in dieser grausamen Mordserie?«

»Sie werden sicher verstehen, dass ich keine Details zu den Ermittlungen preisgeben kann«, sagte Edelbacher. »Allerdings kann ich sagen, dass es uns die Umstände nicht leicht machen. Es verging viel Zeit, bis man die Leichen fand, und der Regen hat auch nicht geholfen.«

»Wie plant die Polizei, Prostituierte in Zukunft zu schützen?«

»Wir werden unsere Kontrollen verstärken«, antwortete Edelbacher. »Wir werden stärkere Präsenz auf den Straßen zeigen. Solange der Täter jedoch nicht gefangen ist, müssen wir Frauen davor warnen, in Autos fremder Männer zu steigen.«

Der Journalist lächelte.

»Wissen Sie, ich arbeite an diesem Beitrag, weil ich mich in dem Milieu gut auskenne. Wenn man Straßenprostituierten sagt, sie sollen nicht in Autos steigen, nimmt man ihnen ihren Arbeitsplatz weg.«

Edelbacher musste dem Mann im Stillen recht geben. Allerdings hatten sie keine andere Wahl. Sie konnten ihre Suche intensivieren und vor den Gefahren warnen. Ansonsten waren der Polizei bisher die Hände gebunden.

Zum Glück wechselte der Journalist das Thema. »Wie wird das weitere Vorgehen der Polizei in diesem Fall aussehen?«

»Es gibt klare Prozesse«, beeilte sich Edelbacher zu sagen. »Wir werden Zeugenbefragungen durchführen und das Vorstrafenregister kontrollieren. Meistens sind Mörder vor ihren Taten bereits anderweitig straffällig geworden.«

»Das klingt wie die Suche nach der Nadel im Heuhaufen.« Die Stimme des Journalisten war mitfühlend.

»Ja, da haben Sie nicht unrecht«, sagte Edelbacher. »Polizeiarbeit ist nicht so, wie man das aus Hollywoodfilmen kennt. Wir müssen unseren Spuren in mühsamer Kleinarbeit nachgehen. Aber die Arbeit wird sich am Ende lohnen. Wir sind überzeugt, dass wir den Täter fassen werden.«

Der Journalist griff über den Tisch und schaltete den Kassettenrekorder aus. Mit geübten Handgriffen verstaute er das Equipment in seiner Tasche.

»Vielen Dank, dass Sie sich Zeit genommen haben«, sagte er.

»Keine Ursache«, antwortete Edelbacher. »Wann wird die Sendung denn ausgestrahlt?«

»In ein paar Tagen«, antwortete der Reporter. »Danach fliege ich nach Los Angeles für eine Story über die Polizei dort. Sie haben nicht zufällig Kontakte?«

»Da muss ich Sie enttäuschen«, sagte Edelbacher.

»Macht nichts«, sagte der Reporter. »Ich werde mich schon zurechtfinden.«

Die beiden Männer gaben sich zum Abschied die Hand. Ein sympathischer Kerl, dachte Edelbacher. Dieser Reporter schien die Probleme zu verstehen, vor denen die Polizei stand. Nicht wie viele seiner Kollegen, die jeden ihrer Schritte kritisierten.

Edelbacher zog sich sein Jackett an und machte sich nun endlich bereit, sich in die wohlverdiente Mittagspause zu verabschieden. Als er beim Tisch seiner Sekretärin vorbeiging, sagte er: »Ich gehe zum *Bären*.«

Der *Braune Bär* lag in der Nähe der Berggasse. Sein Wirt, Oskar Molik, ein beleibtes, nicht immer gut aufgelegtes Wiener Original, bereitete in seinem kleinen, einfachen Lokal eine Hausmannskost zu, die Edelbacher sehr genoss. Auf einem Elektrokocher wurde von der Wirtin mit den toupierten, blonden Haaren ein sagenhaftes Gulasch fabriziert. Die Geheimzutat des Gulasch bestand aus dem Taft, den sich die Köchin beständig in die Haare sprühte, auch während des Kochens, und der so ins Gulasch geriet. Das verlieh ihm die besondere, würzige Note.

Hatte man den *Bären* einmal betreten, kam man ohne den Gestank nach Zigaretten und Bierdunst nicht mehr heraus. Das Gasthaus war im gesamten Sicherheitsbüro sehr beliebt.

»Sehr wohl, Hofrat Edelbacher.«

Edelbacher blieb vor der Tür stehen. »Sagen Sie, wie hieß eigentlich dieser Journalist? Der Name ist mir entfallen.«

Brigitte tat etwas, das Edelbacher bislang kaum bei der ernsten Frau gesehen hatte: Sie zog die Augenbrauen amüsiert in die Höhe. »Das?«, fragte sie. »Das war der Frauenmörder Jack Unterweger.«

Mittwoch, 5. Juni
Bericht im *Journal Panorama*

Die Angst im Rotlicht-Milieu

Sprecher: Nicht nur in Wien wurden in den letzten Wochen die Leichen zweier Prostituierter gefunden, auch in Graz und Bregenz verschwanden im letzten Jahr Prostituierte.

Zwei Frauen aus Wien werden noch immer vermisst. Sind Regina Prem und Silvia Zagler noch am Leben? Oder hat der grausame Serienmörder auch sie auf dem Gewissen? Jack Unterweger, bekannt durch sein Buch *Fegefeuer*, fühlt mit den Opfern. Seine eigene Tante war Prostituierte und wurde 1967 von einem ihrer Kunden ermordet. Er begab sich auf den Wiener Strich, um mit den Betroffenen zu reden.

Unterweger: Freitagnacht, kurz nach 23 Uhr, in der Wiener Felberstraße, leichter Regen, wenig Verkehr, wenige Autofahrer, die als Kunden für die am Straßenrand stehenden Prostituierten unterwegs sind. Trotz der ungeklärten Morde läuft das Geschäft, wenn auch nicht so gut wie davor. Die erste Frau, mit der ich spreche, ist Susanne. Sie ist 26 Jahre alt, seit fünf Jahren im Geschäft, fällt durch ihre große und attraktive Erscheinung auf. Sie trägt einen knappsitzenden Body, Lederjacke und hochhackige Schuhe, alles in Schwarz.

Susanne: Jetzt hast Angst, natürlich. Fühlst dich unsicher. Bei jedem Auto, das stehen bleibt, glaubst: Das könnt er sein, der Mörder.
Es gibt kein Einsteigen mehr bei uns.

Unterweger: Wie schützt man sich?

Susanne: Kannst dich nicht schützen. Passieren kann dir immer was auf der Straße.

Unterweger: Ich frage Sabine, eine andere Prostituierte, ob sie sich geschützt fühlt.

Sabine: Geschützt? Von wem? Der Polizei? Die tun doch nix. Dabei sind wir auch Menschen. Es wird völlig ignoriert, dass wir im Grunde Sozialarbeit leisten.

Unterweger: Wir sollten froh darüber sein, dass es einen Strich gibt. Verbannen und verdammen wir den Strich nicht, sondern fördern wir ihn, damit Kontrolle und Sicherheit für alle gewährleistet wird. Die Toten im Wienerwald sind bloß weitere Argumente dafür, gesellschaftliche Rahmenbedingungen zu schaffen, in denen Prostituierte ihre Arbeit so ausführen können, dass sie von der Gesellschaft unterstützt werden.

Das fängt bei der Krankenkasse an und hört bei geförderten Ausstiegshilfen noch lange nicht auf. Je sicherer Prostituierte in der Gesellschaft sind, umso sicherer können sie arbeiten und umso geringer ist das Risiko, Opfer von Verbrechen zu werden.

Dienstag, 11. Juni, 14:00 Uhr
Hotel Cecil, Main Street, Los Angeles, Kalifornien, USA

»Hola, Carmen, was läuft?«

Carmen arbeitete erst seit zwei Wochen im Hotel *Cecil*. Von allen Jobs, die sie bis jetzt in Los Angeles bekommen hatte, war

Rezeptionistin im *Cecil* der ertragreichste. Und der, den sie mit Abstand am meisten hasste.

Sie war in die Stadt gekommen, um Arbeit zu finden. Weder als Kindermädchen noch als Medizinassistentin hatte sie von ihrem Verdienst leben können. Als sie diesen Job bekam, wagte sie, endlich ein besseres Leben zu erhoffen. Das *Cecil* machte Eindruck: Der Eingangsbereich des Hotels bestand aus einer großen, mit Gold verzierten Glastür, die bis zu einer Kuppel im ersten Stock hinaufreichte. Der Eingangsbereich war im Art-déco-Stil gehalten. Der gefliese Boden glänzte, eine achteckige Lampe aus Metall hing in der Mitte der Eingangshalle. Die kubistische, massive Inneneinrichtung strahlte Reichtum aus.

Sie hatte mit der Zeit jedoch gelernt, dass die Kundschaft des Hotels in starkem Kontrast zu der Einrichtung stand. Das *Cecil* hatte seine besten Zeiten lange hinter sich. Immer wieder musste sie den Sicherheitsdienst rufen, um Junkies und Obdachlose aus dem Hotel zu werfen. Was in den Zimmern vorging, wollte sie lieber gar nicht wissen.

Von ihren Kollegen hatte sie von der berüchtigten Geschichte des *Cecil* erfahren: Angeblich war es der letzte bekannte Ort gewesen, an dem sich Elizabeth Short aufgehalten hatte, kurz bevor sie als Schwarze Dahlie 1947 zu einem der berühmtesten Mordopfer der amerikanischen Geschichte werden sollte. Und in den 80er-Jahren hatte Richard Ramirez im *Cecil* gewohnt, der Serienmörder mit dem Spitznamen »Night Stalker«. Manche Besucher buchten nur deswegen ein Zimmer. Carmen fand das pervers.

Mittlerweile war Carmen klar, warum die Rezeption hinter einer kugelsicheren Glaswand lag. Was sie am *Cecil* so hasste, war allerdings nicht so sehr die Kundschaft oder die angsteinflößende Geschichte, sondern ihr Chef, Carl Loomis. Das Einzige, was Loomis mehr liebte, als seine Gäste abzuziehen, war es, seinen jungen Mitarbeiterinnen nachzustellen. Die Kolleginnen hatten Carmen gewarnt. Bis zur nächsten Einstellung war sie die Neue und damit Ziel von Loomis' abstoßenden Versuchen.

Nun kam Loomis durch die Eingangshalle auf sie zu. Seine Glatze warf das Licht stärker zurück als die Fliesen. Er lächelte sie an und in seinem Mund hoben die Krater seines Gebisses die wenigen Goldzähne deutlich hervor.

»Mein Schokoladentörtchen, hast du heute schon mit den Gästen geflirtet?«

»Guten Tag, Mr Loomis«, sagte Carmen.

»Wie wäre es mit einem Lunch, nur du und ich? Wie klingt das?«

Loomis kam jeden Tag, um dieselbe Frage zu stellen. Bisher hatte Carmen stets ablehnen können, doch sie merkte, dass der Manager ungeduldiger wurde. Bevor sie mit ihm länger als fünf Minuten allein verbringen musste, würde sie kündigen. Allerdings würde es sie ärgern, ihre bisher bestbezahlte Stelle wegen eines solchen Idioten aufgeben zu müssen.

In diesem Moment öffnete sich die Glastür und ein Mann trat ein.

»Sir!«, rief Carmen und schwenkte den Arm. »Sir, brauchen Sie ein Zimmer?«

Sie schenkte Loomis ein Lächeln, woraufhin dieser sich mit einem grimmigen Blick verzog. Noch einmal gut gegangen, dachte Carmen. Zumindest bis sie sah, wen sie da zu sich an die Rezeption gerufen hatte. In der Gegend des *Cecils* wimmelte es von seltsamen Leuten, aber so einen hatte sie noch nie gesehen. Der Mann trug weiße Cowboystiefel aus Schlangenleder und weiße Hosen, in denen ein türkises Baumwollhemd steckte. Über dem Hemd trug er eine Navajo-Indianerweste und darüber einen weißen Mantel mit aufgestickten Hibiskusblüten. Das Outfit vervollständigte ein weißer Cowboyhut, der auf dem schmalen Gesicht des Mannes viel zu groß wirkte.

»Wie kann ich Ihnen helfen?«, fragte Carmen, bemüht darum, einen neutralen Gesichtsausdruck zu wahren.

Der Mann lächelte sie an. »Ich bin gerade erst in L. A. angekommen. Wie viel kostet ein Zimmer?« Er sprach mit einem schweren Akzent. Carmen musste sich bemühen, seine Worte zu verstehen. Trotz – oder wegen – seiner Kleidung bekam Carmen Mitleid mit dem Mann. So angezogen würde er in dieser Gegend nicht lange überleben.

»Sind Sie sicher, dass Sie hier ein Zimmer wollen?«, fragte sie leise. »Es gibt ziemlich viele Kriminelle und Prostituierte in der Gegend. Es ist gefährlich. Sie sollten keinen Schmuck tragen.«

»So was wie das hier?« Der Mann hob seine Hand, an der ein dicker Smaragdring funkelte.

»Keine Sorge«, sagte er lächelnd. »Ich komme schon zurecht. Ich bin Journalist und möchte über die Schattenseiten von Los Angeles schreiben.«

Carmen zuckte die Schultern. »Dann sind Sie hier richtig. Ist Ihre Entscheidung. Wir vermieten die Zimmer nur wochenweise, fünfundzwanzig Dollar pro Nacht.«

»Draußen parkt mein Leihwagen«, sagte der Mann.

»Den sollten Sie dort schleunigst wegholen«, riet Carmen. »Wir haben einen Parkplatz an der Rückseite des Hotels.«

Sie reichte ihm die Formulare und gab ihm einen Zimmerschlüssel. Als sie seine Angaben prüfte, stutzte sie. »Jack? Das ist doch ein amerikanischer Name.«

»Mein Vater ist Amerikaner«, sagte Jack. »Allerdings habe ich ihn noch nie getroffen. Er soll hier in der Gegend leben. Ich möchte versuchen, ihn ausfindig zu machen.«

»Dann viel Glück«, sagte Carmen.

»Wir sehen uns«, sagte Jack und verschwand mit seinem Gepäck im Aufzug.

Die nächsten Stunden achtete Carmen darauf, Loomis nicht mehr über den Weg zu laufen. Kam er in ihre Nähe, gab sie sich jedes Mal beschäftigt.

Als sie endlich Feierabend machen konnte, trat sie vor das Hotel und zündete sich eine Zigarette an. Die Sonne ging langsam unter und tauchte die breiten Straßen von Los Angeles in ein violett schimmerndes Licht. Wie gerne sie jetzt auf einem der umliegenden Hügel wäre!

Von dort hatte man einen wundervollen Blick über das Straßengitter der Stadt, das sich bei Sonnenuntergang in eine Lichterkette verwandelte.

Von dort oben sah man nur das Licht, die Farben und die Bewegungen der Stadt, nicht ihre Armut, ihren Dreck und ihre Verlorenheit.

»Machen Sie Feierabend?«

Carmen drehte sich um. Der seltsame Gast von heute Mittag war neben sie getreten. Zumindest hatte er den Cowboyhut und den Mantel abgelegt. Auch Schmuck konnte sie keinen an ihm entdecken. Carmen nickte.

»Sie sollten lieber nicht mehr spazieren gehen«, sagte sie.

»Machen Sie sich um mich keine Sorgen«, sagte er. In seinem Satz lag eine unausgesprochene Frage.

»Carmen«, stellte sie sich vor und streckte ihm die Hand hin.

»Jack«, sagte er und schlug ein. »Aber das weißt du ja schon.«

»Warum willst du über die Schattenseiten der Stadt schreiben?«, fragte Carmen, die sich die eigenartigen Worte des Gastes gemerkt hatte.

»Ich komme aus Österreich«, sagte er und Carmen hatte nur eine ungefähre Ahnung, wo das Land lag. »Dort ist alles sauber. Aber die Menschen sind trotzdem Schweine.« Er lachte. »Ich möchte sie mit diesen Abgründen konfrontieren. Hier in Los Angeles sieht man die Menschen, wie sie wirklich sind.«

Carmen warf die Zigarette auf den Boden und trat sie aus.

»Viel Glück«, sagte sie.

»Danke«, antwortete Jack. »Ich glaube, dass ich mich in Los Angeles wohlfühlen werde.«

Donnerstag, 20. Juni, 10:00 Uhr
Haus von Michael Montfort, Hügel von Los Angeles, Kalifornien, USA

»Und Sie wollen mir sagen, dass Bukowski verheiratet ist?«

Montfort verfluchte im Stillen seine Gutmütigkeit. Als ihn seine Ex-Frau anrief und um einen Gefallen bat, hatte er nicht ablehnen können. Frances war eine der bekanntesten deutschen Journalistinnen, sie schrieb für den *Stern* und die *Bravo* und hatte zahlreiche berühmte Persönlichkeiten interviewt. Offenbar war sie bei einem Journalistentreffen diesem Typen begegnet und hatte sich für seine Sache erweichen lassen. Jedenfalls hatte sie Montfort gebeten, ihm etwas über Bukowski zu erzählen.

»Er will Cher und Bukowski interviewen«, hatte ihm seine Ex-Frau gesagt und gelacht. »Bei Bukowski konnte ich ihm helfen.«

Montfort hatte den amerikanischen Autor 1977 für eine deutsche Zeitschrift fotografieren sollen. Er wusste, dass Bukowski den Medienrummel hasste und zurückgezogen lebte. Also brachte er eine Kiste Wein mit und sprach die Fotos zunächst gar nicht an. Nach ein paar Flaschen wurde der Autor offener und ließ sich schließlich von Montfort fotografieren. Seitdem verband die beiden eine gute Freundschaft und wer ein Bild von Bukowski wollte, der musste zu Montfort gehen.

Diese Fotos lagen nun verstreut auf dem Esstisch seines Bungalows und wurden von Jack Unterweger, wie sich der Mann vorgestellt hatte, durchsucht. Dabei löcherte er Montfort mit Fragen nach Bukowskis Leben und Schreibgewohnheiten. Besonders schien ihn zu interessieren, wie der Autor es mit Alkohol, Drogen und den Frauen hielt. Auf Montforts Auskunft, dass Bukowski seit vielen Jahren verheiratet sei und sein Haus kaum noch verlasse, reagierte Unterweger enttäuscht.

»Ich habe auch ein Buch geschrieben«, sagte Unterweger, nachdem er das Interesse an den Fotos verloren hatte. Montfort seufzte. Das hatten sie alle, dachte Montfort.

»Vielleicht kennen Sie einen Produzenten, der Interesse haben könnte, es zu verfilmen?«

»Um was geht es denn?«, fragte Montfort aus Höflichkeit, während er sich Filterkaffee nachschenkte.

»Um einen Mörder, der fünfzehn Jahre im Gefängnis verbringt, sich dort zum Autor wandelt und dann vorzeitig entlassen wird.«

»Wie kommen Sie denn auf die Geschichte?«, fragte Montfort.

»Das ist meine Geschichte«, sagte Unterweger und blickte Montfort an, als wäre er verwundert, dass man das hier in Los Angeles nicht wusste.

»Oh«, sagte Montfort und verschluckte sich fast an seinem Kaffee.

Dass er einen verurteilten Mörder zu Gast haben würde, hatte Frances ihm nicht erzählt.

»Wenn Sie mir ein Buch hierlassen, kann ich mich umhören«, sagte Montfort. Es lag nicht in seinem Interesse, einen Straftäter zu enttäuschen.

»Ich lasse Ihnen ein Exemplar schicken«, sagte Unterweger und stand auf. »Danke für Ihre Zeit.«

»Keine Ursache«, sagte Montfort. Er begleitete seinen Gast nach draußen. Auf der Straße vor seinem einstöckigen Haus, die sich in Schlangenlinien um einen der Hügel um Los Angeles zog, stand ein blauer Toyota.

»Was ist denn mit Ihrer Windschutzscheibe passiert?« Auf Seiten des Beifahrers wies die Scheibe zahlreiche kleine Bruchstellen auf.

»Ein Stein«, antwortete Unterweger. »Ich werde das Auto heute noch umtauschen.«

Montfort hätte anmerken können, dass die Risse an der Innenseite der Scheibe zu verlaufen schienen, so als hätte jemand vom Beifahrersitz aus dagegengetreten.

Glassplitter konnte er an der Außenwand des Autos ebenso keine erkennen, weder zwischen den Scheibenwischern noch zwischen der Karosserie und der Scheibe. Aber er hatte keine Lust, sich mit Jack Unterweger auf eine Diskussion einzulassen. Frances war ihm wirklich etwas schuldig. Er nahm sich vor, sie in Zukunft zu fragen, ob Bekannte von ihr vorbestraft waren, ehe er zustimmte, sich mit ihnen zu treffen.

»Sichere Fahrt«, wünschte Montfort.

Jack stieg ein und winkte ihm zu, als er an dem Fotografen vorbei und die Straße nach unten fuhr, hinein ins Herz der Stadt.

Donnerstag, 4. Juli, 17:00 Uhr
Bar The Long Goodbye, 8th Street, Los Angeles, Kalifornien, USA

Carmen musste zugeben, dass er nicht schlecht aussah. Für sein Alter. Er hatte kaum Fett an seinem Körper, etwas, das bei Männern in Los Angeles selten vorkam. Seine Haare waren zwar bereits ergraut, aber dicht. Und er hatte ein gewinnendes Lächeln.

Jack hatte ihr erzählt, dass er für den größten Fernsehsender seines Landes arbeitete. Jeden Tag war er frühmorgens, bevor er zum Frühstück ging, zur Rezeption gekommen und hatte sie über ihr Leben ausgefragt. Er hatte vorgegeben, die Informationen einer Einheimischen für seinen Bericht gebrauchen zu können, aber Carmen war nicht so naiv, wie Jack offenbar dachte. Sie wusste, wenn ein Mann mit ihr flirtete.

Jack war charmant, aufmerksam und schien sich ehrlich für ihre Lebensgeschichte zu interessieren. So hatte sie ihm erzählt, wie ihre Mutter mit ihr aus Kolumbien in die USA gekommen war, sie in einem kleinen Ort zwei Stunden von Los Angeles entfernt allein aufgezogen hatte und wie sie auf der Suche nach einem Job in die Stadt gekommen war.

»Wie viele Menschen leben denn in dem kleinen Ort?«, hatte Jack gefragt.

»Keine Ahnung, so zweihunderttausend«, hatte Carmen geantwortet. Jack hatte das schrecklich lustig gefunden.

»Bei uns wäre das schon eine Bundeshauptstadt«, hatte er ihr erzählt.

Er hatte ihr auch Bilder gezeigt von Österreich. Grüne Wiesen, schneebedeckte Berggipfel, Almen mit Kühen darauf und Frauen in seltsamen Röcken, die, wie Jack erklärte, »Dirndl« hießen und die Tracht des Landes waren. Carmen fand die Frauen allesamt hübsch.

Sie waren so anders als sie selbst, die von ihrer Mutter schwarze Haare, haselnussbraune Augen und einen dunklen Teint geerbt hatte. Als Carmen schon dachte, er würde sie gar nicht mehr fragen, hatte Jack sie zu einem Getränk eingeladen. Ihrem ersten Treffen in *The Long Goodbye*, einer Bar, in der ein Freund von Carmen als Türsteher arbeitete und sie öfters einen Drink umsonst bekam, waren weitere gefolgt.

Nachdem Jack gestern nachmittags ins Hotel zurückgekommen war, meinte er, in seinem Zimmer sei eingebrochen worden. Er beschwerte sich laut bei Mr Loomis, was Carmen heimlich genoss, und zog dann ins *Sunset Orange Hotel* an der Kreuzung zwischen Sunset Boulevard und Orange Street. Die Gegend war kaum besser als jene, in der das Hotel *Cecil* lag. Bevor er ausgezogen war, hatte er sich mit Carmen eine Verabredung im *Long*

Goodbye ausgemacht. Hier saßen sie nun und Carmen war verwundert, wie gut sie sich mit diesem Mann unterhalten konnte, der erst vor etwas mehr als zwei Wochen angekommen war, ausstaffiert wie ein Papagei, und dessen Englisch sich jenseits grammatikalischer Regeln bewegte.

»Diese Woche war ich bei einer Streife des LAPD dabei«, erzählte Jack. »Ich bekam eine kugelsichere Weste und einen Helm. Der Officer war sehr nett. Er hat mir gezeigt, in welcher Straße gedealt wird und wo die Prostituierten stehen.«

Carmen schüttelte den Kopf. »Ich verstehe nicht, warum dich sowas interessiert.«

»Die Schattenseiten von Los Angeles kennen die Leute in meiner Heimat nicht«, sagte Jack. »Die kennen nur Beverly Hills 90210.«

Das war nun wirklich nicht das Los Angeles, das Carmen kannte. Sie hatte aufgehört, Fernsehserien zu schauen, die in ihrer Heimatstadt spielen. Diese Welt war so offensichtlich eine Erfindung der Filmproduzenten, dass sie nicht ernst nehmen konnte, was sie sah.

»Was hältst du davon, wenn du mich in Österreich besuchen kommst?«

Im ersten Moment glaubte Carmen, sich verhört zu haben.

»Ich bezahle dir das Ticket«, sagte Jack. »Mit Rückflug. Du kannst zurück, wann immer du willst.«

»Meinst du das ernst?«, fragte Carmen. »Wir kennen uns gerade mal zwei Wochen.«

Jack zuckte mit den Schultern. »Ich weiß gleich, wenn es passt. Du nicht?«

Sie fühlte, dass Jack es ernst meinte.

Er schien nicht der Typ Mann zu sein, der leere Versprechungen machte. Seine Spontaneität beeindruckte sie.

»In Österreich bin ich ein berühmter Journalist und Autor«, erzählte er weiter. »Ich habe genug Geld für uns beide. Du müsstest nicht mehr in dem kleinen Zimmer in Echo Park leben.«

Carmen stutzte.

Woher wusste Jack, dass sie in Echo Park wohnte? Hatte sie ihm das erzählt?

»Bist du mir gefolgt?«, fragte sie.

»Eines Abends«, sagte Jack unschuldig. »Ich wollte bloß sichergehen, dass du sicher nach Hause kommst. Wir kannten uns noch nicht so gut. Die Gegend wirkt gefährlich.« Es klang wie ein Vorwurf. »In Österreich hättest du es bestimmt besser.«

So absurd der Vorschlag im ersten Moment erschien, so verlockend klang er, wenn Carmen ein wenig darüber nachdachte. Es konnte nicht schlimmer sein, als in Los Angeles zu arbeiten. Und sie konnte jederzeit zurückkommen. Sie hatte den Bundesstaat Kalifornien noch nie verlassen. Vielleicht würde sich ihr in Österreich die Möglichkeit auf das neue Leben eröffnen, das ihr in L. A. versagt geblieben war?

»Lass mich noch darüber nachdenken«, sagte sie und lächelte Jack an. »Es ist jedenfalls ein großzügiges Angebot.«

»Du würdest natürlich mit mir leben«, sagte er in verspieltem Ton.

»Natürlich«, sagte Carmen und lachte. »Das habe ich mir schon gedacht.«

»Ich habe auch ein Gästezimmer.«

»Ein Zimmer wird reichen«, sagte sie und blickte ihm in die Augen.

»Wir könnten das Zusammenleben schon mal üben«, sagte er. »In meinem Hotelzimmer.«
»Du bist unglaublich.« Carmen musste wieder lachen. »Wenigstens muss ich nicht mehr über die Feuerleiter zu dir hinaufsteigen, damit mich Mr Loomis nicht sieht.«

Donnerstag, 11. Juli, 12:30 Uhr
Hügel von Malibu, Los Angeles, Kalifornien, USA

Ronnie Lancaster blickte in den Himmel, suchte die Sonne und fand sie nicht. Der Mond hatte sich vor sie geschoben, stahl ihre Strahlen, sodass nun ein schwarzer, lichtumkränzter Ball ein Loch in den Himmel riss.

Lancasters Großmutter, Gott habe sie selig, würde sagen, der Teufel sei im Anmarsch. Sie war eine für Ronnies Geschmack etwas zu gottgläubige Frau gewesen und sah in schwarzen Katzen oder verwelkten Blumen Omen aus einer anderen Welt. Lancaster wusste, dass eine Eklipse die Folge bestimmter Planetenkonstellationen war. Die Wissenschaft kannte die Bewegungsmuster der Himmelskörper und konnte sie so auf die Uhrzeit genau berechnen. Seine Großmutter hatte über solche Dinge nur gelacht. Für sie waren es die Kräfte zwischen Himmel und Hölle, welche die Himmelssphären in Bewegung versetzten.

Lancaster konnte sich solche Überzeugungen als Deputy Sheriff des L. A. County nicht leisten. Was sich Menschen gegenseitig antaten, besaß keine übernatürliche Dimension. Und doch fragte er sich bei dem Anblick, der sich ihm bot, ob seine Großmutter etwas gewusst hatte, von dem er keine Ahnung hatte.

»Wir haben ... wir haben etwas gefunden ...«

Vor einer halben Stunde war dieser Anruf im Büro von Lancaster eingegangen.

»Eine Frau ... Sie ... Ach, verdammte Scheiße ...«

Lancaster musste den Mann erst einmal beruhigen. Schließlich hatte er ihn so weit gebracht, dass er ihm zumindest eine Adresse nennen konnte. Die Corral Canyon Road lag nordwestlich von Los Angeles und führte zwischen den Hügeln von Malibu hindurch, die sich aus einer Landschaft erhoben, deren Boden aufgerissen worden war von den Kräften längst vergangener Zeiten. Schluchten zogen sich durch sie hindurch wie Aknenarben. Von dem pulsierenden Leben der Großstadt war hier nichts mehr zu spüren.

Die trockenen Santa-Ana-Winde hatten die Büsche ausgedörrt und machten sie zu willfährigen Komplizen des Feuers, das Los Angeles jeden Sommer heimsuchte und die Stadt der Lichter in eine der Flammen verwandelte.

Lancaster war die Straße auf einen der Hügel zusammen mit Bob Carr, seinem Partner, hochgefahren. Nach einigen Kilometern bog er auf eine Zufahrtsstraße ab, die eigentlich der Feuerwehr vorbehalten war. An der Kreuzung sah er zwei Autos, davor standen drei Männer mit drei Kindern. Zwei der Kinder weinten, ein Bursche und ein Mädchen, ein Junge blickte stumpf ins Nichts. Zwei Männer redeten leise auf sie ein, während der dritte Mann zum parkenden Lancaster ging. Lancaster ließ das Fenster hinunter.

»Ich habe Sie angerufen«, sagte der Mann. »Das nächste Telefon war in einer Tankstelle eine halbe Stunde von hier. Verfluchtes Niemandsland.«

Lancaster nickte.

»Wir wollten mit den Kindern die Sonnenfinsternis beobachten und sind auf den Hügel rauf ...« Der Mann zeigte in Richtung der Zufahrtsstraße. »Dort liegt sie ...«

»Bleiben Sie hier, ein paar Kollegen werden gleich eintreffen«, sagte Lancaster. »Sie haben doch nichts angefasst?«

Der Mann schüttelte angewidert den Kopf.

Lancaster schob die Sonnenbrille hoch. Dann fuhr er die Straße entlang, bis sie an einem Plateau endete, das von gelblichem Gras überzogen war.

Es war der höchste Punkt des Hügels. Dort, das wusste Lancaster, trafen sich Jugendliche gerne, um ein paar Flaschen zu trinken und sich in ihren Autos zu vergnügen. Die Glasscherben und leeren Weinflaschen gaben Zeugnis davon.

Sie mussten das Auto am Fuße des Plateaus abstellen und die letzten hundert Meter gehen. Obwohl die Sonne nur zu erahnen war, hüllte eine drückende Hitze sie ein. Lancaster schwitzte, als er endlich oben ankam.

In der Mitte des Plateaus, wie der verborgenen Sonne als Opfer dargebracht, lag die Frau. Sie war verwest, der übergewichtige Körper hatte sich aufgebläht, aufgequollen wie Brot. Sie lag auf dem Rücken, notdürftig verdeckt von einem Lorbeer-Sumachstrauch. Die Blätter des Strauchs hatten ihr Grün verloren, waren in ein loderndes Orange und sattes Rot getaucht. Sie erinnerten Lancaster an die Glut eines zurückgelassenen Feuers.

Lancaster zog sich die Handschuhe über und vergewisserte sich, dass keine Stelle seiner Haut offenlag. Er wusste, dass der Strauch giftig war und bei Berührung Hautrötungen hervorrufen würde.

Als er den Kopf der Leiche ein wenig drehte, musste er den Blick abwenden und seinen Würgereflex unterdrücken. Aus Nase, Mund, Augen und Ohren krochen Würmer, jede Öffnung hatten sie in Besitz genommen, das einzige Leben in diesem toten Körper.

Lancaster hasste Würmer.

Er hatte bereits viele Leichen zu Gesicht bekommen, aber die verwesten waren die schlimmsten.

Er arbeitete sich langsam nach unten. Das T-Shirt war der Frau bis zu den Schultern hochgezogen worden, Bauch und Brüste lagen frei. Nichts in den Taschen, kein Ausweis. Um ihren Hals war ein Büstenhalter geknotet worden. Den Knoten kannte Lancaster nicht.

»Ich habe bereits Verstärkung angefordert, auch einen Hubschrauber«, sagte Carr, als sich Lancaster erhob und sich von der Leiche entfernte.

»Was für eine Sauerei.«

»Das wird ein eifersüchtiger Geliebter gewesen sein«, sagte Lancaster. »Wenn wir die Leiche identifizieren, werden wir den Täter schnell haben.«

»Was, wenn es eine Hure ist?«, fragte sein Partner.

»Was soll eine Hure an einem gottverlassenen Ort wie diesem?«

Carr zuckte nur mit den Schultern. Lancaster trat zum Rand des Plateaus. Sein Blick reichte bis zur Santa Monica Bay, wo die Wellen ruhig und gleichmäßig im Sand des Strandes versanken. Für den Ozean war es ein Tag wie jeder andere.

Lancaster konnte das Blaulicht in der Ferne ausmachen. Der Signalton fegte über das brache Land wie der Staub, wurde vom

Wind bis zu ihm getragen. Seine Kollegen waren auf dem Weg, in zehn Minuten würden sie hier sein.

Bis dahin stand er unter der dunklen Sonne, vor sich nichts als Hitze und Ödnis, und musste an die Überzeugungen seiner verstorbenen Großmutter denken, für die er früher nur ein müdes Lächeln übriggehabt hatte.

Was Gott erschafft, zerreißt der Teufel.

Freitag, 12. Juli, 23:00 Uhr
Villa von Ott, Hügel von Los Angeles, Kalifornien, USA

»Du reist morgen schon ab? Wie schade!«

Frances prostete Jack mit ihrem Champagnerglas zu.

»Ich hoffe, die Reise hat sich gelohnt für dich.«

Sie hatte Jack in seiner ersten Woche in Los Angeles kennengelernt, bei einem Treffen von österreichischen und deutschen Journalisten im Café *Hugo*. Der seltsam gekleidete Mann war ihr sofort aufgefallen. Es imponierte ihr, dass er keine Probleme hatte, über seine Vergangenheit zu sprechen. Er mochte ein verurteilter Verbrecher sein, aber er war auch unglaublich charmant. Solche Menschen zogen gute Geschichten an, das wusste Frances. Sie hatte Jack ein paar Kontakte vermittelt, unter anderem zu ihrem Ex-Mann Michael.

»Das Interview mit Cher hat wohl nicht geklappt?«, fragte sie lachend.

»Keine Zeit«, antwortete Jack, als hätte ihn bloß sein Terminkalender davon abgehalten, mit der weltberühmten Cher ein Interview zu führen. Frances war von dieser Unverfrorenheit begeistert. Und von Jacks Selbstbewusstsein. Er war zusammen mit anderen Medienleuten, die meisten aus der Filmbranche, auf diese Dinnerparty des österreichischen Gastronomie-Unternehmers Klaus von Ott gekommen.

Frances war sicher, dass er nicht eingeladen worden war. Sie staunte, wie viele Menschen er in dieser kurzen Zeit kennengelernt hatte. So standen ihm die Tore der prächtigen Villen von Los Angeles offen.

Sein kurzes Hemd ließ die Tätowierungen an seinen Armen erkennen. Die obersten drei Knöpfe waren geöffnet, sodass man die große Goldkette um seinen Hals deutlich sehen konnte. Während die anderen Gäste elegant gekleidet waren, wirkte Jack wie ein Zuhälter.

Es schien ihn nicht zu stören.

Jack erzählte Frances, was er in den vier Wochen in Los Angeles getan hatte. Es amüsierte Frances, wie selektiv seine Erzählung war. Sie verfügte über ein ausgezeichnetes Netzwerk und Jack war innerhalb der deutschsprachigen Community bald Stadtgespräch.

Frances erfuhr, dass er verzweifelt versuchte, einen Produzenten für die Verfilmung seines Romans *Fegefeuer* zu finden. Doch die Geschichte eines verurteilten Sexualstraftäters aus Österreich, der im Gefängnis zum Autor geworden war und sich unbedingt selbst spielen wollte, schien niemanden so recht überzeugt zu haben.

Diese Bemühungen erwähnte er jedoch mit keinem Wort. Er sprach über seine Zusammenarbeit mit dem Los Angeles Police Department und seine Streifzüge durch den Straßenstrich der Stadt.

»Das wird eine großartige Reportage«, sagte er überschwänglich. »Wie Mädchen mit dem Traum von der großen Hollywoodkarriere nach L. A. kommen und ihren Körper für dreißig Dollar wegwerfen.«

»Tragisch«, sagte Frances.

»Das Beste, was ich getan habe, war, eine Frau aus den Fängen ihres Bosses zu retten. Sie wird zu mir nach Wien kommen.«

»Das freut mich für dich.«

»Entschuldige mich«, sagte Jack. »Ich muss mich von ein paar Leuten hier verabschieden, bevor ich morgen fliege.«

Sie umarmten sich und Jack versprach, ab und zu anzurufen. Dann verschwand er in der Menge.

Frances trat auf den breiten Balkon, der sich wie ein Ring um den ersten Stock der Villa zog.

Man sah von hier aus nicht nur die Stadt, ausgebreitet wie ein Teppich aus Licht, sondern auch die umliegenden Hügel, wo ähnliche Villen wie Fackeln aus dem Dunkeln schienen, einzelne Punkte an Reichtum in einer Welt der Armut. Das war Los Angeles, das waren die USA.

Frances war 1969 mit vierundzwanzig Jahren in dieses Land gekommen und hatte das mittlerweile zur Legende gewordene Woodstock-Festival selbst miterlebt. Es war ihr erster Eindruck dieses neuen Landes gewesen. Dieses Wochenende hatte ihr das Versprechen auf eine andere Welt gegeben, hatte sie erahnen lassen, was Friede, Glück und Freiheit tatsächlich waren, dass sie möglich waren.

Mit jedem weiteren Jahr, das sie hier verbrachte, hatte sie sich mehr bemühen müssen, dieses Versprechen nicht als Illusion abzutun.

Vielleicht hatten Menschen wie Jack recht, wenn sie von den Schattenseiten der Stadt schrieben. Aber jeder Schatten brauchte eine Lichtquelle, die ihn warf, und so weit er auch reichte, wie viel er auch bedeckte, irgendwann zog er vorüber.

Sonntag, 14. Juli, 15:00 Uhr
Café Landtmann, Universitätsring, Innere Stadt, Wien

»Danke, dass Sie sich mit mir treffen.«

Als Plum das Aufnahmegerät auf den Tisch stellen wollte, schüttelte Sonja von Eisenstein den Kopf. »Ich rede mit Ihnen, aber vertraulich. Keine Aufzeichnungen. Mein Name darf nirgendwo auftauchen. Können Sie mir das versprechen?«

Plum zog das Aufnahmegerät zurück und ließ es in seine Manteltasche gleiten.

»Sie haben mein Wort«, sagte er.

»Ich dachte schon, mein Brief sei verschwunden.«

»Das wäre er auch fast«, sagte Plum. Wenn sein ehemaliger Kollege nicht aufmerksam gewesen wäre, würden sie beide hier nicht sitzen.

»Ich weiß, warum man den Brief nicht abdrucken will«, sagte Eisenstein. »Die Medien lieben Jack. Meine Geschichte passt nicht zu der Version, die sie erzählen.«

Plum zuckte mit den Achseln. »Vielleicht haben Sie recht. Ich gehöre allerdings auch zu den Medien und ich bin an der Wahrheit interessiert. Deswegen möchte ich mit Ihnen sprechen.«

»Die Wahrheit?« Eisenstein lachte. »Die Wahrheit ist ein Spiel, bei dem Jack immer gewinnt.«

Noch vor ein paar Monaten hätte Plum angegriffen reagiert, hätte ihr vorgehalten, sie würde bloß Vorurteile gegen einen ehemaligen Verbrecher hegen, der sich geändert hatte. Doch nun war er nicht mehr so sicher. Seine Recherchen hatten ein anderes Bild von Jack Unterweger zutage gefördert, als es Jack auf seinen Lesungen und bei Interviews von sich zeichnete.

Plum hatte Bezirkshauptmannschaften, Meldestellen und Strafvollzugsanstalten durchgerufen. Im Gefangenenhaus Klagenfurt gab es zwar zahlreiche Einträge über Theresia Unterweger, Jacks Mutter, wegen Betruges, unbefugten Grenzübertritts, Diebstahls und Veruntreuung, jedoch nie wegen Prostitution. Auch sonst konnte Plum keinen Hinweis darauf finden, dass Jacks Mutter eine Prostituierte gewesen war, wie Jack stets behauptete.

Plum hatte sich ebenso seine Schulakte von der Volksschule Straßburg, Bezirk St. Veit an der Glan in Kärnten, angesehen, in die Jack gegangen war. Anders als in Jacks Version war er kein Vorzugsschüler und verkanntes Genie gewesen, sondern hatte einen miserablen Notenschnitt. Über den Schüler Jack Unterweger hieß es dort: »Fürsorgekind, ständig in Bewegung, nicht recht konzentriert, nimmt es mit der Wahrheit nicht sehr genau, muß oft ermahnt werden.«

Je tiefer Plum gegraben hatte, desto weniger sicher wurde er, ob überhaupt etwas von Jacks Biografie stimmte. Angeblich hatte er im Jahre 1958 seinen einzigen Freund Michael bei einem tragischen Unfall verloren, als dieser von einer Walze erdrückt wurde und der junge Jack hilflos dabei zusehen musste. In den Polizeiakten von Straßburg war aus dieser Zeit tatsächlich ein ähnlicher Fall zu finden: Fünf junge Burschen hatten sich auf die Zugstange eines LKWs gesetzt, der einen Autobagger hinter sich herzog.

Als sie absprangen, geriet einer von ihnen unter den Bagger und starb. Dass Jack in der Nähe oder auch nur mit den Burschen bekannt gewesen war, verneinte jeder, mit dem Plum telefonierte.

»Waren Sie schon in St. Veit bei Jacks Großvater?«, fragte Eisenstein, nachdem Plum ihr von seinen Recherchen erzählt hatte.

»Der Großvater ist 1980 gestorben«, sagte Plum. »Aber nächsten Monat liest Jack anlässlich seines Geburtstags in der Gegend. Ich werde hinfahren und mich umhören.«

»Sie wollen also die Wahrheit wissen?«, fragte Eisenstein nach einer kurzen Pause.

Plum nickte.

»Die Wahrheit ist, dass ich dachte, ich könnte Jack helfen.« Die Niedergeschlagenheit in Eisensteins Stimme drückte die Worte nieder, verlieh ihnen eine Schwere, die Plum deutlich fühlen konnte.

»Ihm schreiben beibringen, damit er sein Trauma verarbeitete, das war meine große Idee. Und er schien so begeistert! Irgendwann schickte er mir einen Packen Papier, über tausend Seiten. Es war das Manuskript von *Fegefeuer*, das damals noch den Titel *Blut, Sex und Drogen* trug.«

Eisenstein verzog das Gesicht.

»Es war fürchterlich. Kaum auszuhalten. Schlecht geschrieben, langweilig, eine einzige Beschimpfung aller Menschen, von denen Jack meinte, sie hätten ihm Unrecht angetan. Und unzählige Sexszenen.«

Weil sie den Schreibprozess als wichtige Therapiemöglichkeit sah, wollte sie Jack dennoch ermutigen. Sie versprach ihm, bei der Überarbeitung zu helfen.

»Ich habe das Buch so lange umgeschrieben, bis es seine heutige Form bekam«, erzählte sie Plum. »Er versprach mir, alles Geld, das er mit dem Buch verdienen würde, an bedürftige Kinder zu spenden. Doch kaum kamen die ersten Tantiemen, war davon keine Rede mehr. Ich nehme an, er überwies das Geld auf die Konten verschiedener Frauen, die das Geld für ihn aufbewahren sollten, bis er aus der Haft kam.«

Ihre Freundschaft, so es denn je eine gewesen war, zerbrach völlig, als sie mitbekam, dass Jack ihre Geschichten als seine ausgab und an den ORF verkaufte.

»Wir schickten uns ständig Erzählungen«, sagte Eisenstein. »Jack dachte offenbar nicht daran, dass die Medienszene klein ist und man sich kennt. Ich erfuhr, dass Jack Kindergeschichten für den ORF machte und fand das wunderbar. Ein wichtiger Schritt in seiner Therapie. Ich bat die zuständige Redakteurin, die ich gut kannte, mir diese Geschichten zu schicken. Es interessierte mich, was Jack Kindern zu sagen hatte. Ich konnte nicht glauben, als ich das Kuvert öffnete und feststellte, dass das meine Erzählungen waren! Er hat nicht mal ein einziges Wort geändert!«

»Und Sie haben nie etwas gesagt?«, fragte Plum.

»Ich habe ihm geschrieben, dass ich das nicht in Ordnung fände«, antwortete Eisenstein. »Er meinte nur, ich könne doch gleich sagen, dass ich in seinem Leben rumschnüffle. Und dass es sowieso nur zwei Geschichten seien, ich solle mich nicht so aufregen.«

Sie fuhr sich mit den Händen über das Gesicht und seufzte.

»Jack konnte so charmant sein, aber wenn er sich in die Ecke gedrängt fühlte, wurde er jähzornig und ganz fürchterlich. Ich habe den Kontakt zu ihm dann beendet. Allerdings habe ich nichts gesagt, denn ich wollte nicht, dass er wegen mir die einzige Chance verliert, sein Leben auf die Reihe zu kriegen. Geschichten zu stehlen war immerhin besser als Mord. Ein wenig verstand ich sogar, wie schwierig es für ihn sein musste, sich als Autor durchzusetzen.«

Während Eisenstein erzählte, hatte Plum den Schaum von seinem Kaffee gelöffelt. Nun streute er Zucker hinein und rührte bedächtig darin um.

»Sie haben sein Leben recherchiert«, fuhr Eisenstein fort und blickte Plum durchdringend an. »Dann wissen Sie, dass auch Wahrheit in seinen Geschichten steckt. Er wuchs ohne Eltern auf. Er zog von einem Ort zum anderen, wechselte oft die Schule, konnte nie irgendwo eine Heimat finden. Viele seiner Geburtstage feierte er in Erziehungsheimen. Vielleicht hat Jack seine Vergangenheit dramatisiert. Aber war sie nicht schon so dramatisch genug?«

Plum dachte über diese Worte nach. Er verstand, was Eisenstein meinte. Die Kindheit von Jack Unterweger war keine leichte gewesen, selbst wenn seine Schilderungen nicht der Realität entsprachen. Aber was konnte man daraus schließen? Was konnte man damit begründen, rechtfertigen? Diebstähle vielleicht, Zuhälterei möglicherweise, aber Mord an einer unschuldigen Frau?

Wie lange konnte die Vergangenheit als Ausrede für die verpassten Chancen der Gegenwart gelten? Ab welchem Zeitpunkt wurden die Erlebnisse und Erfahrungen, die einen Menschen prägten, so schwer, so undurchdringlich, dass sie sich wie eine Kruste über ihn legten und jede Veränderung unmöglich machten? Bis die Zukunft zu einem Zerrspiegel der Vergangenheit wurde, den Menschen gefangen hielt in einer unausweichlichen Wiederholung?

»Ich weiß es nicht«, gab Plum zu. »Ich muss noch mehr herausfinden.«

»Glauben Sie, dass Sie ihn dann verstehen werden?«, fragte Eisenstein.

»Keine Ahnung«, gab Plum zu. »Aber ich muss es versuchen.«

»Warum?« Plum dachte einen Moment nach, bevor er antwortete. Er wollte sichergehen, dass sich die Worte richtig anfühlten, bevor er sie aussprach.

»Weil ich wissen will, ob sich ein Mensch ändern kann.«

Juli 1991, Private Notizen von Mag. Elisa Kronfeld
Psychologisches Profil von J. U.

Meine zweite Sitzung mit J. U., wie ich unsere Treffen von nun an nennen möchte, fand kurz nach seiner Rückkehr aus Los Angeles statt. Die Stadt habe ihm gut gefallen, allerdings sei er erschrocken gewesen von der Armut und dem Schmutz. Es gebe die Reichen und Schönen auf der einen sowie die Armen und Hässlichen auf der anderen Seite. Dazwischen liege nichts.

Er erzählte viel von seiner Arbeit und machte dabei einen entspannten und gelösten Eindruck.

J. U. erzählte mir, dass ihm bald eine junge Frau nachkommen würde, die er in Los Angeles kennengelernt und aus ihrer tristen Existenz gerettet habe. Gleichzeitig schien ihn das nicht daran zu hindern, mit mir zu flirten, was ich aus Sätzen wie »Wenn Sie mir Ihre Adresse geben, könnte ich Ihnen das nächste Mal eine Karte schreiben« ablese. Nachdem er mit seiner Erzählung zu einem Ende gekommen war, konnte ich ihn auf unser letztes Gespräch zurückbringen. Mir war eine Stelle in Fegefeuer aufgefallen, die ich mit ihm besprechen wollte. Als der junge Protagonist aus einem Erziehungsheim entlassen wird und auf der Suche nach einer Anstellung ist, kommt er in den Ort Plomberg.

Dort geschieht Folgendes:

In der Post in Plomberg nahm ich ein Zimmer, kaufte Wein und begann zu saufen. Irgendwann in diesen drei Tagen und Nächten hatte ich eine Frau, sie wollte nicht recht, ich nahm sie mit Gewalt unten am Ufer des Sees, dann ließ ich sie allein zurück, am nächsten Tag waren nur noch Erinnerungsfetzen davon vorhanden, ich soff weiter.

Dieser kurze Absatz ist alles, was sich dazu finden lässt. Der Frau wird keine Persönlichkeit verliehen, sie bleibt ein namenloses Opfer. Keine Auseinandersetzung mit Opfer oder Tat findet statt. Warum entschloss sich J. U. überhaupt, diese Stelle in das Buch hineinzunehmen?

»Es ist eben passiert, also wollte ich darüber schreiben«, meinte J. U. dazu. »Ich kann mich kaum noch erinnern.«

Ein verurteilter Frauenmörder schreibt ein Buch, um sich mit seiner Vergangenheit auseinanderzusetzen und diese zu verarbeiten. Jene Szenen, in denen es um seine Gewalt gegen Frauen geht, sind allerdings unreflektiert, unpersönlich und von der Täterperspektive geprägt. Wo findet die versprochene Auseinandersetzung statt?

»Die Frau hat mich nie angezeigt«, antwortete J. U. auf meine Frage. Es schien für ihn keine moralische Frage zu sein, sondern eine rechtliche. Da er nicht erwischt, angezeigt und bestraft wurde, brauchte er auf das Thema nicht weiter einzugehen.

Dieser Mangel an persönlichen moralischen Werten und Empathie seinen Opfern gegenüber lässt Zweifel daran, ob eine reflektierte Aufarbeitung tatsächlich stattgefunden hat. Wenn dem nicht so sein sollte, warum entschied er sich dann dafür, diese Szene, von der sich ähnliche, wenn auch weniger drastische im Buch finden lassen, zu schreiben?

Auch hier lässt sich nur spekulieren. Für die Pathologie des Sexualstraftäters ist es allerdings nicht ungewöhnlich, dass die Tat selbst nicht genügt. Auch die Zurschaustellung und Repräsentation der Tat spielen eine große Rolle in der Befriedigung, die der Triebtäter empfindet. Eine solche Repräsentation kann durch literarische Werke geschehen. Es ist eine subtile Form, seine Macht gegenüber dem Opfer zu beweisen. Und auch gegenüber all jenen, die den Täter im Unrecht sehen. Denn begeht man die Tat nicht nur, sondern findet auch Formen der Repräsentation und entgeht dennoch jeder Strafe, ist der Sieg nicht nur über das Opfer, sondern auch über alle anderen, die auf Seiten des Opfers und gegen den Täter sind, errungen. Für den pathologischen Triebtäter multipliziert dies die Lust an der Tat.

J. U. hat mittlerweile wohl gemerkt, dass ich keine Journalistin bin. Doch die genaue und aufmerksame Auseinandersetzung mit seinen Worten und Gedanken scheint ihn zu interessieren (nicht zu vergessen, dass er offenbar an mir als Frau interessiert ist). Ich hoffe, mir diesen Umstand zu Nutze machen und noch mehr über J. U. herausfinden zu können. Bisher scheint meine Analyse von J. U.s Charakter sehr unterschiedlich auszufallen von jener, die Professor Töller abgab. Es bleiben die nächsten Sitzungen abzuwarten.

Dienstag, 16. Juli, 14:00 Uhr
Los Angeles County Sheriff's Department, W Temple Street, Los Angeles, Kalifornien, USA

»Deputy Sheriff Lancaster?«, fragte der Mann.

Lancaster nickte.

»Ich bin Detective Fred Miller.« Er streckte Lancaster die Hand hin. Sein Händedruck war kräftig und bestimmt. »Gut, dass Sie mich angerufen haben.«

Nachdem die Leiche von den Hügeln Malibus ins Labor gekommen war, hatte sich herausgestellt, dass Lancaster falschgelegen hatte. Es handelte sich laut Fingerabdrücken bei dem Opfer um eine mehrmals vorbestrafte Prostituierte namens Sherry Long. Die Nachricht hatte Lancaster beunruhigt. In diesem Fall war es nicht mehr so wahrscheinlich, dass sie den Täter im näheren Umfeld des Opfers finden würden. Er sah sich die Mordberichte der letzten Monate durch und stieß auf einen seltsamen Zusammenhang. Er rief Detective Miller vom LAPD-Morddezernat an. Miller war Detective im Homicide Bureau der LAPD Central Station, zuständig für komplexe Mordfälle. Genau so ein Fall war bei Lancaster gelandet.

Miller hatte angekündigt, gleich am nächtens Tag bei Lancaster im Sheriff's Department vorbeizukommen.

Als Lancaster mit einer Tasse dampfenden Kaffees in sein Büro zurückkam, hatte Miller bereits einige Fotos auf Lancasters Schreibtisch ausgebreitet.

»Kommt Ihnen das bekannt vor?«, fragte Miller, nachdem sich Lancaster gesetzt hatte.

Lancaster nahm die Fotos einzeln in die Hand und betrachtete sie.

»Was meinen Sie?«, fragte Miller schließlich.

»Derselbe Mann«, sagte Lancaster.

Miller nickte. »Am Morgen des 20. Juni fanden ein paar Pfadfinderinnen die Leiche von Shannon Exley. Eine Woche später, am 30. Juni, entdeckte ein Obdachloser auf dem Parkplatz einer Frachterfirma im Industrieviertel von Hollenbeck die nächste Leiche. Er hatte nach Feuerholz gesucht und stieß unter einem LKW-Anhänger auf die tote Irene Rodriguez. Und Sie selbst haben Sherry Long gefunden.«

»Gibt es eine Spur?«, fragte Lancaster.

»Sie wissen vermutlich, wie schwierig es ist, einen Mord an Prostituierten aufzuklären«, antwortete Miller. Lancaster wusste das durchaus. In Los Angeles gab es mit dem Sunset Boulevard zwischen La Brea und Fairfax den größten Straßenstrich in ganz Amerika. Viele junge Frauen kamen hierher, um ihren Namen auf dem »Walk of Fame« zu sehen, der auf dem Hollywood Boulevard verlief, doch kamen nicht über den Sunset Boulevard hinaus. Die meisten dieser Frauen verschwanden so schnell wieder, wie sie gekommen waren. Die Stadt versuchte, das Geschäft von den Touristen fernzuhalten, die aus der ganzen Welt anreisten, um das glamouröse Hollywood zu sehen. Was in den Seitenstraßen der Traumstadt geschah, wurde ignoriert, solange es nicht ins Licht der breiten Boulevards gelangte.

»Die Opfer weisen Gemeinsamkeiten auf«, fuhr Miller fort. »Sie waren alle Prostituierte. Sie wurden alle an einem abgelegenen Ort gefunden, weit entfernt von ihrem Standplatz, was darauf schließen lässt, dass der Täter seine Tat geplant hat. Sie wurden alle in der gleichen Position gefunden, ihre Kleidung war nicht am Tatort. Und sie wurden alle mit einem ihrer eigenen Kleidungsstücke erdrosselt.«

»Nachahmungstäter sind ausgeschlossen?«, fragte Lancaster.

»Die Details waren in keiner Zeitung zu lesen«, sagte Miller. »Wir haben es mit einem Serienmörder zu tun.«

Lancaster schauderte, als er diese Worte hörte. Zwar hatte es in Los Angeles bereits einige berüchtigte Fälle gegeben, aber für die tägliche Arbeit eines Deputy Sheriffs blieb ein Serienmörder eine Gestalt aus Krimiserien.

»Sie meinten, Sie hätten eine gute Forensikerin im Haus?« Millers Frage riss ihn aus seinen Gedanken.

Lancaster nickte. »Die Beste. Ich habe der Boa gesagt, dass wir vorbeikommen. Ich hoffe, dass uns eine Analyse der Tatwaffe etwas über den Mörder verraten kann.«

»Die Boa?«, fragte Miller.

Lancaster lachte. »Ich vergesse manchmal, dass das nicht ihr richtiger Name ist. Doktor Lynne Herold ist die beste Forensikerin, die wir haben. Als Haustier hält sie sich eine Python namens Penelope, die einer unserer Kollegen mit einer Boa verwechselte. Daher der Name.«

Die beiden Männer fuhren mit dem Aufzug in den Keller des Gebäudes, wo das Kriminallabor untergebracht war. Als Lancaster die Schwingtür in den Untersuchungsraum aufstieß, sah er, dass die kleine Frau in weitem weißem Arztkittel gerade über den Stahltisch gebeugt stand. Die Locken ihrer braunen Haare formten eine seltsame Aureole um ihren Kopf.

Für einen Moment überkam Lancaster Angst, dass dort auf dem Tisch die Leiche von Sherry Long liegen könnte. Oft hatte er sie in den letzten Tagen in seinen Träumen gesehen.

Doch als sich die Frau umwandte und einen Schritt zur Seite machte, erkannte Lancaster, dass bloß drei braune Papiertüten auf dem Tisch standen.

Lynne Herold hatte ein schmales, ernstes Gesicht. Ihre Nase war spitz, ihre Lippen eng. Jedes Mal, wenn Lancaster sie sah, musste er an eine seiner ehemaligen Lehrerinnen denken. Sie hatte ihm immer die meisten Hausaufgaben gegeben.

Herold stellte sich nicht vor. »Sie sind wegen der BH-Morde hier?«, fragte sie Lancaster.

Dieser nickte. »Haben Sie die Tatwaffen bekommen?«

»Wollte sie gerade auspacken«, sagte Herold und deutete auf die Tüten.

Sie holte drei Büstenhalter hervor und platzierte sie auf dem Tisch, wo sie von dem trüben Licht einer schwachen Deckenlampe beleuchtet wurden.

Die beiden Männer stellten sich neben den Tisch und beobachteten die Forensikerin. Herold nahm alle drei Büstenhalter einzeln in Augenschein, besah sie von allen Seiten, fuhr mit ihren Fingern die Konturen nach und befühlte den Stoff. Schließlich wandte sie sich den beiden Polizisten zu.

»Ich habe schon hunderte Leichen auf meinem Tisch gehabt, die erdrosselt worden sind«, sagte Herold. »Aber tatsächlich noch nie mit ihrem eigenen BH. Der Mörder hätte den BH einfach um den Hals der Opfer wickeln können, aber er hat sich für eine viel raffiniertere Methode entschieden.«

Sie nahm einen der Büstenhalter und hielt ihn den Beamten hin. »Er hat das Stück mit einem Werkzeug modifiziert, vermutlich mit einem Messer. Er hat einen Träger vom Körbchen abgeschnitten, ein Loch in die Seite des BHs geschnitten und den Träger hindurchgezogen. Der Einschnitt teilt die Bänder, die durch den BH laufen. Da nun der Träger zwischen diesen beiden Bändern verläuft, konnte der Täter von drei Seiten gleichzeitig Kraft ausüben. Mit dieser Vorrichtung konnte er die Verengung regeln und den Druck verändern. Sehen Sie sich den letzten Knoten an, der die Bänder zusammenhält.«

Lancaster und Miller beugten sich vor.

»So einen Knoten habe ich noch nie gesehen. Es könnte sich um eine Signatur des Mörders handeln.« Sie legte den Büstenhalter wieder auf den Tisch.

»Außerdem ist mir bei der Obduktion aufgefallen, dass der Mörder mit unglaublicher Kraft zugedrückt haben muss«, fuhr Herold fort. »Der Hals von Irene Rodriguez war zu einem Umfang von fünfzehn Zentimetern zusammengezogen worden. Bei den anderen Opfern war es ähnlich. Eine solche Kraft entsteht aus Emotionalität. Der Mörder muss seine Opfer gehasst haben.«

»Dabei gehen wir davon aus, dass er sie nicht mal persönlich kannte«, sagte Miller.

Herold zuckte die Schultern. »Dann hat er vielleicht das gehasst, was sie waren.«

»Huren«, rutschte es Lancaster heraus. Miller und Herold blickten ihn an. Die Forensikerin zog eine Augenbraue in die Höhe.

»Aus meiner Sicht steht außer Frage, dass wir es in allen drei Fällen mit demselben Mörder zu tun haben. Zu viele Gemeinsamkeiten, die ich so noch nie gesehen habe.«

»Das ist auch meine Einschätzung«, sagte Miller.

»Danke, Doktor«, sagte Lancaster. Herold nickte bloß kurz, drehte sich um und wandte sich wieder ihrer Arbeit an den Büstenhaltern zu. Das war das Zeichen, dass ihr Gespräch zu Ende war. Die beiden Beamten verließen das Labor und fuhren mit dem Aufzug ins Erdgeschoss. Als Lancaster in den Eingangsbereich des Gebäudes trat, wurde ihm bewusst, wie kühl es unten gewesen war. Als wäre er aus der Unterwelt wieder an die Oberfläche zurückgekehrt.

»Es ist seltsam«, sagte Miller unvermittelt. »Wir wissen, die Opfer verschwanden in den Nächten des 19. und 28. Junis und des 3. Julis. Das sind drei Morde in zwei Wochen. Nun sind bereits zwei Wochen seit dem letzten Mord vergangen, aber keine neuen Leichen aufgetaucht. Ein Serienmörder hört nicht einfach so auf.«

»Haben Sie in anderen Städten nachgefragt? Vielleicht hat er den Ort gewechselt«, meinte Lancaster.

»Ich lasse meine Männer in den Datenbanken der landesweiten Kriminalbehörden suchen, aber noch ist nichts aufgetaucht«, sagte Miller. »Kam aus dem Nichts, wütete wie ein Wahnsinniger und verschwand plötzlich.«

»Aber ist das so schlecht?«, fragte Lancaster. »Zumindest gibt es keine weiteren Opfer.«

Sie waren durch die Eingangstür nach draußen getreten. Die Wärme des kalifornischen Sommers vertrieb die Kälte, die sich zwischen Lancasters Härchen eingenistet hatte. Vielleicht würde sie auch die Bilder von Sherry Long vertreiben.

Miller gab ihm die Hand, schien mit seinen Gedanken aber bereits woanders zu sein.

»Vielleicht«, antwortete er. »Aber das Böse in einem Menschen verschwindet nicht, wenn er es auslebt. Es verbreitet sich, ergreift von ihm Besitz, wird zu Gift, das durch seine Adern fließt und diejenigen tötet, die mit ihm in Berührung kommen.«

Lancaster blieb noch einige Momente vor dem Gebäude stehen und blickte Miller nach, der zu seinem Wagen ging. Dabei dachte er über Millers Worte nach. Wenn sein Kollege recht hatte, mit wem würde das Gift in den Adern des Mörders als Nächstes in Berührung kommen?

Montag, 22. Juli
Ausschnitt aus der Radiosendung *Zick-Zack,* **Ö3**

Moderatorin: Jack Unterweger, Mörder und Literat. Seine lebenslange Geschichte heute in Zick-Zack! Ihr kennt den Stoff, aus dem Krimis sind. Doch Jack Unterwegers Geschichte beginnt erst nach dem Abspann. Wenn der Täter überführt und in die Zelle gesteckt wird, schaut man nicht mehr gerne hin – zu aussichtslos die Perspektive, zu trostlos die Geschichte.

Seine Kindheit verbrachte Unterweger in Heimen, ohne Mutter, den Vater hat er nie gekannt. Die Gesellschaft, in der er aufgewachsen ist, bestand meist aus Gaunern und Prostituierten. Er schlug sich – im wahrsten Sinne des Wortes – durchs Leben.

Heute schreibt er um sein Leben. Zwanzig Jahre hat Jack Unterweger in Gefängnissen verbracht. Seit über einem Jahr ist er wieder auf freiem Fuß und rechnet ab mit seiner Vergangenheit und seiner brutalen Jugend im Unterweltmilieu.

Jack, schön, dass du hier bist.

Jack Unterweger: Danke für die Einladung.

Moderatorin: Stimmt es, dass du gerade aus Los Angeles zurückgekommen bist?

Jack Unterweger: Das stimmt.

Moderatorin: Wie war es dort?

Jack Unterweger: Schrecklich. Die Menschen aus Österreich sehen nur die Traumlandschaft Hollywoods, aber das ist eine Illusion. Ich habe die Schattenseiten der Engelsstadt erforscht. Die Abgründe haben keine Grenzen.

Moderatorin: Werden wir darüber eine Geschichte bekommen?

Jack (*lacht*): Ja, bestimmt. Ich arbeite gerade an ein paar Beiträgen für Radio, Fernsehen und Zeitungen.

Moderatorin: Jack, du bist 1975 wegen Mordes an einer Frau zu lebenslänglich verurteilt worden. Wie siehst du heute diese Tat?

Jack: Es gibt heute genau dasselbe zu sagen, das ich damals gesagt habe. Das Ganze ist, so hart es klingen mag, passiert. Und nicht geplant geschehen. Das ist ein großer Unterschied. Und nachdem es passiert ist, konnte ich es ja nicht mehr rückgängig machen, und in dem Moment, da ich's nicht rückgängig machen kann, kann ich nur damit leben.

Observationsnotiz Jack Unterweger
Sicherheitsbüro, Berggasse, Alsergrund, Wien

Der Observierte wurde im Zeitraum von 7. Juni bis zu seinem Flug nach Los Angeles am 10. Juni observiert. Die Observation fand im Rahmen der Ermittlungen an den Mordfällen Sabine Moitzi und Karin Eroglu statt.

Die Zielperson gehört zu einem weiten Kreis von Verdächtigen. Anhaltspunkte für einen Anfangsverdacht liefert die kriminelle Vergangenheit der Zielperson. Außerdem der Hinweis eines pensionierten Salzburger Polizeiinspektors, der allerdings nicht verifiziert werden konnte. Laut diesem habe die Zielperson vor seinem Gefängnisaufenthalt zwei Frauen umgebracht, in den Akten ist jedoch nur von einer Frau die Rede. Auch die Behauptung, die Morde in Graz und in Wien hätten miteinander zu tun, konnte nicht bestätigt werden. In den letzten zwei Jahren (1989 und 1990) wurden in Graz drei Prostituierte ermordet. Zwei davon in ihren Wohnungen, eine wurde in einem Waldstück gefunden. Obwohl der letzte Fall Ähnlichkeiten mit den Wiener Taten aufweist, kann hier kein eindeutiger Zusammenhang hergestellt werden.

Konkrete Indizien oder Hinweise gibt es keine.

Die Zielperson verhielt sich während des Observationszeitraums unauffällig. Er bewohnt zur Untermiete eine große Neubaueigentumswohnung, gut ausgestattet, in der Florianigasse. Mehrere Treffen mit diversen Frauen wurden beobachtet, keine Anzeichen von Aufdringlichkeit oder Gewalt.

Recherchen ergeben, dass die Zielperson wöchentlich Lesungen hält, oft eingeladen ist und auch an einem Theaterstück mitarbeitet, das im Vestibül des Burgtheaters aufgeführt wird.

Der häufige Kontakt zu Frauen, mit denen er einen ungezwungenen Umgang pflegt, die zahlreichen sozialen Kontakte und die geregelten Lebensumstände scheinen nicht in das Profil des Täters zu passen. Laut Täterprofil ist der Gesuchte ein Mann, der Probleme mit Frauen hat, wenig sozialen Umgang pflegt, vermutlich zurückgezogen lebt und seine unerfüllten Triebe in seinen Taten auslebt. Dies alles trifft auf den Observierten nicht zu. Ebenso wenig offener Frauenhass oder schnelle Reizbarkeit.

Basierend auf diesen Informationen scheint eine weitere Observation zu dem jetzigen Zeitpunkt nicht notwendig.

Sonntag, 4. August, 13:00 Uhr
Kriminalabteilung NÖ, Rennwegkaserne, Landstraße, Wien

Traninger saß in Etz' Büro und sah aus, als könnte er ein Stamperl Schnaps vertragen.

»Könnte sie dazugehören?«

Etz seufzte. »Wenn Sie mich fragen, ja.«

Um sieben Uhr früh waren Spaziergänger im Waldgebiet von Wolfsgraben auf eine Leiche mit starken Verwesungserscheinungen gestoßen. Sie hatten die Polizei gerufen. Die Leiche war bis auf zwei Ohrringe völlig nackt. Die Verwesung war so weit fortgeschritten, dass weder die Todesursache noch die Identität festgestellt werden konnte. Keine Anzeichen für Einschüsse, Knochenbrüche oder Stichwunden. Eine Probe des Gebisses ergab, dass es sich um die Leiche von Silvia Zagler handelte, einer der vermissten Wiener Prostituierten. Zuletzt war sie am 8. April in der Hütteldorfer Straße gesehen worden, als sie ihrem Beruf nachging. Danach war sie verschwunden. Der Fall war bei Etz gelandet, der sich bereits mit dem Mord an Karin Eroglu beschäftigte. Aber Etz wusste, dass die Sache größer war. Zwei der Wiener Prostituierten waren in Niederösterreich gefunden worden, eine in Wien, eine galt noch als vermisst.

Etz stand auf und holte die Unterlagen zum Fall Eroglu aus dem Aktenschrank.

Er breitete sie vor Traninger auf dem Tisch aus und begann, Details zu vergleichen.

»Eines verstehe ich nicht«, murmelte Etz.

»Was?«, fragte Traninger. Etz hielt ihm das Foto von Karin Eroglus Leiche hin.

»Die Haltung.« Etz deutete auf die Hände des Opfers. »Die Handflächen liegen auf den Oberschenkeln, die Handgelenke sind unnatürlich nach oben verdreht. Warum?«

Traninger legte das Foto zurück auf den Tisch. »Er hat sie vermutlich gefesselt, denken Sie nicht?«

»Ja«, bestätigte Etz. »Aber da ist etwas, das mich nicht loslässt ...«

»Was für ein krankes Arschloch«, sagte Traninger und lehnte sich im Sessel zurück. »Ich kann kaum erwarten, ihm Handschellen anzulegen.«

Das war es! Etz konnte es nicht fassen. Wie hatte er das nicht sehen können?

»Handschellen!«, rief er. »Der Mörder hat sie nicht einfach gefesselt, er legt seinen Opfern Handschellen hinter ihrem Rücken an. So kann er sie vor sich hertreiben und ihnen jeden Bewegungsspielraum nehmen. Sie sind ihm völlig ausgeliefert. Nachdem er sie erdrosselt hat, nimmt er ihnen die Handschellen ab und sie verharren in dieser Position.«

Traninger blickte noch einmal auf das Foto. »Sie könnten recht haben.«

»Aber was hilft uns das?«, fragte Etz mehr sich selbst als den Oberst.

Traninger lehnte sich nach vorne und blickte Etz in die Augen. »Hören Sie, Inspektor, jedes Detail ist wichtig. Wir müssen diesen Wahnsinnigen aufhalten.«

Etz nickte. Der Oberst hatte recht. Sie mussten diesen Mörder aufhalten.

Freitag, 16. August, 20:00 Uhr
Gasthof Wimitz-Wirt, Wimitztal, Kärnten

Der Gasthof war verraucht und überfüllt, das Bier schmeckte abgestanden und schal, die Beleuchtung war gedimmt vom Staub, der sich an den Leuchtbirnen angesammelt hatte, und die Menschen, mit denen Severin Plum in Kontakt kam, waren durchwegs freundlich.

Sie erkannten ihn sofort als Wiener. »Sind bestimmt wegen dem Hansi da«, hörte er mehr als einmal und begriff erst nach einiger Zeit, dass damit Jack Unterweger gemeint war. Einige Menschen kannten ihn noch von früher und sie alle waren gespannt, was aus dem berühmtesten Einwohner des Wimitztals geworden war.

Plum hatte sich informiert. Das Wimitztal lief entlang dem gleichnamigen Fluss, unweit von St. Veit an der Glan. Offensichtlich hatte es sich seit Jacks Kindheit verändert, immerhin waren die Häuser modern und es gab asphaltierte Straßen, auf denen Busse verkehrten, aber abgeschieden und verlassen kam es Plum noch immer vor. Der *Wimitz-Wirt* war das einzige Gasthaus weit und breit. Darin hatte sich das gesamte Tal versammelt, um ihren Hansi zu sehen. Früher als Taugenichts verschrien, haftete ihm nun die seltsame Faszination an, die berühmte Menschen verbreiten, egal, für was sie berühmt waren. Im Falle von Jack waren es seine Taten ebenso sehr wie der Umstand, dass er mehrere Bücher geschrieben hatte.

Plum suchte sich einen Platz weit hinten. Jack würde anlässlich seines 41. Geburtstags aus seinem Roman *Fegefeuer* lesen. Da Plum das Buch ohnehin schon auswendig kannte, konnte er sich ganz auf die Menschen konzentrieren, die um ihn herumstanden und -saßen, sich Schulter an Schulter drückten und die Köpfe reckten, um möglichst viel zu sehen und nichts zu verpassen. Jack trat in seiner gewohnten Kleidung auf, einem weißen Anzug mit roter Blume im Knopfloch. Er hätte sich nicht deutlicher von den Menschen seines Heimatorts distanzieren können.

Plum bemerkte, dass ihn die Älteren trotz seines Auftretens zu respektieren schienen. Sie nickten an manchen Stellen der Lesung und blickten an anderen betreten zu Boden, wenn Jack davon las, wie schlecht er als Kind behandelt wurde. Als Jack erzählte, wie er sich mit Kartentricks durchschlug und bereits als kleines Kind so trinkfest wie manch Erwachsener gewesen war, hatte Plum den Eindruck, einige der Anwesenden wollten ihm am liebsten auf die Schulter klopfen. Als Jack die Lesung beendete, gab es viel Applaus. Der Wirt musste für Ordnung sorgen, als das Signieren begann. Die Menschen stürzten beinahe über die Tische. Plum stand am Tresen der Bar und beobachtete, wie Jack die Aufmerksamkeit sichtlich genoss. Als Problemkind hatte er diesen Ort verlassen, als Berühmtheit war er zurückgekommen. Die Genugtuung musste groß sein.

Jack schüttelte viele Hände und kam aus dem Lächeln gar nicht mehr heraus. Menschen gratulierten ihm und sagten, das hätten sie nie von ihm gedacht, wobei Plum nicht klar war, ob damit seine Karriere als Mörder oder als Schriftsteller gemeint war, oder beides.

Diese Prozedur dauerte länger als die Lesung selbst. Gegen zehn Uhr abends hatte sich das Lokal endlich etwas geleert, einige Tische waren frei geworden und Plum setzte sich in Jacks Nähe.

Der Schriftsteller hatte in einer Nische Platz genommen, um ihn herum drei junge Frauen, die offenbar aus den umliegenden Dörfern kamen. Sie löcherten Jack mit Fragen, lachten schrill und schoben sich mit jedem Weißen Spritzer etwas näher an ihn heran.

Plum bemerkte, wie eine ältere Dame durch das Lokal auf Jacks Tisch zuging. Sie trug eine Strickjacke, hatte gelocktes, braunes Haar mit einigen Silberfäden darin und die Gesichtszüge eines Menschen, der sein Leben mit harter Arbeit verbracht hatte. Sie trat an Jacks Tisch. Es dauerte einige Augenblicke, bis die Sitzenden sie bemerkten. Dann verstummte das Lachen der jungen Frauen. Plum beugte sich etwas vor, um besser sehen und hören zu können.

»Hansi«, begann die Frau. Ihre Stimme zitterte, gewann aber mit jedem Wort an Kraft. »Ich bin hier, um dir zu sagen, dass das, was du über deinen Großvater geschrieben hast, nichts als böse Lügen sind ...«

»Entschuldigung«, unterbrach sie Jack. Er blickte kalt zu ihr hinauf. »Ich glaube nicht, dass ich Sie kenne.«

»Natürlich kennst du mich!«, rief die Frau aus, so laut, dass sich ein paar Köpfe im Lokal zu ihr umdrehten. »Ich bin es, die Lotte. Charlotte Auer!«

»Nein«, sagte Jack scharf. »Ich kenne Sie nicht. Ich feiere hier meinen Geburtstag.« Er deutete auf die Frauen neben sich. »Ich würde Sie ersuchen, uns in Ruhe zu lassen.«

»Hör zu …«, begann die Frau, doch Jack ließ ihr keine Gelegenheit, weiterzusprechen. Er sprang auf, der Tisch wackelte, die Gläser schwankten gefährlich.

»Nein, du hörst mir zu«, zischte er. Plum musste sich bemühen, die Worte zu verstehen. Zu seinem Glück hatte sich Jack vor den Tisch geschoben, sodass er den Frauen den Rücken zukehrte, Plum dafür seine Vorderseite zuwandte. »Wenn du nicht sofort still bist, dann passiert was.«

Die Frau drehte sich um und Plum konnte den schockierten Ausdruck in ihrem Gesicht erkennen. Den Kopf zwischen den Schultern eingezogen, eilte sie nach draußen. Jack ließ sich wieder auf seinen Sessel fallen, flüsterte den Frauen etwas zu und diese brachen in lautes Gelächter aus.

Plum stand auf und beeilte sich, der Frau so unauffällig wie möglich zu folgen. Als er das Wirtshaus verließ, sah er sie in ein Auto auf der gegenüberliegenden Straßenseite einsteigen.

»Warten Sie!«, rief er. »Bitte, warten Sie!«

Er hatte Glück. Die Frau wurde von seinem Ruf überrascht und erstarrte mitten in der Bewegung.

»Was meinten Sie damit, dass Jack Lügen erzählt?«, fragte Plum, bevor die Frau einsteigen konnte.

»Wer sind Sie?« Die Frau betrachtete ihn argwöhnisch.

»Severin Plum«, stellte Plum sich vor und streckte ihr die Hand hin. »Ich recherchiere die Biografie von Jack Unterweger. Ich würde gern eine Version seiner Vergangenheit hören, die nicht von ihm selbst kommt.«

Die Frau musterte ihn, gab ihm aber schließlich ihre Hand. »Charlotte Auer«, stellte sie sich vor. »Ich bin mit Jack aufgewachsen. Ich war sozusagen seine Stiefschwester.«

Plum glaubte, sich verhört zu haben. »Sie kommen in *Fegefeuer* gar nicht vor«, sagte er.

Auer lächelte spöttisch. »So einiges kommt in diesem Buch nicht vor. Oder falsch. Sie wollen wissen, wie es wirklich war?«

Sie blickte sich um und senkte die Stimme, als sie fortfuhr: »Kommen Sie morgen Vormittag bei mir vorbei. Dann erzähle ich Ihnen von dem bösen Großvater und Jacks schrecklicher Kindheit.« Auer nannte ihm ihre Adresse.

Plum versprach, pünktlich zu sein.

Samstag, 17. August, 10:00 Uhr
Café Demel, Kohlmarkt, Innere Stadt, Wien

Es war eine verrückte Sache gewesen, auf die sich Carmen da eingelassen hatte. Als sie in der kaiserlichen Einrichtung des Café *Demel* saß und den Menschen durch die große Glasfront dabei zusah, wie sie über den Kohlmarkt liefen, fühlte sie, dass die Reise nach Wien richtig gewesen war.

Das Rückflugticket gab ihr Sicherheit. Wenn es nicht funktionieren sollte, würde sie in Los Angeles eben wieder auf Jobsuche gehen. Von Österreich war sie bisher allerdings so begeistert, dass sie am liebsten hierbleiben würde.

Sie war am 8. August in München gelandet. Jack hatte sie abgeholt und ihr auf dem Weg nach Wien die wunderschönen Berge gezeigt. Carmen hatte noch nie Schnee gesehen. Jack hatte auf die Bergspitzen gedeutet und ihr erklärt, dass der Schnee dort selbst im Sommer liegen blieb.

Alles war so sauber, die Straßen, die Bürgersteige, die Autos und Hauseingänge. Hinter jeder Ecke gab es grüne Wiesen oder Wälder. Am liebsten hätte sich Carmen jeden Tag in eine Wiese gelegt und den Geschmack der Erde, das Kitzeln des frischgemähten Grases auf ihrer Haut und das Geräusch von im Wind raschelnden Blättern ausgekostet, bis ihr von der Überfülle der Eindrücke schwindlig wurde.

Ebenso gefiel es ihr, mit einem bekannten Schriftsteller zusammenzuleben. Sie sprach zwar kein Deutsch und konnte Jacks Bücher daher nicht lesen, aber sie hatte ihn bereits auf zwei Lesungen begleitet. Sie mochte, wie theatralisch er seine Sätze vortrug und dass die meist weiblichen Zuhörerinnen nach der Lesung an seinen Tisch traten, um sich Autogramme zu holen. Der Stolz überdeckte die Eifersucht.

Ansonsten ging Jack nicht viel mit ihr aus. Er hatte sie erst einer Freundin vorgestellt, Margit, die zum Glück gut Englisch sprach, viel besser als Jack. Sie hatten sich bisher nur einmal getroffen, doch sie war Carmen gleich sympathisch gewesen. Weil Jack für ein paar Tage nach Kärnten gefahren war, hatte er für sie ein zweites Treffen organisiert. Es müsse ja jemand nach ihr schauen, hatte er gemeint.

Als Margit im *Demel* erschien, war Carmen beeindruckt von ihrer eleganten Kleidung. Wie eine richtige Wiener Dame kam sie ihr vor, von denen sie in den letzten Tagen schon einige hatte beobachten können.

Kaum hatte sich Margit jedoch gesetzt und zu sprechen angefangen, war Carmen klargeworden, dass Margit ganz anders war, als sie sich die feine Gesellschaft vorgestellt hatte. Sie kannte zahlreiche Geschichten über Wien und nicht selten endeten sie mit Gefängnisstrafen.

Margit war eine tolle Geschichtenerzählerin. Sie beide lachten viel.

Carmen fragte sich, ob Jack jemals mit dieser Frau geschlafen hatte. Sie wusste, dass Jack viele Verehrerinnen hatte. Gehörte auch sie dazu? Sie traute sich Margit nicht zu fragen.

»Wie gefällt es dir denn bislang in Wien?«, fragte Margit.

»Es ist wundervoll«, antwortete Carmen. »Alles ist so sauber und ordentlich. Nie sieht man einen Menschen, vor dem man Angst haben müsste. In Los Angeles musst du immer aufpassen, in welche Seitengasse du einbiegst. Hier ist das völlig egal.«

»Und wie ist das Leben mit Jack?«, fragte Margit und lächelte sie über den Rand ihrer Kaffeetasse keck an.

»Es ist toll«, sagte Carmen. »Ich wünschte, wir würden etwas mehr ausgehen. Jack möchte nicht, dass ich viel allein mache, er meint, ich würde mich verlaufen. Als könnte ich nicht selbst auf mich aufpassen! Aber er ist sehr zuvorkommend und kümmert sich gut um mich. Ich darf mich nicht beklagen.«

»Das freut mich sehr«, sagte Margit und klang ehrlich. »Und hör nicht auf das, was die Leute sagen. Die haben keine Ahnung.«

»Was sollen die Leute denn sagen?«, fragte Carmen verwirrt. Margit schlug sich eine Hand vor den Mund.

»Oh«, sagte sie. »Jack hat dir nicht von seiner Vergangenheit erzählt?«

»Von seiner Vergangenheit?«, fragte Carmen. »Was soll denn damit sein?«

Tatsächlich hatte Jack nicht viel über seine Vergangenheit gesprochen. Mehr über seine Gegenwart, über seinen Erfolg als Schriftsteller und Journalist, über die zahlreichen Projekte, an denen er arbeitete. Carmen hatte gedacht, sie würden schon noch dazu kommen. Sie waren frisch verliebt und hatten zurzeit andere Interessen. Margits Gesichtsausdruck beunruhigte sie allerdings.

»Das soll er dir lieber selbst erzählen«, meinte Margit. Sie klang verlegen.

Margit winkte den Kellner mit einer eleganten Bewegung an den Tisch, zahlte ihre Kaffees und ergriff Carmens Hand.

»Lass uns nicht mehr von Jack sprechen«, sagte sie. »Wer braucht sie schon, die Männer? Lass uns shoppen gehen!«

Samstag, 17. August, 10:00 Uhr
Haus von Charlotte Auer, Wimitztal, Kärnten

Das Haus von Charlotte Auer lag in einer kleinen Siedlung, etwa zwanzig Minuten von St. Veit entfernt. Plum hatte keine Probleme, es zu finden, es gab nur eine Straße, um die herum sich die Häuser gruppierten.

Ein kleiner, gut gepflegter Vorgarten ließ eine Naturliebhaberin erahnen. Blumen in verschiedensten Farben und Größen wuchsen um die Fenster herum. Das Haus selbst besaß zwei Stockwerke und unterschied sich kaum von den anderen Gebäuden der Siedlung.

Plum parkte seinen blauen VW Golf vor dem Haus und stieg aus. Er trat an das hüfthohe Gartentor und läutete. Die Haustür besaß ein quadratisches Fenster aus Milchglas. Plum konnte erkennen, wie ein Schatten dahinter auftauchte. Einige Momente später hörte er ein elektrisches Surren, die Gartentür sprang auf und auch die Haustür öffnete sich.

Charlotte Auer steckte ihren Kopf heraus. »Kommen Sie schnell herein!«

Plum betrat den kleinen Vorraum, zog sich die Schuhe aus und folgte Charlotte ins Wohnzimmer. Das Zimmer war in einem ländlichen Stil gehalten, handgefertigte Holzmöbel, Stuckdecken über den Sitzgelegenheiten, eine Kuckucksuhr an der Wand, die nicht mehr funktionierte. Charlotte bat ihm einen Kaffee an, Plum nahm Platz. Kurz darauf kam die Gastgeberin mit einer Kanne dampfendem Kaffee, zwei Bechern und einer Keksdose aus der Küche. Sie stellte alles vor sich auf den Tisch und nahm Plum gegenüber Platz. Dann seufzte sie.

»Er war hier, wissen Sie«, sagte sie.

»Wer?«, fragte Plum. »Jack?«

»Ja«, sagte Charlotte. »Er kam heute früh. Der laute Auspuff seines Autos hat mich geweckt. Ich ging raus in den Garten, er parkte vor meinem Haus und blickte mich bloß an. Ich grüßte ihn, aber er hat nichts gesagt. Ich bin wieder reingegangen, doch er ist sicher noch eine halbe Stunde draußen stehen geblieben. Ich konnte ihn durch das Küchenfenster beobachten. Dann ist er weggefahren.«

Die Hände der Frau zitterten leicht. Als hätte sie Plums Blick bemerkt, griff sie hinter sich und zog ein schweres schwarzes Fotoalbum aus einer Schublade.

»Sie wollen also wissen, wie Jacks Kindheit wirklich war?«, fragte Charlotte.

Plum nickte. Sie öffnete das Fotoalbum. Darin waren eine Menge Fotos, auf den meisten war ein kleiner Junge zu sehen: Einmal hielt ihn ein älterer Herr an der Hand, ein andermal spielte er mit einem etwa gleichaltrigen Mädchen. Als sie das Bild eines kleinen Jungen in einem Anzug entdeckte, legte sie den Finger darauf.

»Das war Hansi mit acht Jahren«, sagte sie. »So hieß er, bevor er Jack wurde. Der ältere Mann, den Sie gesehen haben, das war Ferdinand Wieser, Jacks Großvater. Wir nannten ihn Nandl.«

Plum holte den Kassettenrekorder aus seiner Tasche und platzierte ihn vor ihnen auf dem Tisch. »Ist es in Ordnung, wenn ich das aufnehme? Ist nur für mich.«

Charlotte zuckte mit den Schultern. »Soll mir recht sein.«

»Also gut«, sagte Plum und startete die Aufzeichnung. »Fangen wir an.«

**Mitschnitt aus dem Gespräch
von Severin Plum mit Charlotte Auer**

Plum: Was können Sie mir über Jacks Familie erzählen?

Charlotte: Hansi beschreibt unser Tal, als wäre es die Hölle. Als gäbe es hier keine Gesetze und keine Menschlichkeit. Aber so war es überhaupt nicht! Meine Mutter hieß Maria Springer. Zwanzig Jahre lang war sie die Lebensgefährtin von Ferdinand Wieser. Der Nandl war also mein Stiefvater. Mit meinem Bruder Fritz wuchsen wir im selben Haushalt wie Jack auf, natürlich viele Jahre, bevor er auf die Welt kam. Von 1936 bis 1940 lebten wir dort. Ferdinand hatte keine Schulbildung, war aber geschickt mit seinen Händen und flocht Körbe, weshalb man ihn Körbler nannte. Ich lebte ein paar Jahre mit Jacks Mutter, Theresia, auf dem Hof. Sie war hübsch und klug, wie Jack. Und wie Jack war sie durchtrieben.

Plum: Was meinen Sie mit »durchtrieben«?

Charlotte: Bereits als Kind handelte sie während des Zweiten Weltkriegs am Schwarzmarkt mit rationierten Waren. Sie holte sich Rationierungsmarken für die alten Menschen des Dorfes, die selbst nicht mehr den Weg zum Rationierungsbüro machen konnten, und verkaufte sie dann. Außerdem verschwanden immer wieder Sachen aus unserem Haus. Theresia stahl sie, um sie zu verkaufen. Aber ihr Großvater bekam das nie mit. Ich weiß nicht, ob er es wirklich nicht sah oder nicht sehen wollte. 1942 zog Theresia zu ihrer biologischen Mutter und wir haben nichts mehr von ihr gehört. Bis Hansi geboren wurde.

Plum: Wie kam Jack Unterweger zu Ihnen auf den Hof?

Charlotte: Er war ja wirklich ein armer Bub. Er war noch keine zwei Jahre alt, da musste seine Mutter ins Gefängnis. Betrug oder sonst was. Der kleine Hansi kam zu seinem Großvater und meiner Mutter. Mein Bruder und ich waren bereits ausgezogen und hatten unsere eigenen Familien gegründet. Meine Tochter Gertrude wurde wie Jack 1950 geboren. Im Sommer habe ich sie oft auf den Hof geschickt, wo sie mit Jack gespielt hat. Die beiden haben sich gut verstanden. Heute ist meine Tochter Doktorin der Psychologie und der Politikwissenschaft! (*Verhaltenes Lachen*) Ich frage mich manchmal, ob Jack etwas damit zu tun hat.

Plum: Das alles steht nicht in Jacks Biografie.

Charlotte: Natürlich nicht! Das hätte ja fast geklungen wie eine normale Kindheit. Was interessiert das die Leute? Es stimmt schon, leicht hatten wir es nicht. Aber kein einziges Haus im Ort hatte damals Elektrizität oder eine Zentralheizung. Wir waren kein Einzelfall. Der Nandl hat 1940 eine neue Hütte gebaut, in der ist Jack aufgewachsen. Die war viel größer als jene, in der mein Bruder und ich aufwuchsen!

Es stimmt einfach nicht, dass er mit seinem Opa im selben Bett schlafen und dabei zusehen musste, wie er mit verschiedenen Frauen ... (*bricht ab*) Sie wissen schon. Ferdinand und meine Mutter schliefen in einem Bett und Jack hatte sein eigenes Schlafzimmer im zweiten Stock! Ferdinand hat den Kleinen vergöttert, er hat ihm ständig Spielzeug geschnitzt. Und von meiner Mutter ist er auch betreut worden. Von 1952 bis 1958 hat sie für ihn gesorgt wie eine Mutter. Allerdings begann er sich ab dem Winter 1957 zu verändern.

Plum: Inwiefern?

Charlotte: Meine Mutter erzählte mir, dass er plötzlich schwierig wurde. Mit jedem Tag erinnerte er sie mehr an seine Mutter, Theresia. Er schwärzte meine Mutter bei seinem Großvater an, war ungehorsam, wollte stets im Mittelpunkt stehen. Er wollte überall der Beste sein, der Erste. Wenn er das irgendwo nicht war, konnte er es fürchterlich treiben. Man konnte nicht mehr vernünftig mit ihm reden. Er log ständig. Sein Verhalten beeinflusste sogar seinen Großvater. Der Nandl benahm sich immer autoritärer meiner Mutter gegenüber. Schließlich erzählte sie mir, dass sie es mit den beiden Männern nicht mehr aushalten würde, sie fühlte sich wie deren Sklavin. Also holte ich sie 1958 zu mir nach Linz.

Plum: Wie war Ferdinand Wieser, Jacks Großvater?

Charlotte: Es stimmt schon, er war kein einfacher Mann. Aber auch nicht so anders als die anderen Männer im Tal. Als Hansi zu ihm kam, war Ferdinand ein kranker, alter Mann. Die linke Gesichtshälfte war gelähmt, er sah schlecht und war auf dem linken Ohr so gut wie taub. Er litt ständig unter Bronchitis. Deswegen war er auch in Frühpension. In dem Buch hat Hansi geschrieben, er hätte Tätowierungen gehabt und wäre oft im Zuchthaus gewesen. Das stimmt überhaupt nicht! Ich weiß gar nicht, ob Ferdinand wusste, was eine Tätowierung ist. Geschlagen hat er uns nicht, gesoffen hat er auch nicht. Nicht mehr als die anderen, jedenfalls.

Plum: Also war er ein guter Großvater?

Charlotte: Er war ein schwieriger Mensch. Als ich von zu Hause auszog ... (*stockt*) Ich war vierzehn Jahre alt, ich hatte eine Ausbildung gemacht, der Krieg war gerade zu Ende gegangen und ich kam ins Wimitztal zurück. Da hat er mich eines Tages, als meine Mutter nicht zu Hause war, beiseitegenommen und gemeint: Du brauchst nicht arbeiten gehen, bleib bei mir, ich sorge für dich, wenn du gut zu mir bist. Und er ... (*bricht ab*) Er hat versucht, sich mir zu nähern. Dabei war ich noch ein Kind! Ich habe ihn abgewiesen. Am nächsten Tag bin ich in die Stadt gefahren, um mir eine Arbeit zu suchen. Ich kam nicht mehr zurück. Meiner Mutter habe ich nie davon erzählt.

Plum: Soll ich Ihnen ein Glas Wasser bringen?

Charlotte: Es geht schon. (*schnieft*) Es ist seltsam, ich habe das noch nie jemandem erzählt ... Ferdinand war schwierig, aber das alles ist passiert, lange bevor Hansi zu ihm gekommen ist. Und er war immer gut zu dem Bub. Zumindest solange meine Mutter noch bei ihnen war. Als sie ging, war Hansi zwei Monate mit dem Nandl allein, ehe ihn das Jugendamt holte und zu Ferdinands Schwester in Strassburg brachte. Ich weiß nicht, was in diesen zwei Monaten geschah. (*Pause*) Der Nandl wollte sich immer bedienen lassen. Zuerst von meiner Mutter und dann wahrscheinlich vom Hansi. Das kann ihm nicht gefallen haben. Ich weiß nicht, was in dieser Zeit passiert ist. Aber ich kann mir nicht vorstellen, dass der Hansi in der Zeit alles erlebt hat, was in seinem Buch steht. Das sind erfundene Geschichten, mit denen er Mitleid bekommen will. Die Wahrheit ist, dass er keine leichte Kindheit hatte, aber das trifft auf zahlreiche andere Kinder im Wimitztal genauso zu. Wahrscheinlich in ganz Österreich. Die werden deswegen aber nicht zu Mördern.

Ende der Aufnahme

Plum schaltete das Aufnahmegerät ab. Stille legte sich über den Tisch wie eine der vielen mit Blumenmustern bestickten Decken, die in Charlotte Auers Küche herumlagen. Das war sie also, die Wahrheit. Oder nur ein Teil davon?

Ein Mosaikstein, der zusammen mit allen anderen ein Muster ergab, das verzerrt war und nicht mehr zu erkennen? Vielleicht war die Wahrheit nur in ihren Bruchstücken begreifbar, selektiert und in eine persönliche Ordnung gebracht, nie als Gesamtheit. Würde Charlottes Bruder Fritz eine ganz andere Version der Dinge erzählen? Und ihre Mutter Maria Springer, wenn sie noch leben würde?

Plum musste sich zusammenreißen. Es gab objektive, nachprüfbare Tatsachen. Von diesen ausgehend konnte man subjektive Interpretationen und Einzelerfahrungen ableiten, aber man konnte nicht, wie Jack es offenbar getan hatte, sich die Vergangenheit zurechtbiegen. Jacks Großvater war kein Trinker oder Schläger gewesen, kein Frauenheld oder Verbrecher. Auch andere Kinder waren bei ihm groß geworden und hatten die Zeit als weit weniger traumatisch in Erinnerung. Jack musste nicht bei seinem Großvater im Bett schlafen und dabei zusehen, wie dieser wechselnd Frauen empfing. Jacks Mutter war keine Prostituierte gewesen, zumindest sprachen die Indizien dagegen.

»Es wird Zeit«, sagte Charlotte mit einem Blick auf die kaputte Kuckucksuhr. »Mein Mann wird bald zurückkommen, er ist heute mit Freunden auf dem Sportplatz. Am besten, Sie gehen jetzt.«

»Vielen Dank«, sagte Plum. »Sie haben mir sehr geholfen.«

Charlotte begleitete ihn zur Tür. Vor dem Haus verabschiedeten sie sich mit einem Händedruck. »Ich weiß nicht, wie der Hansi seine Kindheit empfunden hat«, sagte Charlotte. Sie blickte an Plum vorbei, ihre Augen füllten sich mit Traurigkeit. »Auch wenn es nicht so war, wie er geschrieben hat, vielleicht hat er es so empfunden. Das tut mir leid. Aber die Vergangenheit kann bloß ein Grund sein, keine Rechtfertigung dafür, dass er so geworden ist.«

»Danke«, sagte Plum noch einmal, doch die Frau antwortete nicht mehr. Sie drehte sich um und verschwand im Haus. Plum konnte hören, wie sie den Schlüssel zweimal im Schloss umdrehte.

Er ging zu seinem Auto, stieg ein, startete den Motor. Blickte sich um, nach dem Gespenst des Jack Unterweger, das durch diese Straßen zog und mittlerweile auch ihn verfolgte. Natürlich sah er nichts, doch er wusste, das hatte nichts zu bedeuten. Es war da, lauerte, wartete.

Plum legte den ersten Gang ein und fuhr los.

Donnerstag, 22. August, 13:00 Uhr
Schönbornpark, Josefstadt, Wien

Die Tauben sammelten sich um den Brunnen des Schönbornparks, manche saßen auf der Steinformation in der Mitte des Wassers und blickten Carmen erwartungsvoll an. Sie deutete einen Wurf an, die Tauben flatterten aufgeregt hoch und suchten den Boden vergeblich nach Nahrung ab.

Jack lachte. »Sei nicht so«, sagte er. »Gib ihnen schon was.« Carmen brach ein paar Stücke ihrer Semmel ab und warf sie ins Wasser, woraufhin sich eine Schar grauer Flügel erhob und Wasser nach allen Seiten spritzte. Nun lachte auch Carmen.

Seit sie vor zwei Wochen in Wien angekommen war, hatte sie die Stadt jeden Tag etwas mehr ins Herz geschlossen. Am besten gefiel ihr die Mariahilferstraße, die nicht weit von Jacks Wohnung entfernt lag. Dort war immer etwas los, Autos und Menschen strömten durch sie hindurch, und dennoch blieb es sauber und ruhig. In Los Angeles waren die Straßen viel breiter gewesen und die Gebäude höher. Sie warfen Schatten, in denen man sich lieber nicht zu lange aufhielt. In Wien, das war zumindest Carmens Eindruck, gab es keine Schatten.

Sie hatte in dieser Zeit nicht nur eine neue Stadt, sondern auch einen neuen Mann kennengelernt. In L. A. hatte sich Jack selbstsicher und weltmännisch gegeben. Hier, in seiner Heimat, zeigte er sich verspielt und spitzbübisch.

Wenn sie den Müll aus seiner Wohnung in den Hof brachte, wartete er vor dem Fenster, um Wasser auf sie hinabzugießen. Beim ersten Mal war sie furchtbar erschrocken, doch seitdem machten sie ein Spiel daraus. Das Vergnügen, das er dabei empfand, steckte sie an. Er war ein aufmerksamer und gefühlvoller Liebhaber, ein guter Koch und ein geduldiger Zuhörer.

Sie störte allerdings, dass er sie nicht allein ausgehen lassen wollte. Wie sollte sie Wien für sich entdecken, wenn er entweder ständig selbst an ihrer Seite war oder eine seiner zahlreichen Freundinnen? Margit mochte sie, doch es gab auch einige Frauen, die ihr weniger sympathisch waren. Ohne, dass sie es jemals ausgesprochen hätten, war Carmen klar, dass diese Frauen mehr als nur gute Freundinnen von Jack waren.

»Hör mal, Jack«, sagte sie, während sie die Tauben beobachteten. »Margit hat mir da was erzählt.«

»Margit erzählt viel«, sagte Jack. »Das macht sie gerne.«

»Sie sagte, es gibt da etwas aus deiner Vergangenheit, das ich wissen sollte.«

Jack blickte sie an. »Hat Sie dir auch gesagt, was das ist?«

Carmen schüttelte den Kopf.

»Also gut.« Jack lehnte sich nach vorne und stützte seine Ellbogen auf seinen Knien ab. »Ich war mal im Gefängnis.«

»Was?« Carmen glaubte, sich verhört zu haben. »Wegen was denn?«

»Banküberfall«, sagte Jack. »Ich habe mit ein paar Bekannten eine Bank ausgeraubt. Die Polizei hat uns kurz danach aufgegriffen. Dafür bin ich ein paar Jahre gesessen.«

»Warum hast du denn eine Bank ausgeraubt?«

»Was glaubst du denn?«, fragte Jack zurück und lachte. »Wegen des Geldes natürlich.«

Carmen schüttelte den Kopf. Damit hatte sie wirklich nicht gerechnet. Die Tattoos auf Jacks Körper hatten sie zwar ein wenig erschreckt, aber als Verbrecher konnte sie ihn sich trotzdem nicht so recht vorstellen. Er wirkte viel zu klein, zu zart, seine Stimme war weich und sein Blick hatte etwas Flehendes.

»Es ist richtig heiß heute«, stöhnte Carmen auf.

»Komm, lass uns zurück in die Wohnung gehen«, meinte Jack. »Ich lasse dir ein Bad ein.«

Jack bewohnte eine großzügige Neubauwohnung. Für Carmen, die kleine, von Schimmel geplagte Zimmer in Downtown Los Angeles gewohnt war, stellten der Holzboden, die lichtdurchfluteten Fenster und das geflieste Badezimmer unbegreiflichen Luxus dar. So also wohnten erfolgreiche Menschen, dachte sie, als sie die Wohnung das erste Mal betreten hatte.

Während Jack das Wasser in seiner Badewanne einließ, setzte sich Carmen auf das Sofa und zappte durch die Fernsehkanäle. Viel verstand sie nicht, Jack hatte ihr ein paar deutsche Wörter beigebracht, vor allem aber Schimpfwörter, er lachte immer laut, wenn sie die Wörter mit ihrem amerikanischen Akzent aussprach. Gerade als sie die vier Schwarz-Weiß-Fotografien von Frauen sah und dazu eine Schlagzeile las, in der sie zumindest das Wort »Prostituierten« verstand, hörte sie Jack aus dem Badezimmer rufen.

»Wasser ist fertig!«

Auf dem Weg ins Badezimmer zog sie sich Hose, Shirt und BH aus. Als Jack sie sah, lächelte er sie an. Sie kannte dieses Lächeln, das ihrem nackten Körper galt, es war aufreizend, genussvoll, aber auch gierig. Als würde dahinter die Zunge nur warten, zwischen den kleinen, spitzen Zähnen hervorzuschießen, wie bei einem Reptil. Es war Jack anzusehen, wie er seine Lust bändigen musste, wie sie in ihm wallte und zu explodieren drohte. Dieser Kampf machte ihn attraktiv.

Carmen ließ ihren Slip hinunterrutschen und ging an Jack vorbei, streifte ihn leicht, doch er rührte sich nicht. Sie stieg mit einem Fuß voran in die Wanne und sprang reflexhaft zurück.

»Jack, das Wasser kocht ja!«

»Lass dir Zeit«, sagte er. »Ganz langsam. Du wirst sehen, die Temperatur ist perfekt.«

Sie sah in seinem Gesicht, dass er es ernst meinte. Er stand vor der Eingangstür und bedachte sie mit einem konzentrierten, strengen Blick. Vorsichtig stieg sie wieder in die Wanne, diesmal gefasst auf das heiße Wasser, das wie Nadelspitzen in die Poren ihrer Haut stieß. Ein paar Momente stand sie reglos im Wasser, das ihr bis zur Wade ging, dann ließ sie sich Zentimeter für Zentimeter hineingleiten. Mit ihren Händen stützte sie sich am Rand der Badewanne ab. Als sie bis zum Hals eingetaucht war, nahm die Hitze langsam ab und wurde zu einer wohligen Wärme, die sie umschloss.

Carmen seufzte und schloss die Augen.

»Habe ich es nicht gesagt?« Jack klang zufrieden.

Sie hatte die Augen noch geschlossen, als sie seine Hände auf ihrem Körper spürte. Er fuhr ihr über die Schenkel, streichelte ihren Bauch, umfasste ihre Brüste. Ihre Gedanken zerfielen unter seinen Berührungen, lösten sich im warmen Wasser auf.

Sie spürte seine rauen Hände über ihre Wangen streichen, auf ihren Schultern. Sie spürte den plötzlichen Druck, die Kraft, die von oben auf sie einwirkte. Sie spürte, wie das Wasser über ihr zusammenschlug.

Als sie die Augen öffnete, sah sie das Licht der Badezimmerlampe, gebrochen durch die Wasseroberfläche, unter der sie vergeblich nach Sauerstoff rang.

Donnerstag, 22. August, 13:00 Uhr
Haus von August Schenner, Salzburg

Das laute Pfeifen signalisierte, dass der Tee fertig war.

»Entschuldigen Sie mich«, sagte August Schenner, stand auf und verschwand in der Küche.

Plum platzierte den Aufnahmerekorder auf dem Tisch. Nach seinem Gespräch mit Charlotte Auer hatte er im Wimitztal recherchiert. Er war von Dorf zu Dorf gefahren und hatte gefragt, ob ihm jemand etwas über Jack Unterweger erzählen wollte. Offenbar tratschten die Leute im Wimitztal gerne, denn er wurde auf so viele Kaffees eingeladen, dass ihm die Rückfahrt nach Wien wie ein Überschallflug vorkam.

Die Versionen, die er von anderen alteingesessenen Bewohnern des Wimitztals erhielt, ähnelten jener von Charlotte Auer stärker als jener, die Jack selbst zeichnete. Also hatte Plum angefangen, tiefer zu graben. Und war schon bald auf den Namen August Schenner gestoßen. Der pensionierte Salzburger Abteilungsinspektor hatte gegen Jack in einem Fall ermittelt, der es nie vor Gericht geschafft hatte.

Plum wusste von einer Quelle im Sicherheitsbüro, dass Schenner vor einigen Wochen angerufen und Jack als Täter der Wiener Prostituiertenmorde ins Spiel gebracht hatte. Allerdings hatte Plum auch gehört, Schenner würde Jack die Schuld für einen ungelösten Fall in die Schuhe schieben und käme nicht von seiner Vergangenheit los.

Plum wusste, dass er dem ehemaligen Inspektor selbst einen Besuch würde abstatten müssen, wenn er mehr erfahren wollte. Schenner zeigte sich sofort interessiert an seinem Projekt, die

Wahrheit über Jack Unterweger ans Licht zu bringen, und lud ihn zu sich nach Hause ein. Schenner bewohnte ein unspektakuläres Haus in einem Vorort von Salzburg, vor dem ein E-Type Jaguar parkte, der so gar nicht in das Bild der ländlichen Idylle passen wollte. Schenner selbst war eine beeindruckende Erscheinung. Er hatte dichtes, weißes Haar und stark hervorstechende Gesichtszüge. Die Augenbrauen lagen wie zwei dunkle Furchen in seinem Gesicht. Seine Stimme war tief und seine Worte kamen in einem gleichmäßigen Brummen heraus.

Plum hatte ihm zunächst von den Informationen erzählt, die er bis jetzt zusammengetragen hatte. Schenner hatte still zugehört und nur ab und zu genickt. Während Schenner den Tee holte, machte sich Plum daran, nun die Informationen aufzuzeichnen, die der Inspektor für ihn hatte.

Der Inspektor kehrte zurück, stellte zwei Tassen mit dampfendem Earl Grey auf den Tisch und nahm Platz. Plum startete das Aufnahmegerät.

Mitschnitt aus dem Gespräch von Severin Plum mit August Schenner

Plum: Sie denken, Jack Unterweger könnte mit den kürzlich aufgetauchten Leichen von drei Wiener Prostituierten zu tun haben. Warum?

Schenner: Nicht nur mit den Wiener Morden. Auch in Graz wurde die Leiche einer Prostituierten gefunden, die ins Muster passt.

Plum: Aber warum Unterweger?

Schenner: Weil das sein modus operandi ist. Er war bereits vor seiner Haft ein Serienmörder.

Plum: Wie meinen Sie das? Unterweger wurde für den Mord an einem 18-jährigen Mädchen in Deutschland verurteilt. Von einem zweiten Mord steht nichts in seinen Akten.

Schenner: Ja, weil man ihn nie angeklagt hat in der Sache. Aber ich weiß, dass er es war. Hätte ich mehr Zeit bekommen, hätte ich es beweisen können.

Plum: Erzählen Sie mir von dem Fall.

Schenner: Ich werde den Tag nie vergessen. Es war der 1. April 1973, ein Sonntag. Ein Mann ging mit seinem Sohn am Salzachsee fischen. Unweit vom Ufer sahen sie etwas im Wasser treiben. Sie dachten zuerst, es sei irgendein Müll. Als der Mann näher ging, bemerkte er, dass es sich um den Körper einer Frau handelte. Als ich eintraf, hatten der Mann und die örtliche Polizei die Leiche bereits ans Ufer gezogen. Sie war jung, noch keine dreißig, hatte lange, dunkle Haare und ein hübsches Gesicht. Sie trug eine braune Jacke über einem weißen Rollkragenpullover, einer von diesen gestrickten. Natürlich war alles vom Wasser völlig verformt. Sonst trug sie nichts. Bloß noch einen massiven goldenen Siegelring auf ihrem linken Ringfinger mit dem

Kopf einer ägyptischen Königin. Später fand ich heraus, dass es sich um Nofretete handelte. Ich frage mich, ob der kleine Junge von damals, der mit seinem Vater fischen wollte, noch genauso oft von diesem Bild träumt wie ich ... *(bricht ab)*
Die Leiche war in der Totenstarre gefangen, sie lag zusammengerollt in einer Fötusstellung. Sie sah so friedlich aus, als würde sie bloß schlafen. Ihre Hände waren vor ihrem Körper gefesselt worden, mithilfe einer roten Krawatte mit schwarz und silbern karierten Streifen. Ihre Beine waren oberhalb der Knöchel mit einer braunen Strumpfhose zusammengebunden worden. Um ihr Gesicht hatte der Mörder neunmal einen Stoffverband gewickelt, wie man sie in Erste-Hilfe-Taschen findet, damit sie nicht schreien konnte. Als wir den Verband abnahmen, sahen wir, dass ihre Augen geschwollen waren. Er muss sie mehrmals geschlagen haben.

Der Gerichtsmediziner konnte bereits vor Ort feststellen, dass die Schläge nicht tödlich waren. Das Opfer wurde ertränkt. *(stockt)* Was ich nicht begreifen kann, bis heute nicht, das ist die Grausamkeit. Die Hände und Füße der Frau waren gefesselt. Der Täter konnte sie in den See hineintragen und einfach aus seinen Armen fallen lassen. Das Wasser brauchte keinen Meter tief zu sein. Die Frau konnte sich nicht bewegen. Er hatte über ihr stehen und dabei zusehen können, wie sie um Sauerstoff kämpfte und langsam ertrank.

Plum: Gab es Spuren am Tatort?

Schenner: Wir fanden frische Reifenspuren im Wald. Autos parkten für gewöhnlich auf einem Parkplatz neben der Straße. Wir gingen daher davon aus, dass diese Reifenspuren zum Auto des Mörders gehörten. In der Autopsie kam heraus, dass die Frau in der Nacht, bevor sie gefunden wurde, getötet worden sein musste. Irgendwann zwischen Mitternacht und zwei Uhr früh. Wir fanden Spuren von Sperma, aber keine Anzeichen für eine Vergewaltigung. Sie hatte also kurz vor ihrem Tod noch Geschlechtsverkehr gehabt. Wir bemerkten außerdem Goldfüllungen in den Zähnen der Toten. Sie waren anders als die, die Zahnärzte in Österreich verwendeten. Womöglich war sie aus Jugoslawien und arbeitete in Salzburg als Prostituierte. Das war damals nicht unüblich. Meine Kollegen hörten sich in der Stadt um, wir wussten, wo die Gastarbeiter lebten.

Am nächsten Tag kam ein Mann zu uns ins Büro. Er hieß Mato Horvath, wohnte in einem Nachbarort, war jugoslawischer Gastarbeiter und wollte seine Frau Marica als vermisst melden. Er behauptete, sie sei am Abend des 31. Mai nach Salzburg gegangen und nicht mehr zurückgekommen. Er zeigte uns ihr Foto. Wir zeigten ihm die Leiche. Es war dieselbe Person.

Plum: War der Ehemann nicht verdächtig?

Schenner: Natürlich gehörte er zum Kreis der Verdächtigen. Aber seine Geschichte war schlüssig. Marica Horvath war zum Zeitpunkt ihres Todes 24 Jahre alt. Sie kam aus

Zagreb. Die beiden hatten jung geheiratet und zogen wegen der Arbeit nach Österreich. Sie war Dienstmädchen, er Lastwagenfahrer. Am Nachmittag des 31. Mai sah Mato in der Stadt einen Film. Als er nach Hause kam, erfuhr er von einer Nachbarin, dass Marica in die Stadt gefahren sei. Sie kam nicht mehr zurück. Zwei Dinge sprachen für ihn: Seine Aussagen konnten alle bestätigt werden. Und er kam von selbst zur Polizei, um seine Frau als vermisst zu melden.

Plum: Wie ging es weiter?

Schenner: Am 3. April fand ein Polizist bei der Salzach einen von Maricas Schuhen. Später entdeckte ein Fischer etwas weiter flussaufwärts ihre Handtasche. Der Mörder muss Marica im See ertränkt haben, war dann mit ihren Sachen zum Fluss gefahren und hatte sie dort zurückgelassen. Den Rest, etwa ihre Unterwäsche, hatte er vermutlich mitgenommen. Wir konnten jedenfalls nichts mehr finden. Unsere heißeste Spur war die Krawatte, mit der Marica gefesselt wurde. Wir fanden heraus, dass sie von der Wiener Firma Maestro gefertigt wurde. Es gab nur 200 Stück. Und eine davon wurde am 8. März an das Geschäft Moden-Steiner in Wels geliefert. Die Verkäuferin konnte eruieren, dass die Krawatte entweder am 10., 16. oder 17. März verkauft wurde, aber sie konnte sich nicht erinnern, an wen. Es war möglich, dass der Mörder die Krawatte nicht selbst gekauft hatte, dass sie ihm jemand schenkte oder dass er sie stahl. Aber es war unsere beste Spur.

Leider verlief sie im Sand. Wir hängten Fotos der Krawatte auf, fragten hunderte Menschen, doch ohne Ergebnis. Der Mörder blieb verschwunden.

Plum: Wie kommen Sie dann auf Jack Unterweger?

Schenner: Der Fall ließ mich nicht los. Manche Kollegen machen sich bis heute deswegen lustig über mich, meinen, ich würde Gespenster sehen, weil ich den Fall nicht lösen konnte. Im Frühling 1975 wurde aus dem Gespenst ein Mensch. Ich erfuhr, dass der Salzburger Staatsanwalt einen jungen Mann wegen Angriffen auf mehrere Frauen anklagte. Im Dezember 1974 hatte dieser Mann schließlich eine Frau ermordet. Der Mann saß in einem Salzburger Gefängnis. Ich besorgte mir seine Akten. Sein Name war Jack Unterweger.

Ich kann Ihnen sagen, das war ein dicker Akt. Diebstahl, Betrug, Raub, Einbruch und Körperverletzung. Er zwang Mädchen zur Prostitution und war bereits mehrmals im Gefängnis gesessen. Bereits vor dem Mord hinterließ er eine deutliche Spur. In den Jahren 1973 und 1974 gingen zahlreiche Mädchen in verschiedenen Städten zur Polizei, um ihn zu melden. Darunter eine Salzburgerin namens Daphne. In der Nacht des 13. Mai 1974 sprach sie ein junger Mann in der Nähe des Bahnhofs aus einem Auto heraus an. Er fuhr einen Ford Mustang, war elegant gekleidet und sah gut aus. Er bot ihr an, sie nach Hause zu bringen.

Bald schon merkte Daphne jedoch, dass er sie nicht nach Hause fuhr. Er fuhr aus der Stadt hinaus, zu einer Wiese, wo der Wagen im Schlamm stecken blieb. Ihr wurde die Sache unheimlich, sie wollte aussteigen. Er schlug sie nieder und vergewaltigte sie.

Ich las Daphnes Zeugenaussage. Sie beschrieb, wie sie von Unterweger aus dem Auto gezerrt und niedergeschlagen wurde, sodass sie mit dem Gesicht im Dreck lag. Er riss ihr die Schuhe von den Füßen und die Strumpfhose vom Leib. Sie war von der Hüfte abwärts nackt. Er drehte ihre Hände auf den Rücken und band sie mit ihrer Strumpfhose zusammen. Dann zerrte er sie ins Auto, missbrauchte sie mit einer Eisenstange, die er im Kofferraum mit sich führte, während er sich selbst befriedigte. Als er fertig war, schnitt er ihre Fesseln durch. Er fragte, ob sie ihn bei der Polizei verraten würde. Bevor sie antworten konnte, wurde sie von einem Licht geblendet. Ein anderes Auto bog auf die Wiese ab und hielt neben ihnen. Der Fahrer stieg aus und fragte Jack, ob er ihm und seinem Freund helfen könne, sie hätten sich verfahren. Daphne nutzte diesen Moment, um aus dem Auto zu springen und sich in das Auto des Mannes zu flüchten. Sie bat seinen Freund und ihn, sie zur Polizei zu bringen, wo sie Anzeige erstattete.

Jack wurde festgenommen, schluckte kurz darauf allerdings eine große Menge Schmerzmittel und wurde wegen eines Selbstmordversuchs in die Psychiatrie eingewiesen. Er kam bald wieder auf freien Fuß.

Ich begann weiter zu forschen. Unterweger wurde 1973 aus dem Gefängnis in Wels entlassen. Die Krawatte, mit der Marica Horvath gefesselt worden war, wurde zwei Monate später in einem Modegeschäft in Wels gekauft.

Doch all diese Informationen halfen mir zunächst nicht weiter. Denn ich konnte nicht beweisen, dass Unterweger zur Zeit des Mordes in Salzburg gewesen war. Außerdem wurde ihm zu dieser Zeit gerade der Prozess wegen des Mordes an Margret Schäfer gemacht. Er bekam lebenslänglich und damit hatte sich die Sache für alle erledigt.

Plum: Für alle, aber nicht für Sie.

Schenner: Es gibt keine Gerechtigkeit ohne Wahrheit. Ich wollte wissen, ob er Marica Horvath umgebracht hatte. Ich bin der Meinung, dass die Wahrheit nie völlig verschwindet, sie existiert immer dort draußen (*deutet in den Raum*), und manchmal taucht sie plötzlich auf, wenn wir es am wenigsten erwarten, erlaubt uns zumindest einen kurzen Blick hinter den Vorhang. So war es auch in diesem Fall.

In der Nacht des 1. Februars 1983, also fast zehn Jahre später, wurde in Wels ein Mann wegen Zechprellerei verhaftet. Er war nicht mehr ganz nüchtern. In der Wachstube behauptete er, er besäße Informationen zu einem ungeklärten Mordfall. Die Beamten glaubten ihm nicht, dachten, das seien bloß die Worte eines Betrunkenen. Sie ließen ihn wieder laufen.

Zwei Stunden später wurden sie zu einer anderen Bar gerufen, wo ein betrunkener Gast nicht bezahlen wollte. Sie kannten den Gast: Es war jener Mann, den sie erst vor zwei Stunden freigelassen hatten. Sie nahmen ihn wieder mit, diesmal mit dem Versprechen der Ausnüchterungszelle, und der Mann wurde plötzlich sehr gesprächig. Sie fertigen ein Protokoll an, das ich später zu lesen bekam. Darin behauptet der Mann, seine Tochter sei damals mit einem Burschen zusammen gewesen, dessen Vater ein Amerikaner war. Er wusste weder das genaue Jahr noch den Namen des Burschen. Der Zechpreller selbst war kein Unschuldslamm und war zu der damaligen Zeit in Wels im Gefängnis gesessen. Seine Tochter und ihr Freund fuhren daher mit seinem Opel Record herum.

Eines Tages habe der Bursche eine Jugoslawin erschlagen und ihre Leiche mit dem Opel zu einem See gebracht. Die Tochter des Zechprellers sei Zeugin gewesen und habe aus Angst nichts gesagt. Erst später habe sie sich ihrem Vater anvertraut. Der Mann konnte sich auch erinnern, dass der Bursche eine Krawatte in Wels gekauft hatte.

Ich bekam den Bericht ein paar Tage später auf meinen Schreibtisch. Es waren einige Fehler in der Aussage, aber immerhin lag der Fall zehn Jahre zurück und das Gedächtnis des Mannes schien nicht das Beste. Ich musste der Spur nachgehen. Als ich jedoch in Wels ankam, war der Mann einem Herzinfarkt erlegen. Ich konnte es nicht fassen.

Plum: Was war mit seiner Tochter?

Schenner: Die konnte ich aufspüren. Sie hieß Maria und bestätigte, eine Beziehung mit Unterweger geführt zu haben. Er hatte sie nicht gut behandelt, sperrte sie ein, schlug sie. Sie verneinte, selbst Zeugin eines Mordes geworden zu sein. Jedoch stimmte es, dass sich Jack den Opel ihres Vaters ausgeborgt hatte, während dieser im Gefängnis saß.

Maria erinnerte sich, dass sie im Frühjahr 1974 mit Jack in Salzburg gewesen war. Eines Tages behauptete Jack, er müsse sich mit einem Freund aus Deutschland treffen. Sie wartete währenddessen in einem Hotel. Als er nicht kam, ging sie schließlich schlafen. Jack kam irgendwann um Mitternacht ins Zimmer und legte sich sofort ins Bett.

Sie erinnerte sich deshalb so gut an diese Nacht, weil sie in dieser Nacht von einem lauten Krach geweckt wurde. Jack und sie liefen zum Fenster, um zu sehen, was passiert war.

Ein Auto war in die Fensterscheibe neben der Eingangstür des Hotels gefahren. Am nächsten Tag brachte Unterweger sie nach Wels, wo sie wohnte. Er selbst nahm den Zug in die Schweiz.

Leider konnte sie sich nicht mehr an das genaue Datum oder das Hotel erinnern. Ich fuhr mit ihr durch Salzburg, bis wir das Hotel fanden: Es war der Gasthof Dietmann, etwas mehr als einen Kilometer vom Bahnhof entfernt. Ich fragte den Besitzer nach dem Gästebuch aus dem Jahre 1974, doch er hatte es bereits vernichtet.

Mir blieb noch ein Anhaltspunkt: der Unfall, den sie erwähnt hatte. Und tatsächlich fand der Hotelbesitzer die Unterlagen eines Versicherungsschadens, der in der Nacht des 1. April 1973 geschehen war. Die Salzburger Verkehrspolizei bestätigte den Vorfall. Er ereignete sich in der Nacht von Marica Horvaths Tod um 00:45 Uhr. Unterweger hatte also genug Zeit, Horvath zu ermorden, bevor er zu Maria zurückkehrte und gemeinsam mit ihr von dem Verkehrsunfall geweckt wurde.

Plum: Haben Sie Jack je mit dem konfrontiert, was Sie herausgefunden haben?

Schenner: Ja. Ich besuchte ihn am 1. April 1983, auf den Tag genau zehn Jahre nach Maricas Tod. Er verbüßte zu dieser Zeit seine lebenslange Strafe in Stein. Ich war verwundert, als er mich sofort erkannte und mit Namen begrüßte. Wir hatten uns acht Jahre nicht mehr gesehen. Jemand musste ihm erzählt haben, dass ich kommen würde.
Neben Unterweger und mir war auch Dr. Schreiner, der Direktor des Gefängnisses, bei der Befragung anwesend. Bis Unterweger ihn bat, den Raum zu verlassen. Und ohne ein einziges Widerwort ging der Direktor! Da wusste ich, dass Unterweger das ganze Gefängnis in seiner Hand hatte. Ich hatte ja schon gehört, dass der neue Starautor der Liebling des Strafvollzugs geworden war.
Auf meine Fragen nach dem Fall Horvath reagierte er wütend und eingeschnappt. Lieber erzählte er mir von seiner Karriere als berühmter Schriftsteller. Er würde bald seinen Gedichtband in Stein vorstellen und Prominente würden dafür extra ins Gefängnis kommen. Er habe mit dem Präsidenten Briefe ausgetauscht, zahlreiche Künstler würden sich für seine Freilassung einsetzen. Unterweger war sich völlig sicher, dass er vorzeitig entlassen werden würde. Einen alten Mordfall zu erörtern war daher das Letzte, was er wollte.

Plum: Er hat also nichts zugegeben?

Schenner: Er gab schließlich zu, Maria gekannt zu haben und mit ihr in Salzburg gewesen zu sein. Er gab auch zu, den Autounfall gesehen zu haben, obwohl er schwört, dass es sich dabei nicht um die Nacht des Mordes an Marica handelte. Mehr allerdings auch nicht. Ich sprach mit dem Salzburger Staatsanwalt und zeigte ihm alle Informationen, die ich in den Jahren zusammengetragen hatte. Er aber meinte nur, dass Unterweger ohnehin schon lebenslang bekommen habe. Ich solle mich zufriedengeben. Wissen Sie, was ich mich frage? Ob Unterweger heute frei wäre, wenn wir den Fall von Marica Horvath vor Gericht gebracht hätten. Und ob diese Frauen in Wien und Graz noch am Leben wären.

Ende der Aufnahme

Es regnete, als Schenner seine Geschichte beendet hatte. Es war ein Sommerregen, dessen Tropfen mit sanfter Bedachtheit gegen das Küchenfenster klopften, vorsichtig um Einlass baten, den sie nicht bekommen würden. Denn sie waren ein Teil der unkontrollierbaren, unerklärlichen Natur. Diesen Teil der Natur ließ der Mensch nicht in sein Haus. Es war eben jener unkontrollierbare, unerklärliche Teil von Jack Unterwegers eigener Natur, dem Plum nachspürte und den Jack um jeden Preis verborgen halten wollte. Jack wollte Schöpfer seiner Vergangenheit, seiner ganz persönlichen Wahrheit werden. Plum erinnerte sich an das Stück *Schrei der Angst* und an einen Satz darin: Die Geschichte wird von den Siegern geschrieben.

Würde Jack zu diesen Siegern gehören?

Bevor er Schenners Haus verließ, wandte er sich noch einmal an den Inspektor, der ihm nun um viele Jahre älter erschien als zu Beginn ihres Treffens.

»Sie sagten, dass es ohne Wahrheit keine Gerechtigkeit gebe«, sagte Plum. »Aber was ist mit den Toten? Mit all den Opfern? Selbst wenn wir die Wahrheit finden, erfahren sie keine Gerechtigkeit.«

»Gerechtigkeit ist etwas für die Lebenden«, sagte Schenner. »Wir haben dieses Konzept entwickelt, um einen Vorgeschmack zu erhalten auf die ewige Gerechtigkeit Gottes. Und wie Gott ist vielleicht auch diese Gerechtigkeit bloße Illusion. Aber wenn wir nicht an sie glauben, wie können wir dann nicht verzweifeln?«

Plum wusste es nicht, daher streckte er Schenner bloß seine Hand hin. Der Kommissar schüttelte sie. Plum trat in den warmen Regen hinaus und übergab sich der Unordnung der Natur.

Donnerstag, 22. August, 14:00 Uhr
Wohnung von Jack Unterweger, Florianigasse, Josefstadt, Wien

Carmen strampelte mit ihren Beinen, sie schlug mit ihren Händen um sich, das Wasser spritzte gegen die gefliese Wand und auf den Boden, und doch blieb der Sauerstoff unerreichbar. Nur noch einen Augenblick, und sie würde ihren Mund öffnen müssen, das unterversorgte Gehirn würde einen Befehl an ihren Kiefer geben, sich aufzuklappen und alles hineinzulassen in der Hoffnung auf Leben ...

So plötzlich der Druck gekommen war, verschwand er auch. Ihr Körper begriff noch vor ihrem Verstand und obwohl ihre Arme weiterhin wild um sich schlugen, war sie bereits durch die Wasseroberfläche wieder ins Reich der Lebenden zurückgekehrt. Sie atmete die Luft so gierig ein, dass sie sich beinahe an ihr verschluckte. Nachdem sie die Tränen aus ihren Augen geblinzelt hatte, wandte sie den Kopf und sah Jack neben der Wanne sitzen. Er wirkte belustigt.

»Bist du wahnsinnig?«, fuhr sie ihn an. »Ich wäre fast ertrunken!«

»Ich habe doch nur ein bisschen Spaß gemacht«, sagte er lachend. »In einer Badewanne ertrinkt man schon nicht.«

»Ich finde das gar nicht lustig!«

»Reg dich ab«, sagte Jack und klang mit einem Mal kalt und distanziert. »Das war nur ein Spiel. Oder verstehst du keinen Spaß?«

Carmen wusste nicht, was sie darauf antworten sollte. Sie spürte etwas, das sie in Jacks Gegenwart noch nie verspürt hatte: Angst. Was er gerade getan hatte, passte so gar nicht zu dem Jack, den sie kannte. Und doch gab es einen Teil in ihr, der nicht überrascht war, der gespürt hatte, dass es etwas in Jack gab, von dem sie noch nichts wusste. Das sie erst langsam kennenlernen würde. Einen Menschen wirklich kennenzulernen bedeutete, jene Türen zu öffnen, die er für andere verschlossen hielt. Carmen hatte hinter eine dieser Türen geblickt und was sie dort sah, ängstigte sie.

»Möchtest du draußen warten?«, fragte sie in bemüht liebenswürdigem Ton. Sie wusste, dass Jack darauf besser reagierte. »Ich möchte mir in Ruhe die Haare waschen.«

»Natürlich«, sagte Jack, nun wieder in gewohnter Freundlichkeit. »Ich koche uns was.«

Nachdem Jack die Tür hinter sich geschlossen hatte, stand Carmen sofort auf und stieg aus der Wanne. Sie ließ das Wasser ab, wickelte sich in ein Handtuch und setzte sich auf den kühlen Fliesenboden, mit dem Rücken an die Wand der Badewanne gelehnt.

Zum ersten Mal seit ihrer Ankunft kam ihr Los Angeles unendlich weit weg vor.

Freitag, 30. August, 16:00 Uhr
Fakultät für Psychologie, Liebiggasse, Innere Stadt, Wien

Elisa schloss den dicken Akt und seufzte erleichtert auf. Es war endlich Feierabend.

Seit fast einem Jahr schon arbeitete sie sich durch Papers deutscher und amerikanischer Fachkolleginnen, konzipierte qualitativ-empirische Fragenkataloge, las Gerichtsakten und Polizeiberichte und dachte über ihre Forschungsmethoden nach. Die Kapitel ihrer Dissertation schritten nur langsam voran, immer wieder musste sie mit ihren Kollegen die Interpretation bestimmter Verhaltensmuster diskutieren und ihre Argumente überarbeiten. Die Arbeit war intellektuell anregend, manchmal allerdings verzweifelte sie an den rigiden Ansprüchen von Professor Töller.

»Viele Menschen glauben, die Psychologie blicke in die Köpfe der Patienten«, hatte er zu ihr gesagt. »Das ist falsch. Niemand kann in den Kopf eines Menschen schauen. Wir analysieren

Handlungs- und Gedankenmuster und versuchen herauszufinden, woher sie kommen und wie man sie kontrollieren kann.«

Elisas Arbeit stand mit dieser Auffassung in inhärentem Widerspruch. Sie beschäftigte sich mit einer sehr kleinen Menge an Menschen: Sexualstraftätern. Aufgrund der geringen Menge war es schwierig, allgemeingültige Aussagen über sie zu treffen. Und an empirische Daten zu gelangen war ebenfalls nicht einfach, immerhin konnte man nicht bei ihnen zu Hause anrufen und sie bitten, ein paar Fragen zu beantworten.

Selbst wenn Elisa eine Besuchsgenehmigung in Gefängnissen erhielt und sich die Verbrecher bereiterklärten, einer Psychologin Fragen zu beantworten, kostete es sie etliche Stunden, die Wahrheit hinter der Erzählung auszumachen. Viele dieser Straftäter konstruierten sich eine eigene Wirklichkeit, das gehörte zum Krankheitsbild. Sie wollten die Frau Magister beeindrucken, auf ihre Seite ziehen, von ihr Bestätigung erfahren.

Der einfachste Gesprächspartner war bisher Jack Unterweger gewesen. Elisa war nicht blind für seine Manipulationsversuche, aber zumindest konnte sie Behauptungen mit den zahlreichen Zeitungsartikeln und Berichten abgleichen, die es bereits über ihn gab. Über kaum einen anderen Sexualstraftäter war so viel recherchiert worden wie über Jack Unterweger. Für ihre Arbeit war der Vergleich zwischen diesen objektiven Dokumentationsmaterialien und Unterwegers eigenen Aussagen und Büchern elementar.

Schade nur, dass ihr eigener Doktorvater nichts von ihren Gesprächen mit Unterweger erfahren durfte. Ihre Notizen hielt sie in einem kleinen, dunkelblauen Notizbuch fest, das sie in die Arbeit mitnahm, um Stellen daraus mit Berichten über andere

Straftäter zu vergleichen. Wenn Töller in das Büro kam, das sie sich mit drei anderen Dissertantinnen teilte, legte sie schnell einen Aktenordner über die Notizen.

Während ihre Frustration über diese Geheimhaltung anstieg, fragte sie sich immer öfter, warum Töller eine solche Abneigung gegen Unterweger hegte. Keiner seiner Studenten durfte diesen Fall auch nur erwähnen, obwohl er für einige Studierende überhaupt Grund gewesen war, sich mit der Psychologie zu beschäftigen. »Mediengeilheit«, gab Töller als Grund vor. »An seriöse Arbeit ist nicht mehr zu denken.«

Aber war das wirklich alles? Unterweger wirkte auf Elisa, wo sie ihn nun kannte, nicht so unsympathisch, wie Töller ihn zeichnete. Sie wusste, dass es für Narzissten einfach war, Menschen für sich zu gewinnen. Sie hatte ihre Methoden lange studiert.

Doch manchmal ertappte sie sich dabei, wie sie Vorfreude empfand bei der Aussicht auf ihr nächstes Treffen oder wenn sie an Unterweger dachte. Er war witzig, provokant, schämte sich nicht seiner Gefühle und Vergangenheit. Würde Elisa nicht immer wieder ihre Gespräche mit seinem Roman *Fegefeuer* vergleichen und eine psychoanalytische Literaturanalyse durchführen, fände sie es vermutlich schwer, seinem Charme zu widerstehen. Trotz ihrer Professionalität und trotz des Umstandes, dass sie bisher immer gebildete Männer mit akademischem Hintergrund attraktiv gefunden hatte. Sie verstand nun zumindest, wie es ihm gelang, so erfolgreich bei Frauen zu sein.

Elisa räumte ihren Tisch auf, brachte ihre Kaffeetasse in die kleine Küche und wünschte Töller, der in seinem Büro tief über verstreute Papiere gebeugt saß, ein schönes Wochenende. Der Professor war in Gedanken versunken und antwortete nicht.

Während sie vor dem Rathaus auf die Straßenbahn wartete, kramte sie in ihrer Tasche nach ihrem Lippenstift. Dabei bemerkte sie, dass ihr blaues Notizbuch fehlte. Elisa erstarrte. Die Straßenbahn hielt vor ihr, Menschen stiegen ein und aus, doch Elisa bewegte sich nicht. Hatte sie es auf ihrem Schreibtisch liegen lassen?

Sie eilte durch den Rathauspark zurück in die Liebiggasse, versuchte schnell und zugleich leise die Steinstufen in den dritten Stock hochzulaufen. Als sie oben ankam, musste sie einige Minuten innehalten, damit sich ihr lauter Atem beruhigen konnte. Vorsichtig schob sie sich an den Bürotüren vorbei, bis sie vor ihrer angelangt war. Sie drückte die Klinke sanft nach unten und öffnete die Tür.

Sie machte kein Geräusch. Trotzdem blickte Töller auf. Er saß auf ihrem Platz. In seinen Händen entdeckte Elisa ihr Notizbuch.

»Magistra Kronfeld«, sagte Töller, obwohl sie eigentlich bereits vor Monaten zum Du übergegangen waren. »Ich fürchte, wir müssen uns unterhalten.«

Sonntag, 1. September, 15:00 Uhr
Donauinsel, Wien

Carmen gab sich die größte Mühe.

Sie schwitzte, keuchte und ihre Muskeln brannten. Doch er war schneller. So sehr sie sich auch anstrengte, sie konnte ihn nicht einholen. Seit ihrer Jugend war sie nicht mehr Rad gefahren. In Los Angeles war das lebensgefährlich. Die Menschen hätten einen schief angesehen. Wo hätte man überhaupt fahren sollen? Die Bürgersteige waren für Fußgänger, die Straßen für Autos. Etwas anderes gab es nicht.

Eine Woche nach ihrer Ankunft in Wien hatte Jack zwei Räder für sie aufgetrieben. Nach einigen holprigen Startversuchen war ihr motorisches Gedächtnis zurückgekehrt und hatte sie das Gleichgewicht finden lassen. Sie mochte den Fahrtwind in ihrem Haar und die angenehme Kühle auf ihrer Haut. Allerdings wollte Jack nicht, dass sie allein irgendwohin fuhr. »Zu gefährlich«, meinte er nur. Das war zu seiner Standardantwort geworden, wenn sie etwas allein unternehmen wollte.

Jack glaubte offenbar, die Welt wäre zu gefährlich für eine Frau wie sie.

Dabei kam ihr Wien so friedlich und sicher vor. Wer sollte ihr etwas antun wollen?

Über die Episode in der Badewanne hatten sie nicht mehr gesprochen. Jack hatte sich nicht entschuldigt, war aber in den nächsten Tagen auffällig aufmerksam und zuvorkommend gewesen. Das verwirrte Carmen, sie wusste nicht, woran sie bei ihm war. War er liebevoll und sanft oder roh und tyrannisch? Er schien beides in sich zu vereinen. Carmen fand das anziehend, gleichzeitig wusste sie nicht, ob sie damit würde umgehen können. Das Rückflugticket hatte sie in dem Schließfach einer Postfiliale deponiert. Jack wusste davon nichts, es würde ihn nur wütend machen. Seit dem Vorfall in der Badewanne hatte Carmen oft an dieses Schließfach gedacht.

Carmen musste sich anstrengen, als sie eine steile Betonbrücke hinaufradelten. Neben ihnen brausten die Autos vorbei, unter ihnen zog sich die Donau entlang. Endlich hatte sie den Scheitelpunkt überquert und konnte sich von der Schwerkraft nach unten ziehen lassen. Jack rollte bereits auf die Donauinsel, ihr heutiges Ausflugsziel.

Sie folgte ihm entlang des Ufers. Die Menschen lagen in der Wiese, spielten Ball oder sprangen in den kleinen Nebenfluss der Donau, um sich abzukühlen. Der September begann mit einem ungewöhnlich heißen Tag.

Schließlich wurde Jack langsamer. Er ließ das Rad ausrollen, bis es auf einer kleinen Wiese zum Stehen kam. Leichtfüßig sprang er hinunter, holte Decke und Picknickkorb vom Gepäckträger und ließ das Rad dann achtlos auf den Boden fallen. Carmen hielt ebenfalls an und stieg ab.

»Setz dich!«, rief Jack, der bereits die Decke ausgebreitet und eine Flasche Wein aus dem Korb geholt hatte. Wenn Carmen ihn so dasitzen sah, wie er erwartungsvoll zu ihr hochblickte, erkannte sie den kleinen Jungen, der noch immer in ihm wohnte. Der machte es manchmal schwer, Jack auszuhalten, aber er verlieh ihm auch diese unglaubliche Anziehungskraft.

Jack besaß trotz seiner harten Vorgeschichte etwas, das die meisten Erwachsenen verloren hatten. Carmen befand sich in einem Alter, in dem sie befürchtete, auch sie würde ihre Jugend verlieren und in das monotone, langweilige Erwachsenenleben eintreten, wo alle Entscheidungen von praktischen Überlegungen geprägt waren und der Raum für Spontaneität mit jedem Jahr schrumpfte, bis nicht einmal mehr Wünsche und Träume hineinpassten. Jack zeigte ihr, dass diese Verwandlung nicht unausweichlich war.

Sie zog sich die Schuhe und Socken aus und setzte sich neben ihn auf die Decke. Jack reichte ihr die Flasche und Carmen nahm einen Schluck.

Sie sagten eine Weile nichts und blickten auf das Wasser, in dem die Sonnenstrahlen zwischen den sanften Wellen hin- und hersprangen und sie mit einem silbernen Funkeln überzogen. Als Carmen sich zu Jack drehte, sah sie, dass er weinte. Es war ein stummes, unmerkliches Weinen, in dem die Tränen einzeln über seine glatten, scharfen Wangen rollten, eine feuchte Spur hinterließen, die auf der blassen Haut glänzte. Es war nicht das erste Mal, dass Jack weinte. Carmen hatte schon häufiger erlebt, dass er sich in eine Szene hineinsteigerte, wenn ihn etwas aufregte oder nervte. Wie ein Schauspieler gestikulierte und schrie er dann, lief im Zimmer herum und brach schlussendlich in Tränen aus, die genauso schnell verschwanden, wie sie gekommen waren, als könnte er einen Wasserhahn auf- und zudrehen, der hinter seinen Augen verborgen lag. Doch dieses Weinen war anders, es war inniger und ehrlicher.

»Jack«, fragte Carmen besorgt, »was ist denn los?«

»Es ist was passiert«, sagte er. »Du kannst nicht hierbleiben. Du musst nach Los Angeles zurück. Erst wenn sich alles beruhigt hat, kannst du wiederkommen.«

»Was? Was ist passiert?«

Doch Jack verriet ihr nichts. Er sprach so lange auf sie ein, bis sie ihm versicherte, wieder nach Los Angeles zurückzufliegen. Sie hatte in den letzten Tagen immer wieder mit dem Gedanken gespielt, aber ihn nun von Jack als Tatsache präsentiert zu bekommen, ließ sie seltsam dumpf und leer zurück. War ihre Zeit in Wien ein Urlaub von ihrem Leben gewesen, dem einzigen Leben, das sie würde führen können, in kleinen, billigen Absteigen von Los Angeles, angewiesen auf schlecht bezahlte Jobs mit aufdringlichen, ekelhaften Managern?

Sie tranken die Flasche fast aus, den Rest leerte Jack ins Gebüsch. Etwas schwankend setzte sie sich in den Sattel ihres Rades, als sie sich auf den Rückweg machten. Jack drosselte das Tempo nicht. Betäubt vom Alkohol fiel es Carmen noch schwerer, ihm zu folgen. Sie verlor ihn hinter einer Kurve aus den Augen und war besorgt, gar nicht mehr zurückzufinden.

Sie schnaufte heftig, als sie die Brücke von der anderen Seite hinauffuhr, und versuchte, sich an vertrauten Kreuzungen und Gebäuden zu orientieren.

Wo war Jack?

Schließlich machte sie vor einer kleinen Trafik Halt, kaufte sich eine Flasche Wasser und fragte den Verkäufer nach der Richtung.

Der Mann erklärte ihr den Weg und Carmen stellte erleichtert fest, dass sie sich nicht weit von Jacks Wohnung befand. Beim Hinausgehen warf sie einen Blick auf den Zeitungsständer. Die deutschen Zeitungen verstand sie nicht, aber manchmal war auch eine englischsprachige darunter, die sie darüber informierte, was in ihrer Heimat geschah.

Sie fand es seltsam, dass Jack in seiner Wohnung keine Zeitungen hatte. Er hatte ihr erklärt, in Wien lese man Zeitungen in Kaffeehäusern und nicht zu Hause.

Eine Schlagzeile sprang ihr ins Auge. Sie war auf Englisch verfasst, doch als sie die Zeitung hinauszog, bemerkte sie, dass der restliche Artikel auf Deutsch geschrieben war. Sie verstand nicht, worum es ging, die Schlagzeile allerdings gab ihr einen Hinweis, der sie beunruhigte: Jack the Struggler.

Donnerstag, 1. September
Zeitungsmeldung, *Neue Presse*

Jack the Struggler:
Neue Hinweise auf Dirnenmörder?

Die Ermittlungen über die drei Leichen von Prostituierten, die im Wienerwald gefunden wurden, wollen nicht recht vorankommen. Nun ist aber ein neuer Hinweis aufgetaucht, der von einem pensionierten Kriminalbeamten kommt. Ist es die erste wirklich heiße Spur für die Ermittler?

Der Dirnen-Killer könnte ein bereits amtsbekannter Mörder sein! Die Tat, die den mittlerweile entlassenen Mann vor mehr als fünfzehn Jahren ins Gefängnis brachte (Urteil lebenslänglich), weist bemerkenswerte Parallelen zu der Mordserie auf.

Es kursieren bereits die ersten Spitznamen für den gesuchten Killer: »Jack the Struggler« und »Der Würger von Penzing«. Wird es der Polizei mit den neuen Hinweisen gelingen, den Mörder endlich zu überführen?

Von Severin Plum

Samstag, 5. Oktober
Polizeiprotokoll, Polizei Graz, Steiermark

Heute Vormittag wurde in einem Waldstück westlich der Autobahn A2 in Lichendorf, Gemeinde Weitendorf, Bezirk Leibnitz, die Leiche einer Frau gefunden. Die Leiche lag auf dem Bauch. Bis auf Schmuck und weinrote Socken war die Leiche nackt. Da der Schmuck vorhanden war, wird ein Raubmord ausgeschlossen.

Die Verwesung der Leiche war so weit fortgeschritten, dass die Todesursache nicht festgestellt werden konnte. Knochenbrüche oder andere Verletzungen gab es, soweit feststellbar, keine, ebenso wenig Stichwunden oder Einschusslöcher. Das Opfer könnte erwürgt oder erdrosselt worden sein.

Durch einen Gebissabgleich stellte sich heraus, dass es sich bei dem Opfer um Elfriede Schrempf handelt. Schrempf war eine Straßenprostituierte mit langjähriger Erfahrung, ihr Stehplatz befand sich in der Nähe des Grazer Volksgartens. Letztmalig gesehen wurde sie am 7. März gegen 22:30 Uhr.

Nach dem Verschwinden von Elfriede Schrempf kam es zu Telefonanrufen am 8. März und am 9. März unter ihrer Geheimnummer, die sich in ihrem Notizbuch befand, das mitsamt ihrer Handtasche verschwand und vermutlich im Besitz des Mörders ist.

Die Anrufe wurden von Schrempfs Lebensgefährten entgegengenommen. Der anonyme Anrufer gab bloß Stöhnlaute von sich, ehe er auflegte. Womöglich handelte es sich bei dem Anrufer um den Mörder von Elfriede Schrempf.

Ähnlichkeiten zum Fall Brunhilde Masser (verschwunden am 26. Oktober 1990, gefunden am 5. Jänner 1991). Weitere Ermittlungen nötig.

Dienstag, 8. Oktober, 21:00 Uhr
Haus der Familie Prem, Hütteldorf, Wien

Jeder Wochentag verlief für Rudolf Prem gleich: Er wachte auf, putzte sich die Zähne, zog sich an, machte Frühstück, weckte seinen kleinen Jungen, machte ihn fertig für die Schule, fuhr ihn bis vor das Schultor, sah ihm nach, bis er in dem Gebäude verschwand, fuhr wieder nach Hause, öffnete die Tür. Und immer noch war Regina fort.

Die Unsicherheit quälte ihn. Sein Verstand sagte, der Mörder vom Wienerwald habe sie genauso umgebracht wie die drei anderen Prostituierten, die man gefunden hatte. Sie war bloß noch nicht entdeckt worden. Doch sein Herz ignorierte seinen Verstand und krampfte sich jedes Mal zusammen, wenn er den Schlüssel in das Schloss der Haustür steckte, umdrehte und die Tür aufstieß. Solange die Tür verschlossen war, konnte sich alles dahinter befinden, selbst Regina. Der Verstand rechnete in Wahrscheinlichkeiten, das Herz hoffte in Möglichkeiten. Und möglich war es. Dann ging die Tür auf und die Stille gab ihm Antwort auf seine ungestellte Frage. Das Haus blieb leer, seine Frau verschwunden, die Mutter seines Sohnes ein Gespenst, das er überall fühlte und nirgendwo sah.

Seit seinem Appell an den Mörder, der in der Presse erschienen war, und dem Angebot einer Belohnung für Hinweise auf Reginas Aufenthaltsort hatten viele Menschen bei ihm angerufen. Doch jedes Mal hatte er bereits nach wenigen Sätzen gewusst, dass sie nur auf das Geld scharf waren. Oder pervers. Geholfen hatte keiner von ihnen.

Seinem Sohn versuchte er in der Zwischenzeit, die heile Welt vorzuspielen. Seine Mutter sei weggefahren, komme aber bestimmt wieder. Er könne ihm nicht sagen, wann. Dabei wusste er, dass sein Sohn längst im Bilde war. Die Eltern seiner Schulkameraden lasen immerhin Zeitung oder schauten die Nachrichten und sie tratschten.

Aber sein Sohn sagte nichts, nickte stets nur und schwieg. Vielleicht tat er das, um an die Lüge glauben zu können. Oder, und an diese Möglichkeit zu denken brach Rudolf das Herz, er tat es, damit sein Vater daran glauben konnte.

Rudolf verbrachte die Stunden in der Nähe des Telefons, um auf Anrufe zu warten. Was würde er dafür geben, noch einmal Reginas Stimme zu hören. Oder zumindest Gewissheit zu haben. Selbst wenn diese Gewissheit Schmerz und Trauer bringen würde, so waren dieser Schmerz und diese Trauer zumindest Gefühle, unverrückbar und eisern, er könnte über den Schmerz und die Trauer weinen oder schreien, sie im Suff ertränken oder in der Wut ersticken, sie schließlich verarbeiten und hinter sich lassen. Doch so befand er sich in einem bodenlosen Dazwischen, das alles offenließ und doch nichts versprach.

Nicht mal in seinen Träumen fand er Gewissheit. Oft sah er Regina in einen Wagen einsteigen, manchmal war er rot, andere Male blau, doch es war immer derselbe Wagen. Das Auto entfernte sich und Rudolf wusste, dass sie verloren war, doch er konnte nichts tun. Nur aufwachen und die Tränen auf seinem Gesicht fühlen.

Er holte seinen Sohn von der Schule ab, brachte ihn nach Hause, half ihm bei den Aufgaben, ließ ihn dann fernsehen. Er kochte das Abendessen. Während René aß, putzte Rudolf im Wohnzimmer. Sein Appetit hatte in den letzten Monaten stetig abgenommen.

Da er staubsaugte, hörte er zuerst nicht, was in der Küche geschah. Sein Sohn musste bereits für einige Zeit geschrien haben, denn zunächst dachte er, es handelte sich um das Radio, und saugte weiter. Als das Geräusch anhielt, schaltete er das Gerät aus und hörte die Stimme seines Sohnes.

Er lief in die Küche und fand René neben dem Tisch stehend vor. Gabel und Messer lagen auf dem Boden. Tränen liefen ihm über das Gesicht, er verschluckte sich an seinem Rotz. In der Hand hielt er den Telefonhörer. Rudolf bemerkte, dass es sich nicht um ihr Haustelefon handelte, sondern um den geheimen Anschluss, den nur Kunden von Regina benutzten. Sie verteilte diese Nummer nur an ausgesuchte Klienten. Seit sie verschwunden war, hatte das Telefon nicht mehr geläutet. In der Hoffnung, dass vielleicht einer von Reginas Kunden etwas wusste, hatte Rudolf es nicht weggeschlossen, sondern bloß hinter dem Vorhang des Küchenfensters versteckt.

Rudolf riss seinem Sohn den Hörer aus der Hand.

»Hallo?«, schrie er.

»Ich habe deine Mama umgebracht«, sagte eine schrille, kichernde Stimme am anderen Ende der Leitung.

»Wer spricht da? Wer sind Sie?«

Der Anrufer lachte. »Ich bin ein Vollstrecker. Gott hat mir dies befohlen. Ich habe elf der gerechten Strafe zugeführt. Sie liegen alle am Sühneplatz, mit dem Gesicht zum Hades, denn anders wäre es ein Frevel.«

»Wo ist Regina?« Obwohl René noch immer in der Küche stand und sich nicht bewegte, konnte Rudolf nicht an sich halten. Er wurde immer lauter. »Wo hast du sie hingebracht, du kranker Perversling?«

»Wenn der Achter im Zenit steht, dann sag ich dir, wo deine Frau liegt.«

»Was soll das heißen? Hallo? Hallo?«

Rudolf hatte nicht bemerkt, dass der Fremde bereits aufgelegt hatte.

»Papa?« Sein Sohn blickte zu ihm auf. Seine Augen waren verquollen. »Wer war das?«

»Ich weiß es nicht«, sagte Rudolf. »Ein Verrückter.«

»Weiß er, wo Mama ist?«

»Nein«, sagte Rudolf leise. »Denk nicht mehr darüber nach.«

An diesem Abend blieb Rudolf lange an Renés Bettkante sitzen, bis der Junge eingeschlafen war. Rudolf musste sich bemühen, nicht zu zeigen, wie sehr ihn der Anruf aufgewühlt hatte. Als René endlich schlief, ging er in die Küche und schenkte sich einen doppelten Schnaps ein. Dann griff er sich einen Totschläger, den er gemeinsam mit Regina gekauft hatte, als sie anfing, auf die Straße zu gehen. Zur Sicherheit, sollte sie jemals einer der Kunden nach Hause verfolgen.

Rudolf trat auf die Straße vor dem Haus und blickte lange in die Dunkelheit. Als sich seine Augen an die Schwärze gewöhnt hatten, konnte er etwas entdecken, das ihn stutzen ließ. Sein Briefkasten stand offen. Er trat vor ihn und griff hinein. Er bekam etwas zu fassen und zog es heraus. Es war eine Packung Dunhill Blue, die bevorzugte Zigarettenmarke seiner Frau. Als er sie öffnete, fand er darin keine Zigaretten, sondern ein kleines, quadratisches Foto. Es war das Passbild seines Sohnes. Regina hatte es stets in ihrer Tasche dabeigehabt, wohin sie auch ging. Sie hätte sich niemals davon getrennt.

Rudolfs Faust schloss sich um das Foto und die Zigarettenpackung. Er kehrte in das Haus zurück, verriegelte die Tür, stellte einen Stuhl davor und die Flasche Schnaps daneben. Dann setzte er sich und wartete, die rechte Hand fest um den Totschläger geschlossen.

Dienstag, 22. Oktober, 10:00 Uhr
Sicherheitsbüro, Berggasse, Alsergrund, Wien

»Guten Tag, Herr Unterweger.«

Elisabeths Stimme drang durch die offene Tür. Ich lehnte mich ein wenig über meinen Schreibtisch, um einen Blick auf den Gang zwischen Edelbachers und meinem Büro zu werfen, wo unsere Sekretärinnen, Elisabeth und Brigitte, arbeiteten. Ein Mann in Röhrenjeans, Wildlederstiefeln und einer braunen Lederjacke saß lässig auf Elisabeths Schreibtischkante und sagte etwas, das ich nicht verstehen konnte. Elisabeth lachte.

Mittlerweile war mir Jack Unterweger ein Begriff geworden. Ich hatte seine Karriere als Autor nur nebenbei verfolgt und seinen Fall nicht genau gekannt. Doch seit er das Interview mit

Max Edelbacher zu den Wiener Prostituiertenmorden geführt hatte, hatte ich mich ein wenig umgehört und mich in seinen Fall eingelesen. Er war jedenfalls kein Krimineller der leichten Sorte.

Vor einer Woche war er wieder zu Edelbacher gekommen und wollte ihm von seinen Erlebnissen in Los Angeles erzählen. Dabei teilte ihm Edelbacher mit, dass eine Ermittlung gegen den in der Presse als »Wienerwaldmörder« bezeichneten Serientäter lief. Aufgrund seiner Vorgeschichte und des Hinweises des ehemaligen Kriminalinspektors August Schenner aus Salzburg zählte auch Unterweger zum noch ziemlich großen Kreis der Verdächtigen. Unterweger hatte Verständnis gezeigt und versprochen, wiederzukommen, um seine Alibis vorzulegen und jeglichen Verdacht zu entkräften. Dafür war er heute hier.

Ich stand auf, trat in das Vorzimmer und ging auf Unterweger zu. Er blieb auf der Tischkante sitzen, als er mich sah.

»Mein Name ist Ernst Geiger«, sagte ich und streckte ihm die Hand hin. »Ich bin stellvertretender Vorstand des Sicherheitsbüros und Leiter der Mordabteilung.«

Nun rutschte Jack doch vom Tisch, streckte den Rücken durch und drückte kräftig meine Hand. »Jack Unterweger«, sagte er. »Es ist mir eine Freude. Dann sind Sie für die Suche nach dem Prostituiertenmörder verantwortlich?«

Ich nickte.

»Schrecklich«, fuhr er fort. »Ich hoffe, Sie finden den Täter bald.« Während er sprach, fielen mir seine eisblauen Augen auf, die er ohne zu blinzeln auf mich gerichtet hielt. Ich konnte mir vorstellen, dass dieses Manöver auf manche Menschen einschüchternd wirkte.

Die Tür zu Edelbachers Büro ging auf. Max Edelbacher kam zu uns. Auch er schüttelte Jack die Hand.

»Sie sind so weit?«, fragte er.

Edelbacher und ich hatten vereinbart, dass ich in meinem Büro sitzen und Jack durch die offene Tür beobachten sollte. So konnte ich alles sehen und hören, ohne Unterwegers Aufmerksamkeit zu erregen.

»Wie angekündigt möchte ich wissen, wo Sie in den Nächten des 8. April, des 16. April, des 28. April und des 7. Mais waren«, sagte Edelbacher, kaum hatten sie sich gesetzt. »In diesen Nächten verschwanden Silvia Zagler, Sabine Moitzi, Regina Prem und Karin Eroglu. Wie Sie vermutlich wissen, sind bis auf Regina Prem alle drei Frauen ermordet worden.«

Unterweger kramte in der Innentasche seiner Lederjacke und zog ein abgegriffenes Notizbuch aus Leder heraus. Er schlug es auf.

»Ich muss gleich zu Beginn sagen, dass ich für April und Mai keine Alibis angeben kann«, sagte er, während er Edelbacher über den Rand seines Notizbuches hinweg ansah. »Über diese Zeit führte ich kein Tagebuch und kann die einzelnen Tage nicht genau aus dem Gedächtnis rekonstruieren. Ich habe an der Umsetzung zweier meiner Theaterstücke gearbeitet, war ansonsten in Wien, um zu schreiben.«

»Irgendwelche Reisen?«, fragte Edelbacher.

»Ich bin ein paarmal zu meiner Mutter nach München gereist, hatte auch verschiedene Lesungen in Österreich«, sagte Unterweger. »Auswendig kann ich Ihnen die Daten aber nicht nennen.«

»Fahren Sie fort«, sagte Edelbacher.

»Im Milieu der Prostituierten habe ich mich im Juni einige Tage aus Recherchezwecken aufgehalten. Daraus entstand ein Beitrag für Öi. Ansonsten habe ich weder mit Prostituierten noch mit Zuhältern verkehrt.« Jack seufzte. »Ich verstehe aufgrund meiner Vergangenheit, dass ich verdächtigt werde. Doch ich habe mich geändert. Ich lebe nun in stabilen Verhältnissen, bin beruflich voll ausgelastet, nehme keine Drogen mehr. Mit diesen Morden habe ich nichts zu tun. Zumal ich es nicht nötig habe, Prostituierte aufzusuchen. Ich bin gut in die Gesellschaft integriert, vor allem in die weibliche.«

Bei dieser Bemerkung hörte ich Elisabeth, die protokollierte, kichern.

»Ich weiß von dem Verdacht eines ehemaligen Salzburger Inspektors«, fuhr Jack fort. »Dieser Mann hat eine persönliche Aversion gegen mich und verfolgt mich bereits seit der Zeit meiner Haft. Er hat sich in etwas hineingesteigert und möchte mich um jeden Preis eingesperrt sehen. Doch ich kann versichern, dass an seiner Geschichte nichts stimmt.«

Jack klappte das Buch zu. »Das ist alles, was ich dazu zu sagen habe.«

»Ich verstehe.« Edelbacher stand auf. »Danke für Ihre Zeit, Herr Unterweger. Wenn etwas ist, melden wir uns.«

Unterweger erhob sich ebenfalls. »Ich hoffe, Sie finden diesen Mörder bald.«

Nachdem Unterweger gegangen war, folgte ich Edelbacher in sein Büro. Wir nahmen an seinem Schreibtisch Platz.

»Was denkst du?«, fragte er mich.

»Was er erzählt, stimmt mit dem Observationsbericht überein«, antwortete ich. »Er trifft viele Frauen. Warum sollte er dafür zahlen? Er hat viele Lesungen und Auftritte. Ich glaube zwar nicht, dass er eine weiße Weste hat, aber ob er das alles aufs Spiel setzt, um vier Frauen zu ermorden?«

Edelbacher strich über seinen dichten Schnauzbart. »Denkst du, er weiß, dass wir ihn observiert haben?«

»Er ist kein Idiot«, sagte ich. »Vermutlich ahnt er etwas.«

»Bisher haben wir nichts weiter als seine Vergangenheit und den Hinweis von Inspektor Schenner«, sagte Edelbacher. »Und der Hinweis ist alles andere als wasserdicht.«

»Dann heißt es wohl weitersuchen.«

Bevor ich die Tür öffnen konnte, rief mich Edelbacher noch einmal zurück.

»Hast du seine Augen gesehen?«, fragte er.

»Ja«, sagte ich. »Eisblauer Stahl.«

»Es ist nur ein Gefühl«, sagte er. »Aber vor Menschen, die einen so anschauen, nehme ich mich lieber in Acht.«

Samstag, 16. November, 22:00 Uhr
Take Five, Annagasse, Innere Stadt, Wien

In dem knappen, grünen Kleid schien ihr Körper in das Leder des Sofas zu fließen. Ihre Beine streiften das kalte Metall der Tischbeine. Sie wusste, dass er sie beobachtete, dass er die Konturen ihres Körpers im Halbschatten auszumachen versuchte. Er blinzelte nicht, sein Blick blieb an ihr haften, brannte sich ein.

»Hier, dein Gin Tonic«, sagte Steffi und platzierte das Getränk vor ihr. »Als ich bezahlen wollte, hat der Barkeeper gemeint, du wirst eingeladen.«

»Ich kann mir schon denken, wer das war«, sagte Bianca. Ihre Freundin folgte ihrem Blick.
»Der Alte an der Bar?« Sie lachte. »Was will der denn?«
»Mich«, sagte Bianca und Steffi prustete in ihr Glas.
»Der könnte dein Vater sein«, sagte sie, nachdem sie sich den Mund abgewischt hatte.
»Dann ist er wenigstens nicht so planlos wie die da.« Bianca prostete mit ihrem Glas ein paar Freunden zu, die sich mit peinlichen Bewegungen auf der Tanzfläche zu behaupten versuchten.

Gestern war sie achtzehn Jahre geworden. Um gebührend zu feiern, war sie heute mit ihren Freunden ins *Take Five* gegangen, dem angesagtesten Club Wiens.

Er lag unweit der Kärntner Straße. Die Besitzer entstammten einer Adelsfamilie und versuchten, eine ebenso blaublütige Klientel anzuziehen. Manchmal, zumindest hatte Bianca das gehört, kam sogar Falco vorbei.

Bianca selbst hätte nicht weiter von einem adeligen Stammbaum entfernt geboren werden können. Ihre Mutter war Hausmeisterin, der Vater abgehauen. Doch sie besaß etwas, das Klassenunterschiede überwinden konnte: Schönheit. Sie war groß und schlank, hatte lange, haselnussbraune Haare und trübe, grüne Augen, die sie verträumt und unnahbar erscheinen ließen.

Statt sich auf Prüfungen vorzubereiten, saß Bianca im *Take Five* und lernte interessante Menschen kennen. Sie wusste, dass ihr ein gewöhnliches Leben, wie es die Schule versprach, nicht genug sein würde. Wie jedes achtzehnjährige Mädchen wollte sie alles, nur bloß nicht im Sumpf des Alltäglichen versinken. Anders als die meisten anderen Achtzehnjährigen hatte sie auch tatsächlich die Chance, diesem Sumpf zu entkommen.

Ihre Mutter hätte dafür kein Verständnis, weswegen Bianca Sorge trug, dass sie nichts von ihrem Leben erfuhr. Was nicht schwer war, denn sie hatte das Gefühl, ihre Mutter würde sich ohnehin nicht besonders für sie interessieren. Für ihren achtzehnten Geburtstag hatte sie sich zwei Dinge geschworen. Eine tolle Party zu schmeißen. Und von zu Hause auszuziehen. Nur wohin, das wusste sie noch nicht.

»Schön, dass wir dich mal wieder sehen«, sagte Klaus, der an den Tisch gekommen war. Klaus ging in Biancas Schule. Heute hatte der Türsteher für Bianca eine Ausnahme gemacht und ihr erlaubt, ein paar ihrer Klassenkollegen mitzunehmen. Immerhin kannte man sie im *Take Five* schon ganz gut. »In der Schule sieht man dich ja nicht mehr.«

Bianca zuckte die Achseln.

»Schule ist was für Idioten«, sagte sie.

»Was gibt's hier so Besonderes?«, fragte Klaus.

»Männer«, sagte Steffi und deutete zu dem Mann an der Bar.

»Der Opa?«, fragte Klaus und lachte. »Was wollt ihr denn mit dem?«

»Obwohl der wahrscheinlich zwanzig Jahre älter ist als du, Klaus, sieht er doppelt so gut aus«, sagte Bianca und stand auf. Klaus glotzte sie bloß an und brachte kein Wort heraus, als sie an ihm vorbeiging und die Bar ansteuerte.

»Was schaust du so?«, fragte sie, als sie sich auf dem freien Sitz neben dem Mann niederließ. Der Mann hatte kurzes, ergrautes Haar, trug einen weißen Seidenanzug und eine rote Fliege. Er lächelte sie an.

»Es ist schwer, nicht hinzusehen«, sagte er. »Bei einer so schönen Frau.«

Bianca merkte, wie sie rot wurde. Was sie hasste. Sie fürchtete, wie ein Mädchen zu wirken, dass man ihr ansah, wie jung und unerfahren sie noch war. Doch das Lächeln des Mannes war nicht herablassend oder väterlich, wie sie es von anderen Erwachsenen kannte. Es war freundlich, einladend.

»Ich bin Jack«, sagte er und streckte ihr die Hand entgegen.

»Jack Unterweger.«

Bianca ergriff sie. Sie fühlte, dass seine Finger geschmeidig und kräftig waren, und kalt.

»Bianca«, sagte sie. Sein Name kam ihr bekannt vor, aber sie konnte ihn nicht einordnen.

»Also, Bianca«, sagte er. »Erzähl mir von dir.«

Und sie erzählte. Sie erzählte von ihrem Vater, der ein Arschloch war, und von ihrer Mutter, die sie nicht verstand. Sie erzählte, dass sie nach der ersten Frau von Mick Jagger benannt worden war, Bianca, italienisch für »weiß«. Und dass ihr Nachname das slowenische Wort für »Dämmerung« war. Sie erzählte ihm, dass sie nicht wisse, was sie mit ihrem Leben anfangen wollte, bloß, dass sie die längste Zeit in der Schule gewesen war. Sie erzählte ihm, wie schwierig es sei, von Männern ernstgenommen zu werden. Die wollten alle mit ihr ins Bett, aber keiner glaubte, sie sei es wert, mit ihr ein Gespräch zu führen. Die Jungs in ihrem Alter wiederum konnten vor Nervosität gar nicht mit dem Reden aufhören.

Jack hörte zu. Bianca fühlte, dass er ernst nahm, was sie ihm erzählte. Sie spürte Begierde in seinem Blick, das war sie gewohnt, aber sie spürte nicht bloß Interesse an ihrem Körper, sondern auch an ihren Worten, an ihrer Person. Das war ihr neu. Vielleicht wollte sie gerade deshalb nicht mit ihm schlafen.

»Es warten ein paar Freunde von mir im *Montevideo*«, log sie. »Ich muss dann los.«

Jack leerte sein Champagnerglas, wobei sie einen massiven, goldenen Löwenkopf-Ring an seinem Finger sah. »Ich begleite dich.«

Sie wollte widersprechen, aber Jack war bereits aufgestanden. Das *Montevideo* lag in derselben Straße wie das *Take Five*. Sie machte sich nicht die Mühe, ihren Mantel abzuholen. Bianca wollte bloß im *Montevideo* ein paar Minuten abwarten und dann ins *Take Five* zurückkehren. Es schien ihr die eleganteste Lösung, ohne Jack direkt zu sagen, dass sie nichts von ihm wollte.

»Gute Nacht«, sagte er, als sie die Stufen zum Montevideo hinunterging. Sie war verwundert, wie leicht er sie gehen ließ, fast ein wenig enttäuscht.

Sie wartete vor der Eingangstür im Untergeschoss, gegen die Wand gedrückt, betrunkene Menschen liefen an ihr vorbei, lachten und schrien. Nach einer Weile ging sie die Stufen wieder nach oben, auf die Straße hinaus.

Als sie sich nach links drehte, um zurück zum *Take Five* zu gehen, sah sie Jack, der lässig an einer Hauswand lehnte.

»Ich wusste, dass du mich nur loswerden willst«, sagte er. Die Beleidigung in seiner Stimme war offensichtlich gespielt, vielmehr klang er stolz, sie durchschaut zu haben.

»Tut mir leid«, sagte sie. »Ich will den Rest der Nacht bloß mit meinen Freunden verbringen.«

»Ich verstehe«, sagte Jack. Er griff in sein Jackett und zog eine Karte heraus. »Hier steht meine Telefonnummer drauf. Ruf mich an, wenn du mal eine Nacht nicht mit deinen Freunden verbringen willst.«

Und damit drehte er sich um und ging in Richtung Staatsoper davon. Bianca blickte ihm nach, die Karte in der Hand. Die Kälte schlich sich langsam an den Konturen ihres Körpers empor, floss durch den Stoff ihres Kleides, berührte ihre Haut und ließ sie schaudern. Es war ein Schaudern, das sie genoss.

Mittwoch, 18. Dezember, 20:00 Uhr
Büro des Magazins Erfolg, Innere Stadt, Wien

Wenn das Jahr ging, kam die Melancholie. Das war für Gert Schmidt immer schon so gewesen. Während die Tage kürzer wurden und die Nächte länger, wurde ihm bewusst, dass die Zeit, die hinter ihm lag, unaufhaltsam größer wurde, und dabei die Jahre fraß, die er noch vor sich hatte. Die Vergangenheit war ein unersättliches Ungeheuer, das alle Momente verschlang, die schönen wie die hässlichen.

Um sich davon abzulenken, stürzte er sich von einem unternehmerischen Abenteuer ins nächste. Sein Magazin *Erfolg* war das Neueste dieser Unternehmen, darauf aus, Skandale zu enthüllen und Geheimnisse zu lüften. Das Einzige, was besser war, als selbst Geheimnisse zu haben, war, die von anderen aufzudecken.

Welche Firma Schmidt gerade auch führte, jedes Jahr gab es eine große Weihnachtsfeier. Er hatte zu allen Kollegen ein gutes Verhältnis, begegnete ihnen auf Augenhöhe, interessierte sich für ihre persönlichen Geschichten und respektierte sie. Er behandelte sie so, dass sie das Gefühl hatten, sie seien nicht nur seine Mitarbeiter, sondern seine Freunde. Dass er das gerade deshalb tat, weil er sie womöglich nächste Woche schon entlassen würde, ahnten sie nicht. Aber so war Schmidt: Er genoss jede Sekunde, weil er nicht wusste, was in der nächsten passieren würde.

Die Weihnachtsfeier dieses Jahr fand in den Büroräumlichkeiten des Verlags statt. Es gab ein Cateringservice und genug Wein für eine ganze Woche. Ein Mitarbeiter kümmerte sich um die Musik, es wurde getanzt und gelacht, die Stimmung war ausgelassen. Schmidt selbst saß in einem Bürostuhl, betrachtete zufrieden die Feier und nippte an seinem Wein. Besondere Aufmerksamkeit schenkte er einem Gast: dem Ex-Häftling und Autor Jack Unterweger. Seine Zeitschrift hatte bereits einige Geschichten über Unterweger geschrieben. Schmidt wusste, dass es für Skandale nicht schaden konnte, Menschen wie Unterweger im Auge zu behalten. Dazu gehörte auch, ihn zur Weihnachtsfeier einzuladen.

Unterweger schien sich prächtig zu amüsieren. Er tanzte mit Christina, einer Sekretärin. Ihm war vermutlich dasselbe aufgefallen wie Schmidt: dass Christina mit ihren schwarzen Haaren, den braunen Augen, den spitzen Lippen und dem blassen Hals eine schöne Frau war.

Ihm lag fern, sich seiner Mitarbeiterin zu nähern. Dafür war er zu gut erzogen worden. Und es ging ihn auch nichts an, mit wem sie tanzte. Er wusste aber, dass Männer wie Unterweger keine Zukunft hatten. Und er schätzte seine Mitarbeiterin genug, dass er sie vor falschen Hoffnungen schützen wollte.

Er stand also auf und ging auf die beiden zu.

»Herr Schmidt«, sagte Unterweger, als er den Herausgeber bemerkte. »Danke für die Einladung. Eine tolle Feier.« Dabei lächelte er Christina zu.

»Es freut mich, dass sie Ihnen gefällt«, sagte Schmidt höflich.

»Ist Ihre Freundin nicht mitgekommen?«

Ein Zucken ging durch Jacks Gesicht, aber im nächsten Augenblick hatte er sich wieder unter Kontrolle.

»Wie kommen Sie denn darauf, dass ich eine Freundin hätte?«, fragte Jack.

»Ein Mann wie Sie«, sagte Schmidt, worauf Jack lachte.

»Außerdem hat ein Kollege Sie vor ein paar Tagen im *Take Five* gesehen.« Schmidt fügte das unschuldig hinzu, doch er bemerkte Jacks ärgerlichen Blick. Es war die Aufgabe von Schmidt, solche Dinge zu wissen.

»Ach, das«, sagte Jack und zuckte mit den Schultern. »Das war nichts Ernstes. Sie wissen doch, ein Mann wie ich. Was soll ich machen, bei so vielen schönen Frauen«, sagte er und wandte sich dabei an Christina. »Ich bin hilflos!«

Sie lachte und lehnte sich gegen seine Schulter. Schmidt seufzte unhörbar.

»Ich wünsche noch einen schönen Abend«, sagte er, drehte sich um und steuerte das Buffet an, bei dem kalte Brötchen und Gulaschsuppe angeboten wurden.

Er verstrickte sich in Gespräche, trank mehr Wein, als sein Arzt für gut befunden hätte, und dachte an das nächste Jahr und welche Abenteuer es wohl für ihn bereithalten würde. Als er gegen Mitternacht durch das Büro ging, war Jack verschwunden. Er war nicht verwundert, auch Christina nirgendwo entdecken zu können.

Freitag, 20. Dezember, 11:00 Uhr
Innenstadt von München, Deutschland

Natürlich hatte sie ihn angerufen. Vier Tage nach ihrem Kennenlernen im *Take Five*. Alles war so einfach gewesen. Bianca hatte Jack in der Nähe der Stadtbibliothek getroffen, sie waren spazieren gegangen und hatten sich über ihr Leben unterhalten. Kaum begann sie zu frösteln, standen sie auch schon vor Jacks Wohnung. Er lud sie auf einen wärmenden Tee ein.

Während sie in der Küche saßen und den Tee tranken, erzählte er ihr von einem freien Gästezimmer, das er untervermieten wollte. Mit keinem Wort ließ er vernehmen, ob er sich erinnerte, dass ihm Bianca von ihrem Wunsch erzählt hatte, von zu Hause auszuziehen.

Anfang Dezember war sie bei ihm eingezogen. Im Gästezimmer hatte sie zwar ihre Koffer abgestellt, in dem Bett aber nie geschlafen. Jack und sie waren bereits nach ihrem dritten Treffen ein Paar geworden.

Das Leben mit Jack war anders, als sie es sich vorgestellt hatte. Bald schon bemerkte sie, dass er sie nicht weniger kontrollierte als ihre Mutter. Tatsächlich war sie seltener im *Take Five* zu finden als vor ihrer Beziehung. Er wollte nicht, dass sie allein ausging oder sich mit ihren Freunden traf, die er alle für Idioten hielt.

Diese Ausgehverbote galten nicht für Jack. Er musste immerhin auf seine Lesungen und Veranstaltungen, die, wie er beteuerte, zu seinem Job gehörten, als gefeierter Autor konnte er sich nicht drücken. Als er von der Weihnachtsfeier eines Verlags, auf die er Bianca nicht mitnehmen wollte, weil sie viel zu langweilig für sie sei, um sechs Uhr früh betrunken nach Hause gekommen war, hatte sie zwei Tage lang nicht mit ihm gesprochen.

Oft beklagte sie sich, dass sie ihr eigenes Geld verdienen wollte, also stellte Jack sie einem seiner Freunde vor. Als sich herausstellte, dass der Mann im teuren Anzug Frauen für sein Begleitservice suchte und dass man dabei die zahlenden Männer bis ins Bett begleiten musste, hatte sie das Gespräch wortlos abgebrochen, Jack aufgesucht, der im Café nebenan gesessen war, und ihm fast ins Gesicht geschlagen.

Aber sie schlug ihn dann doch nicht. Weil er immer die richtigen Worte fand. Weil er sie nicht allein ließ, wenn es ihr schlecht ging. Weil er so umsichtig und gefühlvoll war, wenn er sie berührte. Und weil sie nicht bereits nach wenigen Wochen zu ihrer Mutter zurückkehren wollte. Diese Genugtuung wollte sie ihr nicht gönnen.

Mittlerweile hatte Bianca in einer Bar zu arbeiten begonnen und Jack war in letzter Zeit ausnehmend gut gelaunt gewesen. Spontan hatte er ihr vorgeschlagen, nach München zu fahren und seine Mutter zu besuchen.

»Ich muss meine Freundin doch vorstellen!«

Bianca war noch nie in München gewesen. Die Stadt schien ihr genauso sauber und wohlhabend wie Wien, bloß weniger charmant. Doch die leuchtenden Schaufenster, die dekorierten Bäume und die Girlanden in den Straßen hellten ihre Laune auf, als Jack und sie an einem leicht verschneiten Vormittag durch die Innenstadt schlenderten.

Gestern Abend waren sie bei Jacks Mutter eingeladen gewesen, Theresia. Sie hatte einen Deutschen geheiratet und lebte mit ihm bereits einige Jahre in einem Münchner Vorort. Bianca bemerkte, wie eine Wandlung durch Jack ging, kaum hatte seine Mutter die Tür geöffnet. Er konnte kaum stillsitzen, sprach ständig auf die Frau ein, die nur schwach nickte. Er wollte sie mit jedem Wort beeindrucken und wich ihr nicht mehr von der Seite. Bianca schien er vergessen zu haben.

Bianca beobachtete, wie Jack sich in seine Erzählungen stürzte und Theresia in den Alkohol. Ihre Augen waren bald schon glasig, ein seliges Lächeln breitete sich auf ihrem Gesicht aus, und sie starrte zufrieden auf den kleinen Holztisch zwischen ihnen, während Jack sprach.

Als Jack auf die Toilette ging, beugte sich Theresia langsam zu Bianca hinüber. Der Geruch des Alkohols schien sich in der Luft zu verfestigen und traf Bianca wie ein Schlag.

»Nur damit du es weißt«, sagte Theresia leise. Sie hatte Bianca den ganzen Abend lang nicht angesprochen. »Ich bin nie eine Hure gewesen. Ich weiß, dass Jack das allen erzählt. Kann es ihm nicht verübeln, immerhin war ich ihm nicht die beste Mutter. Aber Hure war ich nie. Das weiß er. Und du sollst das auch wissen.«

Nachdem sie fertig gesprochen hatte, nickte sie und lehnte sich wieder zurück. Schweigend wartete Bianca, bis Jack von der Toilette zurückkam und die bedrückende Stille mit seiner aufgeregten Stimme zerriss.

Bianca war froh gewesen, als sie endlich aufbrechen konnten. Die Unterhaltung hatte sie völlig ermüdet, obwohl sie kaum ein Wort gesagt hatte.

Heute Morgen hatte Jack sie mit ein paar Küssen geweckt und sie lachend aus dem Bett geschubst.

»Zieh dich an!«, rief er fröhlich. »Wir fahren in die Stadt.«

Nun gingen sie durch die Münchner Innenstadt und Bianca bemerkte wieder, was ihr an Jack so gefiel. Er war spontan, voller Lebensfreude und Energie, die sie ansteckte. An anderen Menschen fielen ihm die kleinsten Details auf, womit er Bianca immer zum Lachen bringen konnte. In Momenten wie diesem strahlte Jack eine Unbesiegbarkeit aus, unter der sich Bianca einrollen und sicher fühlen konnte; sicher vor einer Zukunft, für die sie keine Pläne hatte; vor einer Mutter, die beständig enttäuscht von ihr war; vor der Einsamkeit, die sie genauso fürchtete wie alle anderen, in dieser Furcht aber von niemandem ernst genommen wurde, weil sie schön war. Aber was war Schönheit außer ein flüchtiger Moment? Jack gab diesem Moment Dauer. Deswegen blieb sie bei ihm, trotz allem.

Sie war so in Gedanken versunken, dass sie nicht bemerkt hatte, wie Jack stehen geblieben war. Bianca drehte sich um und ging ein paar Schritte zurück.

Jack stand vor dem Fenster einer Auslage und blickte hinein.

»Ich finde, der würde dir ausgezeichnet passen«, sagte Jack und deutete auf die Glasscheibe. Bianca folgte seinem Fingerzeig. Sie las die Buchstaben auf der Auslage: Juwelier Hagel. Und dahinter sah sie einen goldenen Ring.

Bianca blickte Jack ungläubig an. »Was?«

»Was sagst du, Bianca.« Jack lächelte. »Willst du mich heiraten?«

11. DEZEMBER 1974

»Dann wollen wir mal zum Hauptpunkt kommen.«

Jacks Hand schoss nach hinten und packte den Kragen von Margrets Kleid. Er zog sie nach vorne, zwischen den Vordersitzen hindurch, sodass sie mit dem Kopf gegen den Schaltknüppel knallte.

Barbara hörte ihr Wimmern, doch es hallte von weit her zu ihr, ein fernes Echo, gerichtet an eine Person, die es schon nicht mehr gab.

»So, Mädchen«, sagte Jack, lehnte sich halb über sie und klang aufgeregt. »Jetzt kommen wir zu dir.«

»Bitte«, flehte Margret, »bitte, tut mir nichts.«

»Wenn du ruhig bist und machst, was wir sagen, dann passiert dir nichts. Barbara?« Er wandte sich seiner Beifahrerin zu. »Gib mir deinen Gürtel.«

Barbara lehnte sich etwas nach vorne und zog den Gürtel aus den Schlaufen ihres Mantels. Jack fesselte Margrets Hände hinter ihrem Rücken und stieß sie dann nach hinten, wo sie unterhalb der Rückbank zum Liegen kam.

Jack griff über sie hinweg und nahm ihre Handtasche vom Rücksitz. Er kramte darin herum, Lippenstift und Puderdose fielen auf den Boden des Autos. Er zog ein paar Geldscheine heraus, Barbara sah ungefähr dreißig Mark in seinen Händen, und zuletzt einen silbernen Schlüssel.

»Hast du noch Geld zu Hause?«, fragte Jack, ohne Margret anzuschauen. »Sag schon!«

»Ja«, stotterte Margret. »Ungefähr hundert Mark.«

Jack startete den Wagen. »Sag mir den Weg an«, sagte er zu Barbara.

Kurz darauf parkte er den Wagen vor Margrets Wohnung.

»Lasst ihr mich raus?«, fragte Margret.

»Halt's Maul«, sagte Jack. »Du gehst rein und holst das Geld raus. Und was du sonst noch finden kannst.« Er gab Barbara den Schlüssel.

Barbara stieg aus. Ihre Knie zitterten, aber der Rest ihres Körpers blieb seltsam ruhig. Sie konnte die Nacht riechen, sie duftete süß. Barbara öffnete das Gartentor und die Haustür, machte Licht und trat in das aufgeräumte Vorzimmer. Sie ging durch das Wohnzimmer, bemerkte Fotos einer glücklichen Familie, dachte an Margrets Eltern, doch die Gedanken und Bilder schlugen keine Wellen in ihr, ihre Gefühle waren zu einem toten See geworden, in dem sich nichts rührte. In den Tiefen des dunklen Wassers lagen ihre Empfindungen, doch das Licht erreichte sie nicht mehr.

Barbara betrat Margrets Schlafzimmer und fand eine Handtasche auf dem Nachttisch. Darin eine rote Brieftasche mit hundert Mark. Sie öffnete Margrets Kleiderschrank und warf die Sachen auf das Bett. Kleider, Hosen, Pullover und Schmuck. Sie nahm so viel mit, wie sie tragen konnte.

Bevor sie das Haus verließ, drehte sie das Licht ab. Als sie zum Auto zurückkam, lag Margret noch immer gefesselt zwischen den Vordersitzen und der Rückbank, während sich Jack am Fahrersitz zurückgelehnt hatte. Barbara verstaute alles im Kofferraum und nahm auf dem Beifahrersitz Platz.

»Kennst du einen Platz, wo wir sie rauslassen können?«, fragte Jack. »Irgendwo im Wald.«

»Das Schützenhaus«, sagte Barbara. »Von dort braucht sie zu Fuß vielleicht eine Stunde. Sie kennt den Weg.«

»Ich tue, was ihr wollt, nur bitte, lasst mich raus!«, rief Margret, doch ihre Stimme löste sich auf in Schleim und Tränen.

Jack sagte nichts. Er folgte Barbaras knappen Anweisungen und verließ Ewersbach Richtung Herborn. Einige Kilometer außerhalb der Ortschaft fuhr er von der Hauptstraße ab und zum Schützenhaus, eine alte, hölzerne Blockhütte mit Parkplatz davor, von der aus man Wanderungen in den Wald unternehmen konnte.

Doch er blieb nicht auf dem Parkplatz stehen, sondern folgte einem kleinen Weg tiefer in den Wald hinein. Nach ungefähr zehn Minuten ging er vom Gas, zog die Handbremse an und schaltete den Motor ab.

Es war kein Geräusch mehr von Margret zu hören. Barbara fragte sich, ob sie betete. Sie wusste, dass Margret gläubig war, zumindest war ihre Familie früher jeden Sonntag in die Kirche gegangen.

Jack griff nach hinten, löste den Gürtel von Margrets Händen und zog sie hoch. Barbara wusste, dass Jack viel stärker war, als seine Statur vermuten ließ.

Als Margret auf der Rückbank saß, wandte sich Jack zu ihr um. Barbara konnte in der Dunkelheit nur die Züge seines Profils erkennen. Es wirkte, als würden sich seine Gesichtszüge in völliger Konzentration auflösen, als hätte er eine andere Welt betreten, zu der Barbara keinen Zutritt besaß.

»Zieh dich aus«, sagte er.

Panisch blickte Margret zu Barbara. »Was soll das? Bärbel, was will er?«

Barbara zuckte die Schultern. »Dir passiert schon nichts. Mach einfach. Ich weiß nicht, was er will.« Und sie fragte sich, ob sie es wirklich nicht wusste.

Margret begann zu weinen, ihre Schultern bebten, sie schluchzte laut auf. Jack seufzte und schlug ihr ins Gesicht. Es war kein besonders harter Schlag, kurz und knapp, doch Margrets Kopf wurde nach hinten geschleudert. Augenblicklich hörte sie auf zu weinen und fuhr sich mit der rechten Hand über die Wange, dort, wo er sie getroffen hatte.

Ungläubig befühlte sie die Stelle, als müsste sie sichergehen, dass sie noch da war. Barbara begriff, dass Margret noch nie zuvor geschlagen worden war.

Jack sagte nichts, blickte sie nur an. Langsam und mit zitternden Händen begann Margret, sich auszuziehen. Zuerst löste sie die Schnürsenkel ihrer Schuhe, streifte sie ab, dann öffnete sie den Reißverschluss ihrer Jacke, musste sich ein wenig schütteln, um sie von ihrem Körper zu bekommen. Als Nächstes öffnete sie den Verschluss ihrer Hose und mühte sich ab, sie sich von den Beinen zu schälen. Jack half ihr. Sie knöpfte ihre Bluse auf und zog sie sich über den Kopf. Nur noch die Strümpfe, Slip und BH blieben übrig. Doch Jacks Blick blieb fordernd, wartend.

Margret wandte den Blick ab, als sie die Strümpfe abstreifte, den BH öffnete und zu Boden gleiten ließ, wo Jack ihn aufhob und einsteckte. Zuletzt, langsam, als müsste sie ihren Muskeln jede Bewegung einzeln befehlen und als kosteten sie diese Befehle all die Kraft, die sie noch hatte, zog sie auch den Slip aus. Jack nahm ihn an sich und steckte ihn ein. Dann öffnete er die Tür und stieg aus.

Barbara und Margret blieben allein im Auto zurück.

»Bärbel«, flüsterte Margret und Barbara erkannte, dass ihr Überlebensinstinkt alle anderen Gefühle verdrängt hatte. Ihre einstige Freundin bemerkte nicht, wie ihr die Tränen über die Wangen liefen, wie stark sie zitterte, wie gebrochen ihre Stimme klang. Es war nicht mehr sie selbst, die sprach, sie selbst hatte sich irgendwo dort unten, gefesselt auf dem Boden des Autos, aufgelöst. Ein Loch war entstanden, das nun jener Instinkt ausfüllte, der die Menschen in den ersten und letzten Momenten des Lebens leitete, wenn das große Unbekannte vor ihnen stand und das Denken versiegte.

»Bärbel, kannst du mir nicht helfen? Bitte, hilf mir ... Was will der mit mir machen? Schau, der Schlüssel steckt!«

Barbara sah, dass sie recht hatte. Jack hatte den Schlüssel stecken lassen. Er war um das Auto gegangen und hatte den Kofferraum geöffnet. Sie konnte nicht sehen, was er dort hinten tat. Sie müsste nur auf den Fahrersitz rutschten, das Auto starten, die Türen verriegeln und wegfahren. »Du kannst mich retten, Bärbel, bitte, hilf mir ...«

Doch genauso wie Margret sich ihrer letzten Kraft, dem Willen zum Leben, überlassen hatte angesichts des großen Unbekannten, das herankroch, um sie mit sich zu nehmen, hatte auch Barbaras Denken aufgehört. Sie beobachtete bloß noch, fügte sich dem Lauf der Dinge. Darin hatte sie sich bereits in den letzten Monaten geübt, seit sie Jack kennengelernt hatte. In einem dunklen Winkel ihres Verstandes wusste sie, was Jack vorhatte, hatte es immer gewusst, nicht erst seit heute, sondern bereits, als sie diesen Mann kennengelernt hatte. Sie hatte alles geopfert, ihren Körper, ihre Vergangenheit, ihre Werte, und nichts dafür erhalten außer die flüchtige Wärme des Rausches und die quälende Zuneigung von Jack, mit der er sie umschlang wie mit einem Dornengürtel, eng und schmerzhaft.

Barbara wünschte, sie könnte Margret erklären, dass heute Nacht alles zu Ende gehen würde, für sie beide. Bloß, was nach diesem Ende für sie kam, darin würden sie sich unterscheiden.

»Bitte ...« Margrets Flehen wurde unterbrochen, als sich die Hintertür des Wagens öffnete. Jack griff nach ihr, berührte ihren nackten Körper. Er zog sie aus dem Auto. Ob sie die Kälte fühlte? Das nasse, matschige Laub unter ihren Füßen, den eisigen Lufthauch, der in ihre Haut schnitt, die Nadeln der Bäume, die nach ihr griffen?

Dann öffnete er Barbaras Tür. »Möchtest du mitkommen?«

Barbara schüttelte nur den Kopf. Das Mondlicht spiegelte sich in der Stahlrute, die Jack aus dem Kofferraum geholt hatte und nun in seiner linken Hand hielt. Die rechte hatte er um Margrets Oberkörper geschlungen.

Es war das erste Mal, dass Barbara ihre einstige Freundin nackt sah. Das fiel ihr nun auf, als der Mond sie in sein milchig weißes Licht tauchte. Barbara bemerkte, wie schön sie war. Früher war sie eifersüchtig gewesen, doch jetzt gab es dafür keinen Grund mehr. Jack schlug die Tür zu.

Sie blickte den beiden nach, als sie den Wald betraten. Margret, die vorne ging, und Jack, der sie vor sich hertrieb. Barbara hielt ihre Augen auch dann noch auf die gähnende Dunkelheit gerichtet, als die beiden schon lange nicht mehr zu sehen waren. Zum ersten Mal seit langer Zeit spürte sie, wie ein Gefühl von ihr Besitz ergriff, sich gegen die drogenverhangene Apathie auflehnte. Es war die Wehmut, die einen Menschen umfängt, wenn etwas Schönes für immer verschwindet.

TEIL DREI

INFERNO
JÄNNER 1992 BIS JUNI 1994

Durch mich geht man hinein zur Stadt der Trauer,
Durch mich geht man hinein zu ewigem Schmerze,
Durch mich geht man zu dem verlornen Volke.

Vor mir ist kein geschaffen Ding gewesen,
Nur ewiges, und ich muss ewig dauern.
Lasst, die Ihr eintretet, alle Hoffnung fahren!

Dante, La Divina Comedia, Inferno, III. Gesang

1992

Samstag, 11. Jänner
Vernehmungsprotokoll Lisa S.,
Polizei Graz, Steiermark

Im Zuge der Ermittlungen in den Fällen Brunhilde Masser und Elfriede Schrempf, die beide in Graz verschwanden, wurden Fotos verschiedener Verdächtiger in der Grazer Rotlichtszene herumgezeigt.
Die zwanzigjährige Prostituierte Lisa S. konnte den Verdächtigen Jack Unterweger anhand eines Fotos identifizieren. Sie gibt Folgendes zu Protokoll:

Es war der 17. Oktober 1990. Ich stand auf meinem Stammplatz nahe dem Grazer Uhrturm und wartete auf Kunden. Ein BMW hielt neben mir, darin saß ein kleiner Mann mit weißer Jacke und roter Fliege. Er musterte mich, dann fuhr er einige Meter weiter und hielt unter einer Straßenlaterne.

Ich ging zu dem Auto, er ließ das Fenster hinunter und beugte sich zu mir hinaus.

Er fragte, was ich für einmal im Wagen nehme. Ich sagte ihm, dreihundert Schilling.

Er war einverstanden und ich stieg zu ihm in den Wagen. Bevor wir beginnen konnten, erzählte er mir, dass er ein bekannter Journalist sei und nicht gesehen werden wolle. Für zweihundert Schilling extra würde er mich aus

der Stadt hinausfahren und dann wieder zurückbringen. Ich war noch nicht lange im Geschäft und sagte zu. Ich freute mich über das zusätzliche Geld. Der Mann wirkte sehr freundlich, war gut gekleidet und gepflegt. Einer der angenehmeren Kunden.
Wir fuhren aus dem Stadtgebiet, es war gegen zehn Uhr abends. Die Straßen waren leer.
Ich hatte sein Kennzeichen bemerkt. W-JACK 1. Ich fragte ihn, ob er aus Wien sei. Er wirkte überrascht, bestätigte es aber.
Er wohne in Wien, komme aber oft nach Graz, um für seine Geschichten zu recherchieren. Er erzählte, dass er über das Rotlichtmilieu schreibe und sogar mit Polizeistreifen unterwegs sei. Er nannte die Namen von zwei Beamten, die ich kannte.
Er fuhr am Universitätsgebäude vorbei, nordöstlich durch die Vorstadt und am Mariatroster Bach entlang. Etwa acht Kilometer später bog er in den Himmelreichweg ein, der auf einen Hügel führt. Ich wusste nicht, wo wir waren, bis ich den erleuchteten Turm der Mariatroster Kirche sah. Er fuhr einen Feldweg entlang und hielt vor einem Waldstück.
Wir waren völlig allein. Er schaltete das Fernlicht ein und den Motor aus.
Er erklärte mir, dass ihm von einer anderen Prostituierten aus Graz, mit der er oft verkehrte, ein Spiel gezeigt worden war. Dafür würde sie sich von ihm fesseln lassen. Es errege ihn sehr, wofür er sich ein wenig schäme. Er fragte freundlich, ob er mich fesseln dürfe.

Ich sagte ja. Er fügte hinzu, dass ich mich davor völlig ausziehen müsse. Er gab mir achthundert Schilling in die Hand und ich tat, was er verlangte.

Während ich mich auszog, ließ er den Beifahrersitz nach hinten kippen. Er wies mich an, mich auf den Bauch zu legen und die Hände hinter meinen Rücken zu geben. Nachdem ich mich in Position gebracht hatte, spürte ich, wie er mir Handschellen anlegte.

Er fragte mich, ob ich Angst hätte.

Ich fragte zurück, warum ich Angst haben sollte, immerhin bezahlte er mich dafür.

Er sagte daraufhin, dass ich tun solle, als hätte ich Angst. Er wollte meine Angst sehen. Seine Stimme hatte sich verändert, er klang nun aggressiv und irgendwie abwesend. Ich bekam tatsächlich Angst. Erst jetzt wurde mir bewusst, in was für eine hilflose Situation ich mich begeben hatte. Der Stahl der Handschellen schnitt in meine Handgelenke.

Er hatte sich mittlerweile auch ausgezogen, nur das Unterhemd anbehalten. Er zog ein Kondom über, kletterte hinter mich und drang brutal in mich ein.

Ich begann zu weinen, was ihn anzuspornen schien. Er drückte die Handschellen nach oben, was einen stechenden Schmerz in meinen Schultern auslöste. Ich schrie auf, woraufhin er bloß noch lauter stöhnte und heftiger in mich stieß. Er begann zu sprechen, doch ich verstand ihn nicht. Er murmelte und brüllte unverständliche Worte.

Meine Schreie wurden leiser, ich spürte, wie mir die Stimme versagte. Plötzlich hörte er auf und rollte sich von mir herab. Ich glaubte, ein Licht zu erkennen, das über den

Wagen streifte. Ich hoffte, dass vielleicht ein anderes Auto den gleichen Weg eingeschlagen hatte.

Er zog sich wieder an, nahm mir die Handschellen ab und fuhr mich zurück in die Stadt. Auf dem Rückweg sprach er kein Wort. Er ließ mich an meinem Platz aussteigen, bezahlte mich und fuhr weg.

Ich ging nicht zur Polizei, weil ich gerade erst begonnen hatte, auf dem Strich zu arbeiten. Ich wollte keine Probleme, hatte auch Angst, dass man mir nicht glauben und der Mann wiederkommen würde. Ich hatte ja keine Beweise. Als etwas mehr als eine Woche später eine meiner Kolleginnen verschwand (Brunhilde Masser, Anm. Beamter), die bloß eine Straße weiter gearbeitet hatte, war ich schockiert. Ich dachte, dass ich das hätte sein können.

Montag, 28. Jänner, 10:00 Uhr
Sicherheitsbüro, Berggasse, Alsergrund, Wien

Es war die erste richtige Spur, die wir hatten, und doch mussten wir vorsichtig damit umgehen.

Vor einer Woche hatten mich Kollegen aus Graz angerufen und den Namen Jack Unterweger genannt. Ich war hellhörig geworden, immerhin war Unterweger einer der Verdächtigen im Fall der Wiener Prostituiertenmorde. Dass es einen Zusammenhang zwischen den Wiener Fällen und den Morden an zwei Grazer Prostituierten gab, schien uns mehr als wahrscheinlich.

Nun hatte eine Prostituierte in Graz Unterweger erkannt. Was sie erzählte, passte perfekt in das Profil unseres Täters. Unterweger hatte sie aus der Stadt hinausgebracht, sie musste sich nackt ausziehen und er hatte ihre Hände mit Handschellen hinter ihrem Körper gefesselt.

Es war bekannt, dass sich Unterweger am 17. Oktober 1990 in Graz aufgehalten hatte. Er war im Grazer Casino gewesen, wo die Schauspielerin Marisa Mell ihre Biografie vorstellte. Unterweger verließ die Veranstaltung gegen 22 Uhr. Allein.

Allerdings gab es Fakten, die Unterweger entlasteten. Er hatte Lisa S. nicht umgebracht. Und es gab auch keine Sachbeweise, die ihre Aussage unterstützten.

Verdächtig war allerdings auch, was mir mein Grazer Kollege über Unterwegers Verhalten erzählte. Offenbar habe sich Unterweger selbst bei ihm gemeldet, noch bevor sie ihm eine Vorladung schicken konnten. Er habe von Journalisten einen Tipp bekommen, dass die Polizei ihn verdächtige, etwas mit den Grazer Morden zu tun zu haben. Zunächst bestritt er, jemals mit Prostituierten außerhalb seiner Recherchen für Zeitungsartikel zusammengekommen zu sein.

Als der Beamte ihm von der Zeugin erzählte, änderte Unterweger seine Aussage. Nun behauptete er, er habe Geschlechtsverkehr mit einer Grazer Prostituierten gehabt. Allerdings sei dabei nichts Ungewöhnliches passiert.

Nach dem Geschlechtsverkehr habe er ihr zum Spaß ein Paar Handschellen angelegt, die er im Auto mit sich führte und die ein Geschenk von Freunden waren. Auf ihre Frage, ob er ihr eh nichts antun würde, antwortete er, wegen ihr gehe er doch nicht wieder ins Gefängnis. Das sei alles gewesen.

Dann jedoch hatte mein Kollege ihn mit der ganzen Aussage von Lisa S. konfrontiert. Unterweger gab schließlich zu, dass es so gewesen sei, bestritt bloß, dass sie geweint und er ein Kondom verwendet habe.

Offenbar hatte Unterweger zunächst gelogen und seine Geschichten öfters abgeändert, als er merkte, dass die Beamten ihn der Lüge überführen konnten. Warum? Worüber log er sonst noch? Dennoch hatte er die Grazer Polizei in eine schwierige Situation gebracht. Sie hätten lieber noch weiter nach Sachbeweisen gesucht, bevor sie ihn mit der Zeugenaussage konfrontierten. Doch Unterweger war gut vernetzt, hatte von dem Verdacht gegen ihn erfahren und die Initiative ergriffen. Nun wusste er, über welche Informationen die Grazer Polizei verfügte. Und obwohl ihn die Zeugenaussage belastete, hatten wir keine Hinweise, dass er tatsächlich ein mehrfacher Mörder war.

Der Anruf meines Kollegen brachte uns zumindest dazu, Unterwegers Alibis für die Wiener Morde noch einmal genau in Augenschein zu nehmen. Bisher war er einer von vielen Verdächtigen gewesen. Nun jedoch hatten wir unsere erste heiße Spur. Und sie führte uns zu ihm.

Mein Kollege Kucera und ich saßen im Vernehmungszimmer der Berggasse. Wir hatten Kaffee und ein paar Bäckereien vorbereitet. Wir wollten nicht, dass das junge Mädchen dachte, sie stehe unter irgendeinem Verdacht. Die Atmosphäre sollte ungezwungen sein.

»Frau Gruber«, sagte ich.

»Sie können mich Katharina nennen«, gab das Mädchen verschüchtert zurück.

»Also gut, Katharina«, sagte ich. »Ich bin Ernst. Kannst du mir erzählen, in welchem Verhältnis du zu Jack Unterweger stehst?«

»In keinem mehr«, sagte Katharina. »Aber wir waren einige Zeit lang zusammen. Ungefähr von Oktober 1990 bis Februar 1991. Anfangs war er sehr charmant und liebenswürdig. Aber mit der Zeit wurde er immer kontrollsüchtiger. Er regte sich über jede Kleinigkeit auf. Ich habe es nicht mehr ausgehalten mit ihm ...« Sie vermied jeden Blickkontakt. Womöglich gab es etwas, das sie uns nicht erzählte, aber darauf zu drängen, würde sie nur verschrecken.

»Du musst über nichts sprechen, über das du nicht sprechen willst«, sagte ich.

Katharina schluckte. »Jedenfalls habe ich die Beziehung beendet. Er kam im März zum Haus meiner Eltern, aber mein Vater hat ihn fortgeschickt. Aus Los Angeles schickte er mir eine Postkarte, die ich weggeworfen habe. Das letzte Mal rief er mich im November an und fragte mich, warum ich mir die Haare kurz geschnitten hätte. Das gefalle ihm nicht. Er wollte mir zeigen, dass er mich beobachtete. Ich sagte, er solle mich in Ruhe lassen. Seitdem hat er nicht mehr angerufen.«

»Katharina«, sagte Kucera. Er neigte sich ein wenig vor, seine Stimme war sanft und ruhig. »Kannst du uns sagen, ob du am 7. März 1991 mit Jack zusammen warst? Er behauptet das nämlich.«

Wir hatten Katharina im Vorhinein darüber informiert, dass dieser Tag Thema der Befragung sein würde. Sie hatte ihren Kalender aus dieser Zeit mitgebracht, den sie nun aus ihrer Tasche zog und auf den Tisch legte. Während sie darin blätterte, wechselten Kucera und ich einen Blick. Am 7. März 1991 war in Graz die Prostituierte Elfriede Schrempf verschwunden. Ein Spaziergänger hatte ihre Leiche am 5. Oktober gefunden. Unterweger hatte bei einer Befragung durch die Grazer Polizei angegeben, er sei an diesem Tag bei seiner Freundin Katharina gewesen.

»Ich kann sicher sagen, dass wir zu dieser Zeit schon nicht mehr zusammen waren«, sagte sie. »Ah, hier ist es.« Sie zeigte auf eine Eintragung.

»Am 7. März habe ich um 14 Uhr eine Sitzung der Grünen im Parlament besucht. Danach bin ich nach Hause gegangen und habe niemanden mehr getroffen.«

Ein elektrisierendes Gefühl nahm von mir Besitz.

Es deutete auf einen Bruch hin, der die Ordnung der Dinge durcheinanderbrachte.

Er barg die Möglichkeiten, Bilder neu zusammenzusetzen, Informationen neu anzuordnen.

Es war eine Spur.

»Danke, Katharina«, sagte ich. »Das wäre alles.«

Das Mädchen nickte. Kucera führte sie nach draußen. Sie hatte die Bäckereien nicht angerührt.

Ich ging in mein Büro und wartete auf Kucera. Kurz darauf trat er ein und setzte sich mir gegenüber. »Sie ist ganz schön durch den Wind«, sagte er. »Armes Mädel. Ich bin sicher, es gibt da einiges, über das sie nicht mit uns spricht.«

»Zumindest konnte sie Unterwegers Alibi widerlegen«, sagte ich. »Damit haben wir etwas, wo wir ansetzen können.«

»Aber dass er nicht bei ihr war, heißt noch nicht, dass er in Graz war«, sagte Kucera.

»Ich weiß. Es gibt allerdings eine Möglichkeit, das herauszufinden.«

Ich griff nach dem Telefon auf meinem Schreibtisch und rief meinen Grazer Kollegen an.

»Unterwegers Alibi für den 7. März hat sich in Luft aufgelöst. Das Mädchen, mit dem er angeblich beisammen war, bestreitet das. Könnt ihr rausfinden, ob er an dem Abend in Graz war?«

Nachdem mein Kollege versprochen hatte, sich bald mit einer Antwort zu melden, legte ich auf.

»Und jetzt?«, fragte Kucera. Ich konnte die Ungeduld in seiner Stimme spüren. Es war jene Ungeduld, die auch mich immer dann umfing, wenn Ermittlungen begannen.

»Jetzt heißt es warten.«

Dienstag, 5. Februar, 23:00 Uhr
Bar Nazionale, Gossau, St. Gallen, Schweiz

»Vier Bier, vier Schnäpse und einen Vodka pur«, schrie Bianca dem Barkeeper zu. Er hob den Daumen, zum Zeichen, dass er sie gehört hatte. Kurz darauf kehrte Bianca mit dem Tablett zum Tisch der vier Herren zurück, die sich kaum noch erinnern konnten, was sie zehn Minuten zuvor bestellt hatten.

Bianca spürte ihre Blicke. Sie trug ein Babydoll aus durchsichtigem Tüll, darunter schienen rot-schwarz BH und Slip hervor. Ihre langen Beine steckten in Nylonstrümpfen, die mit Strapsen an ihrer Reizwäsche befestigt waren. Je länger die Blicke auf ihr lasteten, desto besser würde das Trinkgeld ausfallen. In ihrer ersten Woche hier hatte sie gelernt, dass Schweizer zumindest höflich und ruhig blieben, während sie Bianca begafften. Und dass sie ihr hinterher ein gutes Trinkgeld zusteckten.

Wegen des Geldes war sie schließlich hier. Seit Silvester war ihr Jack in den Ohren gelegen, dass der dreiwöchige Fasching in der Schweiz genug Geld einbringen würde, um für Monate wie Könige zu leben. Außerdem müsse er an einer wichtigen Geschichte arbeiten und viel recherchieren. Bianca würde sowieso nur langweilig sein.

Seit ihrer Verlobung hatte Jack sich verändert. Er ging ihr oft auf die Nerven, weil er sich beständig beschwerte, wie ungerecht die Welt mit ihm umging. Mangelndes Interesse an ihm und seinen Werken, geringe Honorare, immer waren die anderen Schuld. Doch Bianca und er waren jetzt verlobt. So einfach wollte sie ihren Zukünftigen nicht sitzen lassen.

Schließlich stimmte sie Jacks Bitten zu. Am 2. Februar brachte er sie nach Gossau, einem Ort im Schweizer St. Gallen. Sie musste erst einmal schwer schlucken, als sie ihren neuen Arbeitsplatz betrat. Die Bar *Nazionale* war so klein, wenn jemand sein Bier umstieß, musste sie das ganze Lokal putzen. Abends verwandelte sich der Ort in eine schlecht beleuchtete Spelunke, laut, stickig und verraucht.

Die Gleichung, die ihr die Frau des Besitzers vorrechnete, war einfach. Je weniger Kleidung sie trug, desto mehr Trinkgeld würde sie bekommen. Noch am Tag ihrer Ankunft half sie Bianca, ihr Arbeitsoutfit zu besorgen. Und wenige Stunden später begann sie bereits zu kellnern.

Die Schicht war hart, sie arbeitete von fünfzehn Uhr bis fünf Uhr morgens. Danach ließ sie sich halbtot in das durchgelegene Bett fallen, das in einem kleinen Raum hinter der Bar stand. Dusche und Toilette befanden sich auf dem Gang. Ein kleines Fenster ließ das Licht milchig weiß in den Raum fallen, wo es die Staubwirbel beleuchtete, die sich bei jeder Bewegung in die Luft erhoben. Bereits nach drei Tagen taten Bianca die Beine und der Rücken weh, sie hatte ständig Kopfschmerzen von der schlechten Luft und hätte am liebsten dauernd geweint. Aber wen hätten ihre Tränen interessieren sollen? Jack war gleich wieder abgefahren, nachdem er sie hier abgeliefert hatte. Seitdem konnte sie ihn auf seinem Mobiltelefon, für das er sein letztes Geld ausgegeben hatte und mit dem er auch außerhalb Österreichs telefonieren konnte, nicht erreichen.

Ihr Verdienst war gut, viel besser, als sie in einer österreichischen Bar verdient hätte, aber langsam fragte sie sich, wofür sie das Geld überhaupt brauchte.

Zumindest begann sie langsam, das Schweizerdeutsch zu verstehen, das die Gäste sprachen. In den ersten Tagen hatte sie jede Bestellung zweimal aufnehmen müssen. Diese Sprache, die der deutschen eigentlich ähnlich sein sollte, erschien ihr wie eine eigenwillige Mischung aus Italienisch, Französisch, diversen österreichischen Dialekten und ein paar Wörtern, die klangen, als hätte man sie sich ausgedacht, um Fremde wie Bianca zu verwirren.

Zwischen ihren Schichten lag sie meist im Bett, versuchte zu schlafen oder Zeitung zu lesen. Ihre Mahlzeiten bestanden aus Tiefkühlkost, die sie sich in der Küche warm machte, und Unmengen an Kaffee. Zumindest kam sie nicht dazu, in der teuren Schweiz ihr hart verdientes Geld gleich wieder auszugeben.

»He, Meitli!«, kam es von einem der Tische. Mittlerweile wusste Bianca, dass damit »Mädchen« gemeint war. Der Ruf war von einem dicken Mann gekommen, der in einem bis zum Anschlag gespannten Skipullover steckte. Seine Wangen waren rot und sein Bart voller Bierschaum. Neben ihm saßen noch zwei andere Männer, die zu keinem verständlichen Satz mehr in der Lage waren. Nicht einmal auf Schweizerdeutsch.

»Was darf ich Ihnen bringen?«, fragte Bianca.

»Wie wäre es mit einem kleinen Tanz.« Der Mann zückte eine 200-Franken-Note und wedelte damit herum. »Wir können auch woanders hingehen, wenn du willst. Bei mir ist frei.« Dabei lachte er.

»Ich bin im Dienst«, sagte Bianca, eine Ausrede, die sie sich schon vor einigen Tagen zurechtgelegt hatte. Damit hoffte sie, aufdringliche Gäste abweisen zu können, ohne sich um ein Trinkgeld zu bringen.

»Ach, komm schon«, bohrte der Mann weiter. »200 sind doch viel für eine wie dich. Da krieg ich sonst ganz anderes dafür. Du kannst den Tanz gleich hier einlegen, dann haben meine Freunde auch was davon.« Die beiden anderen Kerle bekamen wohl nur die Hälfte mit, ließen aber ein betrunkenes Johlen vernehmen.

»Danke, nein«, sagte Bianca knapp. »Wenn Sie nichts weiter wünschen, bediene ich andere Gäste.«

Sie drehte sich um und spürte, wie die fettigen Finger des Mannes den Stoff ihres Babydolls berührten. Bianca wusste, wo er hinwollte, unter den Doll und zu den Strapsen. Sie riss sich los. Der Mann kippte nach vorne und landete fluchend auf dem Boden.

Bianca blickte sich um. Die Musik war zu laut und das Licht zu schummrig, als dass jemand etwas mitbekommen hätte. Was für sie ein Glück war. Sie wusste, dass für ihren Chef die Zufriedenheit der Kunden über alles ging.

Sie flüchtete sich in einen kleinen Abstellraum neben der Bar, in dem Reinigungsmittel und Besen standen. Ihr war es nicht erlaubt, während ihrer Schichten auch nur eine Rauchpause einzulegen, zu viel Geld gab es zu verdienen in dieser Zeit, in der die Schweizer ihre berühmte Zurückhaltung abstreiften und genauso ordinär wurden wie der Rest der Welt. Doch Bianca brauchte diese Minuten, um tief durchzuatmen und ihre Fassung zurückzugewinnen. Sollte ihr Chef sie doch rauswerfen, das war ihr mittlerweile egal. Einmal mehr stellte sie sich die Frage, warum sie das alles ertrug. Dabei war es gar nicht so kompliziert. Sie tat das alles nicht für sich, sondern für Jack. Weil sie ihn trotz allem nicht enttäuschen wollte. Und weil sie noch immer an das glaubte, was ihr Jack mit betörenden Worten in Aussicht gestellt hatte: ein glückliches Leben zu zweit.

Diese Worte hätte sie jetzt dringender gebraucht denn je. Wo war er? Was konnte so dringend sein, dass er sie hier allein ließ, nach Österreich zurückfuhr und nicht zu erreichen war?

Mittwoch, 13. Februar, 18:00 Uhr
Gasthaus Rotes Eck, Graz-Liebenau, Steiermark

Andreas Mikulitsch war ein gemütlicher Mann. Er schätzte ein gutes Bier nach Feierabend, einen Sieg seines GAK und Schnapsen mit seinen Freunden. Man kam gut mit ihm aus, weswegen er bei seinen Kollegen von der Grazer Polizei besonders beliebt war. Und auch in regem Kontakt mit Journalisten stand.

Severin Plum hatte Mikulitsch im Sommer 1991 kennengelernt, als ein Zusammenhang zwischen den Grazer und den Wiener Prostituiertenmorden vermutet wurde. Plum war nach Graz gefahren und hatte eine Ansprechperson bei der Polizei gesucht. Schnell war er an Mikulitsch verwiesen worden.

Als er gehört hatte, dass die Polizei eine Zeugin ausfindig machen konnte, war er nach Graz gekommen, um sich mit Mikulitsch zu treffen. Der Beamte mit den dichten Augenbrauen und den rauen Händen eines Holzfällers saß ihm nun im *Roten Eck* gegenüber, einem Gasthaus nicht weit vom Liebenauer Stadion entfernt, in dem die rot-weißen Klubfarben die Einrichtung eindeckten.

»Es stimmt«, sagte Mikulitsch. »Eine Prostituierte belastet Unterweger. Sie sagt aus, er habe sie in einen Wald gefahren, dort gefesselt und missbraucht. So ähnlich, wie wir uns den Tathergang bei den ermordeten Frauen vorstellen. Aber bis jetzt wollte der Wiener Staatsanwalt keinen Haftbefehl ausstellen.«

»Bis jetzt?«, fragte Plum, dessen journalistisches Gehör sofort angeschlagen hatte. Mikulitsch betrachtete das Bier in seiner Hand, als stellte es seinen größten Gegner dar.

»Das hätte ich vielleicht nicht sagen sollen«, sagte Mikulitsch verlegen. »Ich kann dir doch vertrauen?«

»Natürlich«, antwortete Plum.

»Es wird sowieso bald rauskommen«, meinte Mikulitsch, als müsste er sich selbst Mut zusprechen. »Die Wiener haben lange versucht, ihren Staatsanwalt dazu zu bringen, einen Haftbefehl auszustellen. Aber ihm war die Beweislage offenbar zu dünn. Also wurde eine Sonderkommission ins Leben gerufen, die Beamte aus Wien, Graz, Niederösterreich und Vorarlberg vereint. Überall, wo Leichen von Prostituierten gefunden wurden, die ins Profil passen. Doktor Ernst Geiger vom Sicherheitsbüro ist der Leiter. Morgen trifft sich die Gruppe zum ersten Mal.«

»Aber da ist noch was«, sagte Plum, der sofort begriff, dass Mikulitsch vom Thema abgewichen war.

Der Beamte seufzte. »Dich wird man nicht los, was?« Aber er klang mehr amüsiert als erbost. »Der Grazer Staatsanwalt Martin Wenzl hat heute einen Haftantrag gegen Unterweger ausgestellt und der Untersuchungsrichter Wolfang Wladkowski hat den Haftbefehl erteilt. Den werden meine Kollegen morgen nach Wien mitnehmen, sozusagen als Geschenk. Und dann werden sie Unterweger in seiner Wiener Wohnung festnehmen.«

Mikulitsch nahm einen Schluck von seinem Bier. In dieser Pause entfalteten seine Worte ihre volle Wirkung. Plum wäre am liebsten sofort aufgesprungen, zur nächsten Telefonzelle geeilt und hätte alle Medienhäuser der Republik angerufen.

Dieser Wunsch musste ihm überdeutlich abzulesen gewesen sein, denn nachdem Mikulitsch das Bier wieder abgestellt hatte, fasste er Plum am Handgelenk und zog ihn über den Tisch in seine Richtung.

»Wenn das rauskommt, bevor sie Unterweger verhaften, und er verschwindet, wird die Arbeit von Monaten zunichte gemacht«, zischte er. »Du kannst die Story morgen Abend bringen, wenn Unterweger in einer Zelle sitzt. Aber davor kein Wort, verstanden? Wenn ich doch etwas lesen sollte, weiß ich, wer dafür verantwortlich ist.«

Mikulitsch ließ Plum los. Der rieb sich das Handgelenk.

»Keine Sorge, Andreas«, sagte Plum. »Du hast mein Wort. In der morgigen Abendausgabe, keine Minute früher.«

Der Beamte nickte zufrieden. »Endlich können wir diesen Unterweger einsperren«, sagte er und hob sein leeres Glas. »Darauf sollten wir noch eins trinken.«

Donnerstag, 14. Februar, 10:00 Uhr
Florianigasse, Josefstadt, Wien

Seit sechs Uhr früh saß Kästner in dem Golf, den er als Observationsfahrzeug verwendete, und wartete. Er hatte sich bereits zwei Krapfen, drei Kaffee und vier Zigaretten genehmigt, aber an seiner Einstellung dem Warten gegenüber hatte sich nichts geändert. Er hasste es.

Dabei hätte es letzten Sommer endlich mit dem Warten vorbei sein sollen. Die Mordkommission benötigte neues Personal, da die Prostituiertenmorde viele Ressourcen banden. Seiner Versetzung wurde stattgegeben und vom Suchtgiftdezernat kam er zur Mord. Der Hinweis des pensionierten Salzburger Inspektors August Schenner, den Kästner weitergegeben hatte, spielte wohl auch eine Rolle für seinen neuen Posten. Das Warten war endlich vorüber. Dachte er jedenfalls.

Doch schon bald begriff er, dass in der Mordabteilung nicht weniger gewartet wurde als im Suchtgiftdezernat. Hunderte Zeugenaussagen mussten ausgewertet und abgeglichen, die Ergebnisse gerichtsmedizinischer Untersuchungen abgewartet werden.

Was die Prostituiertenmorde anging, hatte sie das alles keinen Meter weitergebracht. Als er noch für die Suchtgift gearbeitet hatte, wusste er zumindest stets, in welchen Ecken von Wien ein Fall auf ihn wartete. Er musste nur zum Mexikoplatz fahren, um ein bekanntes Gesicht zu sehen, bei dem er mit Sicherheit ein paar Gramm irgendeiner verbotenen Substanz finden würde. Damit ließ sich wunderbar Zeit vertreiben.

Doch wo fuhr man hin, um einen Mord zu lösen? Zumindest war ein wenig Bewegung in den Fall gekommen. Heute würde die erste Sitzung der Sonderkommission stattfinden. Er war allerdings ein viel zu kleiner Fisch, um dabei zu sein. Wenigstens durfte er ihren Hauptverdächtigen observieren.

So saß er nun neben seinem Partner Bauer, der bereits nach einer Stunde ihrer Observation die Augen zugemacht hatte, nur um sich »besser auf den Verdächtigen konzentrieren zu können«, und seitdem Geräusche von sich gab, die nicht auf erhöhte Konzentration schließen ließen. Kästner hingegen wartete darauf, dass sich endlich etwas tat.

Als die Tür des altehrwürdigen Wohnhauses aufging und eine Person auf die Straße trat, die Kästner als Jack Unterweger identifizierte, schlug er Bauer ein wenig zu fest in die Rippen. »Was zum Teufel?«, fragte sein Partner erschrocken.

»Zielperson bewegt sich«, gab Kästner aufgeregt zurück.

»Na, dann bewegen wir uns eben auch«, brummte Bauer. »Hoffentlich bewegt er sich nicht zu Fuß.«

Tatsächlich stieg Unterweger in seinen Passat, der nur wenige Autos vor ihnen geparkt stand, und fuhr los. Kästner startete den Motor und machte sich auf, Unterweger unbemerkt zu folgen. Es war seine erste Verfolgung. Er kannte die Theorie, aber in der Praxis musste er feststellen, dass es hohe Konzentration erforderte, stets ein paar Wagen hinter der Zielperson zu bleiben, ohne sie bei Ampeln oder Kreuzungen aus den Augen zu verlieren.

»Zu blöd, dass er sein Kennzeichen gewechselt hat«, meinte Bauer. »JACK 1 war kaum zu übersehen.«

Kästner antwortete nicht. Sein Rücken war schweißnass und klebte bereits an der Lehne seines Sitzes, als Unterweger endlich anhielt. Kästner fuhr an Unterwegers Wagen vorbei und parkte sich eine Seitenstraße weiter ein, sodass sie einen unverstellten Blick auf die Häuserzeile hatten, vor der Unterweger angehalten hatte.

Unterweger stieg aus dem Auto und verschwand in einem Betongebäude, dessen Dachgeschoss aus einem Loft mit einem großen Glasfenster bestand. Kästner funkte ihren Standort an die Zentrale. Er spürte, wie das Adrenalin durch seinen Körper rauschte.

»Ich geh mir mal die Beine vertreten«, sagte er. »Ich halte es im Auto nicht mehr aus.«

»Geh nur«, sagte Bauer und gähnte. »Ich behalte unseren Verdächtigen im Auge.«

Hoffentlich meinte er damit nicht sein Geistiges, dachte Kästner, während er sich ein paar Schritte vom Wagen entfernte und sich eine Zigarette anzündete. Während er einen tiefen Zug machte und sich ein wenig beruhigte, spürte er, wie ihn ein leichter Schauer der Vorfreude überkam. Etwas in ihm wusste, dass das Warten bald zu Ende sein würde.

Donnerstag, 14. Februar, 11:00 Uhr
Sicherheitsbüro, Berggasse, Alsergrund, Wien

Noch nie hatte eine Sonderkommission aus vier Bundesländern zusammengearbeitet. Es trafen nicht nur verschiedene Persönlichkeiten aufeinander, sondern auch unterschiedliche Methoden, Vorgehensweisen und Vorstellungen über die Kriminalistik. Die Mordserie aufzuklären, die Österreich bereits seit über einem Jahr in Atem hielt, würde nicht möglich sein, wenn wir nicht alle Kräfte mobilisierten. Niemand kannte die einzelnen Fälle besser als jene Beamte, die seit dem ersten Tag an ihrer Lösung arbeiteten. Doch ich wusste auch, dass wir zu keiner Lösung kommen würden, wenn wir uns selbst im Weg stünden.

»Meine Herren«, begrüßte ich die Mitglieder der Sonderkommission. Wir hatten uns im Rapportsaal des Sicherheitsbüros zusammengefunden. Die Tische, die hier normalerweise wie in einem Klassenzimmer nebeneinander positioniert waren und hinter denen die Beamten während einer Einsatzbesprechung Platz nahmen, hatten wir zu einem großen Quadrat gruppiert.

»Ich freue mich sehr, dass wir es geschafft haben, unsere Kräfte in einer Sonderkommission zu bündeln.«

Aus Niederösterreich waren Bezirksinspektor Leopold Etz und Oberst Alfons Traninger anwesend. Graz schickte Chefinspektor Franz Brandstätter. Aus Bregenz waren Abteilungsinspektor Kurt Obergschwandtner und der junge Bezirksinspektor Fred Pichler angereist. Wien vertrat mein Kollege Werner Kucera in der Sonderkommission. Und ich sollte dafür sorgen, dass die Zusammenarbeit funktionierte.

»Unser Hauptverdächtiger zurzeit ist Jack Unterweger.« Ich begann die Sitzung, indem ich die bekannten Fakten noch einmal zusammenfasste.

»Durch seine Vorgeschichte war er bereits zu Beginn der Ermittlungen zu den Verdächtigen gezählt worden. Da er mit seiner Lebensweise allerdings nicht unseren Vorstellungen eines Prostituiertenmörders entsprach und für die Morde Alibis vorweisen konnte, haben wir diese Spur zunächst nicht weiterverfolgt. Doch nach der Aussage der Zeugin Lisa S. aus Graz und nachdem sich das Alibi von Unterweger für die Mordnacht des

7. März widerlegen ließ, ist er unser Hauptverdächtiger. Ich würde vorschlagen, wir beginnen, indem jeder von euch seine Fälle vorstellt und den letzten Stand der Ermittlungen präsentiert. Von dort können wir dann weiterarbeiten.«

Den Beginn machte Oberst Traninger aus Niederösterreich. »Zwei der Wiener Prostituierten wurden in Niederösterreich gefunden«, erklärte er mit seiner schneidenden Stimme. »Karin Eroglu und Silvia Zagler. Die Leiche von Silvia Zagler war leider bereits so stark verwest, dass wir keine Spuren ausfindig machen konnten. Unter dem Körper von Karin Eroglu haben wir jedoch einen Latexhandschuh sicherstellen können, an dem sich ein Haar befand. Dieses gilt es zu analysieren und mit dem Verdächtigen abzugleichen.«

»Ich war beim Tatort Karin Eroglu vor Ort«, fügte Etz hinzu. »Ich hatte so etwas noch nie gesehen. Es ist für mich eindeutig, dass die Morde von Zagler, Eroglu und den anderen Frauen von demselben Täter begangen wurden. Alle Leichen waren fast vollständig nackt, wurden wahrscheinlich mit einem eigenen Kleiderstück erdrosselt und ihre Arme mit Handschellen hinter ihrem Rücken gefesselt. Sie alle wurden vom Täter mit Holz oder Gräsern zugedeckt. Stets fanden sich einige Kleider- und Schmuckstücke der Opfer in der Nähe des Tatorts, die anderen hat der Täter wohl mitgenommen.«

Inspektor Brandstätter räusperte sich. Brandstätter hatte dichtes, schwarzes Haar und ein freundliches Gesicht. Davon durfte man sich aber nicht täuschen lassen: Seine Vernehmungstaktiken waren berüchtigt. Wie ein Bluthund verbiss er sich in die kleinste Abweichung einer Aussage und ließ erst los, wenn die Wahrheit aus dem Verdächtigen herausquoll.

»Im Oktober 1990 verschwand Brunhilde Masser«, sagte Brandstätter. »Im März 1991 Elfriede Schrempf. Masser wurde im Jänner 1991 in Gratkorn gefunden, Schrempf erst im Oktober 1991 in der Nähe von Graz. Die Tatorte ähneln denen der anderen Morde. Soweit wir den Tathergang rekonstruieren konnten, stimmt er mit der Aussage von Lisa S. überein. Der Täter hat die Prostituierten von der Straße aufgelesen, ihnen vermutlich eine hohe Bezahlung angeboten, damit sie mit ihm in ein entlegenes Gebiet fuhren. Dort hat er sie dazu gebracht, dass sie sich ausziehen, auf den Beifahrersitz legen und sich von ihm mit Handschellen fesseln lassen. Ob er sie bedroht oder ihnen Geld geboten hat, wissen wir nicht. Waren die Frauen erst gefesselt, hatten sie keine Chance mehr. Er hat sie dann zu jenem Ort geführt, an dem wir sie später fanden, und sie dort erdrosselt.«

Brandstätter machte eine kurze Pause und blickte in die Runde, als müsste er sich versichern, dass ihm noch alle folgen konnten.

»Bei einer ersten Überprüfung wurden die Fälle in Wien und Graz nicht miteinander in Verbindung gebracht. Das lag daran, dass wir in den letzten Jahren zwei andere Morde an Prostituierten hatten, die nicht ins Profil zu passen schienen. Sie wurden beide zu Hause getötet. Zum Zeitpunkt der Überprüfung war die Leiche von Schrempf auch noch nicht gefunden worden. Erst nach dem Auffinden dieser erkannten wir, dass wir die Fälle Schrempf und Masser gesondert betrachten müssen. Und dass sie mit den Wiener Morden durchaus in Verbindung stehen könnten. Wir konnten außerdem feststellen, dass Unterweger am Abend, als Elfriede Schrempf verschwand, in Graz war. Er besuchte eine Lesung. Unterweger log uns also an, als er behauptete, er sei bei seiner Freundin gewesen. In der Folge hat er sich in Gesprächen mit meinen Kollegen in Widersprüchen verstrickt.«

Während die anderen im Sitzen gesprochen hatten, erhob sich Abteilungsinspektor Klaus Obergschwandtner. Obwohl er nicht besonders groß war, strahlte sein Gesicht Ernst und Professionalität aus. Sein Kollege neben ihm schien mit jedem von Obergschwandtners Worten kleiner zu werden.

»Am 5. Dezember 1990 verschwand die Prostituierte Heidemarie Hammerer von ihrem Standplatz in der Nähe des Bregenzer Bahnhofs. Sie wurde zu Neujahr 1990 in einem Waldstück unweit von Bregenz gefunden. Da die Kommunikation zwischen den Bundesländern zu wünschen übrig lässt, haben wir in Bregenz das Täterprofil erst später bekommen und konnten so Hammerer als Opfer desselben Täters einordnen.«

»Hoffen wir, dass die Kommunikation nun besser wird«, warf ich diplomatisch ein, erntete aber bloß einen vorwurfsvollen Blick von Obergschwandtner.

»Mein Kollege wird Ihnen weitere Details nennen.« Obergschwandtner setzte sich, doch sein Kollege machte keine Anstalten, aufzustehen.

»Auf mit Ihnen, Pichler«, sagte Obergschwandtner barsch, worauf Pichler zusammenzuckte und sich nervös erhob. Er war das völlige Gegenteil von Obergschwandtner: blutjung und unsicher. Doch seine Augen blitzten intelligent und als er sich erst einmal kräftig geräuspert hatte, wirkte auch sein Vortrag professionell.

»Am Körper von Heidemarie Hammerer konnten wir Textilfasern sicherstellen, die zu keinem Kleidungsstück des Opfers passen«, erklärte Pichler. »Wir nehmen daher an, dass sie von der Kleidung des Täters stammen. Wir arbeiten mit Kollegen aus der Schweiz zusammen, die sehr moderne Verfahren der Textilanalyse einsetzen. Wir erhoffen uns dadurch neue Erkenntnisse.« Pichler setzte sich wieder.

Als Letzter schilderte Kucera den Ermittlungsstand im Fall Sabine Moitzi. »Abschließend muss ich anmerken, dass eine Frau weiterhin vermisst wird. Regina Prem wurde von ihrem Mann am 28. April 1991 als abgängig gemeldet. Sie fällt sowohl zeitlich als auch geographisch in die Nähe der Fälle Zagler, Moitzi und Eroglu. Ihr Ehemann meinte, er habe wiederholt Anrufe von einem Mann erhalten, den er als Täter in Verdacht hat. Der Anrufer hinterlässt kryptische Nachrichten und prahlt damit, Regina Prem ermordet zu haben. Wir haben aber keine Möglichkeit, festzustellen, ob es sich tatsächlich um den Täter handelt.«

Die Vorstellungsrunde war vorbei. Ich beobachtete, wie sich die Beamten Notizen machten.

Es war Brandstätter, der das Schweigen unterbrach. »Ich habe bereits angekündigt, dass wir einen Haftbefehl aus Graz mitgenommen haben. Für unseren Staatsanwalt waren die Indizien ausreichend. Wann nehmen wir den Kerl hoch?«

»Unsere Leute observieren ihn«, sagte ich. »Sobald er etwas Verdächtiges macht oder die Stadt verlassen will, greifen wir zu.«

Es gab einen einzigen Grund, warum wir Unterweger nicht schon längst festgesetzt hatten. Sobald wir ihn in Gewahrsam nahmen, begann die Uhr zu ticken. Wir konnten ein Verfahren nicht ewig hinauszögern und würden unsere Beweise präsentieren müssen. Ich rechnete aber nicht damit, dass die Beweislast, die wir bisher angesammelt hatten, ausreichen würde, um Unterweger zu überführen. Noch hatten wir den Vorteil, dass

Unterweger nicht wusste, wie nah wir an ihm dran waren. Wir mussten diesen Vorsprung ausnutzen.

Denn so viel war klar: Unterweger war ein ungemein schlauer Gegenspieler.

Er würde jeden unserer Fehler gnadenlos ausnutzen.

Donnerstag, 14. Februar, 11:00 Uhr
Fotoatelier Süß, Kavergasse, Rudolfsheim-Fünfhaus, Wien

»Es tut mir wirklich leid, aber das funktioniert so nicht.«

Margit hatte sich leise ins Atelier von Jakob Süß geschlichen, um ihm bei seiner Arbeit zuzusehen.

Süß fotografierte für verschiedene Magazine und Zeitschriften, so hatte Margit ihn vor ein paar Jahren kennengelernt.

Vor allem seine Porträts waren gefragt.

Er schaffte es, seinen Modellen eine Seite ihrer Persönlichkeit abzuringen, die man ihnen nicht sofort ansah. Wer seine Porträts jedoch länger betrachtete, fragte sich, wie er nicht früher schon hatte erkennen können, was Süß mithilfe seiner Kamera entdeckte.

»Was funktioniert nicht?«, fragte Margit und trat hinter dem Paravent hervor, von dem aus sie Jakobs vergebliche Versuche beobachtet hatte.

»Margit, gut, dass du da bist!«, sagte Jakob und fiel ihr theatralisch um den Hals. Jack sagte nichts, er musterte sie nur. Margit hatte Jack dieses Fotoshooting organisiert, da er ihr schon lange damit in den Ohren gelegen war, wie sehr er neue Porträtfotos brauchte.

»Der Mann ist ein einziger Widerspruch«, beschwerte sich Jakob. Er erklärte ihr, dass Jack ihn an seine künstlerischen Grenzen bringe. Seit über einer Stunde fotografierte er ihn nun schon in verschiedenen Posen. Stehend, liegend, sitzend, sogar auf Knien hatte er es probiert. Mit Hemd oder ohne, die furchteinflößenden Tattoos im Vordergrund oder seine sanften, blauen Augen.

Aber nichts wollte so richtig funktionieren.

»Das liegt vielleicht daran, dass er sich schon in jeder möglichen Form hat ablichten lassen«, sagte Jakob vorwurfsvoll. »Er war schon Schriftsteller, Zuhälter, Verbrecher, Dandy. Einmal hat er sich sogar mit einer Schlinge um den Hals fotografieren lassen. Was bleibt da noch übrig?«

»Was meinst du, Margit?«, fragte Jack. Es waren die ersten Worte, die er an sie richtete. »Was für ein Mensch bin ich?«

»Ich weiß es nicht«, sagte Margit und lachte. »Wie wäre es mit *Jack und das Böse*?«

Jack runzelte die Stirn. »Wie kommst du darauf?«

»Ich habe ein paar Gerüchte gehört«, sagte Margit. »Die Polizei glaubt, du könntest der gesuchte Prostituiertenmörder sein.«

Mit einem Mal veränderte sich die Atmosphäre im Raum. Jack war aufgestanden. Margit hatte das schon häufiger beobachten können. Als würden plötzlich tausende Volt durch Jacks Körper jagen, waren alle seine Muskeln angespannt und er wirkte viel größer, als er tatsächlich war.

»Wo hast du das aufgeschnappt?«, fragte er.

»Jakob und ich arbeiten gerade an einem Erotikführer«, sagte Margit. »Verschiedene Bordelle und Swingerclubs in Wien.

Einer der Besitzer hat von einem Polizisten, der bei ihm Kunde ist, was mitbekommen.«

»Welcher Club?«, fragte Jack. »Welcher Polizist?«

Margit schüttelte den Kopf. »Ich erinnere mich nicht mehr. Aber es war nur Gerede.«

»Warum hast du mir nicht sofort davon erzählt?«, fragte Jack. Er klang nun aufgebracht.

»Ich dachte, du wüsstest es«, sagte Margit. »Du bist doch sonst immer so gut informiert. In der Flamingo-Bar gab es eine Pressekonferenz zu neuen Gesetzen für das Rotlichtmilieu, da hat ein Journalist was Ähnliches gesagt.«

»Wunderbar!«, rief Jack. Er warf die Hände in die Luft und begann, im Raum hin- und herzugehen, wie ein Tiger im Käfig. »Ganz wunderbar! Natürlich ist es der Unterweger! Kaum verschwindet wo eine Hure, darf ich wieder ins Gefängnis gehen!«

»Beruhige dich, Jack«, sagte Margit. Sie setzte sich auf einen abgenutzten Thonet-Stuhl. »Die überprüfen dich halt wegen deiner Vergangenheit. Sie werden nichts finden und die Sache erledigt sich von selbst.«

Doch Jack dachte nicht daran, sich zu beruhigen. Er blickte sich im Raum um. Offenbar fand er, wonach er suchte, denn mit einem Mal hielt er inne. Er ging zu einem Schrank, der offen stand. An der Tür hing ein Paar Handschellen.

»Die benutze ich, um meine Kamera anzuketten, wenn ich weg bin«, erklärte Jakob, als Jack sie in die Hand nahm und gedankenverloren anstarrte.

Mit wenigen Schritten stand Jack hinter dem Stuhl, auf dem Margit saß. Ehe Margit wusste, wie ihr geschah, fasste er sie am Handgelenk. Sie spürte, wie auch ihre zweite Hand nach hinten gezogen wurde, hörte das leise Klicken und fühlte den kalten Stahl. Ihre Hände waren hinter ihrem Rücken gefesselt.

»Jetzt fühlst du dich hilflos, oder?«, flüsterte er ihr ins Ohr.

»Ja«, sagte Margit. Sie versuchte, verärgert zu klingen, nicht ängstlich. »Nimm sie bitte ab.«

»So habe ich mich gefühlt, damals, als mich die Schweizer ausgeliefert haben. Die ganze Fahrt von Basel nach Graz bin ich angekettet in ihrem Wagen gesessen. Ich konnte mich nicht bewegen, nirgendwohin flüchten. Ich war ihnen ausgeliefert.« Jack hatte Jakob offenbar völlig vergessen. Er beugte sich zu Margit hinunter, sie konnte fühlen, wie seine Lippen ihre Haare streiften.

»Mein ganzes Leben war ein Kampf um Freiheit. Die glauben, sie können mir diese Freiheit nehmen. Mit ihren Handschellen, Paragrafen und Zellen. Aber sie werden es selbst sehen. Niemals wieder werde ich ins Gefängnis gehen. Niemals.«

»Ich verstehe, Jack«, sagte Margit so ruhig wie möglich. »Könntest du mir jetzt bitte die Handschellen abnehmen?«

Als wäre er aus einem Traum erwacht, trat Jack einen Schritt zurück. »Ich habe den Schlüssel nicht«, sagte er.

»Ich hole ihn sofort«, meldete sich Jakob und ging zum Schrank.

»Die Fotos müssen wir verschieben«, sagte Jack laut. Ohne sich zu verabschieden, verließ er das Atelier. Margit blickte ihm nach, die Hände hinter ihrem Körper gefesselt, unfähig, sich zu bewegen.

Donnerstag, 14. Februar, 13:00 Uhr
Kavergasse, Rudolfsheim-Fünfhaus, Wien

»Willst du mich verarschen?«, rief Kästner. »Du schläfst doch schon wieder!«

»Ich trainiere meine Ohren«, gab Bauer verschlafen zurück. »Ich habe dich sofort gehört, als du angefangen hast zu schreien.«

»Unser Verdächtiger bewegt sich wieder«, sagte Kästner, ohne auf seinen Kollegen einzugehen. »Und er wirkt aufgewühlt.«

Unterweger kam aus dem Haus, blickte sich nach allen Seiten um und lief dann zu seinem Auto. Kästner schob zurück und brachte den Golf in Position. Er folgte Unterweger den letzten Teil der Mariahilfer Straße am Technischen Museum vorbei und bog dann hinter ihm auf die Schloßallee ab.

»Ich glaube, er will stadtauswärts fahren«, sagte Kästner aufgeregt. »Gib das durch!«

»Ich finde das Funkgerät nicht«, murmelte Bauer.

Kästner war zu konzentriert, um zu antworten. Während er die Hadikgasse entlangfuhr, schoben sich zwei Wagen zwischen Unterweger und ihn.

»Pass auf!«, rief Bauer. Im letzten Moment stieg Kästner auf die Bremse. Er hatte eine rote Ampel übersehen und wäre beinahe in das Auto gekracht, das von rechts auf die Straße abbiegen wollte. Die Frau im Auto klopfte sich mit ihrem Zeigefinger gegen die Schläfe, ehe sie weiterfuhr.

»Verdammt«, fluchte Kästner. Kaum war die Ampel auf Gelb gesprungen, gab er Gas. Sie fuhren den Wienfluss entlang, doch Unterweger war nirgends mehr zu sehen.

»Da!«, rief Bauer. »Er ist gerade abgebogen, nach Hütteldorf!«

Kästner riss das Steuer herum und bog ebenfalls nach rechts ab. Vor ihnen überquerte tatsächlich ein grüner Passat die Linzer Straße.

»Das ist er!«, jubelte Bauer. Kästner setzte ihm nach. Sie fuhren am Hanusch-Krankenhaus vorbei nach Breitensee.

»Wahrscheinlich will er zu einer seiner zahlreichen Geliebten«, meinte Bauer. »Die leben doch meistens in schicken Villen.«

Kästner antwortete nicht. Er wollte den Wagen nicht noch einmal aus den Augen verlieren. Schließlich blieb der Passat in einer kleinen Seitengasse stehen. Es war eine mit Bäumen gesäumte Straße, in der gediegene Jugendstilvillen aus dem 19. Jahrhundert standen.

Langsam rollte Kästner am Passat vorbei. Er sah, wie sich die Fahrertür öffnete. Ein schwarzer Stiefel schob sich heraus, gefolgt von einer schwarzen Haube, unter der blondes Haar hervorkam. Eine Frau stieg aus und holte ein Baby vom Rücksitz.

»Verdammte Scheiße!«, fluchte Kästner. »Das war nicht Unterwegers Auto!«

»Besser, wir melden das mal«, sagte Bauer. »Ich muss nur dieses verfluchte Funkgerät finden.«

Donnerstag, 14. Februar, 18:00 Uhr
Sicherheitsbüro, Berggasse, Alsergrund, Wien

Wir verglichen verschiedene Tatortdetails, als uns die Nachricht erreichte. »Unser Observationsteam hat Unterweger im Verkehr verloren«, sagte Kucera, der von einem Beamten in Kenntnis gesetzt worden war. »Zuletzt wurde er gesehen, als er in die Hadikgasse einbog.«

»Wie konnte das passieren?«, fragte Traninger. »Wer ist dafür verantwortlich?«

»Wir dürfen nicht den Kopf verlieren«, versuchte ich zu beschwichtigen. »Das ist bedauerlich, aber sollte unsere Situation nicht verändern. Wir werden ein neues Observationsteam vor Unterwegers Wohnung in der Florianigasse positionieren. Er wird spätestens morgen früh dahin zurückkehren. Wo sollte er sonst hin? Er weiß nicht, dass wir hinter ihm her sind.«

Das schien die anderen etwas zu beruhigen.

»Ich schlage vor, wir verteilen die Aufgaben für die nächsten Ermittlungsschritte«, sagte ich, um das Thema zu wechseln. »Vorarlberg sollte sich mit den gefundenen Textilfasern auseinandersetzen. Wenn wir sie mit Unterwegers Kleidung abgleichen, finden wir vielleicht eine Spur. Niederösterreich soll ein genaues Bewegungsprofil erstellen. Am liebsten würde ich wissen, wo Unterweger zu jeder Stunde seit seiner Entlassung gewesen ist. So wissen wir, ob er zu den Tatzeitpunkten in der Nähe der Opfer war. Es muss Rechnungen geben, Gästebücher, Daten von Geschwindigkeitskontrollen ... Graz und Wien werden weitere Zeugenbefragungen durchführen. Wir müssen versuchen, die Alibis von Unterweger als Lügen zu entlarven.«

Die nächsten Stunden vergingen damit, dass wir diesen Plan ausarbeiteten. Wir waren so tief in die Arbeit eingetaucht, dass ich nicht bemerkte, wie jemand hinter mich trat und mir auf die Schulter klopfte. Ich fuhr herum und entdeckte einen Beamten.

»Was tun Sie hier?«, fragte ich. »Das ist eine Sitzung der Sonderkommission.«

»Entschuldigung, ich habe geklopft, aber niemand hat reagiert«, sagte der Beamte verlegen. Erst jetzt bemerkte ich, dass er eine Zeitung in den Händen hielt.

»Ist es wichtig?«, fragte ich. »Wir sind mitten in einer Besprechung.«

»Sie sollten sich das ansehen, Doktor Geiger«, sagte der Beamte und hielt mir die Zeitung hin.

»Was ist das?«

»Die Abendausgabe der *Neuen Presse*«, sagte der Beamte. Noch bevor ich die Zeitung aufschlagen konnte, war er aus dem Rapportsaal verschwunden. Als ich die Titelseite sah, wurde mir auch bewusst, warum.

»Kollegen«, sagte ich, als ich an den Tisch zurückkehrte. Die Männer unterbrachen ihre Gespräche und blickten mich an. Ich warf die Zeitung auf den Tisch. »Wir haben ein Problem.«

Freitag, 15. Februar, 18:00 Uhr
Bar Nazionale, Gossau, St. Gallen, Schweiz

Bianca konnte nicht mehr. Sie hatte es versucht. Nicht gejammert, sich zusammengerissen, sich die Fußballen eingeschmiert und massiert, ihre Kleidung sauber gehalten, Schweizerdeutsch zu verstehen gelernt. Aber die Vierzehn-Stunden-Schichten, das Gedröhne der Boxen, die an Sauerstoff knappe Luft und der stetige Alkoholdunst, dazu das enge, auf ein Bett und einen Kasten reduzierte Zimmer und das alles überdeckende Grau des Schweizer Februars waren zu viel für sie. Sie fühlte sich so einsam wie noch nie in ihrem Leben. Von ihrem Verlobten keine Spur. Selbst das Geld, das sie verdiente, konnte sie nicht mehr motivieren. Manche Dinge konnte man sich mit keinem Geld der Welt kaufen.

Es war achtzehn Uhr und noch war die Bar fast leer, bis auf ein paar Stammkunden, die sich in Ruhe ihren täglichen Rausch antrinken wollten, ehe die Fastnachtgäste kamen und das Chaos ausbrach. Bianca nutzte die kurze Ruhezeit, um Jack anzurufen. So oft hatte sie das in den letzten Tagen getan, ohne Erfolg. Was mochte er nur treiben?

Sie benutzte das Telefon der Bar und wählte seine Nummer. Es klingelte mehrmals. Gerade als Bianca auflegen wollte, hob er tatsächlich ab.

»Hallo?« Es war unverkennbar seine Stimme.

Bianca wollte all das sagen, was sie sich in den letzten Tagen zurechtgelegt hatte. All die Verwünschungen, Vorwürfe und Klagen. Doch kein Wort kam über ihre Lippen. Stattdessen brach sie in Tränen aus.

»Bianca?«, fragte Jack. »Bist du das? Was ist denn los, Baby?«

»Ich kann nicht mehr«, schluchzte sie. »Ich halte es nicht mehr aus. Bitte, hol mich ab.«

Sie spürte, wie sie jemand an ihren zitternden Schultern berührte. Sie drehte sich um. Und durch den Tränenschleier, der über ihre Lider fiel wie ein dünner Wasserfall, sah sie ein vertrautes Gesicht.

Jack stand vor ihr, das Handy in der Hand, und lächelte sie an.

»Hallo, Mausi«, sagte er. »Hast du mich vermisst?«

Statt einer Antwort fiel ihm Bianca um den Hals. Es tat so gut, ihn plötzlich vor sich zu haben, dass sie ihre Wut auf ihn vergaß. Sie wollte bloß jemanden umarmen, sich ausweinen, getröstet werden. Und darauf verstand Jack sich gut.

Er zog sie mit sich in eine der dunklen Ecken und beruhigte sie.

»Ich verspreche dir, ich komme jetzt öfters«, sagte er. »Und wenn du wirklich willst, können wir gemeinsam fahren.« Bianca wollte, aber nun, wo Jack so liebenswürdig und einsichtig war, schien es ihr lächerlich, nach zehn Tagen den Job hinzuschmeißen. Nur noch etwas mehr als eine Woche, und sie würde als reiche Frau nach Wien zurückkehren.

»Es geht schon wieder«, sagte sie.

»Du bist eben die Beste«, sagte Jack. »Dich kriegt niemand unter.«

Bianca lächelte schwach. Jack gab ihr einen Kuss und sie machte sich wieder an die Arbeit. Langsam begann sich das *Nazionale* zu füllen und Bianca verlor Jack aus den Augen. Als sie um fünf Uhr früh müde und abgeschlagen ins Bett kroch, wartete er dort bereits auf sie. Sie kuschelte sich an ihn und schlief sofort ein. Normalerweise schlief sie immer bis um zwölf oder ein Uhr nachmittags, doch da Jack einen anderen Schlafrhythmus gewohnt war, wachten sie diesmal bereits um neun Uhr auf.

»Lass mich in Ruhe«, nuschelte Bianca schläfrig, als Jack sich laut gähnend streckte.

»Aufwachen, Mausi«, kicherte er.

»Ich will schlafen«, jammerte Bianca.

»Sicher?«, sagte Jack verschlagen und verschwand unter der Bettdecke. Bianca sehnte jede seiner Berührungen herbei. Sie sog Jacks Lust auf wie ein trockener Boden den erlösenden Regen.

Schließlich bekam er sie aus dem Bett. Sie duschten und gingen in den Ort, um etwas zu essen.

»Ich muss wieder zurück nach Wien«, sagte Jack, während er sein Spiegelei aß. »Aber ich komme bald wieder.«

»Versprochen?«, fragte Bianca.

»Versprochen«, sagte Jack.

Sie küssten sich zum Abschied. Bianca ging allein in ihre Kammer zurück und versuchte, noch etwas Schlaf zu bekommen, bevor die nächste Schicht begann.

Ihr Dienst hatte gerade begonnen, als das Telefon klingelte.

»Bianca«, rief Benedikt, der hinter der Bar arbeitete. »Für dich.«

Bianca nahm das Telefon entgegen.

»Es ist alles aus.« Es war Jack. Diesmal war er es, der weinte. Sie konnte hören, wie er das Wasser seiner eigenen Tränen schluckte, wie er gurgelte, während er sprach.

»Sie werden mich wieder einsperren. Ich werde nie wieder rauskommen ...«

»Jack, um Gottes willen! Was ist denn los?«

»Sie sagen, ich hätte sie alle umgebracht ...«

»Wen denn umgebracht?«, fragte Bianca. »Wo bist du?«

»Auf dem Parkplatz vor der Bar«, schniefte Jack.

Bianca versprach, sofort zu kommen. Sie sagte Benedikt, dass sie etwas erledigen müsse. Der zuckte nur mit den Schultern.

Der Passat war das einzige Auto auf dem Parkplatz vor der Bar. Bianca stieg ein und nahm am Beifahrersitz Platz.

»Was ist denn los?«, fragte sie. Jack hatte das Gesicht in seinen Händen vergraben und schluchzte laut.

Ohne sie anzusehen, durch seine Hände hindurch, erzählte er ihr von den Prostituiertenmorden und von einem alten Salzburger Inspektor namens Schenner, der sein ganzes Leben lang schon hinter Jack her gewesen war und nichts anderes versuchte, als ihn ins Gefängnis zu bringen. Er erzählte von aufgehetzten Medien und davon, dass er von sich aus zur Polizei gegangen war, um seine Alibis abzuliefern. Obwohl sie nichts gegen ihn in der Hand hatten, wie er betonte, wollten sie ihn für alles verantwortlich machen.

»Eh klar«, sagte er und in den weinerlichen Ton seiner Stimme mischten sich erste Anzeichen von Wut. »Immer der Unterweger. Damit machen sie es sich leicht. Warten wir ab, bis ein paar Prostituierte tot sind und schieben dann alles zusammen dem blöden Jack in die Schuhe. Fall gelöst!« Er lachte wirr auf.

Bianca fühlte sich völlig überfordert.

Es waren zu viele Informationen, mit denen Jack sie überhäufte. Nur eines verstand sie: Die Polizei war hinter ihm her. Würde er zurück nach Österreich fahren, würden sie ihn sofort verhaften.

»Was machen wir jetzt?«, fragte Bianca.

»Wir können nichts machen«, sagte Jack. »Du fährst zurück und ich gehe hier in den Wald und jage mir eine Kugel in den Kopf.«

Er öffnete das Handschuhfach des Wagens und zog eine Pistole heraus.

Instinktiv umklammerte Bianca seine Hände und die Waffe. »Bist du wahnsinnig?«, rief sie. »Steck das weg! Du wirst dich sicher nicht erschießen!«

Jack ließ die Waffe sinken und begann erneut zu weinen.

»Ich weiß einfach nicht, was ich noch machen soll, Bianca.« Er sah so hilflos aus, so verloren, so klein. In sich zusammengesunken kam er Bianca vor wie ein anderer Mensch. Dieser Mann hatte sie vor wenigen Monaten noch so selbstsicher im *Take Five* angesprochen, hatte mit seinen Eroberungen, Anzügen und Büchern geprahlt, war auch im Bett wild und leidenschaftlich gewesen.

Davon war nun nichts mehr zu spüren.

»Hör zu«, sagte Bianca, die von einer Welle der Ruhe und Kraft durchflutet wurde, wie sie es noch nie erlebt hatte. Vielleicht geschah das, wenn sie selbst an einem Tiefpunkt angelangt war und dann auf jemanden traf, der noch tiefer gesunken war, dem es noch schlechter ging. Der Körper setzte Reserven frei, von deren Existenz sie nichts gewusst hatte, und ließ sie ganz automatisch die Initiative ergreifen.

»Du wirst dich nicht erschießen«, sagte Bianca bestimmt. Sie blickte Jack so lange an, bis er ihren Blick erwiderte. »Entweder wir gehen gemeinsam nach Wien zurück. Oder wir fliehen gemeinsam. Das sind unsere beiden Optionen.«

»Nach Wien zurück kann ich nicht«, sagte Jack.

»Dann ist es beschlossen«, sagte Bianca.

»Du musst deinen Job kündigen und dich auszahlen lassen«, sagte Jack. »Damit wir genug Geld haben. Am besten sagst du, dein Vater liege im Sterben und du müssest sofort nach Wien zurück. Das funktioniert sicher.«

Bianca war überrascht, wie schnell Jack diese Lüge eingefallen war. Hatte er sie schon öfters benutzt? Oder hatte er womöglich schon darüber nachgedacht, bevor er sie angerufen hatte? Doch nun war keine Zeit, sich mit diesen Fragen aufzuhalten.

»Ich bin gleich wieder zurück«, sagte sie. In der Bar suchte sie ihren Chef und erzählte ihm, das Krankenhaus habe angerufen, ihrem Vater ginge es sehr schlecht, wenn sie nicht sofort aufbreche, würde sie zu spät kommen. Ihr Chef, ein dicker Schweizer in seinen Fünfzigern, wortkarg und ständig dabei, irgendetwas anzupacken und von einem Ort zum anderen zu schleppen, brummte verdrießlich. Eine neue Arbeitskraft mitten im Fasching zu finden war alles andere als optimal. Schließlich aber zeigte er sich einverstanden und zahlte Bianca ihren ausstehenden Lohn aus.

Sie hatte ihre wenigen Sachen innerhalb von zehn Minuten gepackt und sagte der kleinen Kammer, die in den letzten zehn Tagen ihr Zuhause gewesen war, Lebewohl.

»Wo geht es hin?«, fragte sie Jack, als sie wieder im Auto saß.

»Frankreich«, sagte er. Es klang, als hätte er seine Selbstsicherheit wiedererlangt. »Und von dort, wohin auch immer uns ein Flugzeug bringen kann.«

»Ich bin noch nie geflogen«, sagte Bianca.

»Keine Sorge«, sagte Jack. »Es wird dir gefallen.«

Freitag, 15. Februar
Morgenausgabe der *Neuen Presse*

**MORDSERIE:
HAFTBEFEHL GEGEN JACK UNTERWEGER**

Wenn Sie diese Zeilen lesen, sollte der berüchtigte Häfenliterat Jack Unterweger bereits in den Händen der Justiz sein. Eine vertrauenswürdige Quelle der Polizei legte der Neuen Presse exklusives Material vor: Gegen Jack Unterweger wurde ein Haftbefehl im Zusammenhang mit den Prostituiertenmorden in Wien und Graz ausgestellt.
Eine Zeugenaussage sowie neue Erkenntnisse über Unterwegers angebliche Alibis haben die Ermittler auf seine Spur gebracht. Es gilt die Unschuldsvermutung. Bislang ist nur eines sicher: Es gibt wieder neuen Stoff für den Skandalautor des Landes!

Freitag, 21. Februar, 15:00 Uhr
Wohnung von Jack Unterweger, Florianigasse, Josefstadt, Wien

Jack Unterweger hatte eine schöne Wohnung, das musste ich ihm lassen. Ein mit modernsten Annehmlichkeiten ausgestatteter Neubau. Bevor wir mit dem Hausdurchsuchungsbefehl seine Wohnungstür öffneten, hatte ich mich informiert. Die Wohnung gehörte nicht Unterweger, sondern einer Frau, deren Mann ein bekannter Unternehmer war. Noch hatten wir nicht mit der Frau gesprochen, aber ich nahm an, dass sie eine von Unterwegers Geliebten war. Das Gespräch, das wir unweigerlich mit ihr führen mussten, würde wohl alles andere als angenehm für sie werden.

Nach Unterwegers Flucht hatten sich die Pläne der Sonderkommission geändert. An geordnete Ermittlungen war nicht mehr zu denken. Nun ging es darum, den Schaden so klein wie möglich zu halten. Das Innenministerium verhängte eine Nachrichtensperre zum Fall Unterweger. Wir versuchten, so viele Sachen wie möglich sicherzustellen und gleichzeitig Unterwegers Aufenthaltsort ausfindig zu machen. Dafür gaben wir eine landesweite Fahndung heraus. Gestern erhielten wir einen Anruf von Bianca Mraks Mutter. Sie hatte in der Zeitung von dem Haftbefehl gelesen und machte sich Sorgen. Sie erzählte uns, dass Bianca in einer Schweizer Bar arbeitete.

Die Schweizer Kollegen informierten uns, dass Bianca und Jack bereits abgereist waren. Bianca hatte behauptet, ihr Vater liege im Sterben und sie müsse sofort zurück nach Wien.

Ich musste mir eingestehen, dass wir keine Ahnung hatten, wo sich Jack Unterweger im Moment aufhielt. Ein Umstand, den mich die Presse spüren ließ.

Zumindest hatten wir die Sonderkommission zusammenhalten können. Nach dem Auftauchen des Artikels wäre unser erstes beinahe unser letztes Treffen gewesen. Die Mitglieder gaben sich untereinander die Schuld daran, dass die Information von Unterwegers Haftbefehl an die Öffentlichkeit gelangt war.

»Man sollte euch mit einem nassen Fetzen über den Semmering jagen!«, hatte Oberst Traninger den Grazer Kollegen zugerufen.

»Ohne unseren Haftbefehl würde der Unterweger jetzt noch in seiner Wohnung sitzen und euch auslachen«, hatten die Grazer geantwortet.

Bevor noch mehr Freundlichkeiten ausgetauscht werden konnten, ging ich dazwischen und bemühte mich, die Lage zu beruhigen. Die nächsten Stunden verbrachte ich mit Vermittlung. Es war fast Mitternacht, als wir so weit waren, die nächsten Schritte zu besprechen. Unterwegers Verhaftung hatte die oberste Priorität. Die Ermittlungen, die wir so dringend gebraucht hätten, um mehr Beweise zu finden, mussten erst einmal warten.

Die Tatortgruppe mit Chefinspektor Fritz Unger hatte bereits damit begonnen, Unterwegers Wohnung in der Florianigasse zu durchsuchen und umfassend zu dokumentieren, als mein Kollege Kucera und ich dazustießen.

Unterwegers persönlicher Geschmack fand sich in seiner Wohnung in Form zahlreicher weiblicher Aktbilder und -fotos. Einige abgebildete Frauen räkelten sich lasziv auf Sofas und Sesseln, andere waren gekleidet wie für eine Burlesque-Show. Ein paar trugen auch Leder, zeigten Handschellen und Peitschen.

»Ein Kenner«, meinte Kucera, als wir die Bilder betrachteten. Wir traten in Jacks Schlafzimmer. Dort waren einige Kollegen bereits damit beschäftigt, Kleiderschränke und Kästen zu durchsuchen.

»Sehen Sie sich das an, Doktor Geiger«, meldete sich einer der Beamten. Er beförderte eine Kiste auf das Bett. Als ich den Deckel aufhob, sah ich drei Paar Handschellen.

»Sicherstellen und ins Labor damit«, sagte ich.

Auf Unterwegers Esstisch türmten sich Kisten mit Beweismaterial. Die Beamten hatten mehrere Tagebücher und Notizhefte sichergestellt sowie Bücher, die Jack gelesen und in denen er Notizen hinterlassen hatte. Ich hoffte, darin einen Hinweis auf die Wahrheit finden zu können. Wenn sich Unterweger schon keinem Menschen anvertraute, so vielleicht den stummen Seiten.

Ich drückte mich an den Beamten vorbei, die Kisten durch das Stiegenhaus nach unten schleppten, ging zu meinem Auto und fuhr ins Sicherheitsbüro zurück. Dort angekommen, ging ich sofort in mein Büro und wühlte mich durch unzählige Hinweise, die in den letzten Tagen über Unterweger eingegangen waren. Würden sie alle stimmen, müsste es ungefähr fünfzig Jack Unterwegers geben, die alle an verschiedenen Orten Österreichs gleichzeitig unterwegs waren. Nicht selten waren die Hinweise von Männern gekommen, die ihre Frauen der Untreue mit Jack bezichtigten. Keiner davon hatte uns weitergebracht.

»Doktor Geiger?« Es war die Stimme meiner Sekretärin Elisabeth, die aus dem Vorraum drang.

»Was gibt es?«

»Hier ist ein Anrufer für Sie«, sagte sie. »Es geht um Jack Unterweger.«

»Natürlich«, murmelte ich. »Stellen Sie ihn durch!«

Kurz darauf blinkte ein Lämpchen neben meinem Telefon und ich hob ab.

»Geiger?«

»Hier spricht Gert Schmidt, Herausgeber des Magazins *Erfolg*.«

Der Mann hatte eine dröhnende, tiefe Stimme und sprach mit großer Überzeugung. Gehört hatte ich allerdings noch nicht von ihm. »Ich weiß, wo sich Jack Unterweger aufhält.«

»Wie kommen Sie zu diesen Informationen?«

»Mein Magazin hat über Jack ein paar Geschichten gemacht. Im Dezember war er auf unserer Weihnachtsfeier und hat dort eine unserer Mitarbeiterinnen kennengelernt. Die arme Frau ist ihm offenbar völlig verfallen. Und ich habe mitbekommen, dass sie noch immer Kontakt zu ihm hält.«

Ich konnte es kaum glauben. Das klang tatsächlich nach einer Spur!

»Treffen wir uns morgen im Café *Landtmann*, 12 Uhr«, sagte Schmidt. »Dann erzähle ich Ihnen mehr.«

»Abgemacht«, sagte ich. Nachdem er aufgelegt hatte, jubelte ich innerlich. Ich würde das Treffen morgen noch abwarten müssen, ehe ich irgendetwas darüber zu meinen Kollegen sagte. Noch einen Fehlschuss durften wir uns nicht leisten. Es war jedoch die beste Nachricht, die ich seit Tagen erhalten hatte.

Meine inneren Jubelstürme verebbten, als Kucera in mein Büro trat und ich sein besorgtes Gesicht erkannte.

»Was ist?«, fragte ich.

»Komm mit«, sagte er nur. Ich folgte ihm in unsere Kaffeeküche, wo in einer Ecke ein Fernseher hing. Der kleine Raum war bereits voll mit Beamten. Als sie Kucera und mich kommen sahen, machten sie Platz. Der Fernseher lief, ich erkannte den ORF-Moderator Johannes Fischer. Zunächst verstand ich nicht gleich, worum es ging, doch dann sah ich den Schriftzug: *Exklusiv-Interview mit Jack Unterweger.*

Freitag, 21. Februar
Auszug aus dem ORF-Interview mit Jack Unterweger

Unterweger: Ich habe mich, seit das erste Mal der Verdacht — ein anonymer Hinweis eines pensionierten Kriminalbeamten — in Wien aufgetaucht ist, sofort der Polizei zur Verfügung gestellt. [...] Alle waren einhellig der Meinung, es gebe keine Beweise. [...] Gleichzeitig ist aber ein Kriminalbeamter im Milieu mit meinem Foto herumgegangen und hat gesagt: »Wissts eh, das ist der Unterweger, den hätt ma für die Hurenmorde gern.« [...] Die weitere Sache ist die: Die Polizei steht so unter Druck. Es gibt seit Jahren unaufgeklärte Prostituiertenmorde und Sexualmorde an Kindern, an alten Frauen und Huren. Seit ich frei bin, kann man die Taten mir anhängen.

Fischer: Herr Unterweger, warum sind Sie dann auf der Flucht, wenn Sie sich selbst völlig unschuldig fühlen?

Unterweger: Weil ich nicht in eine Zelle hineingehe. Ich stelle mich jeder Behörde, jedem Juristen, jedem Kriminalbeamten, ist mir vollkommen egal, aber nicht in der Zelle. Ich war zwanzigmal im Ausland und ich bin immer zurück nach Österreich. Ich habe eine Flucht nie vorbereitet. Ich bin immer im Kontakt mit dem Wachzimmer in der Nähe meiner Wohnung gestanden. Weil ich eben aufgrund meiner Vergangenheit gewusst habe, was passieren könnte, wenn was schiefgeht oder wenn die Medien davon Wind kriegen. Und ich bin ja jetzt faktisch nicht auf der Flucht vor einem ... Schuldgefühl, sondern einfach, weil ich ... Ich wollte mich zuerst umbringen, das ist richtig. Das mach ich jetzt nicht, jetzt beginne ich zu kämpfen. Das kann ich aber nur, wenn ich reden kann, mit wem ich reden will. Aber da müsste zuerst der Haftbefehl aufgehoben sein. Ich bin bereit, diese Unklarheiten auszuräumen.

Fischer: Herr Unterweger, eine letzte Frage: Ihre Begleiterin Bianca gilt hier in Wien als gefährdet. Können Sie sagen, ob sie gefährdet ist, nicht gefährdet ist, immer noch bei Ihnen ist? Ob sie ihre Mutter anrufen wird, die darum bittet?

Unterweger: Fragen Sie die Bianca selber.

Fischer: Ich kann sie nicht fragen.

Unterweger: Ich werde die Frage an sie stellen. Ich muss aber jetzt aufhören, ich habe keine Münzen mehr ... Uns beiden wäre lieber, wir würden in Wien sein und das durchkämpfen können. Aber aufgrund des Haftbefehls ist das unmöglich, und wie die Polizei derart mit den Leuten umgeht, die mir geholfen haben oder helfen, ist Wahnsinn.

Freitag, 21. Februar, 21:00 Uhr
Nachtclub Miami Gold, Miami, Florida, USA

»And now ... Bianca, the german girl!"

Das rote Licht fiel auf die Bühne, Elvis Presley sang *Can't Help Falling In Love With You*, die Besucher grölten und Bianca machte sich bereit. Bevor sie den Vorhang zur Seite schob und auf die Bühne trat, hatte sie nur einen Gedanken: Wie hatte es so weit kommen können?

Auf dem Flughafen Orly nahe Paris hatten Jack und sie entschieden, nach Miami zu fliegen. Jack war am Ticketschalter gefragt worden, was der Grund ihrer Reise sei.

»Ich will meinen Vater in Miami finden«, erklärte er der französischen Angestellten mit seinem schmeichelhaftesten Lächeln. »Er ist ein amerikanischer GI.«

Nachdem sie die Tickets bekommen hatten, wartete Bianca im Flughafen, während Jack den Wagen und die Pistole loswurde. Eine halbe Stunde später kam er zurück.

»Alles erledigt.« Mehr sagte er nicht.

Der Flug, es war Biancas erster, verlief problemlos. In New York stiegen sie um und landeten um zehn Uhr abends in Miami. Bianca hatte die Zeitverschiebung völlig durcheinandergebracht. Sie fühlte sich aufgewühlt und müde zugleich. Zumindest wusste sie, dass sie den richtigen Ort gewählt hatten: Kaum traten sie aus dem Flughafen auf die Straße, roch sie das Salz des Ozeans. Die Luftfeuchtigkeit betrug um die neunzig Prozent. Bianca und Jack, die noch in ihrer Winterbekleidung steckten, rissen sich die Sachen in einer öffentlichen Toilette vom Leib und schmissen sie weg.

Die ersten Tage verbrachten sie in einer kakerlakenverseuchten Jugendherberge. Das Geld, das Bianca in der Schweiz verdient hatte, hielt sie über Wasser. Jack verwaltete es, »damit wir es uns richtig einteilen«, wie er sagte. Bianca war zu müde, um ihm zu widersprechen.

Schließlich bezogen sie eine kleine Bude in South Miami Beach. Es gab keine Möbel, aber der Strand war keine fünf Minuten entfernt und das Viertel belebt. Bianca fühlte sich wohl. Jack besorgte ein altes Holzbett aus einem Secondhand-Laden um die Ecke und eine Matratze. Damit hatten sie alles, was sie für den Anfang brauchten.

Ein ruhiger Tag am Strand war Bianca vergönnt, ehe Jack mit einer Zeitung auftauchte und ihr den Teil mit Jobangeboten unter die Nase hielt. »Hier, schau«, sagte er. »Eine Bar namens *Miami Gold* sucht Serviererinnen.«

»Warum soll ich arbeiten gehen?«, fragte Bianca.

»Ich muss an meiner Verteidigung arbeiten!«, rief Jack empört. »Oder denkst du, wir können uns hier ewig verstecken? Bitte, Mausi, ich brauche dich. Nur für die Zeit, während mir meine Kontakte mitteilen, was die Polizei plant. Dann kann ich mir überlegen, wie ich darauf reagieren soll.«

Welche Kontakte er meinte, wusste Bianca nicht. Noch am selben Abend fuhren sie quer durch die Stadt, an den Sümpfen vorbei, in denen Bianca das Aufblitzen von Alligatorenaugen zu sehen meinte. Die Bar war mit einem Neonschild ausgestattet, die Fenster abgedunkelt.

Bianca hatte geahnt, um was für ein Etablissement es sich handelte, doch es vor sich zu sehen, setzte ihr mehr zu, als sie gedacht hatte. Auf Jacks Flehen hin trat sie ein.

Der Besitzer stand hinter der Theke, es war noch nichts los. Sie sprach ihn auf seine Zeitungsannonce an. Er musterte sie skeptisch und fragte nach ihrer Green Card. Bianca sagte bloß, sie habe eine. Das war ihm genug. Der Mann zuckte mit den Schultern und erklärte Bianca, was zu tun sei.

Jeden Abend hatte sie um halb acht hier zu sein, sollte sich in einem Zimmer hinter der Bühne umziehen, um dann für die Gäste zu tanzen. Gäste konnten einen privaten Table-Dance anfordern, der kostete extra. Alles Geld, das ihr Gäste in das Strumpfband steckten, durfte sie behalten.

Er übergab sie an Miguel, einen älteren Mexikaner, der als Koch arbeitete. In seinem Blick lag Mitleid. Miguel zeigte Bianca ein Solarium.

»Hier sollt ihr während der Pausen liegen«, sagte er. »Aber behaltet den Bikini an. Die Gäste mögen es, wenn es aussieht, als würdet ihr euch nicht in der Öffentlichkeit ausziehen. Sondern nur für sie«, fügte er hinzu.

Bianca fragte sich, ob er Kinder hatte. Töchter vielleicht, in ihrem Alter. Und ob er deswegen ständig zu Boden schaute, wenn er mit ihr sprach.

Bianca sah den anderen Frauen dabei zu, wie sie ihre Hüften bewegten, in die Knie gingen, sich um die Stange in der Mitte des Laufstegs schlängelten, sich zu ihren Gästen beugten und schließlich damit begannen, die letzten Stücke Stoff von ihrem Körper zu lösen. Es waren Sekunden, die Bianca wie eine Ewigkeit schienen.

Die Frauen ließen die Erwartungen der männlichen Blicke an sich abprallen, verwehrten sich der Begierde, nutzten dieses kurze Zeitfenster, in dem sie die Macht hatten, in dem niemand es gewagt hätte, sie zu berühren und zu unterbrechen. Doch auch diese Ewigkeit ging irgendwann zu Ende, das letzte Stück Stoff fiel, die Macht verschwand, hinweggefegt von lustvollem Brüllen, und die Blicke verschlangen die nackten Körper.

»Hier«, sagte Miguel und gab Bianca ein Glas Tequila. »Es hilft, davor zu trinken.«

»And now ... Bianca, the german girl!«

Bianca schob den Vorhang zur Seite, trat auf die Bühne und bewegte sich zu Elvis' rauer Stimme. Langsam ging sie auf die Stange zu. Ihre Waden umschlossen das kalte Metall. Das Kribbeln erinnerte sie an den Abend im *Take Five*, als sie Jack kennengelernt hatte. Ewig lange schien es ihr her. Damals hatte er sie aus der Ferne so beobachtet, wie sie nun diese Männer aus dem Halbschatten heraus beobachteten. Hatte er sie damals schon hier gesehen, in dieser Position?

War sie schlussendlich geworden, was sie für Jack immer schon gewesen war? Ein Stück Fleisch auf der Bühne von Jack Unterwegers großer Show?

Samstag, 22. Februar, 12:00 Uhr
Café Landtmann, Universitätsring, Innere Stadt, Wien

Gert Schmidt war ein untersetzter, adrett gekleideter Mann, der hastig sprach und über wenig Geduld verfügte. Er wollte schnell zur Sache kommen. Das sollte mir recht sein.

»Herr Schmidt, Sie haben bei mir angerufen«, sagte ich, kaum hatte ich mich ihm gegenübergesetzt und seine Hand geschüttelt. »Was können Sie mir verraten?«

»Eine unserer Sekretärinnen, Christina, steht mit Unterweger in Kontakt.«

»Woher wissen Sie das?«

Schmidt zog eine Braue in die Höhe, als wollte er sagen: Halten Sie mich für einen Idioten?

»Sie hat in letzter Zeit ein paar internationale Telefonate aus dem Büro geführt. Ich habe das überprüfen lassen. Vor ein paar Tagen habe ich sie zur Rede gestellt. Die gute Frau ist ganz hinüber. Sie weiß, dass sie Unterweger nicht helfen sollte, aber er tut ihr so furchtbar leid.«

Schmidt verdrehte die Augen.

»Wo ist Jack Unterweger?«, fragte ich.

»Wo denken Sie denn, dass er ist?«

Schmidt liebte das Melodramatische, das konnte ich sehen. Er genoss es, die Rolle eines Geheimagenten einzunehmen, der über brisante Informationen verfügte. Da ich diese Information jedoch brauchte, spielte ich mit.

»Womöglich in Italien oder Spanien«, sagte ich und wusste, dass dies nur vage Vermutungen waren.

»Er ist in Miami«, sagte Schmidt und ich konnte hören, wie sehr er sich freute, mir diese Neuigkeit mitzuteilen.

»Er hat meiner Mitarbeiterin erzählt, er brauche Geld und ein Schilddrüsenmedikament, ohne das er dem Tod geweiht sei. Langsam geht ihr aber das Geld aus.«

Ich kannte Unterwegers Akte, das mit dem Schilddrüsenmedikament war eine Lüge. Offenbar benutzte er sie, um mehr Mitleid zu erhalten. Das Geld jedoch konnte er sicherlich gut gebrauchen.

Der Gedanke daran brachte mich zum Lächeln.

»Also«, unterbrach Schmidt meine Gedanken, »wie geht es jetzt weiter?«

»Keine Sorge«, sagte ich und zum ersten Mal seit Monaten meinte ich es auch so. »Ich habe einen Plan.«

Samstag, 22. Februar, 23:30 Uhr
Café Einstein, Rathausplatz, Innere Stadt, Wien

Vier Cola Rum. So viel war nötig, damit Elisa in einen Zustand zwischen Chaos und Ordnung, Erleuchtung und Verwirrung, Freude und Leid versetzt wurde. Ein Zustand, in dem Menschen für gewöhnlich auf richtig dumme Ideen kamen.

Töller hatte sie rausgeworfen. Nachdem er ihre Notizen zu Unterweger gefunden hatte, in denen sie ihre Treffen dokumentierte, hatte er ihr versichert, dass er ihre Doktorarbeit nie annehmen würde. Seitdem hatte Elisa halbherzig versucht, einen anderen Professor als Doktorvater zu gewinnen, aber sich nicht wirklich Mühe gegeben. Töller war ihre Chance gewesen und sie hatte es vermasselt. Noch war sie nicht in der Lage, diese Niederlage zu überwinden.

Was nicht hieß, dass sie nicht auch mal feiern gehen konnte. Ein paar von Töllers Doktoranden waren mit ihr in Kontakt geblieben, sie trafen sich hin und wieder auf ein Bier im Café *Einstein*. Besonders Johannes zeigte sich bemüht, sie über den Verlust ihres Doktorvaters hinwegzutrösten. Er spendierte ihr Getränke, machte ihr Komplimente, stellte ihr in Aussicht, bei Töller ein gutes Wort für sie einzulegen, wenn sich die Sache beruhigt hatte.

Johannes war intelligent, hatte lange, schwarze Haare, ein schmales Gesicht und rote Lippen. Er war attraktiv, aber Elisa hatte kein Interesse. Sie wusste nicht, ob sie an Männern, abgesehen von beruflichem, überhaupt Interesse hatte.

An diesem Abend allerdings, nach dem vierten Cola Rum, ging sie auf Johannes' Annäherungsversuche ein. Zumindest so weit, dass sie neben ihm saß, sich an ihn lehnte und, während er gedankenverloren die Berührung genoss, den Schlüssel für das Institut aus seiner Jackentasche zog.

Sie verabschiedete sich früh, was Johannes, der mit einem anderen Ausgang der Nacht gerechnet hatte, verdutzt zurückließ. Männer und ihre Erwartungen, dachte Elisa.

Keine zwanzig Minuten später stand sie vor dem dunklen Institutsgebäude. Sie öffnete die Tür, trat ein und wartete, bis sich ihre Augen an die Dunkelheit gewöhnt hatten. Dann eilte sie mit vorsichtigen Schritten die Treppen nach oben.

Sie hätte den Weg auch blind finden können. Sie durchschritt den Flur im zweiten Stock und blieb vor der letzten Tür stehen. Auf ihr war ein Schild angebracht. In der Dunkelheit war nicht zu lesen, was darauf stand, doch Elisa wusste es auch so: Prof. Ernst Töller.

Die Cola Rum hatten sie bis hierher gebracht, der Rest wäre Glück, Zufall oder Schicksal. Wenn Töller sein Büro abgeschlossen hatte, dann konnte Elisa probieren, mit ihrer Haarspange im Schlüsselloch zu werken, wie sie das in manchen Filmen gesehen hatte. Erfahrung damit hatte sie jedoch keine.

Allerdings ging Töller stets als Letzter und kam als Erster. Bei seinem fehlenden Ordnungssinn war es vielleicht möglich, dass er gar nicht abschloss ...

Elisa hielt die Luft an und drückte die kühle Klinke hinunter. Die Tür sprang auf. Sie schlüpfte hinein. Drinnen angekommen atmete sie aus, wartete einen Moment und machte dann Licht. Auf Töllers Schreibtisch lagen noch ein paar lose verteilte Papiere. Eine halb leere Kaffeetasse stand neben seinem Diktiergerät. Sie musste aufpassen, nicht einen der schiefen Bücherstapel umzustoßen, als sie auf den Schrank zuging, in dem sich Töllers Akten befanden. Ob sie fündig werden würde, konnte sie nicht wissen. Aber sie hatte einen starken Verdacht.

Sie öffnete eine Schublade. Wie erhofft hatte Töller die Akten alphabetisch nach den Namen der Patienten geordnet. In der dritten Lade wurde sie fündig: O bis Z. Es gab nicht viele Akten unter U. Sie zog den Akt heraus, legte ihn auf Töllers Schreibtisch und begann darin zu blättern. Töller war einer von mehreren Psychologen gewesen, die Unterweger während seiner Haft in Stein besucht und interviewt hatten. Er hatte ihn über mehrere Jahre hinweg beobachtet. Doch die einzige Einschätzung, die Töller über ihn öffentlich gemacht hatte, war ein Schreiben kurz vor Jacks Entlassung gewesen, in dem er ihm eine erfolgreiche Resozialisierung attestierte.

Elisa musste wissen, wie er zu diesem Schluss gekommen war. Warum fürchtete Töller das Thema Jack Unterweger so sehr?

Elisa überflog die Seiten. Sie musste sich konzentrieren, um alles zu erfassen. War ihr Gehirn vom Alkohol träge geworden? Verstand sie deshalb nicht, was in diesen Notizen stand?

Elisa zwang sich zur Ruhe. Sie las die Einträge noch einmal. Und noch einmal.

Schließlich erkannte sie, warum Töller alles tat, um nie mehr über Jack Unterweger sprechen zu müssen.

Samstag, 22. Februar, 11:00 Uhr
South Miami Beach, Miami, USA

Als Bianca erwachte, hörte sie zunächst das sanfte Rauschen des Ozeans. Die Sonne kitzelte sie an der Nasenspitze. Sie wollte die Augen noch ein wenig länger geschlossen halten. Doch dann tauchten die Bilder der vergangenen Nacht auf. Um sie zu vertreiben, öffnete sie ihre Augen schließlich doch.

Sie lag auf dem Strand unweit ihrer Wohnung und versuchte, sich vor ihrer nächsten Schicht heute auszuruhen. Jack war nirgends zu sehen. Sie setzte sich auf, schirmte ihre Augen mit den Händen vor der Sonne ab und blickte sich um.

Sie entdeckte ihn in einigen Metern Entfernung sitzen und einer schlafenden Frau zwischen die Beine starren.

»Jack!«, rief sie. »Was zum Teufel?«

Jack sprang auf und lief zu ihr. Er lachte. »Hast du gut geschlafen, Mausi?«

»Lass den Blödsinn.« Biancas Gefühle für ihn waren seit ihrer Ankunft in Miami mit jedem Tag kühler geworden. Langsam zweifelte sie daran, ob es die richtige Entscheidung gewesen war, mit ihm zu kommen.

»Lass uns gehen«, sagte Jack. »Ich muss ein paar Telefonate führen.«

Jeden Tag telefonierte er mit seinen Kontakten in Österreich, wobei er Bianca nicht verraten wollte, um wen es sich dabei handelte. Bloß Biancas Geld nahm er gerne dafür. Sie hingegen durfte mit ihrer Mutter nicht reden. »Die werden bestimmt abgehört«, sagte Jack stets, wenn sie das Thema ansprach. Sie folgte ihm entlang dem Pier, auf dem Hotdog-Stände, Obstläden und kleine Kioske aufgebaut worden waren. Als sie an einem Zeitungsstand stehen blieben, entdeckte sie ein bekanntes Gesicht auf der Titelseite einer Zeitung.

»Jack!«, rief sie. »Das bin ich!«

Sie nahm die Zeitung heraus. Es handelte sich um die BILD. Ihr Gesicht war darauf abgebildet, ein Foto, das über ein halbes Jahr alt war. »Ihr Leben in Gefahr?«, lautete die Titelüberschrift.

»Ich muss meine Mutter anrufen«, sagte sie. Jack erkannte offenbar, wie ernst es ihr war. Nach einigem Murren stimmte er schließlich zu.

»Aber mach schnell«, sagte er.

Sie wählte die Nummer und wartete. Sie wusste nicht, wie spät es jetzt in Österreich war.

»Mrak?« Es war die Stimme ihrer Mutter.

»Mama.« Danach sagte keine von ihnen etwas. Bianca und ihre Mutter weinten gemeinsam.

Bianca wusste nicht, wie viel Zeit vergangen war, als ihre Mutter fragte: »Wie geht es dir?«

»Es geht mir gut, Mama«, sagte Bianca und versuchte, ihre Tränen hinunterzuschlucken. »Ich bin nicht in Gefahr. Ich will nur, dass du das weißt. Alles ist gut.«

»Bitte, Kind, komm doch nach Hause ...«

Der Anruf endete, die Münzen waren ausgegangen. Bianca hängte das Telefon ein und blieb noch eine Weile in der Kabine stehen, bis ein lautes Hämmern sie aufschreckte. Ein fetter Amerikaner stand vor der Tür und deutete ihr, Platz zu machen.

Jack wartete an der nächsten Ecke.

»Wie lief es?«, fragte er, doch Bianca ging wortlos an ihm vorbei. Jack trottete hinter ihr her.

»Hey, schau mal!«

Bianca drehte sich um. Sie sah Jack vor einem kleinen Laden stehen, mit einer Baseballkappe auf dem Kopf. *Panama Jack* stand darauf.

Das dümmliche Grinsen von Jack, die Kappe, das alles wirkte so unwirklich, dass Bianca lächeln musste. Auch Jack lachte.

»Na schau«, sagte er. »Alles nicht so schlimm. Willst du die Kappe?«

Bianca warf einen Blick auf das Preisschild. »Die ist zu teuer, Jack«, sagte sie. »Die können wir uns nicht leisten.«

Jack hängte sie zurück. Bianca drehte sich um und ging weiter. Nach einigen Metern spürte sie, wie sich etwas auf ihren Kopf legte. Sie griff danach und zog es herunter. Es war die Kappe von vorhin.

»Jack!«, rief Bianca. »Hast du die etwa gestohlen?«

Jacks Grinsen war Antwort genug. »Für meine Maus nur das Beste.«

Bianca lächelte. Jacks Definition, was das Beste für sie war, wich stark von ihrer eigenen ab. Aber er hatte sich bemüht und das heiterte sie tatsächlich ein wenig auf.

Kaum waren sie in die Wohnung zurückgekehrt, verabschiedete Jack sich auch schon wieder.

»Ich muss mit meinen Kontakten in Österreich telefonieren.«

Bianca ließ sich auf das quietschende Sofa fallen, das Jack gestern besorgt hatte, und blätterte in einer amerikanischen Tageszeitung. Sie hatte sich gerade eine Cola aus dem Kühlschrank geholt, als Jack zurückkehrte.

Als er sie sah, packte er sie vergnügt und wirbelte sie herum.

»Was ist denn jetzt los?«, fragte Bianca überrascht.

»Ein österreichisches Magazin will ein Interview mit mir führen!«, rief er aus. »Vorschuss von zehntausend Dollar für ein exklusives Interview! Damit können wir uns sogar ein Auto kaufen und durch das Land fahren! Ist das nicht wunderbar?« Jack freute sich wie ein Kind. Er schien seine Situation völlig vergessen zu haben.

»Das haben wir nur Christina zu verdanken«, sagte er.

»Wer ist Christina?«

Jack stockte. Bianca kannte Jack gut genug, um zu wissen, dass er selten Fehler beging. Aber wenn er mal einen machte, sah sie es ihm sofort an.

»Sie arbeitet für das Magazin«, sagte er. »Ich habe sie auf der Weihnachtsfeier letztes Jahr kennengelernt.«

Bianca erinnerte sich. Es war die langweilige Weihnachtsfeier gewesen, zu der er sie nicht mitnehmen wollte. Von der er erst so spät zurückgekommen war.

»Du hast mit ihr geschlafen«, sagte Bianca. »Nicht wahr? Deswegen hilft sie uns.«

Jacks Schweigen war Antwort genug.

»Wann hast du das getan? Bevor oder nachdem du mir den Antrag gemacht hast?« Bianca fühlte die kühle Coladose in ihrer Hand. Sie nahm alle Kraft zusammen und warf sie. Das Blech traf Jack am Kopf. Bianca stürmte ins Bad und knallte die Tür hinter sich zu. Sie wollte bloß allein sein.

Sie setzte sich auf den Klodeckel und vergrub ihr Gesicht in den Händen. Etwas schlug gegen die Tür. Bianca hatte kaum Zeit, den Kopf zu heben, da flog die alte Holztür aus den Angeln und Jack stand vor ihr. Er zog sie hoch und schlug ihr zweimal kräftig ins Gesicht.

»Mach das nie wieder«, sagte er. »Hast du gehört? Nie wieder.« Dann ließ er sie los. Bianca sank auf den Toilettendeckel zurück. Jack verließ das Zimmer.

Als Bianca wenig später ins Wohnzimmer zurückkam und sich umzog, sagte Jack kein Wort. Er verabschiedete sich auch nicht, als sie die Wohnung verließ, um den Bus zum *Miami Gold* zu nehmen.

Die Fahrt dauerte lang, die Sonne sank als glühend roter Feuerball und versprach ein reinigendes Feuer, das nicht kommen wollte.

Bianca drückte ihre von den Schlägen noch warme Wange gegen die kühle Scheibe des Busses und beobachtete die Sümpfe, die an ihr vorbeizogen.

Sie dachte an die Alligatoren, die in ihnen lebten, und an die Menschen, die in ihnen verschwanden.

Sonntag, 23. Februar, 10:00 Uhr
US-amerikanische Botschaft, Boltzmanngasse, Alsergrund, Wien

»Und Sie sind sicher, dass sich dieser Mann in Miami aufhält?«

Die junge Frau mit dem blonden Pferdeschwanz blickte skeptisch auf das Foto von Jack Unterweger, das vor ihr lag. Sie hatte sich als Juliane Slifco vorgestellt, FBI-Agentin in der US-amerikanischen Botschaft in Wien.

»Ich weiß, er sieht harmlos aus«, sagte ich. »Aber wir haben Grund zur Annahme, dass er ein mehrfacher Mörder ist.«

»Können Sie mir sagen, wo er sich aufhält?«, fragte Slifco.

»Leider nicht«, gab ich zu. »Nicht im Moment. Aber wir haben eine Übergabe eingeleitet. Wenn er das Geld abholt, könnten Ihre Leute zuschlagen.«

»Dafür ist nicht das FBI zuständig, sondern die U.S. Marshalls«, erklärte Slifco. »Und ein österreichischer Haftbefehl reicht nicht aus, damit sie Unterweger festnehmen. Sie können ihn beobachten, aber nicht mehr. Dafür bräuchte es einen amerikanischen Haftbefehl und auf den können Sie lange warten.«

»Wir jagen diesen Mann schon seit mehr als einem Jahr«, sagte ich. »Nur hatten wir bisher keine Spur. Er darf uns nicht durch die Finger gehen. Der Mann hat vermutlich sieben Frauen auf dem Gewissen. Und seine junge Freundin ist bei ihm.«

Slifco strich sich ein paar Strähnen aus der Stirn. Ihre blauen Augen schweiften nachdenklich über die Dokumente, mit denen ich ihr Unterwegers Fall erklärt hatte.

»Ich weiß nicht, ob es funktioniert, aber es ist einen Versuch wert«, sagte sie plötzlich. »Wenn Unterweger in die USA eingereist ist, musste er seine Vorstrafen angeben. Hat er das nicht, dann ist das ein zivilrechtliches Vergehen. Das genügt, um ihn vorläufig festzunehmen, während der US-Staatsanwalt eine strafrechtliche Anklage vorbereitet.«

Es war eine ausgezeichnete Idee! Ich bedankte mich und wir schüttelten uns die Hand. Obwohl Slifco zierlich aussah, hatte sie einen kräftigen Händedruck. In ihrem Beruf war das vermutlich unumgänglich. Sie versprach mir, sich sofort um die Angelegenheit zu kümmern und mich anzurufen, sobald sie etwas Neues wusste.

Ich kehrte mit einem guten Gefühl in die Berggasse zurück. Das Netz um Unterweger zog sich langsam enger. So lange war er uns entwischt, aber mit ein wenig mehr Geduld könnte sich unsere lange und harte Arbeit bezahlt machen.

Wieder in meinem Büro, nahm ich mir die Berichte vor, die aus den verschiedenen Bundeshauptstädten eingetroffen waren. Die Mitglieder der Sonderkommission arbeiteten alle an ihren jeweiligen Aufgaben. Wir hofften, gemeinsam das Puzzle zusammensetzen zu können, das uns Unterweger hinterlassen hatte. Die Arbeit ging schleppend voran, denn die Fahndung hatte zunächst Priorität. Noch war ich nicht einmal dazugekommen, mir alle Dinge anzusehen, die wir in Unterwegers Wohnung sichergestellt hatten.

Gerade wollte ich damit beginnen, einen neuen Stapel Zeugenaussagen durchzugehen, als die Tür aufging. Es war Kucera.

»Wir haben gerade ein Fax aus Niederösterreich bekommen«, sagte er. »Die Kollegen waren in den letzten Tagen damit beschäftigt, ein Bewegungsprofil von Unterweger zu erstellen.«

»Ich weiß«, antwortete ich ungeduldig. Bei der Durchsuchung von Unterwegers Wohnung wurden zahlreiche Rechnungen und ein Fahrtenbuch gefunden. Offenbar benötigte er genaue Aufzeichnungen seiner Reisen, um die Kosten über künstlerische Förderprogramme vom Staat zurückzubekommen. Für uns waren diese Aufzeichnungen eine große Hilfe für die Rekonstruktion seiner Aufenthaltsorte.

»Was ist damit?«, fragte ich.

»Das solltest du dir selbst ansehen«, sagte Kucera. »Es wird dir gefallen.«

Sonntag, 23. Februar, 22:00 Uhr
Wohnung von Severin Plum, Siebensterngasse, Neubau, Wien

Plum musste etwas übersehen haben. Seit Unterwegers Flucht nach Miami war er all seine Notizen durchgegangen und alle Artikel, die er je über Unterweger geschrieben hatte. Seit dessen Entlassung hatte er diesen Menschen begleitet. Wie hatte er es nicht kommen sehen können? War er so blind gewesen? Hatte er nie den echten Jack Unterweger gesehen, sondern stets nur seine Vorstellung von ihm? Seine Hoffnung auf das Gute im Menschen gerade in jenen Mann gesteckt, der mehrere Frauen brutal ermordet hatte?

Plum musste sich bemühen, zu keinem vorschnellen Urteil zu gelangen. Vielleicht war Unterweger kein perfekter Resozialisierungsfall, aber es stand auch noch nicht fest, dass er tatsächlich der Prostituiertenmörder war.

War er es oder war er es nicht? Plum konnte an nichts anderes mehr denken. Glaubte er das eine, so glaubte er kurz darauf das andere.

Er versuchte jeden Blick, jedes Wort und jede Geste, die er je von Unterweger gesehen hatte, zu deuten und zu interpretieren, Signale und versteckte Hinweise zu bemerken. Doch je länger er suchte, desto mehr mögliche Bedeutungen fand er, sodass schließlich jede von Unterwegers Gesten eine unendliche Anzahl von Botschaften besaß.

Plum erkannte, dass ein Nachdenken über die Person von Unterweger ihn nicht weiterbrachte. Unterweger war ein Spiegel, der das zurückwarf, was man in ihm sehen wollte. Er musste sich auf die Fakten konzentrieren.

Es war spät geworden, Plum hatte einige Flaschen Bier geleert und saß inmitten zahlloser Blätter und Papiere auf dem Boden seiner Wohnung. Vor ihm an der Wand hingen mit Klebestreifen fixiert die Daten der sieben Opfer, sechs davon bereits gefunden, eine noch immer vermisst. Plum hatte Namen, die Zeitpunkte und Orte des Verschwindens sowie der Auffindung notiert. Nun durchsuchte er seine Dokumente nach Überschneidungen.

Er nahm ein kleines Lederbuch zur Hand. Es war sein Fahrtenbuch. Plum glaubte nicht, darin etwas zu finden, doch er war verzweifelt genug, einen Blick hineinzuwerfen. Kaum hatte er ein paar Seiten geblättert, stutzte er. Plum warf einen Blick auf die Zettel an der Wand, dann blätterte er weiter. Das konnte kein Zufall sein! Mit jedem weiteren Eintrag, den er fand, wurde ihm kälter. Ein Loch breitete sich in seinem Magen aus und verschlang sein rationales Denken. Wie konnte das sein?

Plum nahm einen der vielen Zettel und notierte sich die Daten auf dem Seitenrand:

Am 5. Dezember 1990 war er in Bregenz. Der Tag, an dem Heidemarie Hammerer verschwand.

Am 7. März 1991 war er in Graz. An diesem Tag wurde Elfriede Schrempf als vermisst gemeldet.

Panik stieg in Plum auf. Dass er an den Tagen, als die vier Wiener Prostituierten verschwanden, ebenfalls in Wien war, ließ sich leicht erklären. Immerhin lebte er in Wien. Aber wie wahrscheinlich war es, dass er sich zweimal an unterschiedlichen Orten des Landes aufhielt, genau dann, als der Mörder Hammerer und Schrempf tötete? Seine eigene Persönlichkeit kam ihm verdreht und fremd vor, als bewohnte er einen Körper, den er nicht kannte.

Und dann verstand er. Wie hatte er das nicht schon viel früher erkennen können? Er wühlte in dem Haufen an Papieren wie ein Hund, der einen Knochen ausgrub. Schließlich hatte er zwei Zeitungsartikel vor sich. Sie waren jeweils kurz, bloß in den Spalten von Lokalteilen erschienen, doch alle zwei stammten von ihm. Sie handelten von Jack Unterwegers Lesungen.

Am 5. Dezember 1991 hielt Unterweger eine Lesung nahe Dornbirn, wo er am nächsten Tag im ORF-Landesstudio zu Gast war.

Und am 7. März 1991 hatte Unterweger in Köflach gelesen, dreißig Kilometer von Graz entfernt.

Plum fühlte, wie ihn Müdigkeit überfiel und der Alkohol seine Gedanken verwässerte, bis die Ideen nur noch verschwommen wahrzunehmen waren. Er legte sich inmitten der Papiere, Notizbücher und Zeitschriften auf den Boden und schloss die Augen. Sein letzter klarer Gedanke war: Wann wurde aus Zufall Notwendigkeit, wann aus Korrelation Kausalität?

Donnerstag, 27. Februar, 12:00 Uhr
South Beach, Miami, Florida, USA

Heute würde es so weit sein. Ihr prekäres Leben würde vorerst ein Ende finden. Jacks Laune hatte sich den Vormittag über stündlich gehoben. Bianca war skeptisch, was seine Pläne anging, aber sie sagte nichts. Diese beiden Dinge hatte sie mittlerweile in ihrer Beziehung mit Jack gelernt: Skepsis und Verschwiegenheit.

Ein Herausgeber aus Österreich bot Jack einen Vorschuss von zehntausend Dollar für ein exklusives Interview. Jack plante nicht, ihm ein Interview zu geben, aber den Vorschuss wollte er sich nicht entgehen lassen. Bianca kam das verdächtig vor. So viel Geld, ohne Garantie, dass es tatsächlich zu einem Interview kommen würde? Aber sie mischte sich nicht ein. Sollten sie die zehntausend Dollar bekommen, würde sie nicht mehr im *Miami Gold* tanzen müssen. Das war zurzeit das Einzige, was sie interessierte. Sie fühlte sich noch schlechter als in der Schweiz. Nicht nur war sie ständig müde und ihre Muskeln schmerzten, sie musste ihren Körper auch unter den gaffenden Blicken der Männer um eine Stange winden.

Was sie am meisten erschreckte: Mit jedem Abend, den sie auf der Bühne verbrachte, verlor sie mehr und mehr Achtung – nicht vor den Männern, die sie ohnehin abscheulich fand, sondern vor sich selbst. Sie hatte Kolleginnen kennengelernt, die ihre Arbeit selbstbewusst und professionell absolvierten und auf das abfällige Gerede der Gäste keine Gedanken verschwendeten, und sie bewundern gelernt. Bianca gelang das nicht.

Neben dem Angebot, das zu gut klang, um wahr zu sein, musste Bianca auch an eine Geschichte denken, die Margit, eine Freundin von Jack, ihr erzählt hatte. Sie schien Jack besser zu kennen als jeder andere Mensch, den Bianca getroffen hatte. In den wenigen Wochen, die sie bei Jack in Wien gelebt hatte, waren Margit und sie ein paarmal Kaffee trinken gegangen. Sie war beeindruckt gewesen von dieser unabhängigen Frau, die gegen Jacks Überredungskünste immun schien.

Margit hatte ihr erzählt, dass es bereits einmal eine Geldübergabe in Jacks Leben gegeben habe, die schief gelaufen sei. Damals hatte Jack in der Schweiz gelebt, gemeinsam mit zwei Frauen: mit der achtzehnjährigen Deutschen Barbara, seiner Verlobten, und der sechzehnjährigen Maria aus Österreich. Barbara und Maria hatten beide aus Liebe zu Jack ihre gutbürgerlichen Elternhäuser für den Straßenstrich eingetauscht. Jack war nicht nur ihr Geliebter gewesen, sondern auch ihr Zuhälter. Im Gegenzug versorgte er sie mit Drogen. Gemeinsam begingen sie einige Diebstähle. Als sie in Geldnot kamen, fasste Jack den Plan, Lösegeld für Maria von ihren Eltern zu erpressen. Als er das Geld bei einer Bank in Basel abholen wollte, wurde er von der Schweizer Polizei verhaftet. Sie überstellten ihn nach Österreich, wo ihm 1975 nicht nur wegen der Überfälle und Diebstähle, sondern auch wegen Mordes der Prozess gemacht wurde, für den er schließlich lebenslänglich bekam.

Margit hatte ihr diese Geschichte erzählt, um sie über Jacks Vergangenheit ins Bild zu setzen. Bianca wusste nicht, ob Margit sie warnen wollte oder bloß testete, wie viel Bianca aushielt. Damals konnte sie mit diesen Geschichten kaum etwas anfangen. Als all das geschah, war Bianca gerade erst auf die Welt gekommen. Es schien ihr so weit entfernt. Sie kannte Jack nur als charmanten, liebevollen und wohlhabenden Mann mit berühmten Bekannten.

Mittlerweile wusste sie es besser.

Sollte sich die Geschichte wiederholen? Ob sie gefasst würden oder nicht, war ihr gar nicht mehr so wichtig. Sie wollte einfach, dass sich ihr Leben änderte, hatte aber nicht die Kraft, selbst dafür zu sorgen.

Gegen Mittag verließen sie ihre Wohnung. Die Filiale der *USA Money Exchange* lag bloß ein paar Straßen weiter, in der Collins Street. Es war ein besonders heißer Tag. Bianca fürchtete, die Sonne würde den Asphalt in lodernden Teer verwandeln.

Vor der Filiale blieb Jack stehen und ließ Bianca zum Schalter hineingehen. Er musste es nicht aussprechen, sie wusste, dass er Angst hatte, drinnen von Polizisten verhaftet zu werden. Also schickte er sie vor. Ihr war es egal.

Das Foyer der Bank war angenehm kühl. Eine leichte Brise strich ihr durch die Haare. Sie trat zum Schalter, wo sie eine braungebrannte Frau in weißer Bluse freundlich begrüßte. Keine Anzeichen von Nervosität oder Angst. Sollte es hier eine Falle geben, diese Frau gehörte nicht dazu.

Bianca gab die Nummer des Kontos an. Die Frau bat um einen Moment Geduld und kam mit ein paar Papieren wieder.

»Mit der Kontonummer allein können wir Ihnen leider keine Auskunft erteilen, ob Geld eingelangt ist«, sagte die Frau. »Ich bedaure. Sie müssen zuerst diese Formulare ausfüllen.«

Bianca nahm die Formulare entgegen und drehte sich wortlos um. Sie hatte nicht die Absicht, die Papiere hier und jetzt auszufüllen.

Sollte Jack sich darum kümmern.

In den wenigen Metern, die zwischen Schalter und Ausgang lagen, verwandelte sich Biancas Anspannung in eine Gravitationskraft, die sie nach unten zog und jeden ihrer Schritte erschwerte. Sie kämpfte dagegen an und fühlte trotz der Kühle, wie sich ihr Schweiß im Nacken sammelte.

Aus dem Augenwinkel beobachtete sie argwöhnisch die wenigen anderen Kunden der Bank, die vor den Schaltern standen, mit den Mitarbeitern sprachen oder Formulare ausfüllten. Keiner schien sie zu bemerken.

Endlich war sie auf der Straße. Sie atmete tief durch und ging zu Jack.

»Die haben mir kein Geld gegeben«, sagte sie, doch Jack antwortete nicht. Er wirkte verkrampft und starrte zur anderen Straßenseite.

Bianca folgte seinem Blick.

Sie sah fünf große, athletische Männer in Anzügen und Sonnenbrille. Sie saßen auf der Terrasse eines Hotels, im schwachen Schutz zu kleiner Sonnenschirme. Alle fünf lasen Zeitung – die gleiche Zeitung, den *Miami Herald*.

Alles an diesem Bild wirkte bemüht unauffällig. Als die fünf Männer im selben Moment die Zeitung weglegten und aufstanden, verstand Bianca, was geschah.

Jack gab ihr einen leichten Stoß. »Los«, sagte er. »Gehen wir.«

Sie steuerten die Straßenecke an. Die fünf Männer machten sich daran, die Straßenseite zu wechseln. Jacks Schritte wurden schneller, doch die Geschwindigkeit der Männer passte sich ihm an.

»Lauf!«, rief Jack. Er begann zu laufen und Bianca tat es ihm gleich, ohne darüber nachzudenken, wohin. Sie blickte nicht zurück, war sich allerdings sicher, dass die Männer nun auch liefen.

»Wir trennen uns und treffen uns in der Wohnung!«, rief Jack, ehe er hinter einer Ecke verschwand. Bianca schlug die andere Richtung ein. Sie hörte das Kreischen von Sirenen. Aus den Seitenstraßen kamen Polizeiwagen mit Blaulicht herausgeschossen und versperrten ihr den Weg.

Sie bremste ab, wie ein gehetztes Tier blickte sie von rechts nach links, doch es gab keine Fluchtmöglichkeit. Sie sah, wie sich ihr ein Schatten näherte, ein Schatten mit Sonnenbrille, er wurde immer größer, bis er vor ihr stand und die Sonne verdeckte. Sie spürte die Kälte von Metall, die ihr mittlerweile von ihrer Arbeit im *Miami Gold* vertraut war, an ihren Handgelenken.

»Bleiben Sie bitte ruhig, Miss«, sagte der Schatten vor ihr mit tiefer Stimme. »Es ist vorbei.«

Überrascht stellte Bianca fest, dass es keine Angst war, die sie überkam. Es war Erleichterung.

Donnerstag, 27. Februar, 22:00 Uhr
Burgtheater, Universitätsring, Innere Stadt, Wien

Penthesilea, die Königin der Amazonen, kam reich geschmückt auf die Bühne. Sie sprach von dem Schicksal ihres Volkes: Jedes Jahr schickte der Kriegsgott Mars den Amazonen männliche Krieger, die von diesen besiegt wurden. Nach ihrer Niederlage unterwarfen sich die Männer den furchtlosen Kriegerinnen und zeugten mit ihnen Nachkommen. Die Krieger wurden daraufhin weggeschickt, die männlichen Nachkommen getötet. Nur die Mädchen wurden am Leben gelassen, um den Amazonenstamm zu erhalten.

Es war Evis Idee gewesen, dieses Stück des deutschen Dichters Heinrich von Kleist im Burgtheater anzusehen. Die letzten Monate waren nicht einfach gewesen.

Ich kam oft spät nach Hause, brachte mich in Katjas Erziehung kaum noch ein, verschob Treffen mit Freunden, zu denen Evi nicht allein gehen wollte. Und wenn wir es schließlich schafften, der Einladung zu einem Abendessen zu folgen, war ich meist nicht sehr gesprächig. Alle meine Gedanken kreisten um Jack Unterweger.

Heute Abend allerdings gelang es Evi, mein ewiges Gedankenkarussell zum Stillstand zu bringen. Als ich sie nach der Arbeit von zu Hause abholte, um mit ihr ins Theater zu fahren, verschlug es mir die Sprache. Ihr Kleid war elegant geschnitten, Ohrringe blitzten unter ihrem langen Haar hervor. Eine Goldkette betonte ihren zierlichen Hals. Was ich in letzter Zeit als selbstverständlich hingenommen hatte, wurde mir mit einem Mal schmerzlich bewusst, wie schön meine Frau war.

Endlich ein Abend ganz für uns. Katja übernachtete bei Freundinnen. Wir würden zuerst im Burgtheater das Stück von Kleist sehen und dann im ersten Bezirk italienisch essen gehen.

Während auf der Bühne die Kultur der Amazonen erklärt wurde, musste ich doch an Jack Unterweger denken. In diesem Stück war die Welt eine verkehrte: Hier waren es die Frauen, die Männer töteten. Was er wohl dazu gesagt hätte? Was würde er bei diesem Stück empfinden? Würde es ihn verärgern oder amüsieren? Ich hatte gerade erst begonnen, mich in die Vorstellungswelt des Jack Unterweger zu begeben. Es fiel mir noch schwer, die Welt aus seinen Augen zu sehen. Eine Fähigkeit, die für Ermittler sehr wichtig sein kann. Solange sie wissen, wo die Sicht des Kriminellen aufhört und ihre eigene beginnt.

Evi griff nach meiner Hand. Ihre Wärme und Zärtlichkeit vertrieb alle anderen Gedanken. Es war nur Platz für sie. So, wie es sein sollte.

In diesem Moment vibrierte der Pager in meiner Hosentasche. Evi musste es bemerkt haben, denn sie zog die Hand weg.

»Entschuldige mich kurz«, murmelte ich, stand auf und ging nach draußen. Ich eilte in das Foyer, wo mir die Angestellten ein Telefon zur Verfügung stellten. Ich rief im Sicherheitsbüro an.

»Kucera«, meldete sich mein Kollege.
»Geiger hier«, meldete ich mich. »Ihr habt mich angefunkt. Was gibt es?«
»Du solltest sofort herkommen«, sagte Kucera. »Unterweger wurde in Miami festgenommen.«
Es war die Nachricht, auf die ich jede Sekunde der letzten Tage gewartet hatte. So sehr ich diesen Anruf herbeigesehnt hatte, so sehr wünschte ich mir nun, Kucera hätte mich am nächsten Tag aus dem Bett geklingelt. Konnte mir Unterweger nicht einmal diese Stunden mit meiner Frau lassen?
»Verstanden«, sagte ich. Kucera versprach, einen Streifenwagen vorbeizuschicken, der mich abholen würde.
Ich legte auf und ging zurück zu unserem Platz, wo Evi mit regungslosem Gesicht der Vorstellung folgte. Vorsichtig beugte ich mich zu ihr.
»Es tut mir leid«, flüsterte ich. »Ich muss ins Büro. Ich werde abgeholt, du kannst mit dem Wagen nach Hause fahren. Sie haben Unterweger verhaftet«, fügte ich hinzu, in der Hoffnung, das könnte den Abbruch unseres lang geplanten Abends erklären.
Evi antwortete nicht. Ein leichtes Nicken war die einzige Reaktion, die ich erhielt. Ich versuchte, ihr einen Kuss auf die Wange zu geben, doch sie zog ihren Kopf weg.
Die Zuseher hinter mir wurden unruhig.
»Ich melde mich«, sagte ich und ging wieder nach draußen. Auf dem Weg in die Berggasse wollte sich keine Freude einstellen, obwohl uns ein großer Fang gelungen war. Die Zeitungen würden nicht mehr über die Inkompetenz der österreichischen Polizei schreiben können. Das entnervende Katz-und-Maus-

Spiel, das Unterweger mit uns getrieben hatte, war endlich zu Ende. Doch mir gelang es nicht, mich auf Unterweger zu konzentrieren.

Wie sollte ich Evi erklären, dass mit der Verhaftung Unterwegers der Fall nicht abgeschlossen war, sondern erst richtig begann? Ich musste an das regungslose Gesicht meiner Ehefrau denken und daran, wie ich sie im Dunkel des Theatersaals allein gelassen hatte, mit den Amazonen und ihrer männerfreien Welt.

Freitag, 29. Februar, 15:00 Uhr
Metropolitan Correction Center, Miami, Florida, USA

Obwohl Joseph Slama schon jahrelang in Miami als Anwalt arbeitete, war er seit seiner Ausbildung nicht mehr im Metropolitan Correction Center gewesen. Er war Zivilrechtler, über Strafrecht wusste er bloß das, was er auf der Universität gelernt hatte.

Das hatte er auch den beiden Journalisten klarzumachen versucht, die ihn aus Österreich angerufen hatten. Sie waren auf seinen Namen gestoßen, weil er zu Beginn seiner Karriere ein Praktikum in München absolviert hatte. Offenbar war er weiterempfohlen worden.

Diese Journalisten boten ihm nun Geld an, wenn er einen gewissen Jack Unterweger vertreten würde, der im Metropolitan Correction Center saß und auf seine Auslieferung nach Österreich wartete.

Nach langer Diskussion hatte sich Slama bereit erklärt, mit Unterweger zu sprechen. Er glaubte zwar nicht, dass dieses Treffen zu etwas führen würde, doch die Journalisten hatten insistiert. Und ihm viel Geld geboten. Das Metropolitan Correction Center war kein Hochsicherheitsgefängnis für Schwerverbrecher, aber selbst hier machte Unterweger eher den Eindruck eines Buchhalters als eines Insassen. Sein Haar war grau und schüttern, er hatte einige Falten um den Mund herum, seine Statur war schmächtig und klein. Die Journalisten hatten ihn als Frauenheld, als charmant und imposant beschrieben. Wäre nicht das Namensschild auf seinem orangenen Overall geklebt, Slama hätte gedacht, den falschen Mann vor sich zu haben.

»Herr Unterweger«, begann der Anwalt, »ich muss Sie gleich zu Beginn darüber informieren, dass ich kein Strafverteidiger bin. Ich kann Ihnen allerdings ein paar gute Kollegen empfehlen.«

»Ich will keinen Strafverteidiger«, sagte Unterweger. »Ich will so schnell wie möglich nach Österreich. Können Sie mir dabei helfen?«

Slama richtete sich seine Brille. »Natürlich kann ich Ihnen dabei helfen. Aber sind Sie sich bewusst, dass Sie einen Auslieferungsantrag anfechten können? Ihre Freunde aus Österreich haben mir die Lage erklärt. Ich denke, Sie hätten gute Chancen, den Auslieferungsantrag abzuschmettern. Soweit ich informiert bin, ist die Beweislage noch recht dünn. Dann könnten Sie hier in Amerika bleiben und müssten nicht zurück.«

Unterweger schüttelte den Kopf. »Ich möchte zurück. So schnell wie möglich. Ich möchte nicht hierbleiben.«

Die Starrsinnigkeit, mit der ihm Unterweger begegnete, überraschte Slama.

Er zuckte die Schultern. »Wie Sie meinen«, sagte er. »Wenn Sie tatsächlich zurückwollen, kann ich Ihnen helfen. Das sollte nicht allzu schwierig sein. Auch wenn ich es nicht verstehe. In Amerika werden Sie ja nicht angeklagt?«

Unterweger antwortete nicht, sondern starrte auf seine gefesselten Hände. Den Handschellen schien seine ganze Aufmerksamkeit zu gelten.

Slama stand auf.

»Also gut, ich werde die nötigen Dokumente vorbereiten und mich bei Ihnen melden.« Unterweger gab ihm die Hand. Er hatte kalte, feuchte Hände.

Slama wurde aus dem Raum geführt. Kaum hatte er das Gefängnis verlassen, begann er in seinem Kopf bereits die nötigen Schritte durchzugehen. Eine Frage jedoch ließ ihn nicht los: Warum hatte es Jack Unterweger so eilig, nach Österreich zurückzukehren?

Montag, 2. März, 13:00 Uhr
LAPD Parker Centers, Los Angeles, Kalifornien, USA

»Miller, für dich hat jemand angerufen!«

Fred Miller nahm die Sonnenbrille ab, steckte sie in die Brusttasche seines Hemdes und sah das Verzeichnis der Anrufe durch. Die Nummer kannte er nicht.

»Wer war das denn?«, fragte er Special Detective Jim Harper, der sich ein Büro mit ihm teilte.

»Eine Miss Bryant vom Justizministerium«, sagte Harper. »Hatte eine hübsche Stimme. Wollte aber nur mit dir reden.«

Was konnte eine Mitarbeiterin des Justizministeriums von ihm wollen? Die meldeten sich für gewöhnlich nur, wenn es einen größeren Fall zu besprechen gab. Etwas, bei dem Politik im Spiel war. Miller konnte sich nicht entsinnen, einen solchen Fall in letzter Zeit auf seinem Schreibtisch gehabt zu haben.

Er rief die Nummer zurück. Bereits nach dem ersten Klingeln meldete sich eine Frau.

»Linda Bryant, Department of Justice?«

»Hier ist Detective Fred Miller vom Los Angeles Police Department«, sagte Miller. »Sie haben angerufen.«

»Mr Miller!« Bryant klang hocherfreut, ihn zu hören. Sie hatte tatsächlich eine wohlklingende Stimme, sanft und rauchig. »Wie schön, dass Sie sich melden. Wir haben eine etwas sonderbare Anfrage bekommen. Könnten Sie mir nachsehen, ob es bei Ihnen zwischen dem 11. Juni und dem 16. Juli 1991 ungeklärte Mordfälle an Prostituierten gegeben hat?«

Miller musste nicht nachsehen. Kaum eine Woche war vergangen, in der er nicht zumindest einmal an die drei Morde gedacht hatte, die auf mysteriöse Weise miteinander in Verbindung standen. Shanon Exley, Irene Rodriguez, Sherry Long. Sie hatten niemals auch nur den leisesten Verdacht gehabt. Und ein ähnlicher Mordfall war ihm auch nie wieder begegnet.

»Die gab es tatsächlich«, sagte Miller. »Wie kommen Sie darauf?«

»In Miami wurde ein Mann verhaftet«, erklärte Bryant. »Sein Name ist Jack Unterweger. Er ist aus Österreich, einem Land in Europa.« Miller kannte den Namen des Landes, hätte es aber nicht genau lokalisieren können.

»In seiner Heimat wird er wegen Mordes an sechs Prostituierten gesucht, eine wird offenbar noch vermisst«, erklärte Bryant. »Im Sommer 1991 hielt er sich in L. A. auf.«

»Haben Sie Informationen zu den Morden, die er in Österreich begangen haben soll?«, fragte Miller.

»Ich habe ein paar Informationen bekommen«, antwortete Bryant. »Ein Kollege hat sie übersetzt. Ich kann sie Ihnen faxen.«

Miller bat darum. Kaum zehn Minuten später gab das Faxgerät surrende Laute von sich. Miller nahm die Papiere heraus und blätterte sie durch. Es waren Beschreibungen der Tatorte dabei. Bereits nach den ersten Zeilen legte er die Papiere weg und holte sein Adressbuch heraus. Er schlug den Namen *Lancaster, Ronnie* nach. Miller war sich sicher, dass den Deputy Sheriff die Mordfälle genauso wenig losgelassen hatten wie ihn.

Montag, 2. März, 14:00 Uhr
Hotel Goldene Krone, Sievering, Döbling, Wien

Endlich konnte sich Bianca in ein weiches Bett fallen lassen, sich die Laken über den frisch geduschten Körper ziehen, sich einrollen und schlafen. So lange schlafen, wie sie wollte. Die letzten Tage waren die Hölle gewesen.

Nach Jacks Verhaftung hatten die Polizisten sie in ihre Wohnung in South Beach gebracht. Die amerikanischen Beamten hatten ihr geraten, sich an das österreichische Konsulat zu wenden, und waren ohne ein weiteres Wort verschwunden. Das tat Bianca dann auch. Zwei Tage später wurde sie von einer österreichischen Kriminalbeamtin und einem Kriminalbeamten der Sonderkommission abgeholt. Mit ihnen war sie zurück nach Wien geflogen.

In der Mitte ihres Rückflugs, in tausenden Metern Höhe, war sie von einem Mann angesprochen worden. Er arbeitete als Journalist für die österreichische Tageszeitung *Standard* und war nur nach Miami gekommen, um Bianca vor allen anderen Journalisten zu interviewen. Weil er in Miami keine Gelegenheit gefunden hatte, nahm er nun dasselbe Flugzeug wie Bianca zurück nach Wien. So begann ihre neue Karriere, noch ohne ihr Wissen, in einem Flugzeug der AUA, als sie dem etwas aufdringlichen Mann über ihre Flucht erzählte.

In Wien war sie mit einem regelrechten Blitzlichtgewitter empfangen worden. Kaum war die Maschine gelandet und Bianca ausgestiegen, lief eine Gruppe von Journalisten auf die Landebahn.

»Wie geht's Jack?«

»Bianca, hat der Jack die Frauen umgebracht?«

»Bianca, dreh dich mal zur Kamera!«

Drei Beamte eskortierten sie in einen schwarzen Mercedes. Die Fahrt war nicht, wie Bianca zunächst annahm, nach Hause gegangen, sondern ins Sicherheitsbüro. Die nächsten Stunden erzählte sie ihre ganze Geschichte, wie sie Jack kennengelernt hatte bis zu dem Tag ihrer Verhaftung, nicht einem, sondern mindestens fünf Beamten. Mit jedem Mal erschien ihr das Erlebte lächerlicher, weniger glaubhaft. Nach dem zweiten Mal kamen ihr die eigenen Worte schal und unpersönlich vor, als wäre das alles jemand anderem passiert. Aus dieser Distanz hatte sie erkannt, was für eine chaotische, seltsame Beziehung Jack und sie geführt hatten. Aber was davon war für die Beamten von Bedeutung? Von Morden hatte Jack ihr gegenüber nie etwas erwähnt, auch nicht von Prostituierten.

Es war schon spät gewesen, als die Polizei sie endlich hatte gehen lassen. Sie war müde gewesen und hatte sich so einsam gefühlt wie schon lange nicht mehr. Die Beamten hatten sie nach Hause gebracht. Ihre Mutter empfing sie nicht mit einer Umarmung, sondern mit einer kräftigen Ohrfeige. Bianca war in ihr Zimmer gegangen, das sie Monate zuvor für Jacks Wohnung in der Florianigasse aufgegeben hatte, und in einen unruhigen Schlaf gefallen.

Am nächsten Tag hatte das Telefon ununterbrochen geklingelt. Journalisten aus Österreich und Deutschland riefen stündlich bei der Familie Mrak an, um ein Interview mit Bianca zu ergattern.

Das beste Angebot hatte die *Kronen Zeitung* gestellt. Sie würde Bianca zwei Wochen in einem Hotel in Sievering unterbringen und ihr obendrein achtzehntausend Schilling bezahlen. Dafür musste sie in diesen zwei Wochen den Journalisten der *Krone* für eine Interview-Serie zur Verfügung stehen.

So war sie in die zweistöckige Suite mit großem Balkon und weichem Bett gekommen, in dem sie sich jetzt zusammenrollte. Ihr Schlafrhythmus war noch immer gestört von der Zeitumstellung und den vielen Nachtschichten, die sie in der Schweiz und danach in Miami gearbeitet hatte.

Am Nachmittag wagte sich Bianca mit Sonnenbrille und Haube nach draußen. Sie hatte der *Kronen Zeitung* versprochen, in den zwei Wochen mit niemand anderem zu sprechen. Von Einkaufen war nicht die Rede gewesen.

Bianca stieg in eine Straßenbahn ein, die sie ins Stadtzentrum bringen sollte. Sie setzte sich hin und blickte nach draußen.

»He, ist das nicht Unterwegers Schlampe?«

Sie drehte sich instinktiv um. Ein paar Reihen weiter saßen ein paar Burschen, vermutlich in Biancas Alter, und musterten sie verstohlen. Dann flüsterte einer seinem Freund etwas zu und beide grinsten sie an.

Bei der nächsten Haltestelle stieg Bianca aus. Sie zog sich die Haube noch tiefer ins Gesicht, schlang die Arme um den Oberkörper und machte sich zu Fuß auf den Rückweg. Eine halbe Stunde später kam sie bei ihrem Hotel an. Sie ging auf ihr Zimmer, warf Schuhe, Haube und Jacke in eine Ecke und legte sich angezogen wieder ins Bett.

Erst jetzt wurde ihr bewusst, dass ihre Beziehung mit Jack nicht vorüber war, es noch lange nicht sein würde. Und dass sie darüber, wie über so viel anderes im Zusammenhang mit diesem Mann, keine Kontrolle besaß.

Donnerstag, 12. März, 12:00 Uhr
Miami International Airport, Miami, Florida, USA

Miller schreckte aus dem Schlaf hoch, als das Flugzeug landete.

»Willkommen in Miami«, sagte sein Partner Harper grinsend neben ihm. »War mal Zeit, dass wir in die Sonne kommen.«

Miller lächelte schwach. In der Empfangshalle des Flughafens wartete ein Mann mit hellem Haar und roten Wangen auf sie.

»Ich bin Detective Dieter Thurmann von der Polizei Miami«, stellte er sich vor und gab Miller und Harper die Hand. »Ich werde für Sie übersetzen.«

»Sie sprechen Deutsch?«, fragte Harper beeindruckt, während sie zu Thurmanns Wagen gingen.

»Meine Eltern sind aus Deutschland emigriert«, sagte Thurmann. »Ich bin zweisprachig aufgewachsen.«

Die drei Detectives fuhren umgehend zum Metropolitan Correction Center. Miller wollte diesen Jack Unterweger so schnell wie möglich zu Gesicht bekommen.

Die letzten Tage hatte er damit verbracht, in dem alten Fall zu wühlen. Er hatte nun einen großen Vorteil: Er wusste den Namen eines Verdächtigen. Damit ließ sich einiges herausfinden. Die österreichische Polizei hatte ihm Rechnungen von Unterwegers Aufenthalt in Los Angeles geschickt, die sie auf seinen Kreditkartenabrechnungen gefunden hatten. Miller folgte der Spur.

Er fuhr zum Autoverleih *Marathon*. Dort konnte er in den Aufzeichnungen lesen, dass Unterweger am 11. Juni 1991 einen blauen Toyota Corolla gemietet hatte. Am Vormittag des 20. Juni, einen Tag nach Shannon Exleys Verschwinden, brachte er ihn mit einer geborstenen Windschutzscheibe auf der Seite des Beifahrers zurück. Unterweger hatte angegeben, ein Stein habe die Scheibe getroffen.

Als Nächstes überprüfte Miller die Hotels, in denen Unterweger gewohnt hatte. Das Hotel *Cecil* lag nur ein paar Blocks von der Straße entfernt, in der Exley und Rodriguez verschwunden waren. Am 2. Juli hatte er dort ausgecheckt und war in das *Sunset Orange* Hotel gezogen. In unmittelbarer Nähe lag der Standplatz von Sherry Long. Sie verschwand in der Nacht des 2. Juli.

Miller wusste, dass das nur Indizien waren, vage Hinweise auf zeitliche und örtliche Verbindungen. Bewiesen wurde dadurch nichts. Aber es war ein Anfang. Vielleicht würde er mehr erfahren, wenn er mit Jack sprach. Thurmann führte sie in ein Verhörzimmer. Kurz darauf brachten zwei Wachen Jack herein.

Miller zog eine Coladose aus seiner Tasche, die er im Vorraum bei einem Automaten gekauft hatte.

»Hier«, sagte er und schob sie Unterweger hin. »Sie sollten trinken. Es ist heiß heute.«

Unterweger blickte ihn für einen Moment skeptisch an, dann lächelte er. Er öffnete die Dose und trank in gierigen Zügen.

»Danke«, sagte er. »Das tat gut.«

Miller und Harper stellten sich vor. Schon bald wurde klar, dass sie Thurmann gar nicht brauchten. Jacks Englisch war zwar gebrochen, doch er verstand alles, was sie ihm sagten.

Er erzählte ihnen vom Grund seiner Reise, den Berichten über die Prostituierten in Los Angeles. Unterweger schien keine Probleme damit zu haben, von seinen Kontakten zu den Prostituierten zu erzählen. Miller wusste, dass Jack nicht dumm war. Seine Kontakte zu verschweigen wäre viel verdächtiger gewesen, als sie zuzugeben, solange er einen guten Grund dafür vorgeben konnte.

»Haben Sie auch mit Prostituierten geschlafen?«, fragte Miller.

»Dreimal sind Prostituierte über die Feuerleiter in mein Zimmer geklettert und haben mir einen geblasen«, antwortete Unterweger. »Mehr aber nicht.«

Unterweger musste davon ausgehen, dass sie seine Notizen gefunden hatten. Tatsächlich hatte die österreichische Polizei Miller einen Tagebucheintrag übermittelt, in dem Jack von Oralverkehr mit Prostituierten in L. A. erzählte.

Er erzählte Miller von dem Stein, der die Windschutzscheibe seines Leihautos getroffen hatte, und von Carmen, mit der er kurze Zeit in Wien gelebt hatte.

»Ich beantworte gerne alle Ihre Fragen«, sagte Unterweger nach einer Weile. »Aber was hat das für einen Sinn? Sie haben keine Beweise gegen mich.«

Miller war verblüfft über die Selbstsicherheit des Mannes, der ihm gegenübersaß. War er sich wirklich so sicher? Wusste er, dass sie keine Beweise haben konnten, weil er unschuldig war – oder weil er keine hinterlassen hatte?

»Wir haben gehört, dass Sie aktiv Ihre Auslieferung nach Österreich beschleunigen wollen.« Miller änderte seine Taktik.

»Ja, damit ich dort freigesprochen werde«, sagte Jack trotzig.

»Vielleicht«, sagte Miller. »Wir glauben aber eher, Sie haben Angst, dass wir vielleicht doch etwas finden. Und dass wir Sie dann in Los Angeles anklagen. Wenn Sie dort wegen Mordes schuldig gesprochen werden, droht Ihnen der Stuhl.«

Miller beobachtete Unterweger. In seinem Gesicht zuckte kein Muskel. Bloß sein Rücken straffte sich.

Miller gab seinem Kollegen ein Zeichen.

»Wir sehen uns, Jack«, sagte Miller. Bevor die beiden Detectives den Raum verlassen hatten, rief ihnen Jack zu: »He, Detective Miller, woher kommen Sie eigentlich?«

»Aus Texas«, antwortete Miller etwas verwundert.

»Dann sind Sie schon mal auf einem Pferd geritten? Wie ein richtiger Cowboy?«

»Ja, das bin ich«, sagte Miller.

Jack begann zu lachen. Er schüttelte sich und schlug auf den Stahltisch.

Miller schüttelte den Kopf und verließ das Verhörzimmer.

»Und, was denkst du?«, fragte Harper.

»Er war es«, sagte Miller.

Harper nickte. »Ein seltsamer Kerl. Hält sich für schlau. Ihm scheint die Frage egal, ob er die Frauen umgebracht hat. Einzig, ob wir es beweisen können, interessiert ihn.«

Miller musste seinem Partner zustimmen. Und das genau machte ihm Sorgen. Konnten sie es denn beweisen?

Freitag, 10. April, 14:00 Uhr
Hotel Radisson, Los Angeles, Kalifornien, USA

Ich musste mir eingestehen, dass ich mich verlaufen hatte. Obwohl ich vor nicht einmal zehn Minuten das *Radisson* verlassen hatte, in dem wir während unseres Aufenthalts in Los Angeles untergebracht waren, hatte ich jede Orientierung verloren. Ich wollte mir die Beine vertreten, für meine Kollegen und mich ein paar Zigaretten kaufen, und dachte dabei doch unentwegt über den Fall Unterweger nach.

So undurchsichtig der Fall war, so unentwirrbar schien mir nun auch das Netz aus Haupt- und Seitenstraßen von Los Angeles. Ich bog um eine Ecke und fand mich in einer kleinen Seitengasse wieder. Ein paar übervolle Müllcontainer lagen umgestoßen vor mir. Vier Männer standen in einem Kreis am anderen Ende der Gasse. Ich machte zwei Schritte in die Gasse hinein und trat auf eine weggeworfene Coladose. Ihre Köpfe fuhren herum. Sie musterten mich eine Sekunde und veränderten dann ihre Positionen. Es wirkte, als würden sie in Feuerstellung gehen. Aber das konnte doch nicht sein? Zu Mittag, mitten in Los Angeles?

Eine Hand packte mich an der Schulter und zog mich zurück. Ich erkannte Fred Miller und Jim Harper, die meine Kollegen und mich vor zwei Tagen vom Flughafen abgeholt hatten und uns seitdem in L. A. herumführten. Jim hatte seine 9mm-Pistole gezückt, während Fred mich langsam aus der Gasse hinausführte. Kurz darauf kam Jim ebenfalls aus der Seitenstraße, allerdings rückwärts und mit seiner Pistole im Anschlag.

Erst als er um die Ecke war und außer Schussweite, steckte er seine Pistole weg.

»Sie müssen aufpassen, wohin Sie gehen«, sagte Fred. »Los Angeles hat ein paar gefährliche Ecken. Es liegt was in der Luft. Bald wird sich eine Explosion entladen.«

Jim nickte. »Erst letzte Woche hat George vor Ihrem Hotel einen Räuber erschossen, der eine Geisel nehmen wollte. Keine schöne Sache.«

»Armer George«, stimmte Fred zu.

George war der Sicherheitsmann unseres Hotels. Ich hatte bereits Bekanntschaft mit ihm gemacht. Er war ein pensionierter Polizist und musste sich seine Pension aufbessern, indem er als Security arbeitete. Wie ich erfuhr, war das in L. A. keine Seltenheit.

Überhaupt war die Polizeiarbeit hier völlig anders, als mein Team und ich das aus Österreich gewohnt waren. Während die Ausbildung zum Polizisten in Österreich zwei Jahre dauerte, lag sie hier bei gerade mal sechs Monaten. Jeder Polizist trug nicht nur eine 9mm-Pistole bei sich, sondern hatte auch einen Smith&Wesson-Revolver an einem Holster am Unterschenkel. Schießereien zwischen Kriminellen und der Polizei gab es jede Woche.

Uns beeindruckte, wie sehr Fred und Jim dem Bild von amerikanischen Cops entsprachen. Sie trugen selbst bei größter Hitze schwarze Anzüge, weiße Hemden und schwarze Krawatten. Und sie kannten Los Angeles wie ihre Westentasche.

Wir waren kaum fünf Minuten gegangen, als wir wieder vor dem Radisson standen.

»Wir haben Sie gesucht«, erklärte mir Fred. »District Attorney Kensey möchte Sie und Ihre Kollegen sprechen.«

Der District Attorney war der Bezirksstaatsanwalt. Er entschied, ob gegen Unterweger Anklage im Falle der drei Prostituiertenmorde erhoben wurde. Deswegen war die Sonderkommission nach L. A. geflogen. Wir hatten uns dafür entschieden, Unterweger nicht in Miami zu besuchen, sondern uns in L. A. einen Überblick über die Fälle zu verschaffen, mit denen wir ihn in Zusammenhang bringen konnten. Womöglich würde uns das auch bei den Ermittlungen der österreichischen Fälle helfen.

Gemeinsam mit Franz Brandstätter aus Graz, Leopold Etz aus Niederösterreich und Klaus Obergschwandtner aus Vorarlberg wurde ich in einer schwarzen Limousine zur Bezirksstaatsanwaltschaft gebracht, die in einem wenig schmuckvollen, aus grauem Stein bestehenden Gebäude untergebracht war. Vor dem Eingang erwarteten uns Beamte, die uns durch einen Sicherheitscheck führten. Im Gegensatz zu österreichischen Gebäuden kam mir dieses vor wie eine Festung.

Schließlich wurden wir in das Büro von Michael Kensey geführt. Er hatte akkurat gescheiteltes schwarzes Haar, ein jugendliches Gesicht mit einer runden Hornbrille und einen perfekt geschnittenen Anzug. Diesem Mann stand die Karriere ins Gesicht geschrieben.

Wir schüttelten uns die Hände und nahmen an einem Besprechungstisch Platz.

»Was tun Sie da?«, fragte Kensey, als Etz sich eine Zigarette anzündete.

»Rauchen.«

»Wir haben eigentlich ein Rauchverbot in offiziellen Gebäuden.«

Obergschwandtner, der sich seine Zigarette gerade zwischen die Lippen gesteckt hatte, zog die Augenbrauen in die Höhe.

»Ein Rauchverbot? In Amerika?«

»Wir wollen eine Ausnahme machen«, sagte Kelsey, öffnete das Fenster und holte einen alten Aschenbecher, überzogen mit Spuren getrockneter Asche, aus einem Kasten.

»Sehr verbunden«, sagte Obergschwandtner.

»Kommen wir zum Fall«, sagte Kelsey und machte eine demonstrative Armbewegung, um den Rauch zu vertreiben. Das fing ja gut an.

»Der Verdächtige bestreitet alle Vorwürfe. Außer ein paar Indizien haben wir nichts. Wenn wir keine klaren DNA-Spuren bekommen, werde ich keine Anklage erheben.«

Kelseys Worte kamen nicht überraschend.

Wir hatten in den vergangenen Tagen die Polizeiakten zu den Fällen durchgesehen. Da in L. A. jede Woche Morde stattfanden, waren die Akten weniger ausführlich als unsere. Die Ermittlungen waren bald eingestellt worden. Ich verstand Kelsey. Die Amerikaner wollten ihre Ressourcen nicht an einen Österreicher verschwenden. Und bei der derzeitigen Beweislast standen die Chancen gut, dass Unterweger in einem amerikanischen Prozess freigesprochen wurde.

»Wir würden Unterweger ohnehin lieber in Österreich vor Gericht bringen«, sagte ich.

»Wir werden noch einen DNA-Test abwarten«, sagte Kelsey. »Wenn dieser nichts Eindeutiges erbringt, werden wir eine Rücküberstellung nach Österreich in die Wege leiten.«

Auf dem Rückweg ins Hotel machten wir einen Abstecher ins Sheriff Department.

»Es gibt da jemanden, den möchten wir euch vorstellen«, erklärte uns Fred. Am Eingang erwarteten uns die Sheriff Deputies Ronnie Lancaster und Bob Carr. Lancaster hatte die Leiche von Sherry Long gefunden.

Die beiden führten uns in einen dunklen Raum im Untergeschoss des Gebäudes. Dort erwartete uns eine kleine Frau mit braunen Locken und stechendem Blick.

»Darf ich vorstellen«, sagte Ronnie, »Doktor Lynne Herold, die Boa.«

Mein Englisch war eigentlich recht gut, aber ich glaubte, mich verhört zu haben. Hatte er die Frau gerade als Schlange bezeichnet?

Sie führte uns in ihr Labor, wo sie die Tatwaffen der drei Morde vorbereitet hatte. Es handelte sich um drei BHs.

»Sehen Sie sich die Knoten an«, erklärte uns Herold. »Eindeutig das Handwerk eines einzigen Täters. Ich kenne mich mit Knoten gut aus, aber so einen habe ich noch nie gesehen. Ich brauchte ein wenig, bis ich die Funktionsweise verstand. Damit kann der Täter die Luftzufuhr regeln. Seinem Opfer die Luft abschnüren und den Druck dann wieder lockern. Es ist ein Folterinstrument.«

Meine Kollegen und ich blickten schweigend auf die BHs.

»Ich habe mir die Fotos Ihrer Tatorte angesehen«, sagte Herold. »Auch wenn es keine BHs sind, die Vorrichtung ist dieselbe. Aus meiner Sicht muss es sich um den gleichen Täter handeln.«

»Prostituierte in Österreich tragen keine BHs«, warf Etz ein.

»Sie haben meist nur ein Top an. Deswegen musste er andere Kleidungsstücke verwenden.«

»Würden Sie in einem Prozess nach Österreich kommen und aussagen?«, fragte ich.

»Natürlich«, sagte Herold. »Es kommt nicht oft vor, dass ich über Knoten sprechen darf.« Ich konnte nicht sagen, ob die Frau einen Witz machte.

Wir bedankten uns und fuhren zurück ins *Radisson*. In der Hotelbar erwartete uns der Manager des Hotels, ein Österreicher. Er war glücklich, Landsleute bewirten zu können, und spendierte uns jeden Tag eine Runde Long Island Iced Teas.

Meine Kollegen und ich waren Bier und Wein gewohnt, aber vor diesen Getränken hatten wir Respekt. Am ersten Abend hatten wir sie ziemlich unterschätzt, was sich am nächsten Morgen gerächt hatte. Fred und Jim schlürften sie wie Orangensaft.

»Sie haben mit Unterweger in Miami gesprochen«, sagte ich zu Fred. »Was denken Sie?«

»Der Mann ist schuldig«, antwortete Fred. »Das merke ich bei jedem Wort, das er sagt. Allerdings hat das keine Bedeutung, wenn wir nichts beweisen können. Und zurzeit sieht es nicht danach aus.«

»Die Ermittlungen sind gerade erst am Anfang«, warf Obergschwandtner ein. »Wir werden etwas finden.«

»Das hoffe ich«, sagte Fred. »Der Mann ist kein Idiot. Wenn er aus dieser Sache unbeschadet rauskommt, wird er nicht aufhören, zu morden. Er wird es aber noch klüger tun.«

»Vielleicht in Südamerika«, sagte Harper. »Dort verschwinden ständig Prostituierte und niemand kümmert sich darum.«

»Tun Sie uns einen Gefallen«, sagte Fred. »Wenn Sie dem Mann für die Rückreise Handschellen anlegen, stellen Sie sicher, dass er sie erst in einer Zelle abgenommen bekommt.«

Montag, 13. April, 19:30 Uhr
Fakultät für Psychologie, Liebiggasse, Innere Stadt, Wien

Sie wartete, bis sie ihn aus dem Gebäude treten sah. Seine Gestalt war einfach auszumachen: Lang und schlaksig, mit einem zu weiten, abgetragenen Mantel und dreckigen Turnschuhen. Die langen Haare ungekämmt, der Blick nachdenklich. Er würde sie nicht bemerken.

Sie folgte ihm über die Universitätsstraße. Die knöchernen, bleichen Türme der Votivkirche erhoben sich in den Nachthimmel, spitz wie Speere, die das Himmelszelt durchstoßen wollten.

Es war kühl, und die wenigen Menschen, denen sie begegnete, eilten mit gesenktem Kopf und hochgeschlagenem Kragen an ihr vorbei.

Er ging durch den Votivpark.

An der Rückseite der Kirche holte sie auf und zog ihn an seinem Jackenärmel. Erschrocken blieb er stehen, sie konnte sehen, wie er seine Gedanken ordnete, ehe er herumwirbelte und sie angsterfüllt anblickte. Vermutlich dachte er, es handle sich um einen Überfall.

Als er in das Gesicht seiner ehemaligen Studentin blickte, wandelte sich die Angst in Verblüffung.

»Elisa?«, fragte er, im Moment der Erleichterung ins persönliche Du überwechselnd, das er ihr am Ende ihrer Zusammenarbeit entzogen hatte. »Was machst du denn hier?«

»Ich habe die Akten gesehen«, sagte Elisa. »Ihre Akten. Über Unterweger.«

Mit jedem Satz zog sich eine neue Falte über die hohe Stirn des Professors.

»Ich weiß jetzt, warum Sie nicht wollen, dass irgendeiner Ihrer Studenten der Sache nachgeht.«

»Wie hast du ...« Töller blickte sich um. »Nicht hier. Lass uns in ein Café gehen, ja? Dort können wir reden.«

Ohne sie eines weiteren Blickes zu würdigen, ob aus Wut oder aus Angst konnte Elisa nicht sagen, schritt er vor ihr durch den Park. Sie überquerten die Währinger Straße und er führte Elisa in ein kleines, altes Café in der Kolingasse. Es sah billig aus und roch nach abgestandenem Zigarettenrauch. Das Licht war gedämpft, die Stimmen verschwammen in einem Wirbel aus Lachen und Rufen. Töller steuerte so zielsicher einen Tisch in der hinteren Ecke an, dass es nicht sein erstes Mal hier sein konnte.

Sie schwiegen, bis sie ihre Bestellungen aufgegeben hatten, und dann schwiegen sie weiter. Erst als Töller ein Bier und Elisa einen Verlängerten bekommen hatte, dessen Milch als Klumpen in der braunen Flüssigkeit schwamm, begann er zu reden.

»Wie sind Sie an die Dokumente gekommen?« Töller hatte nicht nur seine Professionalität wieder gewonnen, sondern auch das Sie.

»Ich bin Ihnen keine Antworten schuldig«, sagte Elisa. »Sie brauchen nur zu wissen, dass ich alles habe. Kopien Ihrer Aufzeichnungen, Ihrer Gutachten, Ihrer Gesprächsprotokolle.«

»Das ist Diebstahl«, sagte Töller knapp.

Elisa zuckte die Schultern. »Wenn diese Papiere an die Öffentlichkeit kommen, dann sollte das Ihre geringste Sorge sein. Was, denken Sie, würden Ihre Vorgesetzten dazu sagen? Die Ethikkommission? Ihre Studenten? Vielleicht sogar die Justiz?«

»Was wollen Sie?«, fragte Töller. Seine Stimme zitterte, als er die Worte zwischen seinen Lippen hervorpresste. Es wirkte, als hätte er sie am liebsten geschluckt und mit dem Bier hinuntergespült.

»Wie wäre es, wenn wir mit der Wahrheit anfangen«, sagte Elisa. »Wie konnten Sie Unterweger jemals für resozialisiert erklären? Nach all dem, was in Ihren Notizen steht?«

Töller fuhr sich nervös durch die Haare. Er warf einen raschen Blick um sich, doch sie saßen in einer abgelegenen Nische und die anderen Leute waren viel zu sehr mit ihren Gesprächen und ihren Getränken beschäftigt, um sich für sie zu interessieren.

Der Professor seufzte. »Wie Sie gesehen haben, war ich öfters bei Unterweger. Ich habe ihn kennengelernt, so wie andere Fachkollegen von mir auch. Er war der interessanteste Fall, den wir in unserer gesamten Laufbahn hatten. Für viele von uns war es die Chance ihres Lebens. Ein verurteilter Sexualmörder, geistig abnorm, wird zu einem gefeierten Schriftsteller? Was man alles aus einem solchen Werdegang lernen könnte.« Er lachte trocken. »Und gelernt haben wir viel, oh ja. Jedem von uns, der nur über ein wenig Berufserfahrung verfügte, war nach einigen Gesprächen klar, dass Unterweger nach wie vor ein unverbesserlicher Narzisst war. Die ersten Stunden konnte er die Fassade noch aufrechterhalten. Er sagte uns, was wir hören wollten, offenbar hatte er sich die Worte zurechtgelegt. Unterweger bereute, sprach über seine schriftstellerische Tätigkeit, über seinen Willen, sich zu ändern. Aber bald wurde klar, dass diese Sätze nur ein Ziel verfolgten: Ihn so schnell wie möglich aus dem Gefängnis zu bringen. Je weiter er vom Skript abkam, das er gelernt hatte, desto mehr konnte ich seine wahre Natur erkennen. Er war völlig von sich eingenommen. In seinem Universum gab es für keine andere Person Platz. Frauen waren stets Objekte – entweder wollte er ihre Fürsorge und Liebe oder er wollte sie als Opfer für seine Machtversessenheit. Jeden Menschen, den er traf, prüfte er auf dessen Nützlichkeit. Er kannte keine Moral, weil er selbst sein höchster moralischer Maßstab war. Wenn er etwas tat, konnte es nicht schlecht sein, einfach, weil er es tat. Er machte keine Fehler, er hatte keine Schuld. Er lernte zwar, sich schuldig zu bekennen, aber nur dann, wenn es ihm half. Ich wusste, dass dieser Mann im Gefängnis vieles geworden war, eine Berühmtheit, ein Schriftsteller, ein Schauspieler, aber gut war er nicht geworden. Was auch immer dieses Wort bedeutet.«

Nachdem Töller geendet hatte, nahm er einen tiefen Schluck aus seinem Glas.

»Wie konnten Sie ihm dann ein so gutes Zeugnis ausstellen?«, fragte Elisa entgeistert.

»Sie sind naiv, Frau Kronfeld«, sagte Töller. »Schauen Sie nicht so. Sollten Sie jemals in der wirklichen Welt ankommen, werden Sie merken, dass ich recht hatte. Alle wollten Unterweger frei sehen. Die Medien, weil es eine tolle Geschichte war. Der Gefängnisdirektor, weil er ein Vorzeigebeispiel seiner Anstalt war und eine erfolgreiche Resozialisierung mehr Förderung bedeutete. Allen voran die Politik, weil Unterweger ihr Beweis war, dass sich Menschen ändern konnten, dass ihre Politik selbst aus den schlimmsten Verbrechern noch gute Bürger machen konnte. Und natürlich die Frauen ...« Töller lachte erneut. »Die Frauen waren ganz wild darauf, dass Jack freikam.«

»Das würden die ermordeten Frauen anders sehen«, sagte Elisa scharf. Sie hatte ihren Professor nie als Zyniker erlebt. Wo war sein Humor geblieben, sein schiefes Grinsen, seine Liebenswürdigkeit, wegen der sich so viele Studierende Professor Ernst Töller als ihren Doktorvater wünschten?

»Immer mehr meiner Kollegen stellten Unterweger ein gutes Zeugnis aus, weil sie wussten, dass sie damit der Politik einen Gefallen taten«, fuhr Töller fort. »Einen Gefallen, der eines Tages retourniert werden würde.«

»Also haben Sie mitgemacht«, sagte Elisa.

»Genau«, antwortete Töller, ohne sie anzusehen. »Also habe ich mitgemacht.«

Eine Weile sagte keiner von beiden etwas. Töller trank sein Bier, während Elisas unberührter Kaffee kalt wurde.

»Ich habe auch eine Kopie von Ihren Notizen zum Mord an Margret Schäfer«, sagte Elisa. »Der Mord, der Unterweger damals ins Gefängnis gebracht hat.«

»Es würde mich wundern, wenn das damals sein einziger Mord war«, sagte Töller. »Die Spontaneität der Aktion spricht zwar dafür. Warum hätte er das tun sollen, während seine Verlobte im Auto wartete? Aber Unterweger traue ich zu, dass er glaubte, seine Verlobte könne ihn unterstützen. Dass sie gemeinsam zu morden beginnen würden wie Bonnie und Clyde. Jedenfalls war die Ausführung der Tat so kalt und präzise, dass er genau wissen musste, was er tat. Falls er keine Erfahrung hatte, so hatte er zumindest schon oft darüber nachgedacht.«

Die fehlende Emotion in Töllers Stimme erschreckte Elisa. War das die Konsequenz seines viel gerühmten Expertentums? Dass er in Unterweger und seinen Taten bloß noch pathologische Muster sah?

»Aber Sie haben ihn ja selbst getroffen«, unterbrach Töller ihre Gedanken. »Was denken Sie denn?«

»Er war charmant und einnehmend«, sagte Elisa, die von dem Interesse ihres Professors überrascht war. Sie hatte völlig vergessen, dass nicht nur sie Töllers Akten, sondern der Professor auch ihr Notizbuch gelesen hatte. Sie hatten keine Geheimnisse mehr voreinander, zumindest keine beruflichen. »Nicht so, wie ich mir einen Mörder vorgestellt habe.«

»Das sind sie nie«, sagte Töller und trank sein Bier aus. War er wütend über ihren Diebstahl seiner Akten, so ließ er es sich nicht anmerken. »Sie wollten unbedingt ergründen, warum Unterweger tut, was er tut. Vorausgesetzt, er hat die Frauen umgebracht, was ich für wahrscheinlich halte. Wenn ich mich richtig erinnere, schrieben Sie, der Schlüssel dazu müsse in Unterwegers Mord an Margret Schäfer gesucht werden.«

Zum ersten Mal blickte Töller sie direkt an.

»Und? Jetzt, nachdem Sie meine Aufzeichnungen über den Tod von Schäfer gelesen haben – verstehen Sie, warum Jack Unterweger mordet?«

Elisa stand auf. »Wenn es zu keinem Prozess gegen Unterweger kommt oder er freigesprochen wird, dann werde ich dafür sorgen, dass Ihre Notizen veröffentlicht werden.«

Töller breitete die Arme aus. »Wenn Sie Ihre Dissertationsstelle wieder haben wollen, das lässt sich einrichten. Wir vergessen beide einfach die Notizen des anderen. Was meinen Sie?«

»Ich dachte, dass Sie als Psychologe irgendetwas von Menschen verstünden«, antwortete Elisa. »Offenbar habe ich mich geirrt.«

Sie verließ das Café, ohne sich noch einmal umzudrehen.

Freitag, 17. April, 10:00 Uhr
Flughafen Wien-Schwechat, Schwechat, Niederösterreich

Wir waren gerade in die Eingangshalle des Flughafens getreten, da wurden wir auch schon von zwei Beamten des Innenministeriums abgefangen.

»Doktor Geiger«, sagte einer von ihnen. »Wir müssen Sie ins Bundesministerium bringen.«

Der Jetlag machte mir zu schaffen, ich war müde und hätte mich am liebsten für eine Stunde unter die Dusche gestellt.

»Muss das sofort sein?«, fragte ich.

Der Blick des Beamten war Antwort genug.

Eine Stunde später saß ich dem Sektionschef gegenüber.

»Wir sind nicht erfreut«, ließ er mich wissen. »Ihr Fernsehauftritt in Los Angeles ... Was haben Sie sich dabei gedacht?«

Kurz vor unserer Abreise aus L. A. waren wir mit einem Kamerateam des ORF zum Auffindungsort von Shanon Exley in die Hügel Malibus gefahren.

Dort hatte ich die Möglichkeit ergriffen, mich an die österreichische Öffentlichkeit zu wenden.

Das Innenministerium hatte nach der Flucht Unterwegers eine Informationssperre verhängt. Uns war es nicht erlaubt, irgendwelche Informationen an die Presse weiterzugeben.

Damit überließen wir das Feld der öffentlichen Meinung Unterweger. Dieser hatte bereits den bekannten Wiener Anwalt Georg Zanger mit seiner Verteidigung beauftragt. Zanger war eher Wirtschaftsanwalt als Strafverteidiger, allerdings war der Umgang mit Medien sein Spezialgebiet. Ein großer Teil seiner Verteidigungsstrategie bestand darin, Jack Unterweger als unschuldiges Opfer zu präsentieren, das von der Polizei aufgrund seiner Vergangenheit als Schuldiger auserkoren wurde, um einen Täter präsentieren zu können und den Fall abzuschließen. Bisher war ihm das gut gelungen, denn wir durften keine Gegenargumente vorbringen.

In L. A. hatten die ORF-Journalisten zunächst Fred Miller interviewt und mich danach um eine Einschätzung gebeten. Da es sich streng genommen um einen Fall des Los Angeles Police Department handelte, gab ich Auskunft. Und nutzte die Möglichkeit, die Öffentlichkeit über unsere Sicht der Dinge zu informieren. Ich sprach über die Zusammenhänge zwischen den Morden in L. A. und in Österreich und darüber, dass Unterweger stets zur richtigen Zeit am richtigen Ort gewesen war.

Wie mir der Sektionschef nun erklärte, hatte Unterweger Freunde in allen Medienhäusern. Die ORF-Sendung war polizeikritisch ausgefallen und bewahrheitete damit die Befürchtungen des Ministeriums.

»Kein Wort mehr zur Presse, verstanden?«, sagte der Sektionschef. »Oder wir ziehen Sie von dem Fall ab. Wir können uns keine mediale Schlammschlacht leisten.«

Ich erkannte, dass in diesem Moment Widerrede zwecklos war. Ich nickte.

Das Gespräch war damit beendet.

Kaum hatte ich das Büro des Sektionschefs verlassen, meldete sich mein Pager. Ich rief in der Berggasse an. »Ich hoffe, du bist gut angekommen«, begrüßte mich Kucera.
»Ich war gerade im Innenministerium«, sagte ich. »Kein angenehmes Gespräch.«
»Von deinem Urlaub kannst du mir später erzählen«, sagte er. »Du musst herkommen. Sie haben Regina Prem gefunden.«

Freitag, 17. April, 16:00 Uhr
Sicherheitsbüro, Berggasse, Alsergrund, Wien

Werner Kucera hatte im letzten Jahr viel Kontakt mit Rudolf Prem gehabt. Der Ehemann der vermissten Regina Prem hatte wöchentlich angerufen und sich nach Neuigkeiten erkundigt. Kucera konnte in seiner Stimme hören, wie die Hoffnung langsam verschwand, aber ohne Sicherheit über Reginas Schicksal würde sie nie völlig erlöschen. Da lag stets eine unausgesprochene Frage in den Pausen zwischen seinen Sätzen, eine noch nicht aufgegebene Suche nach seiner Frau. Trotz seiner langjährigen Erfahrung fiel es Kucera an diesem Tag schwer, den Telefonhörer in die Hand zu nehmen, bei Rudolf Prem anzurufen und ihn ins Sicherheitsbüro zu bestellen. Er müsse eine Leiche für sie identifizieren. Ob er sich dazu in der Lage sehe? Kucera musste es nicht ausformulieren, Rudolf verstand. Er versprach, in einer Stunde da zu sein.

Während Kucera auf seinen Vorgesetzten Ernst Geiger und Rudolf Prem wartete, dachte er an die seltsamen Anrufe, die Prem erhalten hatte.

»Mit dem Gesicht zum Hades« musste wohl bedeuten, dass die Frauen mit ihren Gesichtern im Boden versunken gefunden worden waren. Aber was sollte die Formulierung »Wenn der Achter im Zenit steht« bedeuten? Kucera war ratlos.

Geiger kam zuerst im Sicherheitsbüro an.

»Ein pensionierter Polizist ist heute Morgen mit seiner Frau auf dem Hermannskogel spazieren gegangen«, berichtete Kucera. »Er trat gegen etwas, das er für einen toten Ast hielt. Dann bemerkte er, dass daran ein Stofffetzen hing. Er erkannte, dass es kein Ast war, sondern ein Oberschenkelknochen in einem Nylonstrumpf.«

Die Beamten fanden von Regina Prem nur noch Knochen. Sie waren von Tieren über ein weites Gebiet verstreut worden. Schädel war keiner gefunden worden, was eine Identifizierung anhand des Gebisses unmöglich machte. Bis auf den Nylonstrumpf fehlte auch ihre Kleidung.

»Wir konnten bloß Schmuck finden«, sagte Kucera. »Eine Halskette mit einem Panther von Cartier sowie eine venezianische Karnevalsmaske. Außerdem eine Zahnprothese.«

»Der Täter könnte sie mit dem Nylonstrumpf erdrosselt haben wie die anderen Opfer«, sagte Geiger. »Deswegen war er noch am Tatort.«

»Das war auch mein erster Gedanke«, sagte Kucera.

Als Rudolf Prem eintraf, empfing ihn Kucera persönlich in der Eingangshalle und führte ihn in einen Besprechungsraum. Sie sprachen nicht. Der große Mann setzte sich auf den viel zu kleinen Stuhl. Kucera legte die Fotos vor ihm auf den Tisch. Er nahm sie der Reihe nach in die Hand und betrachtete sie. Als er das Letzte zurückgelegt hatte, atmete er tief durch.

»Den Panther habe ich ihr zum Hochzeitstag geschenkt«, sagte er. »Und die Karnevalsmaske haben wir in Venedig gekauft, als wir dort auf Urlaub waren. Die Zahnprothese erkenne ich auch wieder. Regina hat sie gehasst.«

Kucera schwieg.

»Ich wollte eine schöne Bestattung«, fuhr Prem fort. Kucera war überrascht, was für eine leise und zerbrechliche Stimme aus diesem massiven Körper kam. »In Weiß, im offenen Sarg, eine *schöne Leich*. Aber von ihr ist nichts geblieben als ein Haufen Knochen.«

Prems Körper begann zu zittern. Das Zittern breitete sich von seinen Schultern über seine Hände bis in seine Oberschenkel aus. Die Stuhlbeine schabten über den Boden, als der große Mann in Tränen ausbrach.

Kucera legte ihm die Hand auf die Schulter. Nun war es geschehen: Die Hoffnung war aus Rudolf Prems Stimme verschwunden.

Freitag, 17. April, 20:00 Uhr
Wohnung Familie Geiger, Hietzing, Wien

Ich öffnete die Tür unserer Wohnung, sah Evis schwarze Daunenjacke an der Wand hängen, mit der sie ins Spital gefahren war, und erkannte, was ich angerichtet hatte.

Während meines Aufenthalts in Los Angeles hatte sich Evi einer Operation der Nasenscheidewand im Hanusch-Spital unterzogen. Diese Operation war schon lange geplant gewesen, Katja war bei ihren Großeltern untergebracht worden. Da ich am Tag der Operation nicht bei ihr sein konnte, hatte ich versprochen, sie aus dem Spital abzuholen. Sie war heute Mittag entlassen worden.

Das Gespräch im Innenministerium und die Nachricht von Regina Prems Leichenfund hatten alle meine anderen Gedanken verdrängt. Einmal mehr hatte sich Unterweger zwischen meine Familie und mich geschoben.

Ich spürte, wie abermals Wut gegenüber diesem Mann in mir hochstieg. Die Leben wie vieler Menschen, wie vieler Familien, mochte er direkt und indirekt zerstört oder beschädigt haben? Wie viele Menschen lebten wegen ihm in Angst und Ungewissheit, in Trauer und Verzweiflung?

Leise öffnete ich unsere Schlafzimmertür. Meine Frau lag im Bett, ihr Gesicht in einen Verband gewickelt. Kleine, getrocknete Blutflecken schimmerten unter den Bandagen hervor. Auf den Wangen war er aufgequollen vom Wasser ihrer Tränen.

Ich wusste nicht, ob sie geschlafen hatte. Sie öffnete ihre Augen und die Schönheit dieses sanften Brauns inmitten des nassen, blutigen Verbandes ließ mich eine alles verschlingende Verzweiflung spüren. Mochten meine Empfindungen Unterweger gegenüber auch berechtigt gewesen sein, das hier, dieses Bild einer schönen, traurigen, verletzten Frau hatte nicht er zu verantworten, sondern ich ganz allein.

»Es tut mir so leid«, sagte ich leise.

Evi antwortete nicht. In ihrem Blick lag ein Vorwurf, der über Worte hinausging. Sie hatte meinen Ehrgeiz und meine Zielstrebigkeit immer bewundert und geschätzt. Mein Beruf war stets ein wichtiger, großer Teil meines Lebens gewesen, aber eben nur ein Teil. Der andere hatte meiner Familie gehört. Nun schien dieser Teil aus mir herausgebrochen wie ein Stück Packeis, das sich immer weiter von mir entfernte, sich aufzulösen begann.

Und ich drohte zurückzubleiben an diesem kalten, finsteren Ort, allein mit Jack Unterweger.

Montag, 29. Juni, 9:00 Uhr
Justizanstalt Graz, Conrad-von-Hötzendorf-Straße, Graz, Steiermark

Wolfgang Wladkowski war froh, dass er seinen Urlaub in Kuba ausgekostet hatte. Denn seit er zurückgekommen war, musste er sich um den Fall Unterweger kümmern. Das bedeutete ein Arbeitspensum von sieben Tagen die Woche, oft bis spät abends. Und er wusste, dass noch einige Zeit verstreichen konnte, bis der Prozess beginnen würde.

Dass es zu einem Prozess kommen würde, daran hegte Wladkowski keine Zweifel. Unterweger war vor einem Monat von Miami nach Wien überstellt worden. Vom Flughafen hatte ihn ein schwarzer Van in die Justizanstalt Graz gebracht, wo er seitdem in Haft saß. Wladkowski war insgeheim froh, dass der Grazer Staatsanwalt den Haftbefehl ausgestellt hatte und nicht jener in Wien. In Wien hatte Unterweger viele einflussreiche Freunde. Graz war neutrales Gebiet.

Unterwegers Anwalt ließ nichts unversucht, die Medien auf die Seite des Verdächtigen zu bringen. Dass die amerikanische Justiz Unterweger in Los Angeles nicht angeklagt, sondern nach Österreich zurückgebracht hatte, galt ihm als Beweis für die Unschuld seines Mandanten. Um sich später nicht den Vorwurf der

Beeinflussung der Öffentlichkeit zuzuziehen, durfte die Polizei nichts entgegnen.

In den USA war tatsächlich ein DNA-Abgleich gemacht worden. Mittels eines PCR-Tests war eine DNA aus Samenspuren isoliert worden, die man auf dem Körper der Toten Shannon Exley gefunden hatte.

Wladkowski hatte die Ergebnisse vor sich. In der Untersuchung war der genetische Marker HLA-DQ Alpha Typ 3.4 gefunden worden. Die DNA von Unterweger erhielt denselben Marker. Das Problem: Dieses Ergebnis konnte einen Verdächtigen nur ausschließen, ihn jedoch nicht überführen. Denn ungefähr elf Prozent der weißen und neun Prozent der schwarzen Bevölkerung in den USA wiesen diesen Marker auf. Dennoch wollte Wladkowski Unterweger mit der DNA-Analyse konfrontieren.

Unterweger wartete bereits im Verhörzimmer, als Wladkowski zu ihm trat.

»Herr Unterweger«, begann der Richter, »ein paar Neuigkeiten, die Sie interessieren könnten. Eine Frau Müller hat sich bei uns gemeldet. Sie haben ihr aus Miami einen Brief geschrieben, in dem Sie erbitten, die liebe Frau Müller möge Ihnen doch ein Alibi für den Abend des 25. Oktobers 1991 geben, für die Nacht also, in der Brunhilde Masser verschwand. Falls sie sich weigern sollte, haben Sie damit gedroht, ihrem Mann von ihrer Affäre mit Ihnen zu erzählen.«

Unterweger blickte an Wladkowski vorbei und zeigte keine Reaktion.

»Blöd nur für Sie, dass Frau Müller ihrem Mann alles gebeichtet hat und dann zur Polizei gegangen ist. Und sie hat uns erzählt, dass Sie beide am 25. Oktober tatsächlich zusammen waren. Allerdings nur bis 22 Uhr. Dann haben Sie sich auf den Weg nach St. Veit gemacht. Und sind dabei durch Graz gefahren.«

»Und?« Unterweger blickte Wladkowski provokant an.

»Nichts und«, antwortete Wladkowski. »Frau Müllers Mann überlegt, Sie wegen Diebstahls anzuzeigen. Sie haben seine Pistole aus dem Schlafzimmer gestohlen. Sie war ein Geschenk seines verstorbenen Vaters. Er hat die Pistole wiedererkannt, als Sie sich damit in einem Wiener Club fotografieren ließen.«

Das brachte Jack zum Lächeln.

»Ja, eine lustige Geschichte«, sagte Wladkowski leichthin.

»Weniger lustig ist, dass Sie nicht gerade wenige Klagen gegen sich stehen haben. Herr Müller muss sich also hinten anstellen. Sie können für keinen einzigen der Morde ein Alibi vorweisen. Warum ist das so?«

Unterweger verschränkte die Arme vor der Brust. »Ich habe bereits alles niedergeschrieben, was es zu sagen gibt.«

»Ich weiß«, sagte Wladkowski. »Und ich habe das alles gelesen. Schrecklich uninformativ. Sie erzählen uns seitenlang, wo Sie vor und nach den Tatzeitpunkten waren, aber die Stunden der Morde werden seltsamerweise nie erwähnt. So eine Ablenkungstaktik funktioniert vielleicht, wenn niemand genau hinsieht. Aber jetzt schauen wir ganz genau hin, Herr Unterweger. Warum sollte jemand wie Sie, der doch so viel von Freiheit redet, lieber im Gefängnis bleiben, wenn er nur ein einziges Alibi vorweisen müsste? Denn Sie wissen genauso gut wie ich, dass die sieben Fälle alle ein- und demselben Täter zugeschrieben werden. Können Sie nur für einen dieser Fälle ein überzeugendes Alibi vorweisen, werden die Geschworenen Sie vermutlich auch für die anderen sechs freisprechen.«

»Ich kann mich nicht so gut erinnern«, murmelte Jack. Das Lächeln war aus seinem Gesicht verschwunden.

»Das kann sein«, sagte Wladkowski freundlich. »Oder die Erklärung ist noch einfacher: Sie haben diese Frauen umgebracht.«

Kaum hatte der Richter den Satz beendet, war Jack aufgesprungen. Zum ersten Mal seit er in Graz angekommen war, hatte er die Fassung verloren. Voller Hass und Zorn starrte er auf Wladkowski.

»Nur zu«, sagte der Richter. »Schlagen Sie mich. Mal sehen, ob Ihnen das hilft.«

»Sie haben gar nichts«, sagte Jack durch zusammengepresste Zähne. »Sie haben keinen einzigen Beweis. Und deswegen versuchen Sie, mir etwas zu entlocken. Aber Sie werden nichts finden.«

»Vielleicht brauchen wir Ihr Geständnis bald gar nicht mehr«, sagte Wladkowski. »Ich habe in meinem Büro eine DNA-Analyse aus Los Angeles.«

»Wovon sprechen Sie?«, fragte Unterweger. Der Hass in seinen Augen war Verwirrung gewichen. »Welcher Fall?«

»Denken Sie darüber nach«, sagte Wladkowski. »Vielleicht kommen Sie selbst darauf.«

Der Richter verließ das Verhörzimmer. Er musste in sich hineinlächeln. Das war besser gelaufen als gedacht. Nicht, dass er dem Spitznamen etwas abgewinnen konnte, der ihm von einigen Journalisten verliehen worden war, aber diesmal hatte er ihm Ehre gemacht: Wlad, der Pfähler.

Dienstag, 30. Juni, 10:00 Uhr
Sicherheitsbüro, Berggasse, Alsergrund, Wien

Werner Kucera kam sich langsam vor wie ein Bibliothekar. Er wusste, dass die Durchsicht von Beweismaterial zur Arbeit eines Polizisten gehörte, aber die Genauigkeit, mit der er die Kisten aus Unterwegers Wohnung durchsuchen musste, brachte ihn an den Rand der Erschöpfung. Zigaretten und Kaffee wurden zu seinen ständigen Begleitern und in ihm wuchs die Angst, er könne entscheidendes Beweismaterial entweder in Flammen aufgehen lassen oder durch Kaffeeflecken unleserlich machen. Aber ohne diese beiden Stimulanzien wusste er nicht, wie er diese Aufgabe meistern konnte.

Noch dazu, wo sein Chef Ernst Geiger gestern auf eine Konferenz zur internationalen Verbrechensbekämpfung nach Budapest gefahren war. Er würde dort auch den Prager Polizeichef treffen. Sie hatten in den Rechnungen von Unterweger Hinweise auf einen Aufenthalt in Prag gefunden. Zwar lag diese Reise schon einige Zeit zurück, er hatte sie im September 1990 gemacht, doch vielleicht würden sich ähnliche Treffer finden lassen wie in Los Angeles. Geiger hatte den Polizeichef gebeten, nachzusehen, ob es einen Fall gab, der in ihr Profil passte.

So blieb die langweilige Arbeit also an Kucera hängen. Er seufzte, öffnete die nächste Box und fand weitere Hefte und Bücher darin. Er hatte schon herausgefunden, dass Unterweger ein obsessiver Tagebuchschreiber war. Mit erschreckender – und, wie Kucera fand, abstoßender – Genauigkeit hielt er alle seine Sexualpartnerinnen fest und beschrieb die verwendeten Praktiken. Dieses Verzeichnis hatte mehr als hundert Einträge. Kucera versuchte, es professionell zu sehen: Für die Polizei war es ein Register an Zeugen.

Seltsam war allerdings, dass es keine Tagebuchaufzeichnungen für den Zeitraum von 30. April 1990 bis 3. September 1991 gab. Unterweger hatte davor rigoros über alle Menschen, Orte und Ereignisse Tagebuch geführt, vom Jahre 1974 bis zu seiner Entlassung am 23. April 1990. In seiner letzten Eintragung am 30. April stand: »Ab heute eigenes Buch/Kalender!!« Wo aber war dieser Kalender oder dieses Tagebuch? Unterweger selbst behauptete, für die Nächte der Morde keine Tagebucheinträge zu haben und daher nicht mehr genau zu wissen, wo er sich aufgehalten hatte. Damit versuchte er auch die falschen Alibis zu erklären, die er der Polizei gegeben hatte und die mittlerweile von Zeugen widerlegt worden waren.

Für Kucera sah es allerdings viel mehr so aus, als hätte Unterweger die Tagebücher in diesem Zeitraum, in den auch die Morde fielen, vernichtet oder versteckt. Er konnte sich nicht vorstellen, dass ein Mensch, der für viele Jahre über jede Einzelheit seines Lebens Buch geführt hatte, plötzlich damit aufhörte und das nur für etwas mehr als ein Jahr, ehe er wieder damit begann. Vielmehr hatte Unterweger wohl aus vergangenen Fehlern gelernt.

Denn als er 1975 für den Mord an Margret Schäfer verhaftet worden war, fanden die Ermittler sein Tagebuch, in dem er am 11. Dezember 1974 notiert hatte: »Mord an Margret Schäfer.« Einen solchen Beweis für die Prostituiertenmorde würde sich Kucera wünschen.

Als er die Bücher durchblätterte, die in Unterwegers Wohnung sichergestellt worden waren, die meisten abgenutzt und vollgeschrieben, ließ ihn ein Titel aufhorchen: *Der goldene Hades* des englischen Krimischriftstellers Edgar Wallace.

Kucera hatte in den vergangenen Wochen oft über die Worte nachgedacht, die der anonyme Anrufer zu Rudolf Prem gesagt hatte. Nach wie vor konnte die Polizei nicht mit Sicherheit beweisen, dass es sich dabei um den Täter gehandelt hatte. Kucera allerdings war davon überzeugt.

Sie liegen alle am Sühneplatz, mit dem Gesicht zum Hades, anders wäre es ein Frevel. Wenn der Achter im Zenit steht, dann sage ich dir, wo deine Frau liegt. Das waren die Worte des Anrufers gewesen.

Kucera begann, die Kisten zum wiederholten Male durchzugehen, diesmal wusste er allerdings, wonach er suchte. Er fand ein wissenschaftliches Buch über griechische Mythologie mit einem Kapitel über den Hades und einige Diagramme für Himmelsberechnungen.

In dem Buch über griechische Mythen war das untere Drittel der Seiten 17 und 18 sowie die Seiten 19 und 20 herausgerissen worden. Kucera rief bei einem Antiquar an und erklärte ihm die Situation. Dieser versprach, sich umzuhören. Nach zwei Stunden rief er zurück: Er habe eine Ausgabe aufgetrieben und könne sie vorbeibringen. Kucera bedankte sich.

Der Antiquar hielt sein Versprechen. Nachdem er das Buch abgeliefert hatte, schlug Kucera sofort die Seiten nach. Die herausgerissenen Seiten erzählten die Geschichte von König Ödipus. Ödipus war als Kleinkind ausgesetzt worden und ohne Wissen um seine Eltern aufgewachsen. Als Erwachsener tötete er unwissentlich seinen Vater, den König von Theben, und heiratete seine Mutter. So wurde Ödipus selbst zum König.

Am unteren Rand der Seite 19 stand: »Die Sühne: Nach langer und segensreicher Regierung kam, von den Göttern geschickt, als Strafe für die – unbewusst begangenen – Frevel des Ödipus die Pest über das Land.«

Kam daher die Wortwahl des Anrufers, der über Sühne und Frevel gesprochen hatte? Und was meinte er mit dem »Achter im Zenit«? Waren dafür die Diagramme für Himmelsberechnungen?

Gedankenverloren zeichnete Kucera eine Acht auf seinen Notizblock. Er fuhr die Konturen mit seinem Bleistift nach, bis sich ein dichtes, schwarzes Muster gebildet hatte. Dann drehte er den Block. Und wäre fast aufgesprungen.

Der liegende Achter hatte die Form von Handschellen. Wenn der Täter seinen Opfern die Hände mit Handschellen auf dem Rücken fesselte, nahmen die Handschellen die Form einer liegenden Acht an. Und wenn der Täter die Handschellen dann Richtung Nacken seiner Opfer, zum Zenit hin, drückte, fügte er der gefesselten Person Schmerzen zu und nahm ihr jegliche Bewegungsfreiheit.

Es beschrieb jene Methode, die der Täter angewandt hatte, um seine Opfer zu fesseln. Nach der Euphorie der ersten Erkenntnis stellte sich sogleich Ernüchterung ein. Kucera ließ sich entmutigt auf seinen Sessel sinken. Diese Zusammenhänge waren interessant. Doch was konnte er damit beweisen? Bevor er diesen Gedanken weiterverfolgen konnte, flog die Tür auf.

Ein Kollege steckte den Kopf herein.

»Wo ist Doktor Geiger?«, fragte er.

»Auf einer Konferenz in Budapest«, antwortete Kucera.

»Was gibt es denn?«

»Die Nachricht kam gerade aus Graz«, sagte der Beamte atemlos. »Unterweger hat sich heute Nacht in seiner Zelle die Pulsadern aufgeschnitten.«

Dienstag, 30. Juni, 16:00 Uhr
Hotel Mlakar, Konferenzsaal, Budapest, Ungarn

In der Pause der Nachmittagsvorträge kam ein großgewachsener Mann mit scharfen Gesichtszügen auf mich zu, während ich mir gerade einen Kaffee und einen Kuchen vom Büffet holte.

»Mein Name ist Major Hlavac von der tschechischen Polizei«, stellte er sich vor. »Sie haben uns angerufen, Doktor Geiger. Am besten, wir suchen uns einen ruhigen Raum.«

Ich folgte dem Mann durch die Flure des Hotels, in dem die Mitteleuropäische Polizeikonferenz stattfand, die für eine effektivere Zusammenarbeit zwischen den einzelnen Behörden sorgen sollte. Wir gingen in einen der für die Konferenz reservierten Besprechungsräume.

Hlavac zog einige Akten aus seinem braunen Lederkoffer. Er zeigte mir das Foto einer schwarzhaarigen Frau mittleren Alters.

»Das ist Blanka Bockova. Im September 1990 war sie dreiunddreißig Jahre alt, verheiratet und arbeitete in einer Metzgerei«, begann Hlavac zu erzählen. »Sie hatte zwei Kinder. Mit ihrem Mann und den Kindern wohnte sie in einem westlichen Randbezirk von Prag. Abends war sie aber öfters in der Altstadt, um Männer zu treffen, auszugehen und etwas extra zu verdienen, wenn Sie verstehen.«

Ich verstand.

»Am Abend des 14. Septembers 1990 traf sie ihren Freund Martin in einer Bar am Wenzelsplatz«, fuhr Hlavac fort. »Sie tranken zusammen, kurz vor Mitternacht verließ sie die Bar. Danach hat sie niemand mehr gesehen. Bis ihre Leiche am nächsten Tag ein paar Kilometer südlich ihrer Wohnung im Flussbett des Brezanytales gefunden wurde. Es ist ein kleines Tal, umgeben von Wald. Außer einem Paar grauer Kniestrümpfe und einem goldenen Ehering an ihrem Finger war sie nackt. Sie lag auf dem Rücken in flachem Gewässer, die Beine gespreizt, ihr Körper von ein paar Zweigen bedeckt. Bockova war erdrosselt worden, der Täter nutzte sowohl seine Hände als auch ein Strangulationswerkzeug, das wir allerdings nicht finden konnten. Auf einer ihrer Hinterbacken hatte sie eine Stichwunde. Wir dachten damals, der Täter habe sie vor sich her zu diesem Ort getrieben. Wenn sie nicht weitergehen wollte, stach er mit einem Messer zu.« Hlavac lehnte sich zurück.

»Ihr Ausweis wurde kurze Zeit später am Ufer der Moldau gefunden. Wir haben damals einige Verdächtige befragt, aber es ergab sich keine Spur. Irgendwann haben wir den Fall aufgegeben.«

Ich hatte dem Major gebannt zugehört. Die Erzählung klang wie eine Kopie der Tat an Marica Horvath, jener Frau, die laut August Schenner von Jack Unterweger 1974 ermordet worden sein soll, bevor er für einen anderen Mord lebenslänglich bekam.

Beide Leichen waren nackt im Wasser zurückgelassen worden, Kleidung und Handtasche der Opfer verschwunden und an verschiedenen Orten verteilt worden. Beide Opfer hatten, genauso wie später Brunhilde Masser, Stichwunden in den Hinterbacken gehabt. Die Tatorte sahen ähnlich aus, die Leiche war mit Blättern und Zweigen bedeckt worden und der Tod durch Strangulation und Erdrosseln herbeigeführt. Zu viele Gemeinsamkeiten, um sie zu ignorieren.

»Unterweger war von 14. bis 16. September 1990 in Prag«, sagte ich. »Also zur Tatzeit.«

Hlavac nickte.

»Nicht nur das. Wir haben uns Ihre Informationen angesehen. Ihr Mann hat in der Pension einer gewissen Ruzena Svoboda gewohnt. Wir haben die Frau ausfindig gemacht. Sie erzählte uns, dass sich Unterweger vor allem für das Rotlichtmilieu in Prag interessierte. Kurz nach seiner Ankunft wollte er außerdem mit Svoboda schlafen. Die Frau wies ihn ab, woraufhin er sie bat, seine Dolmetscherin im Rotlichtviertel zu sein. Für eine Story, wie er behauptete. In der Nacht des 14. Septembers fuhren sie mit Unterwegers BMW zum Prager Bahnhof. Er zeigte ihr im Handschuhfach eine Pistole und ein Springmesser und sagte, damit werde ihnen nichts passieren. Sie sprachen ein paar Prostituierte an, aber deren Zuhälter schickten sie weg. Kurz vor zwölf trennten sie sich auf dem Wenzelsplatz.«

»Er war also zur Zeit, als das Opfer verschwand, ebenfalls am Wenzelsplatz«, sagte ich. »Und hat kein Alibi für die Nacht.«

»So ist es«, bestätigte Hlavac. »Wir wissen, dass Bockova etwas Deutsch sprach, er könnte sie also aufgelesen und ihr ein Angebot gemacht haben. Und die Wohnung von Ruzena Svoboda liegt unweit einer Brücke, die über die Moldau führt. In der Nähe dieser Brücke fand ein Fischer auf der anderen Seite des Flusses den Ausweis von Blanka Bockova. Wenn Unterweger sie umgebracht hat, hätte er den Ausweis bequem auf der Rückfahrt dort entsorgen können.«

»Können Sie uns die Akten über diesen Fall zukommen lassen?«, fragte ich.

»Natürlich«, sagte Hlavac. »Ich dachte mir schon, dass Sie das interessiert.«

»Wir sollten wieder zurück, der nächste Vortrag hat schon begonnen«, sagte ich, war aber mit den Gedanken bereits zurück in der Berggasse, um den Fall Bockova in die Ermittlungen gegen Unterweger aufzunehmen.

»Ach, eins noch«, fügte Major Hlavac hinzu, ehe wir den Raum verließen. »Svoboda hat uns erzählt, dass ihr Unterweger ein paar Tage nach seiner Abreise einen Brief geschrieben hat. Darin wollte er wissen, ob in den Zeitungen irgendwelche aufsehenerregenden Berichte über das Prager Rotlichtmilieu zu lesen waren.«

Freitag, 14. August, 10:00 Uhr
Justizanstalt Graz, Conrad-von-Hötzendorf-Straße, Graz, Steiermark

Zum Glück hat er überlebt.

Das waren Astrids erste Gedanken, als sie im Juni vom Selbstmordversuch Unterwegers gelesen hatte. Die junge Juristin absolvierte gerade ein Rechtspraktikum und bereitete für die SPÖ ihre Kandidatur für den steirischen Landtag vor. Sie war ambitioniert, besaß eine schnelle Auffassungsgabe und ließ sich in dem männerdominierten Berufsfeld nicht verunsichern. Mit ihren kastanienbraunen Haaren, trüben, graugrünen Augen und ihrer schlanken Figur wurde sie nicht selten von Kollegen unterschätzt, die sich offenbar nicht vorstellen konnten, dass eine Frau hübsch und klug zugleich sein konnte.

Wie jede angehende Juristin verfolgte sie den Fall Unterweger aufmerksam, ohne sich eine Meinung zu bilden. Als sie von seinem Selbstmord las, erfasste sie aber eine plötzliche, bis dahin nicht gekannte Welle an Mitleid mit diesem Menschen.

Sie hatte den Beruf der Juristin nicht aus Gründen der Karriere, sondern aus Überzeugung gewählt. Sie wollte Menschen helfen und sich für Gerechtigkeit einsetzen. Was musste geschehen, damit sich ein Mann, dessen Prozess noch nicht einmal begonnen hatte, selbst töten wollte? Wie groß musste seine Verzweiflung sein? Konnte das etwa das Ziel des Justizsystems sein – Verdächtige in den Selbstmord zu treiben?

Astrid schrieb Jack Unterweger einen Brief. Sie war selbst überrascht von ihren starken Gefühlen und dieser emotionalen Reaktion, aber sie versuchte, nicht zu viel darüber nachzudenken. Sonst würde sie den Brief nie abschicken. Darin schrieb sie, dass es noch einige Menschen gab, die Jack Unterweger nicht vorverurteilten und die auf ein faires Verfahren hofften.

Es dauerte, aber eines Tages fand sie einen Brief in ihrem Postkasten, der aus der Justizanstalt Graz kam. Er enthielt Unterwegers Antwort. Er bedankte sich, schrieb ihr, dass es solche Nachrichten waren, die ihm Kraft gaben. Er erzählte ein wenig von sich, durchaus charmant und witzig. Nicht wie jemand, der keine Hoffnung mehr hatte. Das imponierte Astrid.

Es entwickelte sich eine Brieffreundschaft zwischen den beiden. Und heute sollte sie ihn zum ersten Mal treffen.

Sie hatte sein Gesicht so oft in Zeitungsartikeln gesehen, dass sie es mit geschlossenen Augen heraufbeschwören konnte. Er hingegen kannte sie nicht. Sie wusste, dass sie gut aussah, und eigentlich fand sie es lächerlich, aber vor ihrer ersten Begegnung verbrachte sie dennoch mehr Zeit als sonst in ihrem Badezimmer, um sich vorzubereiten.

Sie kannte die Gänge des Gefängnisses, weil sie ein Jahr zuvor ein Praktikum bei einem Richter des Straflandesgerichtshofs absolviert hatte. Sie wurde nicht mal nach ihrem Ausweis gefragt.

Sie trat in den Besucherraum. Jack saß hinter einem Gitter aus Draht. Er wirkte älter und kleiner als auf den Fotos, doch der Blick, den er ihr zuwarf, durchfuhr sie wie ein elektrischer Impuls. Wärme und Ruhe breiteten sich in ihrem Körper aus, als sie sich ihm gegenüber setzte.

»Hallo, Jack«, sagte sie und lächelte.

»Hallo, Astrid«, antwortete er. »Es freut mich sehr, dass du mich besuchen kommst. Sag mir, bist du jemand, der immer recht haben will? Stierfrauen sollen so sein.«

Sie folgte seinem Blick, der auf die Kette fiel, die sie um den Hals trug. An ihr war ein kleiner goldener Stier angebracht. Als sie den Kopf wieder hob, lächelte er sie an.

»Nein, das glaube ich nicht«, beantwortete er seine eigene Frage. »Du siehst vielmehr wie jemand aus, der eine andere Person wirklich verstehen kann.«

Astrid war dieses Treffen oft in ihrem Kopf durchgegangen. Sie hatte sich viele Szenarien vorgestellt. Doch in keinem einzigen davon hatte sie sich auf den ersten Blick in Jack Unterweger verliebt.

Sonntag, 4. Oktober, 13:00 Uhr
FBI-Akademie, Quantico, Virginia, USA

Ein wenig fühlte ich mich wie ein Kind, das den Rasen im Stadion seiner Lieblingsfußballmannschaft betreten durfte, als die Beamten mir nach dem Routine-Sicherheitscheck einen Ausweis aushändigten und ich damit offiziell das Gelände der FBI-Akademie betreten durfte.

Die FBI-Akademie war ein großer Gebäudekomplex, der an einen angelsächsischen Campus erinnerte und in der Abgeschiedenheit der Wälder Virginias lag. Anders als ein normaler Campus wurde hier allerdings alles überwacht und gesichert. An diesem Ort wurde die zukünftige Elite der amerikanischen Verbrechensbekämpfung ausgebildet. Es war ein mystischer Ort, der sich in vielen Filmen, Serien und Büchern fand.

Zusammen mit meinem Kollegen Thomas Müller war ich vor zwei Tagen in Washington gelandet, um hier neue Informationen im Umgang mit dem Fall Unterweger zu bekommen.

Während unserer Ermittlungen hatten wir erfahren, dass Unterweger sich mehrere Male den Kinofilm *Das Schweigen der Lämmer* mit Anthony Hopkins als Serienmörder Hannibal Lecter und Jodie Foster als ermittelnde FBI-Agentin Clarice Starling angesehen hatte. Offenbar war er von dem Film fasziniert gewesen. Als ich mir eine Kopie besorgte und ihn mir ansah, war auch ich beeindruckt. Aber weniger vom Serienmörder Lecter als von der Arbeitsweise des FBI.

Ich rief bei FBI-Agentin Juliane Slifco an, die uns bereits bei Unterwegers Verhaftung in Miami unterstützt hatte. Nach einigem Verhandeln konnte sie mir tatsächlich einen Termin mit

Gregg McCrary organisieren, dem leitenden Spezialagenten vom Nationalen Zentrum für die Analyse von Gewaltverbrechen. Kaum ein Mensch hatte sich so intensiv mit der Psychologie und Vorgehensweise von Serienmördern beschäftigt.

Thomas Müller, ein junger Kollege, der mir von Max Edelbacher vorgestellt worden war, begleitete mich auf der Reise. Müller hatte die Ausbildung zum Polizisten absolviert. Während seines Dienstes in Innsbruck studierte er Psychologie. Er wollte psychologisches Wissen in die Polizeiarbeit bringen. Ältere Beamte hielten das für Zeitverschwendung. Ich hingegen fand die Idee interessant. Ich schlug Müller vor, mich zu begleiten. Im Anschluss würde er in Quantico bleiben, wo er bei McCrary etwas über das Profiling, also die psychologische Analyse von Tatorten, lernen sollte.

McCrarys Arbeitszimmer war weniger imposant, als ich es mir vorgestellt hatte. Er arbeitete in einem kleinen, fensterlosen Raum im zweiten Untergeschoss des Hauptgebäudes. Das Zimmer schien ein einziger großer Aktenschrank zu sein, der vor Papieren und Mappen zu bersten drohte. McCrary hatte eine hohe Stirn, das Haar streng nach hinten gekämmt. Er besaß ein markantes Kinn und einen klugen Blick.

»Willkommen in meinem Reich«, sagte er ironisch, als wir eintraten.

In den nächsten Stunden arbeiteten wir uns gemeinsam in den Unterweger-Fall ein. McCrary war von den mitgebrachten Dokumenten fasziniert. Immer wieder verfiel er in Schweigen und ich stellte mir vor, wie er in seinem Geist den Tatort vor sich errichtete und sich darin bewegte. Als wir uns verabschiedeten, versprach er, mir ein Dossier über den Fall zukommen zu lassen.

Müller und ich fuhren schweigend nach Washington zurück. Mein Kollege war offensichtlich noch ganz gefesselt von dem Wissen, das sich in diesem Kellergewölbe befand und das er in den nächsten Wochen würde kennenlernen können. Ich hingegen dachte daran, dass mich diese Reise um weitere Tage gebracht hatte, die ich mit Evi und Katja hätte verbringen können. Was war es, das mich so sehr an diesen Fall band? Es war der größte Fall meiner Karriere und seine Lösung würde mein größter Erfolg werden. Aber war das alles?

Ging es um Gerechtigkeit? Darum, dass der Täter seine gerechte Strafe bekam? Natürlich, aber darin unterschied sich dieser Fall nicht von anderen.

Ich musste mir eingestehen, dass mein Interesse an diesem Fall über das Professionelle hinausging. Evi warf mir vor, ich wäre von Unterweger besessen. Obwohl ich das bestritt, wusste ich, dass sie gar nicht so falschlag.

Unterwegers große Fähigkeit, das wurde mir nun nach dem Treffen mit McCrary klar, war es, Menschen an sich zu binden. Wie eine Spinne, die ihr Netz so fein webte, dass es untertags kaum zu sehen war, fing er Menschen darin. Je stärker sie zappelten, desto schwieriger wurde es, zu entkommen.

Und bei Nacht tauchte er auf und wählte einige von diesen Menschen als seine Opfer aus. Aber auch die anderen blieben Gefangene, gefangen im Gravitationsfeld seiner Taten. Eine Befreiung, so hoffte ich, war nur möglich, wenn es gelang, dieses Netz aus Lügen und Manipulation zu zerreißen.

Auszug aus der FBI-Analyse zum Fall Unterweger von Gregg McCrary

Gemäß der Definition des FBI, das sich als einzige Institution wissenschaftlich mit dem Phänomen der Serientäterschaft befasst hat, ist ein Serienmörder ein Täter, der an mindestens drei Orten, in drei unabhängigen Handlungen mindestens drei Personen getötet hat.

Zwischen den einzelnen Ereignissen liegt eine »cool-off-time«, also ein Zeitraum ohne kriminelle Handlungen. Dieser kann Tage, Wochen, Monate oder sogar Jahre andauern.

Der Serienmörder ist vom Massenmörder zu unterscheiden, der vier oder mehr Personen an einem einzigen Ereignis tötet und keine »cool-off-time« hat.

Charakteristisch für Serienmörder ist ihre persönliche Vorgehensweise, die Auswahl ihrer Opfer sowie ihr Verhalten vor, während und nach der Tötungshandlung.

Oftmals weisen alle Opfer eines Serienmörders ähnliche Eigenschaften auf. Dies kann hinsichtlich des Berufs, ihrer Herkunft oder ihrem Aussehen zutreffen.

Meist scheinen die Taten eines Serienmörders motivlos. Eigene Motive werden von Serienmördern fast nie genannt und wenn, sind diese sehr kritisch zu betrachten.

Bei Serienmördern handelt es sich meist um planende Täter. Sie suchen sich ihre Opfer sehr genau aus. Ihre Stärken liegen in Kontrolle und Manipulation. Die Täter wollen keine tiefere Beziehung zu ihren Opfern, Befriedigung finden sie in Kontrolle und der Ausübung von Macht. Planende Täter suchen oft die Nähe zur Polizei, verfolgen Berichterstattungen über ihre Handlungen in TV und Presse und suchen nach Informationen über die Untersuchungen. Dadurch erhalten sie Gefühle von Selbstbestätigung, Ermächtigung und Überhöhung.

Diese Täter zeichnen sich auch durch das Phänomen des »cruising« aus. Damit wird das ziel- und planlose Herumfahren mit einem Fahrzeug bezeichnet, oft auch über weite Distanzen. Dies dient zum einen dem Aufspüren möglicher Opfer, ist aber auch Ausdruck ihrer Rastlosigkeit.

Nicht selten sind Serientäter sozial anerkannt, von mittlerer bis hoher Intelligenz und sexuell kompetent. Sie leben oft mit einem oder mehreren Partnern zusammen. Die Beziehungen können durchaus normal funktionieren. Die Täter können von ihren Partnern als liebevoll und zärtlich wahrgenommen werden. Untersuchungen haben gezeigt, dass Personen, die mit Serientätern in einer Beziehung sind, keiner Gefahr ausgesetzt sind, da die Opferauswahl nach anderen Kriterien erfolgen.

Abschließend soll erwähnt werden, dass das Profil des Verdächtigen Jack Unterweger in vielen Punkten der Charakteristik eines Serientäters entspricht, wie sie vom FBI definiert wurde.

Unterzeichnet Gregg McCrary

1993

Montag, 18. Jänner, 9:00 Uhr
Justizanstalt Graz, Büro Wladkowski, Conrad-von-Hötzendorf-Straße, Graz, Steiermark

Wladkowski starrte auf die beiden Briefe vor ihm. Es gab einige Dinge, die er nicht verstand. Die Sinnhaftigkeit des Rechtspositivismus' zum Beispiel. Oder wie es Frauen geben konnte, die sich noch immer und trotz allem für Jack Unterweger einsetzten. Die ihm Briefe mit Liebesgedichten und intimen Fotos schickten. Die für seine Freilassung beteten oder ihm ewige Treue schworen, selbst wenn er nie wieder freikommen sollte.

Zum Glück war es nicht seine Aufgabe, über die Empfindungen anderer zu richten. Es war allerdings seine Aufgabe, Unterwegers Briefverkehr zu kontrollieren. Er musste sichergehen, dass er keine Zeugen beeinflusste und sie dazu brachte, ihm falsche Alibis zu liefern. Wladkowski wusste, dass er das bereits in der Vergangenheit versucht hatte.

Zurzeit gab es zwei Frauen, mit denen Unterweger einen besonders regen Briefaustausch führte. Zum einen seine Freundin Bianca Mrak, der nach ihrer Rückkehr aus Miami von ihrer Mutter untersagt worden war, vor ihrem 19. Geburtstag Kontakt mit Unterweger zu haben. Der Abstand tat der jungen Frau offenbar gut. Wladkowski entnahm den Briefen, dass sie sich immer stärker von Unterweger distanzierte. Die andere Briefpartnerin schlug den exakt umgekehrten Weg ein. Die junge Juristin Astrid

Wagner tat alles, um Unterweger zu helfen. Sie gab Interviews, in denen sie sich für ihn einsetzte. Sie leistete rechtliche Hilfestellung. Und sie gestand ihm ihre Gefühle.

Was Wladkowski ärgerte, war der Umstand, dass diese Frau sich das Recht herausnahm, Unterweger als unschuldig zu bezeichnen, als Opfer der Justiz.

Wie gut kannte sie seinen Fall denn? Wie lange hatte sie sich damit beschäftigt? Wie viele Akten gelesen? Hatte sie Unterwegers Geschichte jemals von jemand anderem als ihm selbst gehört?

Letztes Jahr hatte Unterweger einen lächerlichen Selbstmordversuch unternommen. Jeder, der bereits einmal im Gefängnis war, wusste, dass man sich entlang der Pulsadern schneiden musste, wenn man wirklich Schluss machen wollte. Unterweger wusste genau, wie er es schaffte, mit dem geringstmöglichen Risiko die meiste Aufmerksamkeit zu erregen.

Bereits 1974 war er nach einer Überdosis aus dem Gefängnis in eine Nervenklinik verlegt und von dort rasch entlassen worden. Kurz danach hatte er Margret Schäfer ermordet. Nun nutzten die Medien und Astrid Wagner den Selbstmordversuch von Unterweger, um ihm die Sympathien der Gesellschaft einzubringen.

Wenn Astrid Wagner bloß wüsste, wie Jack wirklich war. Wladkowski hatte sich davon in den letzten Monaten ein gutes Bild machen können. Bianca und Astrid wussten voneinander. Um sie zu besänftigen, schrieb Unterweger an Astrid, er müsse die Beziehung zu Bianca aufrechterhalten, damit diese aus Frust keine falschen Aussagen mache und ihn bei der Polizei belaste. Bianca wiederum schrieb er, er dürfe die Beziehung zu Astrid nicht gefährden, da sie ihm wertvollen und kostenlosen juristischen Beistand bot. Beiden versicherte er, nur sie seien seine wahre Liebe.

Er spielte die beiden Frauen gegeneinander aus. Aber Wladkowski würde ihn damit nicht davonkommen lassen. Er entnahm den Brief an Bianca und steckte ihn in das Kuvert, das an Astrid adressiert war. Den Brief an Astrid steckte er in Biancas Kuvert.

Dann nahm er beide Kuverts, legte sie auf den Stapel der zur Absendung freigegebenen Briefe und rief einen Justizbeamten herein, der die Briefe zur Post bringen sollte.

Montag, 15. Februar, 16:00 Uhr
Wohnung von Jack Unterweger, Florianigasse, Josefstadt, Wien

Die letzten Monate waren für Bianca eine einzige Achterbahnfahrt gewesen, mit mehr als einem Überschlag. Nachdem sich die Zeitungen um Exklusivinterviews mit ihr rissen und sie von der *Kronen Zeitung* einen insgesamt dreiwöchigen Hotelaufenthalt bezahlt bekommen hatte, war sie danach das Gesprächsthema in der Wiener High Society gewesen. Man sah sie oft im *Take Five* – dem Club, in dem sie Jack kennengelernt hatte – und der Platz neben ihr war nie leer. Manche munkelten, selbst Fürst Albert von Monaco soll ihr einen Drink spendiert haben, um etwas mehr über ihre Beziehung zu dem berüchtigten Serienmörder zu erfahren.

Wie jede Sensation erlag auch diese mit der Zeit der Müdigkeit jener Menschen, die an Reizüberflutung gewöhnt waren.

Irgendwann wurde Bianca nicht mehr so oft auf Drinks eingeladen und für Interviews angefragt. Dann erhielt sie einen Brief von Jack, der offenbar die Kuverts verwechselt hatte. Er war an sie adressiert, doch die erste Zeile lautete: Liebe Astrid. Der Rest des Briefes war sentimental und furchtbar kitschig. Davon hatte sie sich einst beeindrucken lassen?

Sie las, dass Jack mit ihr eigentlich nur noch Kontakt hatte, damit sie nicht schlecht über ihn redete. Sie sei ein Kind, beständig verunsichert und noch zu dumm, um den Ernst der Lage zu begreifen. Von Emotionen und ihrem Drang nach Aufmerksamkeit gelenkt, würde sie alles daran setzen, ihn zu beschuldigen, sollte er die Beziehung mit ihr beenden.

Für Bianca war das der endgültige Schlussstrich unter ihrer Beziehung mit Jack gewesen. Am liebsten hätte sie dieser Astrid davon erzählt, wie sie Jack einmal besucht hatte, als er noch in Miami im Gefängnis gesessen war. Er hatte sie damals so lange angebettelt, bis sie das Geld nahm, das sie mit den Interviews verdient hatte, und nach Miami geflogen war. Dort hatte er ihr ein Bündel schwarzer Haare aus seinem Sträflingsgewand gegeben und ihr lächelnd erklärt, das sei ein Geschenk, sie solle es stets bei sich tragen, um so an ihn zu denken. Es war ein Bündel seiner Schamhaare.

Bianca ärgerte sich, dass sie es noch im Gefängnis von Miami entsorgt hatte. Am liebsten hätte sie es Astrid geschickt. Das ist alles, was du von Jack bekommst, wenn du ihm deine Liebe schenkst, hätte sie dazugeschrieben.

Nun war sie wieder dort angekommen, wo sie sich befand, bevor sie Jack kennengelernt hatte: eine junge Frau, die noch unter dem Dach ihrer Mutter wohnte. Ihr Wunsch, auszuziehen, war ungebrochen. Sie musste lange suchen, bis sie einen Vermieter fand, der bereit war, der Freundin von Jack Unterweger eine Wohnung zu vermieten. Als sie schließlich einen Mietvertrag unterschrieben hatte, besuchte sie Jacks Wohnung in der Florianigasse ein letztes Mal, um ihre Sachen abzuholen. Sie blätterte durch die Akten und Bücher von Jack, die von der Polizei zurückgelassen worden waren, und dachte an die guten Zeiten ihrer Beziehung oder zumindest an das, was sie dafür hielt.

Ein Brief stach ihr ins Auge. Er kam von einer Barbara. Bianca konnte sich erinnern, dass sie einmal Jacks Freundin gewesen war, seine Verlobte sogar, bevor er 1975 ins Gefängnis gegangen war. Sie hatte im Prozess als Zeugin gegen ihn ausgesagt und selbst eine Strafe ausgefasst, weil sie bei dem Mord an Margret Schäfer mit Jack unterwegs gewesen war.

Bianca entfaltete den Brief. Er war mit 1990 datiert, also kurz nachdem Jack aus der Haft entlassen worden war.

Lieber Jack,

als du mir geschrieben hast und nach einem Schlafplatz fragtest, weil du auf der Frankfurter Buchmesse sein würdest, habe ich dich bei mir übernachten lassen, weil ich dachte, dass es mir helfen würde, zu verstehen, was ich in meiner Jugend in dir gesehen habe – in dir, der mein Leben in eine Richtung gelenkt hat, in die es nicht hätte laufen sollen.

Du hast dich nicht verändert. Du wirst bald wieder ein Verbrechen begehen.

Barbara

PS: Bitte schick das Radio zurück, das du aus meiner Wohnung gestohlen hast.

Eine ganze Weile starrte Bianca auf diesen Brief. Sie fühlte Entsetzen, dass sie diese Frau hätte sein können, und Dankbarkeit, dass sie es nicht war. Schlussendlich packte sie den Brief zurück in einen von Jacks Aktenordnern und verließ die Wohnung, ohne sich noch einmal nach etwas umzusehen, das ihr gehören könnte.

Was auch immer noch von ihr hier war, es gehörte jetzt Jack. Es war Zeit, dieses Leben hinter sich zu lassen.

Donnerstag, 11. März, 18:00 Uhr
Autobahn zwischen Wiener Neustadt und Wien, Niederösterreich

Katja saß auf dem Rücksitz und schlief. Der Tag im Haus meiner Mutter hatte sie ermüdet. Während ich mit meiner Mutter und Evi die Renovierungspläne für das Haus besprochen hatte, war Katja im Garten herumgelaufen. So viel unbebautes Gebiet wie in diesem kleinen Dorf am Fuße des Schneebergs, in dem ich aufgewachsen war, fand sie in Wien nirgendwo.

Es war ein lang gehegter Traum von mir, mein Elternhaus wieder auf Vordermann zu bringen und an Wochenenden mit meiner Familie ins Grüne zu fahren.

Ich hoffte, es könnte auch die Beziehung zwischen Evi und mir verbessern. Früher hatten wir uns lange über Gott und die Welt unterhalten. Wir waren jede Woche zu Freunden gegangen, hatten Veranstaltungen besucht oder waren gemeinsam im Lainzer Tiergarten spaziert. Seit Unterwegers Flucht kam ich jeden Tag erst spät nach Hause, hatte meinen Pager ständig dabei und dachte in jedem stillen Moment an den Fall. Ich konnte es nicht abstellen, es war, als wäre ich infiziert worden mit einem Virus, den nur die Arbeit in Schach halten konnte. Wenn ich länger nicht arbeitete, das fühlte ich, würde ich verrückt werden.

In den letzten Wochen war es besonders schlimm gewesen, denn der Oberste Gerichtshof beschäftigte sich gerade mit einer Klage, die Unterwegers Anwalt eingebracht hatte. Er bemängelte, unsere Beweise reichten nicht aus, um Unterweger in Untersuchungshaft zu behalten. Doktor Zanger verlangte die sofortige Freilassung seines Mandanten. Es war der Letzte in einer Serie von Schritten, die Unterweger dabei helfen sollten, seinen Prozess zu gewinnen, noch ehe er überhaupt begonnen hatte. Jede Woche kamen neue Artikel über Jack in der Presse, während wir durch die Nachrichtensperre des Innenministeriums nach wie vor zum Schweigen gezwungen waren. Zanger hatte mir eine Forderung in der Höhe mehrerer tausend Schilling geschickt, weil ich mit meinem Interview in Los Angeles Unterwegers Ruf geschädigt hätte. Bei all diesem Zirkus war ich mir nicht so sicher, wie der Oberste Gerichtshof entscheiden würde.

Meine Gespräche mit Evi waren seltener und kürzer geworden, die Einladungen von Freunden hatte ich schon so oft abgesagt, dass Evi kaum noch welche annahm. Selbst für die Spaziergänge fühlte ich mich meistens zu müde. Ich wusste, wie sehr sie litt. Und dennoch war es mir unmöglich, mich anders zu verhalten. Zum ersten Mal begann ich, an meiner Entscheidung zu zweifeln, die Stelle als Leiter der Mordkommission angenommen zu haben. Aber es war zu spät, um etwas daran zu ändern.

Im Auto herrschte Stille. Evi blickte aus dem Fenster. Um nicht schon wieder die ewig gleichen Gedanken durchgehen zu müssen, drehte ich das Radio auf. Eine Kassette begann zu laufen.

»In diesem Moment, wo man Angst verbreitet und sieht den anderen ängstlich zittern, kriegt man ein wahnsinniges Siegergefühl, wovon man weiß, dass man etwas Schweinisches gemacht hat.«

Ich erkannte die Stimme.

Es war ein Interview von Jack mit dem Journalisten Peter Huemer aus dem Jahr 1989, also vor Jacks Entlassung. In meinem Handschuhfach lagen zehn Kassetten mit allen Aufnahmen von Jack, die ich finden konnte. Wenn ich allein fuhr, dann hörte ich sie mir an, versuchte, Pausen zwischen zwei Sätzen zu deuten, die Betonung eines Wortes, den Tonfall seiner Stimme. Überall konnte sich ein Hinweis verstecken und ich durfte ihn nicht überhören.

Evi, die Jacks Stimme ebenfalls erkannt hatte, blickte mich an, als hätte ich den Verstand verloren. Sie griff an die Schaltknöpfe und wechselte vom Kassettenrekorder zum Radio. Doch zu spät.

»Papa, wer hat da gesprochen?«

Katja war aufgewacht und lehnte sich interessiert nach vorne.

»Niemand«, antwortete meine Frau an meiner statt. »Das war eine alte Aufnahme. Magst du nicht noch etwas schlafen? Wir fahren noch ein bisschen.«

Aus dem Radio drangen gerade die letzten Töne eines Liedes.

»Und jetzt kommen wir zu den Nachrichten des Tages«, sagte die Radiosprecherin.

»Die Klage von Jack Unterweger gegen seine Haft wurde vom Obersten Gerichtshof abgewiesen. Unterweger wird bis zu seinem Prozess hinter Gittern bleiben ...«

Während ich erleichtert aufatmete, schaltete Evi entnervt das Radio aus. »Wann wird das endlich ein Ende haben«, murmelte sie leise vor sich hin, ihren Kopf dem Fenster zugewandt.

Ich antwortete nichts. Ich wusste, dass es noch einige Zeit dauern konnte, bis der Prozess gegen Unterweger beginnen würde. Es war der komplizierteste Fall der österreichischen Kriminalgeschichte und es stand so viel auf dem Spiel. Es war nicht nur ein Prozess gegen einen Menschen, sondern auch gegen das Justizsystem, die Politik, die Polizei und die Medien. Alle würden eine Rolle spielen und ihre Interessen vertreten.

Es würde der größte Strafprozess in der Geschichte Österreichs werden.

1994

Mittwoch, 20. April
Artikel in der *Neuen Presse*

**Der größte Prozess
in der österreichischen Strafgeschichte**

Ist Jack Unterweger schuldig oder nicht? Darüber rätselt seit über einem Jahr das ganze Land. So viel Zeit hatten die Ermittler unter der Leitung von Dr. Ernst Geiger, um überzeugende Beweise zu sammeln. Ob es ihnen gelungen ist, werden die nächsten Monate zeigen.
Jack selbst gibt sich kämpferisch. »Es gab nie Beweise und gibt auch jetzt keine«, sagt er. »Weil ich unschuldig bin.«
Die Öffentlichkeit davon überzeugen sollen Jacks Anwälte, der erfahrene Medienanwalt Dr. Georg Zanger und der Grazer Strafverteidiger Dr. Hans Lehofer. Bereits in den letzten Monaten war eine breitenwirksame Medienkampagne von den Anwälten inszeniert worden, die eine Beeinflussung der Öffentlichkeit gegen Unterweger feststellen wollten.
Dies ist insofern bedeutend, da das Urteil von acht Geschworenen aus allen Gesellschaftsschichten gefällt werden wird. Welchen Eindruck haben sie von Jack Unterweger?

Zu einer ersten Aufregung kam es bereits, bevor der Prozess beginnen konnte: Der ursprünglich als Richter vorgesehene Helmut Boucard wurde für befangen erklärt und durch Kurt Haas ersetzt. Der Hintergrund ist durchaus brisant: Astrid Wagner, seit einiger Zeit die neue Flamme an Jacks Seite, absolvierte bei Boucard ein Rechtspraktikum und kennt den Richter gut. Offenbar zu gut.

Wem dieser Wechsel in die Karten spielt, ist noch nicht abzusehen. Bekannt ist Haas jedenfalls als harter Knochen, der dafür gefürchtet ist, Aktenberge auswendig zu lernen. Beste Voraussetzungen also für diesen umfangreichen Prozess.

Wer steht auf der Gegenseite?

Die beiden Staatsanwälte Martin Wenzl und Karl Gasser. Wenzl hätte die Anklage ursprünglich allein führen sollen. Es wird gemunkelt, dass er jedoch zu weich gewesen war und außerdem mit Zanger befreundet sei. Deswegen wurde ihm der härtere Karl Gasser zur Seite gestellt. Gasser mag jung sein, wird aber als leidenschaftlich und entschlossen beschrieben. Wir dürfen auf die Duelle im Grazer Gerichtssaal gespannt sein.

Das ganze Land erwartet ein Schauspiel: Von FBI-Detectives ist die Rede, die eingeflogen werden sollen. Es wird DNA-Analysen geben und Zeugenaussagen (zum überwiegenden Teil von Frauen), von denen sich beide Seiten erhoffen, sie werden ein völlig neues Licht auf den Fall werfen. Sogar Jack Unterwegers Tochter, aus einer Beziehung vor seiner Haft und der Öffentlichkeit bisher unbekannt, soll erscheinen, um über ihren berühmten Vater zu erzählen.

Hätte sich irgendjemand ein solches Drehbuch ausdenken können?

Am Ende bleibt die Frage jedoch einfach: Hat Jack Unterweger die elf Morde in Österreich, der Tschechoslowakei und den USA begangen? Oder handelt es sich, wie er behauptet, um die »größte Hetzkampagne der Geschichte« gegen den Autor?

Wir werden berichten, sodass Sie sich selbst ein Bild machen können.

Von Severin Plum

Mittwoch, 20. April, 8:30 Uhr
Landesgericht Graz, Conrad-von-Hötzendorf-Straße, Graz, Steiermark

Plum hatte schon über zahlreiche Prozesse berichtet, aber einen solchen Rummel hatte er noch nie gesehen. Er fühlte sich, als würde er auf dem Weg zu einem Popkonzert sein und nicht zu einer Gerichtsverhandlung.

Die Straße vor dem Gerichtsgebäude war voller Menschen. Viele hatten Schilder mitgebracht.

»Freiheit für Jack!«

»Gerechtigkeit für die Frauen! Mörder Jack auf den Stuhl!«

Die Stimmung war aufgeladen. Nachdem sich Plum umgesehen hatte, schätzte er, dass die Meinungen ungefähr gleich verteilt waren. Die Hälfte hielt Jack für schuldig, die andere für unschuldig. Vermutlich spiegelte sich hier auch die Meinung des

Landes wider. Er hatte keine Ahnung, wie dieser Prozess ausgehen würde, genauso wenig wie jeder andere. Auch das war ein Grund, warum so viele Menschen bei diesem Ereignis dabei sein wollten. Plum kämpfte sich durch die Menge, zeigte den Wachmännern seinen Presseausweis und wurde ins Gerichtsgebäude gelassen. Es waren so viele Journalisten in den Fluren des Gerichts, dass man auf der Stelle eine neue Zeitung hätte gründen können. Alle großen Medienhäuser hatten einen eigenen Unterweger-Reporter geschickt.

»Wollen Sie den neuen Unterweger bestellen?«

Ein Mann lief an Plum vorbei und drückte ihm einen Flyer in die Hand. Es war ein Bestellformular und kündigte den neuen Roman *99 Stunden* an, in dem Jack seine ungerechte Festnahme verarbeiten wollte. Im Gefängnis hat man offenbar viel Zeit zum Schreiben, dachte Plum.

Er betrat den Saal und suchte den für ihn vorgesehenen Platz auf. Wohin Plum auch blickte, er sah Mikrophone, gezückte Kugelschreiber, bereitgelegte Notizblöcke.

Kaum hatte er Platz genommen, öffnete sich eine Tür am Kopfende des Saals und Dr. Zanger, Jacks Anwalt, betrat den Raum. Er schüttelte die Hände einiger Journalisten und legte gut sichtbar ein Buch vor sich auf den Tisch. Plum reckte sich, um den Titel erkennen zu können: *Aus Mangel an Beweisen* von Scott Turow.

Ihm folgte der Zweite von Jacks Verteidigern, Hans Lehofer. Offenbar hatte Jack bemerkt, dass es ohne einen Strafverteidiger schwierig werden würde, den Prozess für sich zu entscheiden. Lehofer war ein starker Kontrast zum kleinen, schmalen, in einem mondänen Anzug gekleideten Zanger. Er war breitschultrig, sein Körperbau erinnerte an seine Zeit als Judoka, während der er sogar bei den Olympischen Spielen teilgenommen hatte. Der athletische Lehofer galt ebenso wie Zanger als guter Redner. Als Nächstes betraten die Staatsanwälte Martin Wenzl und Karl Gasser den Raum. Gasser besaß ein jugendliches Gesicht, doch seine Augen zeugten von eisernem Willen.

Nach ihnen erschien Richter Kurt Haas und nahm den Vorsitz ein. Nun fehlte nur noch eine Person. Plum hörte das Zischen und Flüstern, noch bevor er ihn sah. Jack Unterweger betrat den Saal. Er trug einen dunkelgrauen Zweireiher, darunter ein hellblaues Hemd und eine Krawatte mit Paisleymuster. Als Plum ihn betrachtete, kam ihm Unterweger älter vor.

Als hätte er in der Zeit seit seiner Festnahme in Miami, die er in Haft verbracht hatte, jene Jugend verloren, die ihn so unzerstörbar hatte wirken lassen. Doch Unterweger lächelte, posierte für Fotos und wirkte nicht eingeschüchtert.

Während Jack abgelichtet wurde, warf Plum einen Blick auf die Geschworenenbank. Dort saßen acht Männer und vier Frauen, zufällig ausgewählt und keine Rechtsexperten. Von diesen zwölf Personen würden acht schließlich das Urteil über Jack fällen, die restlichen vier waren als Ersatz gedacht, sollte ein Geschworener krankheitsbedingt ausfallen. Obwohl die Medien Unterweger und die am Prozess beteiligten Anwälte und Richter als Hauptfiguren auserkoren hatten, waren es diese zwölf Menschen, die über Jacks Schuld entschieden. Jack musste bloß diese Menschen überzeugen, sonst niemanden. Plum ging davon aus, dass der Angeklagte das auch wusste.

Unweigerlich musste Plum darüber nachdenken, wie viele von den vier Frauen Jack für unschuldig hielten.

Er wusste um seinen Charme. Ob der auch im Gerichtssaal funktionieren würde? Schließlich hatten alle Platz genommen, es gab keine Blitzlichter mehr. Noch bevor Richter Haas die Geschworenen vereidigen konnte, war Zanger aufgesprungen.

»Ich möchte Anträge einbringen!«, rief er.

»Das wollen Sie nicht wirklich«, antwortete Haas genervt.

»Ich fordere ein Einstellen des Verfahrens wegen der unvergleichlichen, medialen Hexenjagd, die gegen meinen Mandanten stattgefunden hat«, fuhr Zanger unbeirrt laut fort. »Und außerdem die Wiedereinsetzung von Richter Boucard, der aus fadenscheinigen Gründen abgesetzt wurde!«

»Was soll das?«, rief Haas. »Das sind Dinge, die vor langer Zeit entschieden wurden. Sie stehen hier nicht zur Debatte.«

Doch Zanger ließ sich nicht aufhalten. Er fuhr mit scheinbar sinnlosen Anträgen über eine Stunde fort. Plum begriff, dass er nicht nur einen der größten Fälle der österreichischen Kriminalgeschichte miterleben würde – sondern auch einen der seltsamsten. Die Taktik von Jacks Verteidigung basierte offenbar darauf, die Menschen mit Informationen zu überschütten und zu verwirren, sodass sie am Ende nicht mehr genau sagen konnten, was wirklich passiert war, und Jack im Zweifelsfall freisprechen würden. Wollten sie mit dieser Strategie tatsächlich noch vor den Eröffnungsplädoyers beginnen? Plum wusste aus langjähriger Erfahrung, dass jemand, der viele Worte verlor, meistens über nichts Wichtiges sprach. Doch wussten das auch die Geschworenen? Endlich hatte Zanger geendet. Ein erleichtertes Aufatmen ging durch den Saal.

»Keinem Antrag stattgegeben«, sagte Haas. »Jetzt können wir endlich anfangen.«

Auszug aus dem Eröffnungsplädoyer
Karl Gasser, Staatsanwalt:

Die Verteidigungsstrategie von Dr. Zanger und seinem Klienten hat die Grenzen des guten Geschmacks übertreten. Sie werfen mit Unwahrheiten und Halbwahrheiten um sich, um die öffentliche Meinung und die Meinung der Geschworenen zu beeindrucken. Jack Unterweger ist ein Meister der Manipulation, ein Meister der Selbstdarstellung. Verehrte Geschworene, ich bitte Sie: Lassen Sie sich nicht von ihm täuschen. Unterweger ermordete 1974 ein achtzehnjähriges Mädchen. Davor vergewaltigte er bereits ein anderes Mädchen mit einer Stahlrute. Über fünfzehn ähnliche Vergehen wurden ihm vorgeworfen. Ich kann nichts Gutes über ihn sagen. Für diese Opfer des Jack Unterweger war seine bedingte Entlassung vor vier Jahren ein Hohn!

Auszug aus dem Eröffnungsplädoyer
Georg Zanger, Verteidiger:

Von Anfang an ist dies ein Medienprozess gewesen. Die Medien haben Unterweger als Monster gebrandmarkt. Sie, die Geschworenen, müssen erkennen, dass Sie gegen ihn Vorurteile entwickelt haben, da die Medien gegen das Prinzip der Unschuldsvermutung verstoßen haben. (*hebt das Buch* Aus Mangel an Beweisen *in die Höhe, schlägt es auf und liest daraus vor*)

Sie müssen von folgender Annahme ausgehen: »Bis zum Beweis des Gegenteils ist der Angeklagte unschuldig.« (*klappt das Buch zu*)
Unschuldig. Wer hier auf der Geschworenenbank sitzt, muss denken: Herr Unterweger hat es nicht getan. Sie werden sehen: Es gibt keinerlei Beweise gegen meinen Mandanten. Allein seine Vergangenheit ist schuld, dass er hier heute vor Ihnen sitzt. Grünes Licht wurde gegeben für die fröhliche Jagd, und nachdem die Ermittler von Unterwegers Schuld überzeugt waren, ließen sie alle Objektivität und Unvoreingenommenheit beiseite.

Der Leiter der Ermittlungen, Ernst Geiger, ist persönlich so sehr in den Fall involviert, dass er es ablehnt, andere Verdächtige zu überprüfen. Er möchte unbedingt sieben, nein, elf Morde auf einen Streich aufklären. Jeder Hinweis wurde so zurechtgebogen, dass er auf Unterweger passte, und die Ermittlungen gegen jeden anderen Verdächtigen wurden eingestellt.

Außerdem müssen Sie die Psychologie des Beschuldigten berücksichtigen. Jack Unterweger ist ein Narzisst, der danach strebt, im Mittelpunkt der Aufmerksamkeit zu stehen. Es wäre unmöglich für ihn gewesen, all diese aufsehenerregenden Morde zu begehen und gleichzeitig anonym zu bleiben. Er hätte ein Zeichen von sich selbst am Tatort zurückgelassen – eine rote Rose zum Beispiel.

Der Staatsanwalt will Unterweger hinter Gitter bringen, aber anstelle von Beweisen hat er nur willkürliche Behauptungen. Es gibt keine Hinweise auf seine Schuld, nur Hinweise auf seinen Kontakt mit einem einzigen Opfer.

Auszug aus dem Eröffnungsplädoyer Hans Lehofer, Verteidiger:

Dies ist mein schwerster Prozess. Wir wissen nicht, ob hier ein elffacher Mörder sitzt oder ob es um einen Justizirrtum geht. Sie werden im Zuge dieses Prozesses viele schlimme Dinge sehen und hören, zum Beispiel Leichen auf Video oder eine Schautafel mit grässlich zugerichteten Leichenteilen. Scheußlich. Die Damen unter den Geschworen werden vielleicht in Ohnmacht fallen.

Aber Sie müssen sich von der Vorstellung lösen, dass das automatisch der Unterweger war. Sie werden viel über die schier unglaubliche Ansammlung von unglaublichen Zufällen in diesem Prozess hören – ein Wiener hält sich gerade in Wien auf, als dort Morde geschehen. Welch ein Zufall! Der Finger eines Gummihandschuhs mit Blut und Haaren daran wird bei einem anderen Tatort gefunden, in Wien gelagert, anschließend nach Graz geschickt, aber die Spuren werden zerstört.

Und so werden Sie sehen, dass ein einzelnes Haar, das man auf dem Sitz von Unterwegers BMW gefunden hat, den Ausgang dieses Prozesses entscheiden wird, da die wirklichen Indizien – jene, die auf den wahren Schuldigen deuten könnten – entweder verschwunden sind oder zerstört wurden. Meine Damen und Herren Geschworenen, seien Sie gerecht und geben Sie Jack Unterweger eine Chance.

Auszug aus dem Eröffnungsplädoyer Jack Unterweger, Angeklagter:

Meine Damen und Herren Geschworenen. Wir sind jetzt für die nächsten zwei Monate zusammen und ich möchte kein steriler Schauspieler sein. Ich möchte es mit Ihnen so haben wie im Kaffeehaus. Falls Sie Fragen haben, stellen Sie sie bitte, und ich werde Ihnen auf alles, wirklich alles, eine Antwort geben. Sehen Sie, ich habe den großen Vorteil, dass ich nichts zu verbergen habe, da ich nicht der Mörder bin. Wenn Sie mich bei einer Lüge erwischen, dann verurteilen Sie mich.

Die Ankläger haben über meine Abenteuer mit Frauen und minderjährigen Mädchen gesprochen. Doch von all meinen Intimkontakten, die ich nach meiner langen Inhaftierung gehabt habe, waren nur fünf unter zwanzig. Das durchschnittliche Alter war dreißig. Ich bin nicht so größenwahnsinnig zu sagen: Ich komme, ich schaue – und die Frau fällt.

Ob ich ein Liebling der Frauen war, dieses Urteil würde ich eher den Frauen überlassen. Die Ankläger haben meine Unfähigkeit, eine dauerhafte Beziehung aufrechtzuerhalten, erwähnt, aber wie soll ich eine dauerhafte Beziehung mit verheirateten Frauen eingehen?

Nichtsdestotrotz hat es eine Frau gegeben, die ich heiraten wollte – eine Frau aus Südamerika. Sie ist nach Wien gekommen, aber als ich in einer Zeitung gelesen habe, dass ich unter Verdacht stehe, wollte ich das zuerst klären, also habe ich sie in ein Flugzeug zurück nach Los Angeles gesetzt. Ich habe ihr gesagt: In einem Monat wird alles vorbei sein ...

Die Ankläger werden viel von meiner Vergangenheit reden. Was soll ich zu meiner Vergangenheit sagen? Am Ende meines Prozesses 1976 habe ich zugegeben: Ich habe gelebt wie eine Ratte und ich bin zu Recht verurteilt. Und in der Tat für sechzehn Vergehen. Und dazu stehe ich. Aber – sollte man das nicht bei den alten Sachen lassen?

In den letzten Monaten wurde alles getan, um Ihnen, werte Herren und Frauen Geschworene, ein schlechtes Bild von mir zu zeichnen. Die Ankläger haben etwa gesagt, dass ich mich von meinen Förderern aus Literaturkreisen nach meiner Entlassung aus dem Gefängnis abgewandt habe. Warum? Weil die Pseudo-Humanisten und Pseudo-Romantiker versucht haben, mich wie einen Pudel beim Fünf-Uhr-Tee vorzuführen. Ich habe mit ihnen gebrochen, weil ich mein eigenes Leben haben wollte.

Ich werde nicht warten, bis meine Unschuld von selbst bewiesen ist. Ich werde selbst in die Offensive gehen und meine Unschuld beweisen. Am Montag werde ich meine Tagebücher vorlegen, in denen jeder Tag meines Lebens in Freiheit zwischen meiner Entlassung im Mai 1990 und dem Tag meiner Verhaftung in Miami im Februar 1992 rekonstruiert ist. Ich werde außerdem die Namen von Alibizeugen nennen. Ich werde diese Zeugen dahin bringen, dass sie sich an Ereignisse mit mir genau erinnern können. Und die werden beweisen, dass ich nicht der Täter sein kann. Ich habe ihre Namen noch nie vorher genannt, da ich sie vor der Polizei beschützen will. Apropos Polizei, bald werden

Sie die Beweise sehen, mit denen die Anklagevertreter in den Kampf geschickt worden sind, und herausfinden, was wirklich dahinter steckt.

Meine Damen und Herren Geschworenen, seien Sie streng zu mir – aber seien Sie das zu allen, die vor Ihnen stehen. Ich danke für Ihre Aufmerksamkeit.

Auszug aus der Aussage von DDr. Michaela Hapala, Psychologin der Strafanstalt Stein:

Im Sommer 1989, vor der Entlassung des Angeklagten, habe ich eine wohlwollende Stellungnahme über den Geisteszustand des Angeklagten verfasst. Damals hatte ich gerade meine Ausbildung beendet und in Stein zu arbeiten begonnen. Vor dem Verfassen der Stellungnahme hatte ich zwei Gespräche von je einer halben Stunde mit dem Angeklagten. Außerdem wurde er einem psychologischen Test unterzogen. Der Test zeigte keine Abnormitäten, war aber auch nicht besonders aussagekräftig. In unseren Gesprächen zeigte sich Herr Unterweger bis zu einem bestimmten Punkt kooperativ. Bei Fragen über seine Tat blockte er allerdings immer wieder ab und wollte kein Motiv nennen.

Ich hatte über sechshundert Häftlinge zu betreuen und fühlte mich überfordert. Zur Bewertung von Herrn Unterwegers Geisteszustand zog ich auch seine Schrift *Fegefeuer* heran, von der ich heute weiß, dass vieles darin nicht den Tatsachen entspricht. Der Anstaltsleiter Karl Schreiner, der vor vier Jahren verstarb, bat mich damals, im Rahmen meiner Möglichkeiten nichts Negatives zu schreiben. Aus heutiger Sicht muss ich zugeben, dass meine Kenntnis von Herrn Unterwegers Vorstrafen nicht ausreichend war. Allerdings hatte ich stets das Gefühl, seine Freilassung war bereits beschlossene Sache und meine Stellungnahme bloß eine Formalität.

Auszug aus der Aussage von Helmut Haselbacher, Unterwegers Bewährungshelfer:

Meine Aufgabe wäre es gewesen, Herrn Unterweger nach seiner Entlassung aus Stein zu betreuen. Allerdings habe ich bald gespürt, dass er nicht lange auf freiem Fuß bleiben wird. Er hat bewusst das Leben eines Außenseiters geführt. Typen wie Unterweger sehen die Welt anders. Über seine Bewährung war er sehr verärgert und empfand es als Zumutung, dass er sich bei mir melden musste.

Einmal hat er mich gefragt, warum ihn der Präsident nicht einfach begnadigen könne. Unsere Termine sagte er immer wieder ab, weil er mit seinem Mustang in Monaco auf privaten Rennen mitfuhr oder in Hollywood Drehbücher anbot.

Es war immer unerhört schwer, ihn persönlich zu erreichen. Es war ein ständiger Machtkampf und bald war klar, dass Herr Unterweger gewinnen würde. Herr Unterweger erinnert mich an die Hauptfigur aus seiner Kindergeschichte *Der ungezogene Dackel*: Ein herrenloser Hund sorgt für sich selbst. Unterweger sah im Bewährungshelfer bloß eine Instanz, die ihn an die Leine legen sollte. So eine Art Herrchen. Aber es hat keinen Sinn, einen Hund gegen seinen Willen anzuketten. Dann kommt er halt irgendwann ins Tierschutzhaus.

Auszug aus der Aussage von Bianca Mrak, Jacks Ex-Freundin:

Als ich Jacks Wohnung ausgeräumt habe, fand ich Briefe und Akten. Darunter war auch ein Bericht über den Mord an Margret Schäfer. Sie war achtzehn, als sie ermordet wurde. So alt wie ich jetzt. Während ich das gelesen habe, dachte ich mir: Mein Gott, er muss ein brutales Schwein gewesen sein. Ich habe meine Meinung über ihn geändert.

Für mich war er damals die große Liebe. Nach Miami wollte ich ihm nicht schaden und habe deshalb der Polizei nichts von ein paar Säcken mit Frauenkleidern erzählt, die ich in seinem Keller gesehen habe, auch nichts über eine Strumpfhose in seinem Handschuhfach.

In der Zwischenzeit habe ich mich emotional von ihm distanziert. Ich hasse ihn nicht, aber er ist mir egal. Als Mensch war er die meiste Zeit okay.

Manchmal hat er mich geschlagen, allerdings nie mit der Faust. Er hatte Vorlieben für bestimmte sadomasochistische Sexualpraktiken. Und er hat versucht, mich als Prostituierte arbeiten zu lassen. Damals erkannte ich nicht, wie ungesund diese Beziehung war. Das wurde mir erst in den Monaten nach seiner Verhaftung klar.

Ich weiß nicht, ob er diese elf Frauen getötet hat. Er hat mit mir nie darüber gesprochen. Ich kann nur sagen, dass er, rückblickend betrachtet, kein guter Freund war.

Auszug aus der Aussage von Claudia S., Jacks Tochter:

Meine Mutter traf Jack im Sommer 1970 im Hotel *Weißes Rössl* in St. Gilgen. Sie war Stubenmädchen dort, Jack ein DJ. Sie verliebte sich in ihn. Bald schon war sie schwanger und Jack verschwand. Fünfzehn Jahre später sagte mir meine Mutter: »Komm mit, heute treffen wir deinen Vater.« Ich hatte nie zuvor auch nur seinen Namen gehört.

Jack saß zu dieser Zeit in Stein, allerdings wurde ihm erlaubt, zur Premiere seines Stücks *Endstation Zuchthaus* ins Volkstheater zu fahren. Meine Mutter und ich besuchten die Aufführung. Meine Mutter sprach Jack danach an. Es gibt sogar ein Foto, auf dem er uns umarmt. Ich hatte das Gefühl, er freute sich, mich zu sehen.

Während seiner restlichen Zeit im Gefängnis schrieb er mir Briefe. In der Zwischenzeit hatte ich selbst eine Familie mit zwei Kindern gegründet. Nach seiner Entlassung kam er sogar gelegentlich auf Besuch. Er war eigentlich sehr nett, nur mochte er es nicht, wenn ihn eines meiner Kinder »Opa« nannte. Im Herbst 1991 hörte er auf, uns zu besuchen. Im Februar 1992 rief er das letzte Mal an. Am nächsten Tag hörte ich im Radio, dass er unter Mordverdacht stehe und auf der Flucht sei.

Ich kann nicht beurteilen, ob Jack Unterweger diese Frauen ermordet hat. Dafür kenne ich ihn zu wenig. Manchmal wünschte ich, ich würde ihn gar nicht kennen.

**Auszug aus der Aussage von
Dr. Elisabeth Friedrich, Gerichtsmedizinerin vom
Wiener Institut für Gerichtliche Medizin:**

Am 25. Juni 1991 untersuchten wir ein Haar, das auf dem abgetrennten Finger eines Latexhandschuhs gefunden wurde. Dieser Teil des Handschuhs lag unweit der Leiche von Karin Eroglu. Die Polizei geht davon aus, dass der Finger zu Handschuhen gehört, die der Mörder bei seiner Tat trug.

Morphologisch, also von der Form her, unterscheidet sich das Haar auf dem Finger von Karin Eroglus Haaren. Es könnte demnach dem Mörder gehören. Als ein Molekularbiologe unseres Instituts versuchte, DNA aus dem Haar zu extrahieren, verwendete er die gesamte Probe für den Test. Durch einen Fehler wurde das Haar aufgelöst. Eine Analyse der DNA oder ein Vergleich mit den Haaren des Angeklagten war daher nicht möglich. Es handelt sich hierbei um einen Fehler, der nicht hätte passieren dürfen. Ein wichtiges Beweisstück ging so verloren.

Sonntag, 8. Mai, 8:00 Uhr
Wohnung von Hans Lehofer, Graz, Steiermark

Lehofer klappte den Akt zu, blickte auf und fluchte innerlich. Der Stapel vor ihm hatte sich in den letzten Stunden kaum verkleinert. Immer wieder zog er einen Akt oder eine Mappe zu sich her, arbeitete sie durch, legte sie weg und nahm sich das nächste Stück vor. Aber die Fülle an Informationen über diesen Fall schien unendlich.

Als er kontaktiert worden war, um als erfahrener Strafverteidiger Jack Unterweger zur Seite zu stehen, hatte er nicht lange überlegen müssen. Aus seiner Sicht ging es nicht darum, die Schuld oder Unschuld Jack Unterwegers festzustellen – das war Sache des Richters oder, in diesem Fall, der Geschworenen. In einem Rechtsstaat ging es darum, die Interessen des Klägers wie des Angeklagten zu vertreten. Der Kläger war in diesem Fall die Republik Österreich und diese wurde vertreten von den Staatsanwälten. Und Zanger und er vertraten den Angeklagten. Lehofers Anliegen war, seinen Mandanten in einem fairen Verfahren bestmöglich zu repräsentieren. Das war die Prämisse eines funktionierenden Justizsystems.

Er war sich auch bewusst gewesen, dass er hinter Zanger die zweite Geige spielen würde. Der Wiener Anwalt sah diesen Prozess als Höhepunkt seiner Karriere. Er hatte sich sehr für Unterweger eingesetzt und wollte nicht, dass ihm jemand im großen Moment die Show stahl. Das hatte Lehofer nicht vor. Was ihn allerdings um den Schlaf brachte, waren die Unmengen an Akten, die er durcharbeiten musste. Er hatte Jacks Fall erst einige Monate vor Prozessbeginn übernommen. Er war auf viel Arbeit gefasst gewesen, aber das hier überstieg selbst seine schlimmsten Befürchtungen. Dazu kam, dass der Angeklagte ihnen seitenlange Verteidigungsstrategien schickte. Einige seiner Argumente waren klug, aber die meisten waren völlig unbrauchbar und würden seiner Sache nicht dienen. Lehofer seufzte und nahm eine von Jacks Schriften zur Hand. Selbst wenn sie der Verteidigung nicht besonders helfen würden, es war wichtig, zu wissen, wie sein Klient dachte. Nachdem in den ersten Wochen der Verhandlung ein Bild des Menschen Jack Unterweger gezeichnet worden war, sollten nun die elf Mordfälle behandelt werden. Unterweger kritisierte in dem Schreiben die Ermittlungen und versuchte, Fehler der Polizei aufzuzeigen. Über den Fall Eroglu etwa schrieb er, dass das Opfer stark übergewichtig gewesen sei und der Tatort auf einem Hügel lag. Um ihn zu erreichen, hätte der Täter zur Tatzeit einen steilen Anstieg mit Laub und Matsch bewältigen müssen. Das war schon allein schwer genug, aber wie hätte der Täter die Frau dort hinaufbringen sollen? Für Jack wäre es unmöglich gewesen, sie hinaufzuschleppen.

Lehofer stutzte. Er kannte die Akten, die Jack zur Verfügung standen – es waren dieselben, die auch er durchging. Darin fanden sich Ermittlungsberichte der Polizei, auf deren Einsicht die Verteidigung ein Recht hatte. Doch die Tatortbeschreibung darin war weit weniger detailliert, als Jack sie hier angab. Er behauptete, keinen der Tatorte jemals auch nur gesehen zu haben. Woher wusste er dann von dem Laub und dem Matsch, von dem steilen Aufstieg auf den Hügel, von dem rutschigen Untergrund?

Es war spät und Lehofer war müde. Er klappte Jacks Notizen zu und rieb sich die Augen. War die Fantasie mit Jack durchgegangen? Hatte er sich den Ort bloß sehr realitätsnah vorgestellt? Oder steckte mehr dahinter? Lehofer wusste, dass Jack auf solche Fragen nicht antworten würde.

Er war äußerst misstrauisch. Wenn Zanger und er ihn auf mögliche Fallen der Kläger vorbereiten wollten und ihm dazu kritische Fragen stellten, regte er sich auf, sie würden nicht für ihn, sondern gegen ihn arbeiten.

Die Situation war angespannt, überhaupt jetzt, wo der Hauptteil des Prozesses bevorstand, die elf Morde. Würden sie ihren Mandanten unbeschadet durch die Befragungen bringen können? Lehofer wusste es nicht. Alles, was er tun konnte, war, diese Akten durchzulesen und nach Hinweisen zu suchen, die ihnen helfen konnten.

Er ging in die Küche, um sich Kaffee zu machen. Es würde eine lange Nacht werden.

Zusammenfassung des Falls Blanka Bockova:

Blanka Bockova verschwand am 14. September 1990 gegen 23:45 Uhr in Prag, Nähe Wenzelsplatz.

Sie wurde am 15. September 1990 gegen 07:30 Uhr im Fluss des Brezanytales im Bezirk Prag West aufgefunden.

Das Opfer lag in einem Bachbett, die Beine gespreizt, in Rückenlage. Sie war nackt bis auf eine Nylonstrumpfhose und einen Ring. Der Körper wies Hämatome auf, vermutlich von Schlägen, Fesselspuren an den Handgelenken und einen Stich im Gesäß, der vermutlich von einem Messer stammt. Der Tod trat durch Erdrosseln ein.

Zwei Zeuginnen, Studentinnen aus Wien, bestätigten, dass sie mit dem Angeklagten zu der Tatzeit in Prag waren. Der Angeklagte führte dort Recherchen für einen Zeitungsbericht durch.

Der Angeklagte wohnte zur Tatzeit in dem Haus der Pragerin Ruzena Svoboda. Sie gab an, dass er mit ihr in Prag herumfuhr und sie für ihn Gespräche mit Prostituierten übersetzte, die er für seinen Artikel verwenden wollte. Er zeigte ihr ein Messer, das er mitführte. Ihre Wege trennten sich kurz vor Mitternacht am Wenzelsplatz.

Nach seiner Abreise nahm der Angeklagte noch einmal Kontakt mit Svoboda auf und fragte sie nach Zeitungsmeldungen in Prag, die von einem Vorfall in der Rotlichtszene handelten.

Unter den Fingernägeln der linken Hand des Opfers konnte Blut sichergestellt werden, das die Blutgruppe B aufweist. Sowohl der Angeklagte als auch das Opfer besitzen diese Blutgruppe. Da keine Verletzungen unter den Fingernägeln des Opfers festgestellt werden konnten, gehen die Ermittler davon aus, dass das Blut vom Täter stammte.

Auch unter den Fingernägeln der rechten Hand konnten Blutspuren sichergestellt werden, diese waren jedoch tierischer Natur. Das Opfer arbeitete in einer Fleischerei.

Die Analyse der Blutgruppe kann einen Verdächtigen als Täter ausschließen, sollten die Blutgruppen nicht übereinstimmen. Kommt es zu einer Übereinstimmung, wie in diesem Fall, ist dies allerdings noch kein notwendiger Beweis, da die Blutgruppe nicht einem Menschen individuell zugeordnet werden kann (wie etwa die DNA), sondern bloß einen Rückschluss auf die Gruppe aller Menschen erlaubt, die jene Blutgruppe aufweisen.

Zusammenfassung des Falls Brunhilde Masser:

Brunhilde Masser verschwand gegen 00:15 Uhr am 26. Oktober 1990, wo sie zuletzt an ihrem Standort in der Griesgasse von Graz gesehen wurde. Ihre Leiche wurde am 5. Jänner 1991 in einem Waldstück nahe Gratkorn gefunden.

Sie wurde auf dem Bauch liegend in einem Bachbett gefunden, ihr linker Arm war angelegt, der rechte Arm ausgestreckt, der Kopf nach Norden gerichtet. Teilweise war sie mit Zweigen bedeckt. Sie trug zwar Schmuck am Körper, ansonsten war sie jedoch komplett nackt.

Die Leiche befand sich bereits in einem verwesten Zustand. Die Tötungsart konnte daher nicht festgestellt werden. Angenommen wird ein Erdrosseln mit einem weichen Drosselwerkzeug. Außerdem könnte eine Stichwunde am Gesäß vorgelegen haben, was allerdings durch Tierfraß ebenfalls nicht mehr eindeutig feststellbar ist.

Der Angeklagte gab bei einer ersten Einvernahme an, am 26. Oktober nach Kärnten gefahren zu sein. Später änderte er diese Aussage und behauptete, nach St. Veit gefahren zu sein, allerdings erst zwischen 3 und 5 Uhr früh, da er zuvor noch in Wien an seinem Theaterstück arbeitete. Eine Zeugin belastet den Angeklagten, da sie aussagt, er wäre mit ihr am Abend des 25. Oktobers unterwegs gewesen und wäre bereits um 22 Uhr aufgebrochen, um nach St. Veit zu fahren. Tankrechnungen zeigen, dass der Verdächtige in Kaiserwald, bei einer Tankstelle nahe Graz, noch am 26. Oktober getankt hat.

Zusammenfassung des Falls Heidemarie Hammerer:

Heidemarie Hammerer wurde am 5. Dezember 1990 zwischen 23:00 und 0:00 Uhr letztmalig von einem Zeugen in Bregenz gesehen. Der Zeuge behauptet, sie mit dem Angeklagten gemeinsam in Richtung einer Tiefgarage gehen gesehen zu haben.

Die Leiche von Hammerer wurde am 31. Dezember 1990 in einem Waldstück der sogenannten Lustenauer Ried gefunden. Die Leiche lag in Bauchlage. Der Mörder hatte sie offenbar zuerst für sexuelle Handlungen entkleidet und danach wieder angekleidet. Die Strumpfhose fehlte, mit einem Slip wurde sie geknebelt.

Der Körper wies zahlreiche Hämatome auf, vermutlich von Schlägen. Am linken Handgelenk fand sich eine Blutunterlaufung, die womöglich durch die Fesselung mit Handschellen entstand.

Der Tod trat durch Ersticken ein, vermutlich eine Kombination aus Erwürgen und Erdrosseln. Am Kleidungsstück des Opfers wurden zwei Fremdfasern festgestellt, die vermutlich von der Bekleidung des Täters stammen.

Diese werden zurzeit analysiert. Eine Tankrechnung zeigt, dass der Angeklagte am 5. Dezember zwischen 19:00 und 21:00 Uhr in Dornbirn aufgetankt hatte.

Neben dem ersten Zeugen, der den Angeklagten mit dem Opfer gesehen haben will, gibt ein zweiter Zeuge zu Protokoll, er habe einen weißen Mustang Mach 1 mit dem Wiener Kennzeichen W-JACK 1 gegen 21:30 Uhr in der Nähe des Bregenzer Bahnhofs gesehen, wo das Opfer ihren Standplatz hatte. An der Leiche konnte ein Haar gefunden werden, das morphologisch mit den Haaren des Verdächtigen übereinstimmt. Die Wurzel des Haares war allerdings zerstört, sodass keine DNA für einen definitiven Vergleich gewonnen werden konnte.

Zusammenfassung des Falls Elfriede Schrempf:

Elfriede Schrempf verschwand am 7. März 1991 im Bereich der Grazer Volksgartenstraße.

Ihre Leiche wurde am 5. Oktober 1991 in einem Waldstück nahe Lichendorf, Bezirk Leibnitz, gefunden.

Die Leiche war in einem fortgeschrittenen Verwesungszustand. Das Opfer befand sich in Bauchlage und war bis auf rote Socken völlig nackt.

Ein Notizbuch des Opfers mit Telefonnummern verschwand. Die Polizei vermutet, es wurde vom Mörder mitgenommen. Später wurden Zeugen von einem anonymen Anrufer belästigt, der ihre Nummern in dem Notizbuch des Opfers gefunden haben könnte.

Der Angeklagte behauptete bei einer ersten Einvernahme, er sei bei seiner Freundin Katharina in Wien gewesen. Diese widersprach der Behauptung. Später erinnerte sich der Angeklagte, am 7. März eine Lesung in Köflach nahe Graz gehabt zu haben. Er sei danach direkt nach Wien zurückgefahren. Die Lesung am 7. März in Köflach konnte bestätigt werden. Für die Nacht des Mordes kann der Angeklagte kein Alibi nennen.

Zusammenfassung des Falls Silvia Zagler:

Silvia Zagler wurde zuletzt am 8. April 1991 in der Hütteldorferstraße in Wien, Nähe Stadthalle, gesehen.

Ihre Leiche wurde am 4. Juli um 7:00 Uhr in Wolfsgraben, NÖ, gefunden.

Die Leiche war stark verwest, die Todesursache konnte nicht eindeutig festgestellt werden. Aufgrund fehlender Verletzungen kann der Tod durch Erdrosseln herbeigeführt worden sein. Die Leiche von Zagler war bis auf den Schmuck nackt und befand sich beim Fund in Bauchlage.

Im Zuge der Ermittlungen konnte festgestellt werden, dass der Angeklagte am 10. April seinen VW Passat zur Reparatur brachte. Die Seitenschnalle an der Beifahrertür war abgerissen worden.

Der Angeklagte gibt eine Zeugin als Alibi an. Diese sagte in einer ersten Einvernahme aus, sie habe am Abend des 8. April möglicherweise mit dem Angeklagten telefoniert, wisse aber nicht mehr genau, wann und wie lange.

Bei der zweiten Einvernahme während des Gerichtsprozesses bestand die Zeugin darauf, dass das Telefonat bis nach Mitternacht gedauert hatte. Sie habe zu dieser Erinnerung erst nach einer tiefen Meditation zurückgefunden. Staatsanwalt Gasser konfrontierte sie mit einem Brief, den sie dem Angeklagten schrieb, als dieser in Untersuchungshaft saß, und in dem sie ihn fragte, was er von ihr brauche.

Die Zeugin gibt zu, diesen Brief geschrieben zu haben, fügt aber hinzu, dass sie den Angeklagten nicht für einen Mörder hält.

Zusammenfassung des Falls Sabine Moitzi:

Sabine Moitzi wurde zuletzt gesehen, als sie am 16. April 1991 gegen 23:00 Uhr an der Ecke Johnstraße und Fenzlgasse aus dem PKW der Zeugin Ilse Heigl stieg, einer Freundin des Opfers. Etwa zehn Minuten später war sie von ihrem Standplatz verschwunden.

Ihre Leiche wurde am 20. Mai 1991 gegen 13:45 Uhr im Schottenwald bei Wien gefunden. Sie wies die gleiche Position wie die anderen Frauen auf, auch sie war – bis auf einen hochgeschobenen Body – nackt. Das Opfer wurde mit ihrer Strumpfhose erdrosselt.

Der Angeklagte gab eine Zeugin als sein Alibi an, die dieses jedoch nicht bestätigen konnte.

Zusammenfassung des Falls Regina Prem:

Regina Prem verschwand am 28. April 1991 gegen 23:30 Uhr von ihrem Standplatz an der Ecke Linzerstraße und Flachgasse.
Ihre Leiche wurde am 16. April 1992 abseits der Lagerwiese (auch bekannt als Rohrerwiese) am Hermannskogel gefunden.
Es konnte lediglich ein Skelett gefunden werden, der Schädel fehlt.
Außerdem lag ein Teil der Strumpfhose des Opfers am Tatort.
Der Mann des Opfers, Rudolf Prem, wurde nach ihrem Verschwinden mehrmals von einem anonymen Anrufer belästigt, der die Geheimnummer des Opfers kannte, die diese stets in einem Notizblock in ihrer Tasche mit sich führte.
Die Tasche wurde nicht gefunden. Beim Anrufer kann es sich also um den Mörder handeln.
Laut Rudolf Prem lauteten die Aussagen des anonymen Anrufers: »Ich bin ein Vollstrecker. Am Tulbingerkogel liegt eine Gerda. Gott hat mir dies befohlen. Heute Nacht habe ich mein Werk vollendet. Ich habe elf der gerechten Strafe zugeführt und am Fabriksplatz unter dem Hotel erwürgt. Ich habe alles fotografisch festgehalten. Sie liegen alle am Sühneplatz, mit dem Gesicht zum Hades, weil anders wäre es ein Frevel. Sie strampelten mit ihren langen Beinen.«
Weiters fiel die Aussage: »Wenn der Achter im Zenit steht, sage ich dir, wo deine Frau liegt.«

Bei den in der Wohnung des Angeklagten sichergestellten Dokumenten konnte Folgendes gefunden werden:

- Ein Zeitungsartikel mit der Überschrift »Jack betritt den Hades«

Manuskripte des Angeklagten mit folgenden Wendungen:

- »Gerechte Strafe und der Ort ihrer Strafe und Sühne«
- »Mit dem Stock eine Acht in die Luft zeichnen«
- »... zog mit seinem ganzen Körper in der Luft und mit den Füßen auf der Erde eine Acht«

Zusammenfassung des Falls Karin Eroglu:

Karin Eroglu verschwand am 7. Mai 1991 gegen 1:00 Uhr nachts an der Ecke Mariahilferstraße und Linzerstraße.

Ihre Leiche wurde am 23. Mai 1991 gegen 10:00 Uhr in einem Waldstück bei Gablitz, NÖ, gefunden.

Gleiche Lage wie bei den anderen Leichen, ebenfalls nackt. Verletzungen im Gesicht, vermutlich durch Schläge mit einem stumpfen Gegenstand. Das Opfer wurde mit dem eigenen Body erdrosselt.

Der Angeklagte gibt an, in der Nacht des 7. Mai bei seiner Mutter in München gewesen zu sein.

Diese kann das Alibi des Angeklagten nicht bestätigen und erinnert sich nicht, ihn zu dieser Zeit als Gast empfangen zu haben.

Montag, 6. Juni, 8:00 Uhr
Hotel Uhrturm, Graz, Steiermark

Sein Kopf pochte, als würde ein Presslufthammer darin arbeiten. Was zur Hölle war dieses Getränk gewesen, mit dem ihn die österreichischen Beamten gestern in ihrem Land willkommen geheißen hatten? Ronnie Lancaster dachte nach, aber selbst das tat weh.

Schnaps, erinnerte er sich. So hatten sie das Zeug genannt. So etwas sollte man verbieten.

Lancaster schlurfte ins Badezimmer, nahm eine kalte Dusche und putzte sich die Zähne. Er zog sich Jeans, Hemd und Sportsakko an und ging hinunter zum Frühstück.

Im Frühstückssaal duftete es herrlich. Frische Marmelade, Milch und Eier standen ebenso bereit wie Kaffee und Orangensaft. Sogar eine gut gefüllte Obstschale erspähte er. In Los Angeles undenkbar.

Er nahm sich ein Gebäck, das, wie die freundliche Mitarbeiterin ihm erklärte, eine »Semmel« war. Sie war noch warm, als er hineinbiss. Lancaster war schon kreuz und quer durch die USA geschickt worden, aber eine Dienstreise nach Europa hatte, soweit er wusste, noch keiner seiner Kollegen bewilligt bekommen. Nun war er zum ersten Mal in Europa, um über die Fälle der ermordeten Prostituierten in L. A. auszusagen.

Nach dem Frühstück spazierte er durch die Stadt. Die Straßen waren uneben, die Hausdächer schief, die Gebäude klebten aneinander, eines schien aus dem anderen zu wachsen. Alles kam Lancaster so klein vor – wo er auch stand, er konnte den Himmel über sich sehen. Im Gegensatz zu den Straßen von Los

Angeles, in denen Hochhäuser den Blick versperrten, fühlte er sich befreit.

Er ging die Mur entlang und staunte über all das Grün. Graz war so groß wie ein Vorort von L. A., aber es wäre ein besonders schöner Vorort.

Nach dem Spaziergang kehrte er in sein Hotel zurück und ordnete seine Notizen. Fred Miller, der ihn damals auf den Zusammenhang der Mordfälle aufmerksam gemacht hatte, hatte sich eine Rückenverletzung zugezogen und seine Reise absagen müssen. Statt ihm war sein Kollege Jim Harper angereist. Gemeinsam mit dem Streifenpolizisten Steve Staples, der Unterweger während seiner Zeit in Los Angeles einen Abend lang mitgenommen hatte, und Doktor Lynne Herold waren sie alle vier gestern auf einen Gasthof außerhalb von Graz eingeladen worden. Der fünfte Amerikaner, der aussagen sollte, war der berühmte FBI-Analytiker Gregg McCrary. Lancaster hatte bereits von ihm gehört. McCrary würde erst in einigen Tagen eintreffen, aber Lancaster hoffte, es würde sich eine Gelegenheit ergeben, mit ihm zu sprechen.

An dem Abend war viel geredet worden, es hatte reichlich zu essen und noch mehr zu trinken gegeben. Doch nun würde er all seine Konzentration brauchen. Noch immer träumte er manchmal von den Hügeln in Malibu, von dem Plateau mit Büschen, die der Wind in sanfte Bewegung versetzte, und von dem toten Körper darunter. Als er zum ersten Mal gehört hatte, dass ein Österreicher verdächtig wurde, der diese drei Frauen während seiner Dienstreise umgebracht haben soll, hielt er das für einen schlechten Witz. Gestern allerdings hatte er mehr über Jack Unterweger erfahren. Miller und Harper hatten ihn in Miami besucht, Staples war ihm in L. A. begegnet. Nur Herold und Lancaster hatten ihn nie persönlich getroffen. Ohne die Schnäpse hätte er wohl keinen Schlaf gefunden, bei den Details, die er gestern über die anderen Taten erfahren hatte.

Das war also das Böse, dachte Lancaster. Da fliegt ein Mann nach Los Angeles für seine Reportage, lernt eine Frau kennen – die Beamten hatten ihm von Carmen erzählt – und genießt die kalifornische Sonne. In dieser erholsamen Zeit entschließt er sich, drei Frauen zu quälen und zu töten. Es gab keine Notwendigkeit, keinen Anlass. Wenn überhaupt, tötete er in Los Angeles, weil er sich hier entspannen konnte und wohl nicht fürchtete, jemals entdeckt zu werden. Urlaubsprogramm sozusagen.

Für Lancaster war das der eindeutige Beweis, dass hier jemand aus purem Vergnügen mordete. Für ihn war es das, was seine Großmutter als böse bezeichnet hatte: Lust am Schmerz anderer. Wer das empfindet, ist wahrlich böse.

Es war Zeit. Lancaster packte seine Notizen zusammen und machte sich auf den Weg zum Gericht. Er ging zu Fuß und genoss es, in einer Stadt zu sein, in der er kein Auto brauchte, um von einem Ort zum anderen zu kommen.

Er war zu früh dran. Lancaster setzte sich auf eine Holzbank im Flur vor dem Gerichtssaal. Am anderen Ende des Ganges sah er zwei Beamte entlangkommen, in ihrer Mitte ein kleiner Mann in Handschellen.

Der Mann blieb vor ihm stehen. »Amerikaner?«, fragte er auf Englisch.

Lancaster war verwundert, dass dem anderen das so schnell aufgefallen war. Sah er so amerikanisch aus?

»Ja«, antwortete Lancaster.

»Sie müssen Ronnie Lancaster sein«, sagte der Mann. »Ich bin Jack Unterweger.«

Lancaster stutzte. Er hatte gehört, dass Unterweger immer gut informiert war und versuchte, seinen Gegnern einen Schritt voraus zu sein. Der Mann musste ihn erkannt haben, weil er wusste, welche amerikanischen Beamten aussagen würden. Harper und Staples hatte er bereits getroffen und Herold war eine Frau. So hatte er ihn erkannt.

»So ist es«, sagte Lancaster beeindruckt.

»Es freut mich, Sie kennenzulernen«, sagte Jack und lächelte. »Ich hoffe, Sie genießen Ihren Aufenthalt in Graz. Sie werden mich zwar nicht überführen, weil Sie keine Beweise haben ...«

»Sie glauben also, wir hätten keine Beweise?«, unterbrach ihn Lancaster.

Unterweger blickte den sitzenden Lancaster von oben herab an, als hätte Lancaster das Begriffsvermögen eines Kleinkindes. »Nein, haben Sie nicht. Ich hoffe trotzdem, Ihnen gefällt Graz.«

Damit ging Jack und die beiden Beamten trotteten hinter ihm her. Lancaster blickte dem kleinen Mann nach. Er hatte schon viele Menschen befragt. Die Unschuldigen waren oft grundlos nervös. Sie wurden von irrationaler Angst befallen, aus einem unerfindlichen Grund könnte sich vielleicht doch ein Beweis finden, der gegen sie sprach. Ein Unschuldiger fühlte sich wie in einem Albtraum, wenn er zu Unrecht verdächtigt wurde.

Schuldige hingegen, auch das hatte Lancaster beobachten können, waren sich ihrer Sache viel sicherer. Denn sie hatten dafür gesorgt, dass es keine Beweise gab. Sie waren so überzeugt, die Polizei an der Nase herumführen zu können, dass es für sie stets völlig überraschend war, wenn man sie doch überführen konnte.

Unterweger schien sich seiner Sache todsicher. Wie er sich wohl fühlen würde, wenn man ihn überführte?

Zusammenfassung des Falls Shannon Exley:

Shannon Exley verschwand am 20. Juni 1991 gegen 04:00 Uhr früh im Bereich der 7th Street – Town Avenue in Los Angeles.

Ihre Leiche wurde noch am selben Tag, dem 20. Juni, um 13:50 Uhr in einem Grasland nahe einem Pfadfinderzentrum gefunden. Wie die österreichischen Opfer war auch die Leiche von Exley nackt, in Bauchlage und mit gespreizten Beinen gefunden worden. Der Mörder hatte sie mit ihrem eigenen Büstenhalter erdrosselt.

Verletzungen des Schlüsselbeins, an den Innenseiten der Oberschenkel, an der Innenseite der Unterlippe und an der rechten Brustwarze sowie am Kopf.

Es wurden männliche Spermazellen im Analbereich gefunden sowie Samenspuren im Genitalbereich. Unter den Fingernägeln des Opfers fanden sich Spuren der Blutgruppe B (die Blutgruppe des Angeklagten).

Am 21. Juni brachte der Angeklagte sein Mietauto zu einem Autoverleih in Los Angeles. Die Windschutzscheibe auf der Beifahrerseite war zerbrochen. Die Leiche weist Kopfverletzungen auf, die von einem Schlag gegen die Windschutzscheibe stammen könnten.

Der Angeklagte lebte zum Zeitpunkt der Tat im Hotel *Cecil*, das sich in unmittelbarer Nähe des Standplatzes von

Shannon Exley befindet. Als Alibi gab er seine damalige Freundin Carmen Fernandes an, die vom Gericht nicht gefunden werden konnte.

Zusammenfassung des Falls Irene Rodriguez:

Irene Rodriguez wurde zuletzt am 28. Juni 1991 gegen 20:00 Uhr im Bereich der 7th Street und Gladis Street gesehen.
Ihre Leiche wurde am 30. Juni 1991 gegen 16:45 Uhr im Industriegelände 130th Street gefunden. Die Leiche lag auf dem Rücken, die Beine gekreuzt, halb von einem LKW verdeckt. Büstenhalter sowie Gürtel waren um ihren Hals geknotet. Sie war komplett nackt.
Verletzungen im Bereich des linken Knies, der linken Hüfte und der Oberschenkel.
Sie wurde mit ihrem Büstenhalter erdrosselt.
Der Angeklagte lebte zum Zeitpunkt der Tat im Hotel *Cecil*, in der Nähe von Irene Rodriguez' Standplatz. Auch für diese Tat gibt der Angeklagte Carmen Fernandes als sein Alibi an. Dies konnte nicht überprüft werden.

Zusammenfassung des Falls Sherry Long:

Sherry Long wurde zuletzt am 3. Juli 1991 um 23:00 Uhr im *Vine* Hotel in Hollywood gesehen.
Ihre Leiche wurde am 11. Juli 1991 gegen 11:15 Uhr auf der Spitze eines kleinen Hügels entlang der Corral Canyon

Road in Malibu gefunden. Die Leiche lag auf dem Rücken, war vollständig bekleidet, das T-Shirt war allerdings nach oben geschoben worden. Sie wurde mit ihrem Büstenhalter erdrosselt.

Der Angeklagte wohnte zur Zeit der Tat im *Sunset Orange* Hotel. Dieses liegt in unmittelbarer Nähe von Longs Standplatz.

Auf halbem Weg zwischen *Sunset Orange* Hotel und Auffindungsort liegt das Restaurant *Gladstone*, dessen Speisekarte bei der Wohnungsdurchsuchung des Angeklagten sichergestellt werden konnte.

Auch für diese Tat gibt der Angeklagte Carmen Fernandes als sein Alibi an. Dies konnte nicht überprüft werden.

Auszug aus der Zeugenaussage Sergeant Steve Staples, Streifenpolizist Los Angeles:

Jack Unterweger stellte sich als Reporter aus Österreich vor. Er erklärte mir, er wolle über die dunklen Seiten Los Angeles' schreiben und daher mit mir auf Streife gehen. Mir fiel auf, dass er sehr präzise Fragen über unsere Arbeitsweise hatte.

Die meisten Journalisten wollen tolle Geschichten hören oder spannende Anekdoten, aber Unterweger war sehr an unseren Methoden der Ermittlungen und zur Kontrolle von Verbrechen interessiert. Ich kann mich nicht erinnern, dass er mich besonders viel über das Rotlichtmilieu oder Prostituierte gefragt hätte.

**Auszug aus der Zeugenaussage
Dr. Lynne Herold,
Gerichtsmedizinerin des L. A. County Crime Lab:**

In meiner Zeit als Gerichtsmedizinerin habe ich hunderte Fälle von Strangulation untersucht. Eine solche Vorrichtung, wie sie für diese Morde benutzt wurde, habe ich noch nie gesehen. Sie haben alle mehrere Gemeinsamkeiten. Als ich sie zum ersten Mal sah, war mir sofort klar: Alle drei stammen von ein und demselben Mörder.

Als mir die österreichischen Kollegen die Strumpfhose von Sabine Moitzi und den Body von Karin Eroglu zeigten, erkannte ich das Muster sofort wieder. Der Knoten war der gleiche. Mit großer Wahrscheinlichkeit wurden alle Frauen vom selben Mörder getötet.

**Auszug aus der Zeugenaussage
Deputy Sheriff Ronnie Lancaster,
L. A. County Sheriff Department:**

Bereits Monate, bevor wir den Namen Jack Unterweger zum ersten Mal hörten, waren wir davon überzeugt, dass alle drei Morde vom selben Täter verübt worden waren. Der Tathergang, das Tötungswerkzeug, die Tatorte, alles ähnelte sich auf unheimliche Art.

Der Mörder hatte in Downtown L. A. – in der Nähe des Hotel *Cecil* – begonnen und in Hollywood, in der Nähe des *Sunset Orange* Hotels, aufgehört.

Was uns noch mehr wunderte, war, dass die Serie plötzlich aufhörte. Als wir später erfuhren, dass sich Jack Unterweger genau zur Zeit der Morde in Los Angeles aufgehalten hatte und seine Hotels noch dazu in der Nähe der Stellen lagen, wo die Prostituierten verschwunden waren, kam uns das wie ein großer Zufall vor. Vielleicht zu groß.

Auszug aus der Zeugenaussage Special Agent Gregg McCrary, Federal Bureau of Investigation:

Ich habe in verschiedenen kriminalistischen Datenbanken die Merkmale der hier untersuchten Morde eingegeben. Die Datenbanken haben die elf Morde miteinander in Verbindung gebracht, während mehrere tausend ausgeschlossen wurden.

Die Tatorte verraten viel über den Täter. Die Tatorte in allen elf Fällen weisen ungewöhnlich viele Übereinstimmungen auf. Wüsste ich, wer einen dieser Morde verübt hat, könnte ich mit ziemlicher Sicherheit sagen, wer die anderen zehn verübt hat.

Ein wichtiges Argument der Verteidiger des Angeklagten wurde mir zuvor präsentiert. Ich wurde gefragt, ob ich schon jemals davon gehört hätte, dass ein Mann mit regelmäßigen einvernehmlichen sexuellen Kontakten, also ein Frauenheld wie der Verdächtige, Prostituierte ermordet. Darauf kann ich ganz klar mit »Ja« antworten. Der Fall Arthur Shawcross weist tatsächlich einige Parallelen auf:

Shawcross kam wegen Mordes ins Gefängnis und wurde nach 15 Jahren begnadigt. Trotz einer sexuell normalen Beziehung zu seiner Ehefrau ermordete er elf Prostituierte.

Montag, 13. Juni, 21:00 Uhr
Landesgericht für Strafsachen Graz, Conrad-von-Hötzendorf-Straße, Graz, Steiermark

Es dämmerte bereits, als ich das Gerichtsgebäude verließ. Müde und erschöpft wechselte ich auf die andere Straßenseite, ging in das Café *Paragraph*, setzte mich an einen Tisch und bestellte ein großes Bier.

Ich wollte allein sein. Die letzten Stunden hatte ich im Zeugenstand verbracht und war von Jacks Anwälten mit hunderten Fragen bombardiert worden. Sie versuchten alles: Ließen eine Frage wieder auftauchen, nachdem das Thema schon beendet war, in der Hoffnung, ich würde eine andere Antwort darauf geben als beim ersten Mal. Sie fragten Dinge, die ich nicht wissen konnte, damit ich darauf antwortete und sie alle meine anderen Aussagen in Zweifel ziehen konnten. Im Zeugenstand reichte ein Fehler, um die Glaubwürdigkeit zu verlieren.

Ich hatte mich in den letzten Wochen intensiv auf diesen Tag vorbereitet. Nun, da er hinter mir lag, dachte ich, dass ich mich gut geschlagen hatte. Doch ich war zu erschöpft, um mich darüber freuen zu können. Das Bier kam. Ich blickte mich im holzvertäfelten Innenraum des Cafés um. Viele Tische waren besetzt, die Leute unterhielten sich aufgeregt. Über was, konnte ich mir denken. Seit Beginn des Prozesses hatte Jack Unterweger die Titelseiten aller Zeitungen im Land beherrscht. Jede Zeugenaussage wurde wiedergegeben, selbst jene, die unter Ausschluss der Öffentlichkeit stattgefunden hatten. Die Presse fand immer eine Möglichkeit, an ihre Informationen zu kommen. Jack war ich heute zum ersten Mal seit Prozessbeginn begegnet. Er sah älter aus, müder. Sein gefürchteter Charme hatte sich hinter seinen erschöpften Augen verborgen. Hätte ich nicht seit mehr als zwei Jahren jeden Tag und jede Nacht versucht, diesen Mann hinter Gitter zu bringen, ich hätte fast Mitleid haben können.

Vermutlich hatte er sich nicht vorgestellt, wie intensiv und detailliert dieser Prozess werden würde. Es war kein Vergleich zu den Prozessen, die früher gegen ihn geführt worden waren. Die Zahl der Zeugen und Sachverständiger war enorm. Jeden Tag wurden neue Informationen verhandelt. Es gab sogar eine eigens abgestellte Polizeigruppe, die jede Zeugenaussage notierte und dann herauszufinden versuchte, ob sich die Aussagen mit Beweisen belegen ließen.

Aber nicht nur Jack war erschöpft. Die Verhandlung hatte im April begonnen. Auch Richter, Anwälte, Zuhörer und Geschworene mussten mit ihrer Aufmerksamkeit und Konzentration kämpfen. Wir hatten uns so bemüht, alle Beweise und Indizien zusammenzutragen, und nicht daran gedacht, dass wir jene Menschen, die letztlich über Jacks Schuld entscheiden mussten, damit womöglich überforderten.

Schon seit mehr als zwei Jahren suchte ich den »Mörder vom Wienerwald«, der uns bald darauf als Jack Unterweger bekannt geworden war. In dem Wald an Hinweisen und Spuren hatte ich letztlich nur einen Weg gefunden, und der führte zu Jack. Die Geschworenen hatten viel weniger Zeit mit den Fällen verbracht.

Würden sie sehen können, was ich sah? Die Wahrheit war meist eine Überforderung. Mein Kollege Werner Kucera hatte mir von Anfang an jeden Abend vom Prozess berichtet, da ich selbst meine Arbeit in der Berggasse nicht einfach für Monate unterbrechen konnte. Für Jack sah es nicht gut aus. Die meisten Zeugen hatten ein wenig sympathisches Bild von ihm gezeichnet. Die meisten Menschen hatten ihn als das erkannt, was er war: Ein Lügner, der auf seinen eigenen Vorteil bedacht war.

Wir hatten zeigen können, dass er bei jedem Mord in der Nähe gewesen war. Alle seine Alibis hatten sich als heiße Luft erwiesen. Es war verwunderlich, dass er selbst bei den Wiener Morden darauf bestand, Alibis zu nennen und Zeugen zu laden. Wo er doch einfach hätte sagen können, er sei als alleinlebender Mann zur Tatzeit in seiner Wohnung gewesen. Das wäre jedenfalls besser gewesen, als Zeugen zu laden, die unter Eid seine Behauptungen widerlegten.

Doch ein eindeutiger Beweis war noch nicht aufgetaucht. Es gab niemanden, der ihn bei der Tat selbst beobachtet hätte. Es gab keine eindeutigen DNA-Spuren, die ihn überführten. Es war ein Indizienprozess. Indizien deuteten auf einen möglichen Täter, erhöhten die Wahrscheinlichkeit, dass er es war, doch sie machten es nicht notwendig. Ein Betrüger war noch kein Mörder, das war den Geschworenen klar. Außerdem basierte unsere Anklage auf der Annahme, dass alle Morde auf einen Täter zurückzuführen waren. Wenn er also nur für einen einzigen der Morde ein hieb- und stichfestes Alibi vorweisen konnte, würde er wahrscheinlich freigesprochen.

Davor hatte Evi große Sorgen. Unsere Beziehung hatte gelitten, seit Jack Unterweger in unser Leben getreten war. Meine

Frau meinte, es fühle sich manchmal so an, als würde ich sie betrügen, allerdings nicht mit einer anderen Frau – sondern mit einem Fall. Die langen Nächte allein, die abgesagten Abendessen, die einseitigen Gespräche, während derer ich mit den Gedanken ganz woanders war, die vielen Telefonate während unserer gemeinsamen Zeit. Ich hatte ihr versprochen, dass nach diesem Prozess alles zu Ende sein würde. Wir würden unser altes Leben wieder aufnehmen können. Das war es, was Evi Hoffnung gab.

Doch stimmte das? Was würde geschehen, wenn Unterweger frei käme? Evi machte sich Sorgen, dass er aus Rache unserer Tochter etwas antun könnte. Davor hatte ich weniger Angst, denn ich wusste, dass Unterweger im Grunde ein feiger Mensch war. Wenn meiner Tochter etwas geschähe, kämen wir zuallererst zu ihm, und er wusste das. Ich sorgte mich eher, dass er im Falle eines Freispruchs seine gesamte mediale Wirksamkeit nutzen würde, um gegen mich vorzugehen. Mit Sicherheit würde er mich verklagen und alles daran setzen, dass ich meinen Job verlor. Und er würde nicht aufhören zu morden, aber er würde es klüger tun. Bisher hatte er stets aus seinen Fehlern gelernt. Er würde nach Südamerika oder Asien fliegen und sein Werk dort fortsetzen.

Und ich würde zurückbleiben. Vermutlich ohne meinen Job, vielleicht sogar ohne meine Familie. In diesem Prozess ging es nicht nur um Unterwegers Existenz.

Es ging auch um meine.

Auszug aus der Analyse der gefundenen Textilfasern, Walter Brüschweiler, Wissenschaftliches Büro der Polizei Zürich:

Zunächst muss ich Ihnen, meine verehrten Damen und Herren Geschworenen, ein klein wenig über Textilfasern erzählen. Es gibt zahlreiche verschiedene Arten, in unterschiedlicher Form, Farbe und Länge. Diese Fasern bilden den kleinsten Teil von Textilien. Sie können natürlichen oder künstlichen Ursprungs sein, können mit anderen Fasern zu Garn versponnen oder zu einem Stoff verwoben werden. Die chemische Zusammensetzung der Färbemittel variiert stark. Unter dem Mikroskop sehen Sie Unterschiede, die mit freiem Auge unerkennbar bleiben.

Im Fall Heidemarie Hammerer wurden am Tatort solche Textilfasern gefunden. Sie wurden mit einem Klebeband abgelöst und ins Labor der Zürcher Polizei gebracht, weil wir in den letzten Jahren einen sehr hohen Standard für die Analyse von Textilfasern entwickelt haben.

Mithilfe eines Infrarot-Spektroskops haben wir 142 rote und 153 schwarze Fasern analysiert, die an der Kleidung des Opfers gefunden wurden. Zunächst haben wir die gesamte Garderobe des Opfers untersucht und konnten kein Kleidungsstück finden, das zu den Textilfasern passte. Somit gingen wir davon aus, dass die Fasern zur Kleidung des Täters gehören.

Nach der Hausdurchsuchung des Angeklagten fanden wir tatsächlich eine Übereinstimmung: Ein roter Schal und eine schwarze Wollhose, die der Angeklagte laut Zeugenaussagen an jenem Abend trug, an dem Heidemarie Hammerer verschwand. Der Vergleich von Textilfasern mit den Kleidungsstücken ergab eine perfekte Übereinstimmung. Es ist damit für mich mehr als wahrscheinlich, dass der Angeklagte in der Nacht ihres Verschwindens mit Hammerer in Kontakt kam.

Wir konnten auf einer Lederjacke des Angeklagten auch Fasern feststellen, die zur Kleidung des Opfers passten, diese waren allerdings weniger einzigartig als die Fasern, die wir am Tatort sicherstellen konnten.

Bei einer Suche in diversen Geschäften in der Schweiz und in Österreich konnten zwei Schals sichergestellt werden, die dem des Angeklagten stark ähnelten. Wie viele andere Schals ähnlicher Beschaffenheit es gibt, kann nicht mit Sicherheit gesagt werden. Ihre Zahl schätze ich allerdings als sehr gering ein.

**Auszug aus der DNA-Analyse,
Prof. Richard Dirnhofer, Direktor des Instituts
für Rechtsmedizin der Universität Bern:**

Ein Team meines Instituts untersuchte ein Haar, das auf dem Beifahrersitz eines BMW 728 gefunden wurde, der dem Angeklagten gehörte.

Die Analyse von DNA in Gerichtsverfahren wird in den USA bereits seit einigen Jahren eingesetzt. In Europa ist dies noch nicht Standard, wird sich aber, davon bin ich überzeugt, bald schon durchsetzen.

Die DNA ist der genetische Fingerabdruck des Menschen. Jeder von Ihnen, meine Damen und Herren, hat eine einzigartige DNA. Diese DNA findet sich beispielsweise in Ihren Haaren, in Ihrem Blut, in Ihrem Speichel. Die DNA ist viel eindeutiger als die Bestimmung einer Blutgruppe und wird häufiger am Tatort hinterlassen als Fingerabdrücke. Für das Justizsystem bedeutet die Analyse von DNA eine Revolution, die völlig neue Möglichkeiten zur Aufklärung von Verbrechen bietet. Auf dem Beifahrersitz des erwähnten BMW konnten wir ein blondes Haar sicherstellen. Dieses ist identisch mit dem Haar des Opfers Blanka Bockova aus Prag. Obwohl der Angeklagte behauptet, das Opfer nicht gekannt und keinesfalls in seinem Wagen mitgeführt zu haben, ist das gefundene Haar Beweis für genau dies: Blanka Bockova saß in dem Auto des Angeklagten.

DNA wird aus der Haarwurzel gewonnen. Das blonde Haar war, als es in unserem Labor ankam, leicht beschädigt. Doch durch unsere Testverfahren konnten wir zehn genetische Marker feststellen, die mit Blanka Bockova übereinstimmten. Die Wahrscheinlichkeit einer Übereinstimmung liegt bei weniger als einem tausendstel Prozent der weiblichen Bevölkerung. In Zahlen: 0,001 Prozent. Umgekehrt bedeutet das, es ist mit 99,99 Prozent wahrscheinlich, dass dieses Haar dem Opfer gehörte.

Die Wissenschaft kann Ihnen niemals die vollen hundert Prozent an Sicherheit geben. Sicherer als diese 99,99 Prozent kann ein wissenschaftliches Ergebnis nicht sein.

Auszug aus dem Gutachten über den Verdächtigen, Dr. Reinhard Haller, Psychiater:

Nach meinem Gespräch mit dem Angeklagten sowie einer Analyse aller vorliegenden Informationen komme ich zu dem Schluss, dass der Angeklagte zurechnungsfähig, aber geistig abnorm ist. Er leidet an einer tiefgreifenden narzisstischen Persönlichkeitsstörung mit sadistischen Handlungen. Der Fall des Angeklagten stimmt mit der These des Wiener Psychoanalytikers Otto Kernberg vom »malignen Narzissmus« überein. Kernberg versteht darunter eine Charakterstörung, die bei vielen Sexualmördern vorliegt: Eine Kombination aus narzisstischer Persönlichkeit, antisozialem Verhalten, Sadismus und einer misstrauisch-paranoiden Haltung.

Der Narzisst zeichnet sich durch überhöhte Selbstverliebtheit und Hang zur Eigendarstellung aus, sowie durch Eitelkeit und Egoismus. Beim malignen Narzissmus kommen noch Muster des ausgeprägten Selbstbezugs, der gefühlskalten Erlebnisverarbeitung, des massiv erhöhten Geltungsbedürfnisses und der extremen Rücksichtslosigkeit hinzu.

Narzissten verfügen oft über einnehmenden Charme sowie ausgeprägte Fähigkeiten zur Manipulation. Wie bei Serientätern oft üblich, finden sich auch beim Verdächtigen Phasen »orientierungsloser Unruhe«, während derer er quer durch Österreich und auch Europa fuhr.

Während der 15-jährigen Haftzeit des Angeklagten kam es tatsächlich zu einigen Veränderungen. Er machte eine

Aus- und Fortbildung, entdeckte seine Begabungen, entwickelte ein Gesundheitsbewusstsein, lernte, mit Rauschmitteln umzugehen und ließ eine gewisse Arbeitsdisziplin erkennen. Doch zu einer Änderung seines Charakters kam es, trotz zahlreicher Beteuerungen des Angeklagten, nicht.

Er ist nicht in der Lage, normale zwischenmenschliche Empfindungen wie Schuldgefühle, Reue, Einfühlungsvermögen, Liebe oder echte Sorge zu empfinden. Er hat gelernt, diese Gefühle täuschend echt vorzuspielen. Bei genauer Beobachtung erweisen sie sich allerdings als oberflächlich.

Ich möchte mit einer Definition der antisozialen Persönlichkeit enden, die den Angeklagten sehr gut beschreibt: Der Psychopath ist außer Stande, die Befriedigung augenblicklicher Bedürfnisse hinauszuschieben, selbst wenn dies mit schweren Folgen für ihn und seine Umwelt verbunden ist. Bei dem Versuch, sich aus daraus resultierenden Problemen zu befreien, erzeugt der Psychopath ein widersprüchliches Netz aus Lügen und Rationalisierungen, meist in Verbindung mit theatralischen Erklärungen, Ausdrücken der Reue und Versprechungen, sich zu ändern.

Diese Verhaltensweisen bestimmen das gesamte Leben des Angeklagten und sind Grund, warum er heute hier sitzt.

Sonntag, 26. Juni, 19:30 Uhr
Studentenwohnheim, Jakominigürtel, Graz, Steiermark

Während die Sonne versank, zog sich die Wärme des Tages langsam aus dem Beton und dem Stahl des Daches zurück, auf dem Astrid Wagner stand. Sie kam oft hier herauf, obwohl es für die Studenten eigentlich nicht erlaubt war, das flache Dach des Studentenwohnheims zu betreten.

Sie konnte Musik und Gelächter hören, das von der Party kam, die gerade ein paar Stockwerke weiter unten im Gange war. Sie kannte einige der Studenten von ihrem Studium an der juristischen Fakultät. Heute hatte sie jedoch feststellen müssen, dass sie nicht mehr Astrid, die intelligente Jusstudentin, war, mit der ihre Kollegen lachen und feiern und Blödsinn treiben konnten, sondern bloß noch Jack Unterwegers Freundin. Ständig musste sie sich Fragen anhören, wie er denn »wirklich« sei, ob er schuldig wäre und, am schlimmsten, wie es sei, seine Freundin zu sein.

Astrid hatte sich ihr Glas Wein genommen und war nach oben geflüchtet, wo sie nun allein dabei zusah, wie der Tag langsam zu einem Ende kam. Die Schatten wurden länger, bis sie schließlich alle Dinge in ihre sanfte Umarmung geschlossen hatten. Die Nacht hauchte ihre kühle Luft in Astrids Gesicht.

Wie war es, Jack Unterwegers Freundin zu sein? Die Antwort war weniger spektakulär, als ihre Kolleginnen erhofft hatten. Jack hatte zahlreiche unglaubliche Geschichten zu erzählen, er besaß überraschende Ideen zu vielen Themen, er war witzig und einfühlsam, konnte ihr zuhören und verstand, wenn sie von ihrer kranken Mutter sprach oder dem Leben als Anwältin, wo sie es mit so vielen Männern zu tun hatte, die eine Frau wie sie bloß belächelten. Wenn sie mit ihm sprach, schien er ihre Situation so gut nachvollziehen zu können, dass es für sie unvorstellbar schien, er könnte Frauen aus reiner Lust missbrauchen und töten. Jack stritt seine Vergangenheit nicht ab, aber es war eben seine Vergangenheit. Er beteuerte immer wieder, dass sie nichts mit seiner Gegenwart zu tun habe. Und Astrid glaubte ihm, selbst wenn sie die Einzige sein sollte.

Es beeindruckte sie, wie Jack trotz seiner Situation den Humor und die Hoffnung nicht verlor. Obwohl sie mit so vielen Widerständen zu kämpfen hatten, fühlte sich Astrid mit jedem Besuch stärker zu ihm hingezogen. Es war wie eine Fernbeziehung, scherzten sie oft. Gerade deswegen aber hatte sie das Gefühl, ihn wirklich zu kennen. Er konnte ihr seinen Körper nur unzureichend überlassen, und so mussten sie ihre Seelen voreinander öffnen.

Sie hatte selbst erlebt, mit welchen Mitteln gegen Jack gearbeitet wurde. Als sie den Brief bekam, der eigentlich an Bianca adressiert worden war, verstand sie, dass Jack sich schützen und Bianca bei Laune halten musste. Bianca verstand Jacks Situation nicht so wie Astrid das tat. Es war daher nicht verwunderlich, dass Bianca mit Ablehnung reagierte und sich von Jack distanzierte. Astrid würde das nicht passieren. Sie würde zu Jack halten. Bis zum Ende.

Astrid trat an den Rand des Daches. Die Party war nur ein Vorwand gewesen, um hierherzukommen. In den letzten Wochen war sie oft auf diesem Dach gestanden. Von dort konnte sie die Justizanstalt Graz sehen. Im zweiten Stock brannte ein Licht. Eine Gestalt trat ans Fenster. Durch die Gitterstäbe sah sie Jack. Er hatte sein Shirt ausgezogen. Mit nacktem Oberkörper stand er vor ihr. So zeigte er sich nur ihr. Sie winkte. Er winkte zurück. Sie glaubte, ein Lächeln auf seinem Gesicht zu sehen.

In den nächsten beiden Tagen würden die Schlussplädoyers gehalten werden. Alle Seiten hatten noch einmal die Möglichkeit, sich an die Geschworenen zu wenden. Diese letzten Worte mussten daher mit besonderer Sorgfalt gewählt werden. Mit ihnen im Ohr würden sich die Geschworenen zur Beratung zurückziehen. Danach würde ein Urteil gefällt werden.

Astrid hoffte, dass Jack und sie danach ihre Beziehung als freie Menschen würden ausleben können. Keine Trennungen mehr, keine Bestimmungen, bloß zwei Liebende. Sie spürte ein Verlangen nach ihm und sie wusste, dass es ihm genauso ging. Dieses Verlangen verzehrte sie. Es ließ sich nur stillen, wenn sie ihm endlich würde nachgeben können.

Würde das gelingen? Würden die Geschworenen in Jack das sehen, was sie in ihm sah? Bald würde sie es wissen.

Das Licht in Jacks Zimmer ging aus. Sie konnte ihn zwar nicht mehr sehen, aber Astrid wusste, dass er noch dort stand, hinter dem Fenster, und sie beobachtete. Sie wusste, dass er da war. Er würde immer da sein.

Auszug Abschlussplädoyer Karl Gasser, Staatsanwalt:

Hoher Schwurgerichtshof, sehr geehrte Damen und Herren Geschworenen! Ich hatte Angst, dass dieser gigantische Prozess Sie überfordern würde, aber jetzt sehe ich, dass Sie verstanden haben. Ich bin vollkommen überzeugt, dass der Angeklagte der Mörder ist, und seine Verurteilung wird mir nicht eine Sekunde Schlaflosigkeit bereiten.

Fünfunddreißig Jahre lang lag der Durchschnitt der ermordeten Prostituierten in Österreich bei 1,5 pro Jahr. Doch dann gab es in nur sieben Monaten, zwischen Oktober 1990 und Mai 1991, gleich sieben solcher Morde. Unterweger wurde im Mai 1990 entlassen, er brauchte einige Zeit, um sich an die Freiheit zu gewöhnen. Dann, nach vier Monaten, begann diese Serie. Er hat sich jedes Mal in der Nähe aufgehalten, wenn einer dieser Morde passiert ist – einmal in Prag, zweimal in Graz, einmal in Bregenz, viermal in Wien, dreimal in Los Angeles. Kein vernünftiger Mensch wird diese auffälligen zeitlichen und örtlichen Naheverhältnisse dem reinen Zufall zuschreiben. Sie haben in diesem Prozess sehen können, wie sich das Netz über Unterweger langsam zusammenzieht. Der Angeklagte hat oft versucht, Sie in die Irre zu führen. Er besitzt Charme und ein besonderes Talent, Leute zu manipulieren und zu überzeugen.

Von einer Sekunde auf die andere kann er eine plausibel scheinende Lüge erfinden. Und jedes Mal, wenn er beim Lügen erwischt wurde, versuchte der Angeklagte diese Lügen als Irrtümer darzustellen. Natürlich kann man sich irren. Aber immer?

Zu bestimmten Zeiten hat der Angeklagte sein wahres Gesicht gezeigt. Vor einundzwanzig Jahren zeigte er es einer Anhalterin in Tirol, als er sie im Auto mitnahm und mit ihr zu einer Waldstraße fuhr. (*nimmt einen Zettel heraus und liest vor*)

»Plötzlich sprang er auf mich und sagte, ich würde niemals wieder rauskommen. Er hat mich gewürgt, hat mir meine Strümpfe ausgezogen und versucht, meine Hände auf dem Rücken zusammenzubinden, aber ich habe es geschafft, aus dem Auto zu steigen, und bin davongerannt.« (*steckt den Zettel weg*)

Der Angeklagte hat sich seither nicht verändert. Im Gefängnis hat er sich mit der Frage beschäftigt, wie er seine Verbrechen verüben könnte, ohne geschnappt zu werden. Und nach seiner Entlassung hatte er damit beinahe Erfolg.

Sein Motiv war nicht Liebe oder Eifersucht, Geld oder Rache, sondern sein Verlangen nach Macht. Unterweger hat Freude an der Macht und das ist dann der Gipfel: Herr über Leben und Tod zu sein, das verschafft dieser schwer gestörten Persönlichkeit eine besondere Befriedigung.

Der Sachverständige Professor Dirnhofer hat uns gesagt, das Ganze sei mehr als die Summe seiner Teile. Sehen Sie die einzelnen Beweisergebnisse als Glieder einer Kette. Am Anfang dieser Kette steht die Frage: Wer ist der Täter? Am Ende steht der Name Jack Unterweger.

Lassen Sie es nicht zu, dass dieser Mann, der Sie so oft angelogen hat, Sie zu Einfaltspinseln macht. Die vorzeitige Begnadigung von Jack Unterweger war die verantwortungslose Tat einiger weniger Menschen. Jetzt haben Sie die Verantwortung gegenüber den Bürgern dieser Republik. Zu Beginn des Prozesses hat Unterweger zu Ihnen gesagt: Wenn Sie mich auch nur bei einer einzigen Lüge erwischen, verurteilen Sie mich. Enttäuschen Sie die Erwartungshaltung Unterwegers nicht.

**Auszug Abschlussplädoyer
Dr. Hans Lehofer, Verteidiger:**

Im Zweifel für den Angeklagten, meine Damen und Herren Geschworenen. Ich habe bereits gesagt, dass der ganze Prozess an einem einzigen Haar hängt – dem Haar, das auf dem Beifahrersitz von Unterwegers Auto gefunden wurde. Sie müssen entscheiden, ob die DNA-Analyse des Haares ein wirklicher Beweis ist. Bedenken Sie, dass es sich dabei um eine sehr junge Wissenschaft handelt, und auch, dass Professor Dirnhofers Auswertung von anderen Institutionen nicht bestätigt worden ist.

Während der letzten zwei Monate haben wir gehört, mit wie vielen Frauen Unterweger zusammen war, haben seine Lieblingsstellungen beim Sex erfahren und wie lange er bis zum Orgasmus brauchte, aber nichts über wirkliche Beweise. Anstelle von Beweisen haben die Anklagevertreter über Zufall und Wahrscheinlichkeit gesprochen. Zufälle, mögen es noch so viele sein, dürfen in einem Rechtsstaat wie Österreich nicht Grundlage für eine Verurteilung sein. Zufall ist der kultivierte Bruder des Chaos'.

In jedem dieser Morde gab es mindestens einen anderen Verdächtigen. Im Fall von Brunhilde Masser war es ein bekannter Grazer Geschäftsmann. Im Fall von Elfriede Schrempf war es der Fahrer eines weißen VW Golf mit roten Streifen. Im Fall von Regina Prem war es der liebevolle Gatte und Zuhälter.

Wenn Sie, meine Damen und Herren Geschworenen, frei von Zweifeln sind, dann werfen Sie den Stein.

**Auszug Abschlussplädoyer
Jack Unterweger, Angeklagter:**

Da sitze ich jetzt und weiß nicht, was ich tun soll. Ich bin jetzt 31 Verhandlungstage da und werde durch die ganze Waschmaschine meiner Vergangenheit gedreht. Manchmal denke ich mir, bist du nicht selbst der Volltrottel, der sich in diese Lage manövriert hat?

Es ist richtig, was Staatsanwalt Gasser über meine Vergangenheit gesagt hat. Ich bin natürlich öfter gezwungen worden zu lügen, aber ich habe doch nicht allen meine Vergangenheit auf die Nase binden können. Ich habe doch in der Öffentlichkeit gearbeitet. Was soll ich anderes tun, ich wollte schreiben, Theater spielen.

Zu meiner Glaubwürdigkeit: Ich habe mit Dr. Zanger gestritten. Er hat gesagt: »Geben S' doch um Gottes willen zu, dass S' in Prag a Hur' ins Auto genommen haben, das heißt ja nicht, dass Sie der Täter sind.« Ich habe gesagt, nein, Lügen interessieren mich nicht. Ich geh meinen Weg, ich mach meine Tour. Ich will die Wahrheit sagen.

Sehr geehrte Damen und Herren Geschworene, ich glaube, ich habe hier keine Show abgezogen, wie es angekündigt war. Ich habe früher einen Riesenfehler gemacht: Das war mein Luftikus-Verhalten, das war mein angeberisches Verhalten. Einem Klaus Kinski oder einem Helmut Berger wird so ein Lebensstil nachgesehen, aber nicht einem Jack Unterweger. Ich habe wirklich, und da hat der Staatsanwalt recht, Beziehungen und Frauen konsumiert, gelebt und genossen, statt sie zu lieben. Beziehungen, die eigentlich nur Verhältnisse waren. Aber fünfzehn Jahre in Stein – wie soll man da Gefühle lernen? Das ist unmöglich.

Ich war nach der Entlassung aus Stein ein gierig fressendes Individuum voll Hunger nach Leben, dem es ein Glücks- und Siegesgefühl bereitet hat, wenn Prominente an seinem Tisch Platz nehmen, wenn es den Eindruck hatte, von unten nach oben zu kommen.

Mich hat gekränkt, wie der Doktor Lehofer mich gestern als Käfer beschrieben hat, der die Glaswand raufkrabbelt und nie das Ziel erreicht, auf den Rücken fällt, und alle lachen. So habe ich mich nicht gefühlt. Ich habe immer geglaubt, ich komme einmal oben an.

Ich bitte Sie, auch wenn Sie angewidert sind von dem moralischen Verhalten des Jack Unterweger und seiner Lebensweise, daran zu denken, ob das ausreicht zu sagen: Der hat in Freiheit nichts zu suchen.

Ich hätte demutsvoller sein sollen, bescheidener. Ich bitte Sie wirklich, prüfen Sie in der Schuldfrage jene Argumente, jene Indizien, die hier vorliegen. Nochmals: Ich rechne mit einem Freispruch. Denn ich bin nicht der Täter. Ihre Entscheidung betrifft nicht nur mich, sondern auch den Mörder da draußen, der sich ins Fäustchen lacht. Ich falle in kein Loch, wenn ich freigesprochen werde. Man kann ja durchaus eine Gruppentherapie machen, aber die kann ja in Freiheit sein. Ich habe Wohnung und Job. Es gibt noch so viele Menschen, die zu mir stehen, die mich noch kennen aus den zwei Jahren Freiheit. Ich bin beschämt, ja, auch stolz, dass sich diese Menschen nicht beirren ließen.

Ich bin unschuldig. Danke.

Dienstag, 28. Juni, 18:30 Uhr
Murfelder Straße, Graz, Steiermark

Das Wasser der Mur glitzerte, als würden kleine Goldmünzen darin schwimmen. Ich beobachtete die Bewegungen des Stroms. Wie er kleine und größere Wellen hervorbrachte, an manchen Stellen schneller wurde und an anderen langsamer, wie er Wirbel bildete und Steine glattschliff. Welchen Moment man auch wählte, um auf das Wasser zu blicken, es war nie derselbe Fluss. Oder es war stets derselbe Fluss, nur in beständiger Veränderung begriffen, im nächsten Moment schon ein anderer, als er eben noch gewesen war. Alles fließt.

Vielleicht verhielt es sich mit der Wahrheit auch so. Es gab die faktische Wahrheit, das Wann, Wo, Wie von Ereignissen, das wir recht gut nachvollziehen und belegen konnten. Doch es gab auch eine tiefere Wahrheit, die aus dem Warum bestand. Vor Gericht spielte sie nur eine untergeordnete Rolle, denn wirklich wissen, warum ein Mensch etwas tat, konnte man nie. Womöglich waren die Wesen der Menschen wie ein Fluss, ständig in Bewegung, bloß von außen betrachtet gab es eine Gesamtheit, eine Ordnung. In ihrem Inneren jedoch stürzten die Fluten übereinander.

Die Geschworenen hatten sich zur Mittagszeit zur Beratung zurückgezogen. Es waren mittlerweile über sechs Stunden vergangen und ich hatte noch keine Nachricht erhalten. Ich wusste, dass ich sofort angerufen werden würde, wenn es ein Urteil gab. Sie mussten also noch diskutieren. Und lange Diskussionen waren normalerweise ein gutes Zeichen für den Angeklagten. Sie bedeuteten Zweifel und Unsicherheiten.

Und im Zweifel entschieden Geschworene für einen Angeklagten, nicht gegen ihn.

Theoretisch würde es reichen, wenn Unterweger in nur einem einzigen Fall für schuldig befunden wurde. Aber die Anklage war auf unserer Annahme aufgebaut, dass ein Mörder alle Morde begangen hatte. Wenn die Geschworenen also Zweifel daran hatten, dass Jack einen Mord begangen hatte, würden sie wohl auch daran zweifeln, dass er alle anderen begangen hatte.

Ich ging in den Augarten, wanderte ein wenig zwischen den Bäumen umher und ließ mich schließlich auf eine Bank sinken. Drei Jahre meines Lebens hatte ich der Suche nach diesem Mann gewidmet. Ich riskierte meine Familie, meinen Beruf, ja, an manchen Tagen glaubte ich sogar, meinen Verstand zu riskieren.

Als ich in dem Park saß, die Farben und Geräusche des Frühsommers um mich herum, dachte ich an den Tag, an dem alles begonnen hatte. Wie ich an den Tatort am Schottenhof gerufen worden war, wo man Sabine Moitzi gefunden hatte. Davor war ich Laufen gewesen und hatte ebenfalls die Lebendigkeit der Natur wahrgenommen, die kurz darauf verstummte.

Nun entdeckte ich sie wieder. Die Natur war friedlich, da sie nicht gegen jene Ordnung aufbegehrte, die ihr Fortbestehen sicherte. Kein Tier tötete aus Lust, ohne Notwendigkeit. Nur Menschen taten das. Ich schloss die Augen und nahm einen tiefen Atemzug. Die sprießenden Gräser, die auf den Ästen sitzenden Vögel, die im Wind sich bauschenden Bäume, die durch die Blätter fallenden Sonnenstrahlen, das alles wollte ich einatmen. In mir behalten. Als Erinnerung daran, was Friede bedeutete.

Für heute Abend war ein Gewitter angekündigt. Wie so oft entlud sich die geballte Kraft des Himmels nach einem friedlichen, sonnigen Tag mit blauem Himmel und wattegleichen Wolken. Die Mechanismen des Universums konnte die Wissenschaft beschreiben, doch ihre Bedeutungen blieben uns unzugänglich.

Als ich ausatmete, fasste ich einen Entschluss. Wie auch immer dieser Prozess ausgehen sollte, meine Zeit mit Jack Unterweger war zu Ende. Ich mochte keinen Einblick haben in das Räderwerk des Schicksals, keinen Einblick in die Kausalität der Ereignisse, aber in dieser Entscheidung zumindest war ich frei.

Er hatte so viele Leben zerstört. Meines würde nicht dazugehören.

Dienstag, 28. Juni, 20:30 Uhr
Landesgericht für Strafsachen Graz,
Conrad-von-Hötzendorf-Straße, Graz, Steiermark

Hans Lehofer saß in dem Gerichtssaal und genoss die Ruhe, die darin herrschte, seit sich die Geschworenen zur Urteilsfindung zurückgezogen hatten. Als erfahrener Strafverteidiger hatte er schon viele solcher Momente erlebt, in denen er nur noch auf das Urteil warten konnte. Er hatte sich daran gewöhnt. Es war die Ruhe vor dem Sturm und sie hatte etwas Befreiendes. Alles war ihm nun aus den Händen genommen worden.

Kein Fall war je so schwierig gewesen wie dieser. Obwohl Lehofer Jacks Anwalt war und ihn vertrat, hätte er nicht sagen können, ob sein Mandant wirklich unschuldig war oder nicht. Er war erst kurz vor dem Prozess zu Unterwegers Team gestoßen, als Zanger bemerkte, dass all seine Erfahrung als Medienanwalt nicht ausreichen würde, um einen so komplexen Strafprozess erfolgreich zu führen. Sie waren ein unkonventionelles, aber gutes Team gewesen, fand Lehofer. Zanger hatte große Reden geschwungen auf Recht und Freiheit, stets darum bemüht, die Emotionen der Geschworenen zu berühren.

Lehofer war ebenfalls ein guter Rhetoriker, doch er hatte sich zurückgehalten. Hatte sanft von Fakten und ihrem Fehlen gesprochen, von uneindeutigen Sachverhalten und Leerstellen in den Ermittlungen. Er war stets rational und höflich geblieben, wenn sich Zanger mit der Staatsanwaltschaft anlegte. Hatte es gewirkt? Bald würde er es erfahren.

Draußen hatte ein Gewitter den schönen Sommertag vertrieben. Schwere Tropfen schlugen gegen die Fenster, ab und zu war Donner zu hören, als grollte der Himmel den Sünden der Menschen.

Über den Rand der *Neuen Presse*, mit der er sich abzulenken versuchte, sah er Richter Haas auf sich zukommen. Er war ein würdiger Gegner gewesen. Manchmal war er laut geworden, Unterweger war ihm offensichtlich nicht sympathisch, aber dennoch war er fair geblieben. Nachdem Jacks Tochter ihre Aussage gemacht hatte, war sie an Lehofer vorbeigegangen, hatte ihm einen Zettel in die Hand gedrückt und ihm zugeflüstert, er möge diesen Zettel Jack geben.

Haas hatte den Vorgang beobachtet und nach dem Zettel gefragt.

»Das ist privat«, hatte Lehofer gesagt.

»Nichts ist privat, wenn es hier um Jack Unterweger geht«, hatte der Richter unerbittlich geantwortet.

Lehofer hatte in einer Klemme gesteckt. Rein rechtlich hätte er den Zettel nicht aushändigen müssen, aber das hätte nicht gut ausgesehen. Es hätte aber noch schlechter für Jack ausgesehen, wenn der Richter vorgelesen hätte, was auf dem Zettel stand.

Schließlich war Lehofer aufgestanden, zu Haas gegangen und hatte ihm den Zettel vorgelegt. Der Richter hatte einen schnellen Blick darauf geworfen und die Botschaft von Jacks Tochter gelesen: *Warum hast du uns das angetan?*

»Sie haben recht«, hatte Haas gesagt, den Zettel zusammengeknüllt und weggeschmissen, »das ist privat.«

Hätte Haas sich entschlossen, den Zettel an die Geschworenen weiterzugeben, hätte das ihre Meinung über Jack ändern können. Doch mit seinem Vorgehen hatte der Richter dafür gesorgt, dass die Geschworenen nicht das Ziel des Prozesses aus den Augen verloren. Es ging nicht darum, danach zu fragen, ob Jack ein guter Vater, Freund oder Liebhaber gewesen war. Sondern ob er ein Mörder war.

»Doktor Lehofer«, sagte Haas jetzt, als er vor ihm stehen blieb. Lehofer senkte die Zeitung. Der Richter sah zerknirscht aus. »Ich gratuliere.«

Das Urteil war noch nicht verkündet worden. Das würde erst geschehen, wenn die Geschworenen aus dem Beratungszimmer in den Gerichtssaal traten. Aber Haas war, genauso wie Lehofer, aufgefallen, wie lange sich die Geschworenen nun schon zurückgezogen hatten.

Und im Normalfall war das ein gutes Zeichen für den Angeklagten.

Lehofer nickte nur. Sein Optimismus hielt sich in Grenzen. Bei diesem Prozess lief nichts ab wie gewöhnlich.

Er hörte, wie eine Tür aufging. Haas und er wandten gleichzeitig den Blick. Die acht Geschworenen kamen in den Saal zurück.

»Wir sind so weit«, sagte der Vorsitzende der Geschworenen, ein großer Mann mit kräftigen Armen, der beruflich als Tischler arbeitete. »Wir haben ein Urteil gefällt.«

Dienstag, 28. Juni, 22:00 Uhr
Landesgericht für Strafsachen Graz, Conrad-von-Hötzendorf-Straße, Graz, Steiermark

Sechs zu zwei.

Blitze erhellten den Gerichtssaal, ein Rauschen erfüllte den Raum in gleichmäßigen Wellen. Ob es von dem Gewitter kam, vom Regen, von dem Geflüster der Anwesenden oder sich gar die Wirklichkeit vor Anspannung zu verformen begann, konnte ich nicht sagen. Sechs zu zwei.

Im ersten Moment begriff ich nicht, was diese Zahlen bedeuteten. In welchem Verhältnis standen sie zueinander, was bezeichneten sie, ließen sie sich aufrechnen, worauf liefen sie hinaus? Wer hatte die Sechs und wer die Zwei?

Sechs zu zwei.

Und dann begriff ich. Ich wollte schreien und weinen, wollte aufspringen und alles herauslassen, doch ich blieb sitzen und blickte zu Jack, der vor den Geschworenen stand und sein Schicksal verkündet bekam.

Sechs zu zwei. Schuldig. In neun von elf Fällen.

Sechs Geschworene hatten Jack für schuldig befunden, zwei für unschuldig. In den Fällen Blanka Bockova, Brunhilde Masser, Heidemarie Hammerer, Silvia Zagler, Sabine Moitzi und Karin Eroglu.

In den Fällen Elfriede Schrempf und Regina Prem hatten fünf Geschworene Jack freigesprochen, da der Zerfallsprozess beim Fund der Leichen so weit fortgeschritten war, dass die Gerichtsmediziner nicht einmal die genaue Todesursache ermitteln konnten.

Ein einziger Schuldspruch hätte für lebenslang gereicht. Aber in neun Fällen schuldig gesprochen zu werden hatte eine ungleich größere Wirkung. Es bedeute, die Geschworenen hatten unserer Arbeit Glauben geschenkt. All diese Jahre waren nicht umsonst gewesen.

»Haben Sie zu diesem Urteil etwas zu sagen?«, fragte Richter Haas Jack.

»Ich werde in Berufung gehen«, sagte Jack. Seine Stimme war leise, er hatte Tränen in den Augen. Dann wurde er abgeführt.

Alle Beamten, die an dem Fall gearbeitet und hier in Graz das Ergebnis ihrer Arbeit abgewartet hatten, gingen gemeinsam in ein Bierlokal in der nächsten Straße. Zum ersten Mal seit unglaublich langer Zeit wusste ich nicht, was morgen sein würde. Keine Ermittlungen mehr, keine Suche nach Beweisen, keine Befragung von Zeugen. Vor allem kein Nachdenken über Jack Unterweger.

Doch, eines wusste ich. Ich würde morgen nach Hause kommen, meine Frau und meine Tochter umarmen und ihnen endlich sagen können, dass es vorbei war.

»Ernst«, rief Franz Brandstätter, der Grazer Beamte in der Sonderkommission, »wir haben es geschafft!« Alle erhoben ihre Gläser und brachten Trinksprüche vor. Bis tief in die Nacht hinein wurde noch einmal über die wichtigsten Durchbrüche gesprochen, über die härtesten Probleme, über den Täter und seine Opfer, die viel zu schnell vergessen wurden. Diese drei Jahre hatten uns allen zahlreiche Geschichten gegeben. Ob wir sie in Zukunft noch erzählen wollten oder doch lieber vergessen würden, das wussten wir nicht. Also erzählten wir sie uns an diesem Abend.

Gegen drei Uhr früh wankten wir nach draußen. Gemeinsam mit den Wiener Kollegen musste ich noch den Rückweg nach Wien antreten und am nächsten Tag im Büro erscheinen.

»Grüß den Edelmax!«, lallte der Grazer Beamte Mikulitsch, der mit Brandstätter zusammengearbeitet hatte. Er meinte Hofrat Edelbacher.

Ich winkte bloß und grinste. Hoffmann, einer meiner Kollegen aus Wien, war nüchtern geblieben, um uns zu fahren.

Das Gewitter war weitergezogen, die Blitze zerrissen das Himmelsgewölbe nun in weiter Ferne. Das Grollen war besänftigt worden, womöglich durch den Schuldspruch. Vom Regen waren bloß feine Nadelstiche geblieben.

Kaum hatten wir das Stadtgebiet hinter uns gelassen, fielen mir die Augen zu. So viel war geschehen, so viel hatte ich gefühlt, dass ich gar nicht versuchte, alles zu begreifen oder gar zu verarbeiten. Das würde ich auf die nächsten Tage verschieben. Nun übergab ich mich dem ersten ruhigen Schlaf seit ewigen Zeiten.

Bis mich ein heftiges Ruckeln wachrüttelte. Verwirrt blickte ich auf und begriff: Wir kamen von der Straße ab.

Mittwoch, 29. Juni, 4:00 Uhr
Hotel Unter dem Uhrturm, Sporgasse, Graz, Steiermark

Das Läuten des Telefons riss Plum aus dem Bett. Verschlafen blickte er auf seine Armbanduhr, die neben ihm auf dem Nachttisch lag: vier Uhr früh.

Plum hatte geträumt, der Prozess müsste wegen eines Verfahrensfehlers wiederholt werden und hätte sich noch Jahre hingezogen, Jahrzehnte, und jede Woche wären die Fälle wieder und wieder besprochen, die Tatortfotos gezeigt und die Zeugen befragt worden. Die ewige Wiederkehr des Bösen. Das, wurde ihm klar, war die wahre Hölle.

Erst als er zum Hörer griff, fiel ihm ein, dass der Prozess heute zu Ende gegangen war. Zusammen mit zahlreichen anderen Journalisten war er im Gerichtssaal gesessen und hatte versucht, aus Unterwegers Gesichtsausdruck schlau zu werden, als dieser seinen Schuldspruch vernahm. Plum kannte ihn nun schon lange, hatte ihn seit seiner Haftentlassung begleitet und beobachtet, über ihn recherchiert und geforscht, aber was diesen Mann wirklich bewegte, war ihm bis zuletzt schleierhaft gewesen.

Bevor Unterweger aus dem Saal geführt worden war, hatte Plum einen Ausdruck in seinem Gesicht entdeckt, den er noch nie zuvor an ihm gesehen hatte: Resignation. Die Erkenntnis, dass es vorbei war. Oder war das bloß eine weitere Projektion gewesen?

Plum stolperte durch das dunkle Hotelzimmer, das er während seiner Berichterstattung über den Prozess bewohnte, zu dem Schreibtisch, auf dem das Telefon stand. Die Hotelnummer hatten nur wenige Beamte und Journalisten, von denen er sich wichtige Informationen im Fall Unterweger erhoffte. Aber was konnte es jetzt noch für Neuigkeiten geben?

»Plum?«, meldete sich der Journalist.

»Hier Koppensteiner«, sagte eine tiefe, brummende Stimme. »Von der Justizanstalt. Erinnern Sie sich?«

Plum erinnerte sich an den großen, dünnen Mann mit dem dichten Bart und den eingesunkenen Augen. Er sah aus wie ein Totengräber, wenn er durch die Flure des Gebäudes huschte. Aber genau diese Aura erlaubte es ihm, überall etwas aufzuschnappen, ohne von anderen beachtet zu werden. Plum hatte ihm einen Fünfziger zugesteckt, mit dem Versprechen, die Summe zu verdoppeln, wenn Koppensteiner ihm vor allen anderen eine interessante Meldung machte. Es war riskant, aber unter Umständen konnte es sich als gut investiertes Geld erweisen. Und wenn der Mann so spät anrief, konnte die Investition nicht umsonst gewesen sein.

»Ja, ich erinnere mich«, antwortete Plum. »Was gibt es?«

»Ihr Geld war gut angelegt«, sagte Koppensteiner. Plum konnte hören, dass er flüsterte. »Es gab einen Todesfall.«

Mittwoch, 29. Juni, 12:00 Uhr
Sicherheitsbüro, Berggasse, Alsergrund, Wien

Noch in der Nacht nach der Urteilsverkündung hatte er sich in seiner Zelle erhängt.

Aus der Kordel seiner Jogginghose hatte er eine Schlinge geknüpft, dann mithilfe eines Metalldrahtes um einen Kleiderhaken geflochten, der das Gewicht gleichmäßig verteilte. Er hatte die Schlinge so weit oben angebracht, dass er seinen Hals hineinstecken konnte, wenn er auf Zehenspitzen stand.

Er hatte sich mit dem Rücken an die Wand seiner Zelle gelehnt. Und die Füße weggezogen.

Der Knoten der Schlinge war auf höchst kunstvolle Weise gefertigt worden. Als sollte dieser Beweis seiner Meisterschaft in der Knotentechnik sein Vermächtnis sein, die letzte Wendung seiner Erzählung.

Jack Unterweger, schuldig gesprochen in neun Mordfällen, hatte sich am 29. Juni 1994, gegen drei Uhr früh, mit 44 Jahren in seiner Zelle erhängt.

Es war, als hätte das Schicksal nach einem Opfer verlangt und zwischen mir und Jack gewählt. In derselben Nacht, kurz vor Jacks Selbstmord, war unser Auto von der Straße abgekommen. Hoffmann war hinter dem Steuer eingeschlafen. Das Auto war ins Bankett gerutscht und ordentlich durchgerüttelt worden. Hoffmann konnte rechtzeitig die Kontrolle über das Fahrzeug zurückgewinnen. Wir hatten noch einmal Glück gehabt. Nach ein paar Minuten des Durchatmens konnten wir unseren Rückweg fortsetzen.

So war nichts Schlimmeres geschehen. Ich lebte. Und Jack war gestorben. Gab es einen Zusammenhang? In den letzten Jahren hatten sich unsere Leben so sehr ineinander verwoben, dass es sich fast so anfühlte. Ich hatte bloß wenige Male mit ihm gesprochen, doch ich hatte ihn jeden Tag verfolgt. In gewisser Weise hatte auch er mich verfolgt. Evi hatte oft gefragt, wie das werden würde nach Unterweger. Ob es überhaupt ein Danach gab. Nun war er tot. Und ich lebte.

Doch was bedeutete das?

Ich hatte von Unterwegers Tod sofort nach meiner Ankunft in der Berggasse erfahren. Wenige Stunden später kursierten bereits alle möglichen Theorien. Manche meinten, Jacks Narzissmus habe diese Niederlage, zusammen mit der Aussicht, den Rest seines Lebens endgültig hinter Gittern verbringen zu müssen, nicht verkraftet.

Andere meinten, der Selbstmord hätte bloß ein Schrei nach Aufmerksamkeit werden sollen. Schon früher hatte Jack kalkulierte Selbstmordversuche vorgetäuscht, um Empathie zu erhalten. Er wusste, dass der Gefängniswärter jede halbe Stunde seinen Kontrollgang durchführte und in alle Zellen blickte. Also hatte er mit der Schlinge um den Hals gewartet und sich im richtigen Moment fallen lassen. Bloß hatte er nicht damit gerechnet, dass der Wärter nicht eingriff, sondern seinen Gang fortsetzte.

Ein paar wenige Verschwörungstheoretiker brachten, wie jedes Mal, wenn jemand im Gefängnis starb, Mord ins Spiel. Mächtige Hintermänner hätten Unterweger aus dem Weg räumen wollen, weil er zu viel wusste. Worüber, das wurde verschwiegen. Mir erschien es eine ziemlich dumme Idee, einen Mann, der gerade in neun Mordfällen schuldig gesprochen und zu lebenslanger Haft verurteilt worden war, noch am selben Abend in seiner Zelle zu töten und das Ganze als Selbstmord zu tarnen. Aber solche Theorien ließen sich kaum bekämpfen.

Es gab keine Kameras in den Zellen, also konnten wir nicht mit Sicherheit sagen, was geschehen war.

Der Obduktionsbericht zeigte keine Spuren von Gewalteinwirkung. Was auch immer geschehen war, die Schlinge hatte er sich freiwillig um den Hals gelegt. Vielleicht hatte er das bereits mit dem Mord an Blanka Bockova getan. Sie war nur erst in dieser Nacht zugezogen worden. Ich fühlte mich auf seltsame Art leer.

Seit Jahren war ich wegen Unterweger ins Büro gekommen. All meine kriminalistische Erfahrung und all mein Wissen waren in diesen Fall geflossen. Es würde ein neuer Fall kommen, so viel stand fest, aber was konnte herausfordernder sein als Jack Unterweger? Ich musste anerkennen, dass er ein harter Gegenspieler gewesen war. Ich wünschte nur, er hätte das Spielfeld nicht mit Leichen überzogen.

Den ganzen Tag über kamen Kollegen in meinem Büro vorbei und gratulierten. Ich nahm die Gratulationen mit einem Lächeln an, doch wirkliche Freude wollte sich nicht einstellen. Das Konzentrieren fiel mir schwer. Gegen fünf Uhr beschloss ich, nach Hause zu fahren.

Als ich in der Wohnung ankam, fand ich sie leer vor. Ich duschte, zog mich um, machte mir einen Kaffee und setzte mich auf die Couch. Den Fernseher wollte ich nicht einschalten, denn ich wusste, worüber alle Nachrichtensendungen berichten würden.

So saß ich da und wartete.

Irgendwann hörte ich, wie sich ein Schlüssel im Schloss der Eingangstür umdrehte. Katjas Stimme schallte durch das Vorzimmer. Kurz darauf erschien sie im Türrahmen.

»Katja, zieh dir die Schuhe aus!«, rief Evi.

»Mama, schau!«, rief Katja. »Papa ist da!«

Evi erschien hinter ihr. Ihr Gesicht zeigte Besorgnis. Besorgnis um mich, der ich ihr so viel Kummer bereitet hatte. Endlich war jener Mann, der sich in unseren Alltag eingeschlichen hatte, fort, doch sie dachte nur daran, wie es mir ging.

In diesem Moment empfand ich tiefe Dankbarkeit. Die Starre, die mich umfangen gehalten hatte, löste sich, fiel wie Fesseln von mir ab. Ich stand auf und ging auf die beiden zu. Katja lief zu mir und umarmte mich unbeholfen.
»Alles in Ordnung?«, fragte Evi.
»Ja«, sagte ich. »Endlich ist alles in Ordnung.«
Da lächelte sie und schloss sich unserer Umarmung an. Nun fühlte ich es. Jack Unterweger war tot. Aber ich lebte. Das war alles, was zählte.

Private Notizen von Mag. Elisa Kronfeld
Psychologisches Profil von J. U.

Jack Unterweger ist tot. Sein Tod war wie sein Leben: schnell, spektakulär, gewalttätig und nicht frei von Geheimnissen. Seine letzte Handlung bleibt ebenso ungeklärt wie die Taten, für die er schuldig gesprochen wurde. Was trieb J. U. an? Was war die Quelle all seiner Aggression und seines Hasses, des Egoismus' und der Selbstsucht? Wie war es möglich, dass viele Menschen so tiefe Gefühle für ihn empfanden, ihn als zärtlich und liebevoll erlebten? Wie konnte er existieren, ein Mann, der ein solcher Widerspruch war?

Erklärungen gibt es viele. J. U. war ein Paradebeispiel für einen malignen Narzissten. Aber wie wird ein Mensch ein solcher? Womöglich ist die Kindheit schuld, die abwesende Mutter, der unbekannte Vater, der überforderte Großvater. Doch wie wir mittlerweile wissen, war die Kindheit von

J. U. weniger schrecklich, als er sie selbst darstellte. Oder kam sie ihm tatsächlich so vor? Gab es einen Zeitpunkt, ab dem Fiktion und Realität für ihn verschwammen? Die zahlreichen Aufenthalte bei Pflegefamilien und in Jugendanstalten werden ebenfalls als Gründe genannt. Die schwer erziehbaren Kinder wurden in diesen Heimen als Problemfälle abgestempelt, an einer Besserung waren die Erzieher oft nicht interessiert, weil sie ohnehin nicht daran glaubten. Statistisch betrachtet haben viele Straftäter einen solchen Hintergrund. Aber Serienmörder wird kaum einer von ihnen.

Hat es mit der Biologie zu tun? Gab es etwas in J. U. – in seinen Genen, seinem Gehirn – das ihn dazu trieb, diese Taten zu begehen? Wissenschaftliche Evidenz dafür gibt es keine. Mochte sein Drogenkonsum, den er in seinen Jugendjahren nicht unter Kontrolle hatte, eine Rolle spielen? Wohl kaum, denn nach seiner Entlassung mäßigte er sich, lernte, sorgsam mit Rauschmitteln umzugehen, um sein Leben als Schriftsteller führen zu können.

In manchen Momenten konnte J. U. völlig rational agieren und denken. Er konnte vorausplanen, sein Gegenüber analysieren, taktisch agieren. Dann jedoch konnte seine Stimmung völlig umschlagen, sein Verhalten wurde erratisch, unvorhersehbar, er war dieser Welt entrückt. Das enthebt ihn keiner Verantwortung, macht die Analyse seines Charakters allerdings umso schwieriger.

Nach seinem Tod musste ich erneut an die Aufzeichnungen Töllers denken, die er über Jacks Mord an Margret Schäfer angefertigt hatte. Es war der einzige Mord, den Jack je zugab, der erste, für den er verurteilt wurde. Wenn man so will, war es der Anfang des Mythos' Jack Unterweger.

Ich habe die Kopien von Töllers Aufzeichnungen mittlerweile verbrannt. Es schien mir keinen Grund zu geben, sie weiter aufzubewahren. Unterweger ist tot, der Fall erledigt. Doch die Zeilen ließen mich nicht los, weswegen ich sie hier ein letztes Mal aus dem Gedächtnis für mich niederschreibe, in der Hoffnung, sie dadurch loszuwerden:

Der Aussage von Barbara S. zufolge, Unterwegers Verlobter zu dieser Zeit, verschwand Unterweger mit Margret Schäfer im Wald. Nach etwa fünfzehn Minuten kam er zurück, allein. An der Stahlrute hafteten Blut und Haare. Auf der Fahrt nach Frankfurt warf Barbara sie aus dem Auto.

Barbara fragte, was er mit Margret gemacht habe. Unterweger antwortete, sie könne die beiden nun nicht mehr verraten. Danach sprachen sie nicht mehr darüber.

Drei Wochen später fanden Jäger die Leiche von Margret Schäfer unter dem Stamm einer Lärche. Sie war notdürftig mit Blättern und Erde bedeckt worden, ihr BH war um ihren Hals geknotet worden. Sie war nackt, bis auf ihren Schmuck. Bei der Autopsie stellte sich heraus, dass der Täter sie mehrmals mit einem stumpfen Gegenstand (etwa einer Stahlrute) auf Kopf, Hals und Oberkörper geschlagen und sie am Ende mit ihrem eigenen BH erdrosselt hatte.

Als ich diesen Bericht zum ersten Mal las, musste ich es mir vorstellen. Wie Unterweger die junge Frau vor sich her stieß, während sie fror. Ihre nackten Füße sanken im kalten, matschigen Boden ein, Zweige und Sträucher kratzten über ihre Haut. Sie weinte, sah nichts durch den Schleier ihrer Tränen, stolperte immer wieder, doch Unterweger ließ nicht ab, packte sie, riss sie immerzu hoch, schob sie weiter an. Sie flehte um Gnade. Doch das Flehen erweckte kein Mitgefühl in Unterweger, bloß Lust. Eine Lust, die anschwoll, gefräßiger wurde, Margret Schäfer verschlingen wollte.

Woher wusste er, wann er anhalten sollte? Welcher Ort der Passende war? Hatte die Lärche irgendeine Bedeutung? Dort befahl er ihr, stehenzubleiben. Vielleicht wollte er, dass sie sich hinkniete, dass sie sich fesseln ließ. Womöglich zitterte Margret so stark, dass es ihr unmöglich war, und sie hörte nicht auf, um ihr Leben zu flehen. Deshalb benutzte Jack die Stahlrute, schlug auf sie ein, bis keine Worte mehr zu vernehmen waren.

Aber er musste gewusst haben, dass sie noch am Leben war. Musste ihr Röcheln, ihr Zucken, bemerkt haben, als er sich neben sie kniete, den BH aus seiner Tasche holte und ihn um ihren Hals legte. Er hatte sie beobachtet, als er den BH zuzog, hatte das Leben langsam aus ihrem Körper weichen fühlen. Das war es, wonach es ihn so lange verlangt hatte. Nun war sein Wunsch endlich Wirklichkeit geworden.

Und als er sein Werk vollbracht hatte und sich erhob, bemerkte er, was alle Menschen bemerken, die einer lang gehegten, verborgenen Lust nachgeben: Dass sie nicht verschwindet, wenn man sie auslebt. Dass sie vielmehr stärker wird, Wiederholung verlangt, sich zum Ordnungsprinzip des Lebens erhebt.

Jack öffnete dieser dunklen, gewalttätigen Lust die Tür, ließ sie eintreten und hieß sie willkommen. In den folgenden fünfzehn Jahren wuchs sie in ihm, er nährte sie durch Fantasien und Geschichten. Mit ihm entließ man auch diese Lust in die Freiheit.

Das zumindest musste ich mir vorstellen, als ich von Unterwegers erstem Mord las. Hätte es auch anders kommen können? Hatte es jemals einen Moment gegeben, in dem er sich aufrichtig ändern wollte? Und wenn ja: Warum konnte der Mensch, der das Leben so vieler für immer veränderte, sich selbst nicht ändern?

Diese Fragen werden in den kommenden Jahren, vielleicht Jahrzehnten, noch viele Menschen, nicht bloß Psychiaterinnen, beschäftigen. Ich selbst werde ihr nicht mehr nachgehen.

Was bleibt, wenn ich an J. U. denke? Es bleibt ein Satz, den ich in *Fegefeuer* las und der mir das Wesen dieses Menschen besser zu beschreiben scheint als jedes psychologische Gutachten, das über ihn verfasst wurde: »Alles war nur Körper und Lust und Gier.«

CALIFORNIA DREAMIN'

Juli 1994, USA

Mark Twain schrieb einst: »Der kälteste Winter, den ich je erlebte, war ein Sommer in San Francisco.« Nun verstand ich, was er meinte.

Gemeinsam mit Katja und Evi stand ich auf einem der Hügel vor der *Golden City* und blickte auf die Golden Gate Bridge hinab. Nebelschwaden umschlangen den rostbraunen Stahl, dazwischen tauchten fahrende Autos auf und verschwanden wieder. Wir waren auf einen kalifornischen Sommer eingestellt gewesen. Nun war es jedoch so kalt, dass wir für Katja eine Haube kaufen mussten.

Bevor ich mit meiner Familie auf Urlaub in die USA geflogen war, hatte uns Juliane Slifco in die Wiener US-Botschaft eingeladen, um gemeinsam mit der Botschafterin Swanee Hunt den Independence Day zu feiern. Als Einstimmung auf unsere Amerikareise.

Tags darauf flogen wir nach New York, besuchten das Empire State Building, spazierten durch den Central Park und fuhren mit einer Fähre an der Freiheitsstatue vorbei. Ein ganz gewöhnlicher Familienurlaub. Keine Ermittlungen, keine Tatorte, keine Polizisten.

Bei unserem Flug nach San Francisco gerieten wir in Turbulenzen. Katja bekam fürchterliche Angst, als es das Flugzeug durchschüttelte. Gepäck stürzte auf den Boden, Passagiere weinten, es herrschte Chaos. Ich gab mich zuversichtlich, doch war ich insgeheim erleichtert, als wir sicher auf dem Flughafen in San Francisco landeten.

Der Flug und der Wetterumschwung drückten allerdings auf die Stimmung. Wir waren froh, als wir mit unserem Leihauto San Francisco Richtung Los Angeles verließen. Katja freute sich auf Disneyland, Evi auf die Sonne.

Für mich bedeutete es eine Rückkehr zu den Opfern Shannon Exley, Irene Rodriguez und Sherry Long. Doch ich sagte darüber kein Wort zu meiner Familie. Für sie war der Fall erledigt. Sie bemühten sich, ihn zu vergessen und zu verdrängen. Das war wohl auch die gesündere Alternative. Mir fiel das allerdings nicht so leicht.

Wir verbrachten einen unbeschwerten Tag in Disneyland, wo wir Fotos mit Katjas Lieblingscharakteren schossen. Später aßen wir in einem Restaurant mit Karaokebar zu Abend, wo sich Evi das Mikrofon griff und ein paar Lieder sang. Es machte mich glücklich, sie so befreit zu sehen. Das ganze Lokal hing an ihren Lippen.

Am dritten Tag verabschiedete ich mich zu Mittag von Evi und Katja. Sie würden Einkaufen gehen. Ich hatte ein Versprechen einzulösen.

»Ich weiß, dass es dir wichtig ist«, sagte Evi vor dem Eingang unseres Hotels. »Aber versuche, es als Abschied zu sehen.« Ich nickte.

Mein Weg führte mich nach Beverly Hills. Als ich das Schild des Restaurants sah, hielt ich an der gegenüberliegenden Straßenseite. Ich stieg aus, überquerte die Straße und nannte am Empfang meinen Namen. Ich wurde auf eine Terrasse geführt, von der aus man einen prächtigen Blick auf Central Los Angeles hatte. Jim Harper erwartete mich bereits.

»Schön, dich zu sehen, Ernst«, sagte er und mein Name klang seltsam aus seinem Mund, verzerrt von der amerikanischen Aussprache.

Wir bestellten Steak und Rotwein aus Argentinien. Kaum war der Wein gekommen, begann sich unsere Unterhaltung um Unterweger zu drehen. Ich erzählte Harper, wie der Prozess in Österreich abgelaufen war.

»Der Selbstmord war wohl ein Schuldeingeständnis«, sagte Harper. »Er wusste, dass er nie wieder rauskommen würde.« Ich nahm einen Schluck von meinem Wein und sagte nichts.

Das Gespräch beschäftigte mich so sehr, dass ich gar nicht bemerkte, wie sich mein Teller langsam leerte und abgeräumt wurde.

»Wollen Sie noch etwas?« Die Kellnerin riss uns mit einem freundlichen Lächeln aus unserem Gespräch. Erst da wurde uns klar, wie lange wir uns bereits unterhalten hatten.

Harper zahlte und wir verließen das Restaurant.

»Ich habe etwas für dich«, sagte ich, als wir bei meinem Leihwagen angelangt waren. Ich holte eine Kassette aus dem Handschuhfach.

Es war die Letzte der Kassetten, die ich noch von Jack Unterwegers Radiointerviews hatte. Alle anderen hatte ich weggeworfen. Monatelang hatte ich sie mir auf jeder Fahrt angehört. Seine Stimme war zu einem ständigen Flüstern geworden, das mich selbst in die Stille des Schlafes begleitete. Ich hoffte, seine Stimme würde verstummten, jetzt, wo der Fall vorbei war. Noch war es nicht so weit.

Harper nahm die Kassette. »Das ist er?«, fragte er. »Seine Stimme?«

Ich nickte. »Damit hörst du, wir er sich in seiner Muttersprache anhörte. In diesem Interview geht es um seine Vergangenheit. Unterwegers Worte haben alle getäuscht. Vielleicht findest du im Klang seiner Stimme etwas von der Wahrheit.«

»Ich habe auch etwas für dich«, sagte Harper. Lächelnd zog auch er eine Kassette aus seiner Jacke und überreichte sie mir. Ein Stück Papier war daraufgeklebt worden: *The Sound of California*.

»Damit du etwas anderes mitnimmst aus unserem schönen Land als Eindrücke von Tatorten«, fügte Harper hinzu.

Wir umarmten uns zum Abschied. Auf dem Rückweg fuhr ich ziellos durch die Straßen der Stadt. Ich kam an den Standplätzen von Exley, Rodriguez und Long vorbei, passierte das Hotel *Cecil* und das *Sunset Orange* Hotel. Jedes Mal, wenn ich an einer roten Ampel hielt, erwartete ich, dass in der Menge der Fußgänger Jacks Gesicht auftauchen würde. Warf ich einen Blick in den Rückspiegel, dachte ich, einen weißen Anzug mit roter Fliege aufblitzen zu sehen, wie er an eine Hausecke gelehnt stand und mich beobachtete. Doch wenn ich genauer hinsah, war der Platz leer.

Jack hatte seine Biografie *Fegefeuer* betitelt, nach dem Ort der christlichen Theologie, in den die Seelen der Verstorbenen kamen, wenn sie noch eine Chance auf Läuterung besäßen, allerdings ihre Sünden noch nicht abgearbeitet hatten. Im Fegefeuer verharrten sie zwischen der gefürchteten Hölle, aus der es kein Entkommen gab, und dem ersehnten Paradies, bis sie ihre Sünden abgebüßt hatten.

Jack hatte den umgekehrten Weg genommen. Als er aus dem Gefängnis entlassen wurde, musste er sich gefühlt haben, als wäre seine Zeit im Fegefeuer endlich vorüber und er wäre ins Paradies gelangt. Dort hatte er das Leben führen können, das er immer hatte führen wollen. Dann jedoch waren vier Leichen in Wien und drei in Los Angeles aufgetaucht. Die Ermittlungen führten uns zu ihm.

Er hatte erkannt, dass sein Weg nicht von der Hölle seiner Kindheit in das Paradies des Lebens als erfolgreicher Schriftsteller führte, sondern umgekehrt: vom Paradies der wiedergewonnen Freiheit war er in die Hölle seiner Triebe und Begierden gestürzt.

Aus dieser Hölle gab es kein Entkommen, denn in ihr sind wir selbst unser schlimmstes Gefängnis.

Als ich zum Hotel zurückkam, war es bereits später Nachmittag. Evi und Katja saßen beim Pool.

»Wollen wir für das Abendessen nach Santa Monica fahren?«, fragte ich. »Wir könnten den Pier entlangspazieren.« Die beiden waren von der Idee begeistert.

Umgezogen saßen wir kurz darauf im Auto und verließen den Parkplatz des Hotels.

»Was ist denn das?«, fragte Evi, als sie die Kassette von Harper sah, die auf dem Armaturenbrett lag.

»Die habe ich von einem Freund bekommen«, sagte ich lächelnd.

»Können wir sie gefahrlos abspielen?«, fragte mich meine Frau. Sie erinnerte sich noch zu gut an die Kassetten, die ich in Österreich immer mit mir geführt hatte.

»Ja«, sagte ich lachend. »Da ist nur Musik drauf.«

Evi legte die Kassette ein, drückte auf Play und lehnte sich zurück. Die Saiten einer Gitarre wurden gezupft, dann erklangen auch schon die Stimmen eines Chores:

> *I've been for a walk*
> *On a winters day*
> *I'd be safe and warm*
> *If I was in L.A.*
>
> *California dreamin'*
> *On such a winter's day*

Katja blickte aus dem Fenster auf die vielen Farben, Lichter und Menschen. Evi hatte die Augen geschlossen und bewegte lächelnd ihren Kopf im Takt der Musik. Ich nahm ihre Hand.

Die Kälte des Winters, die ich so lange in mir verspürt hatte, war verschwunden. Mich umgaben die Wärme und Sicherheit der Menschen, die ich liebte.

Ich wusste, das war das Paradies.

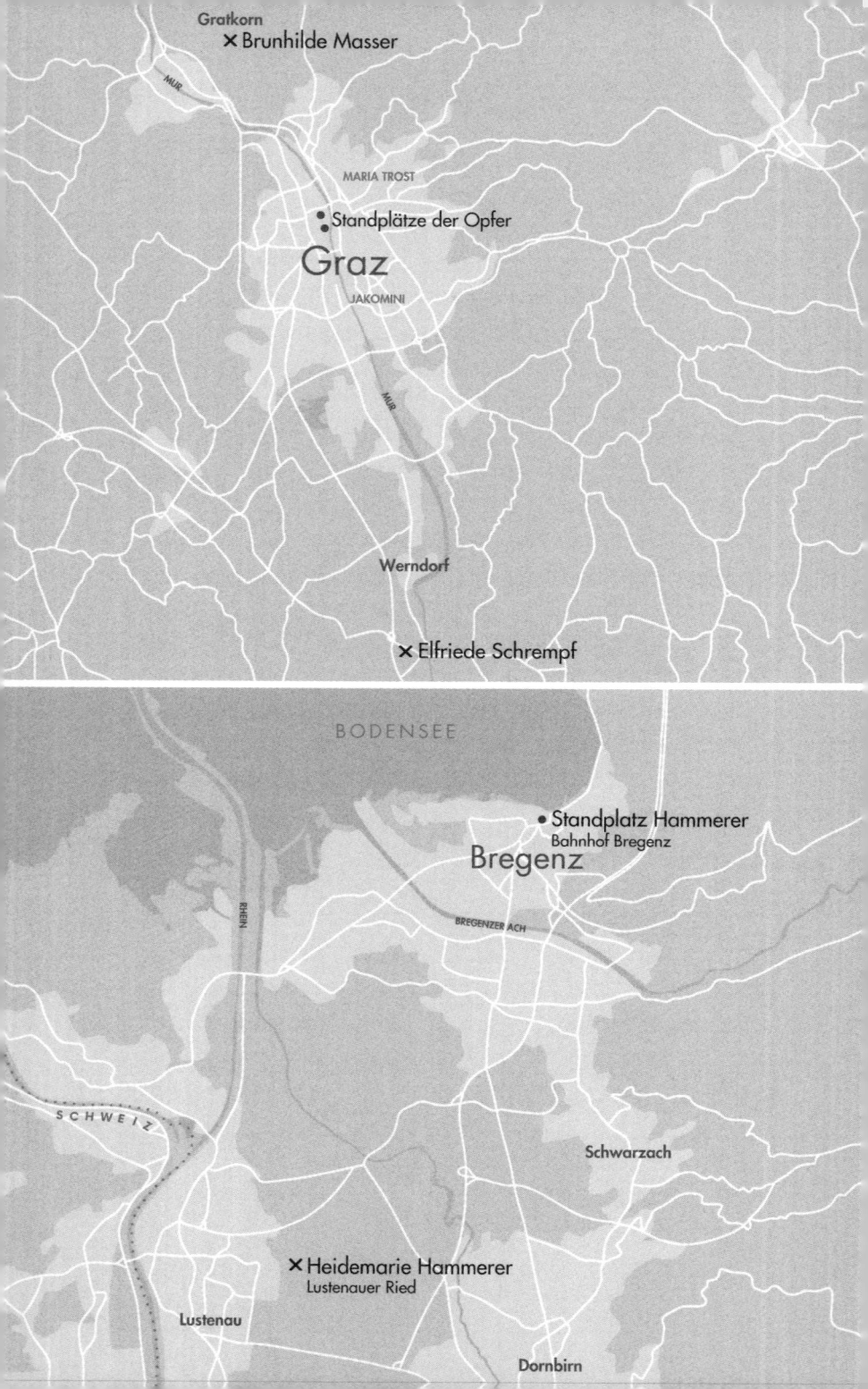

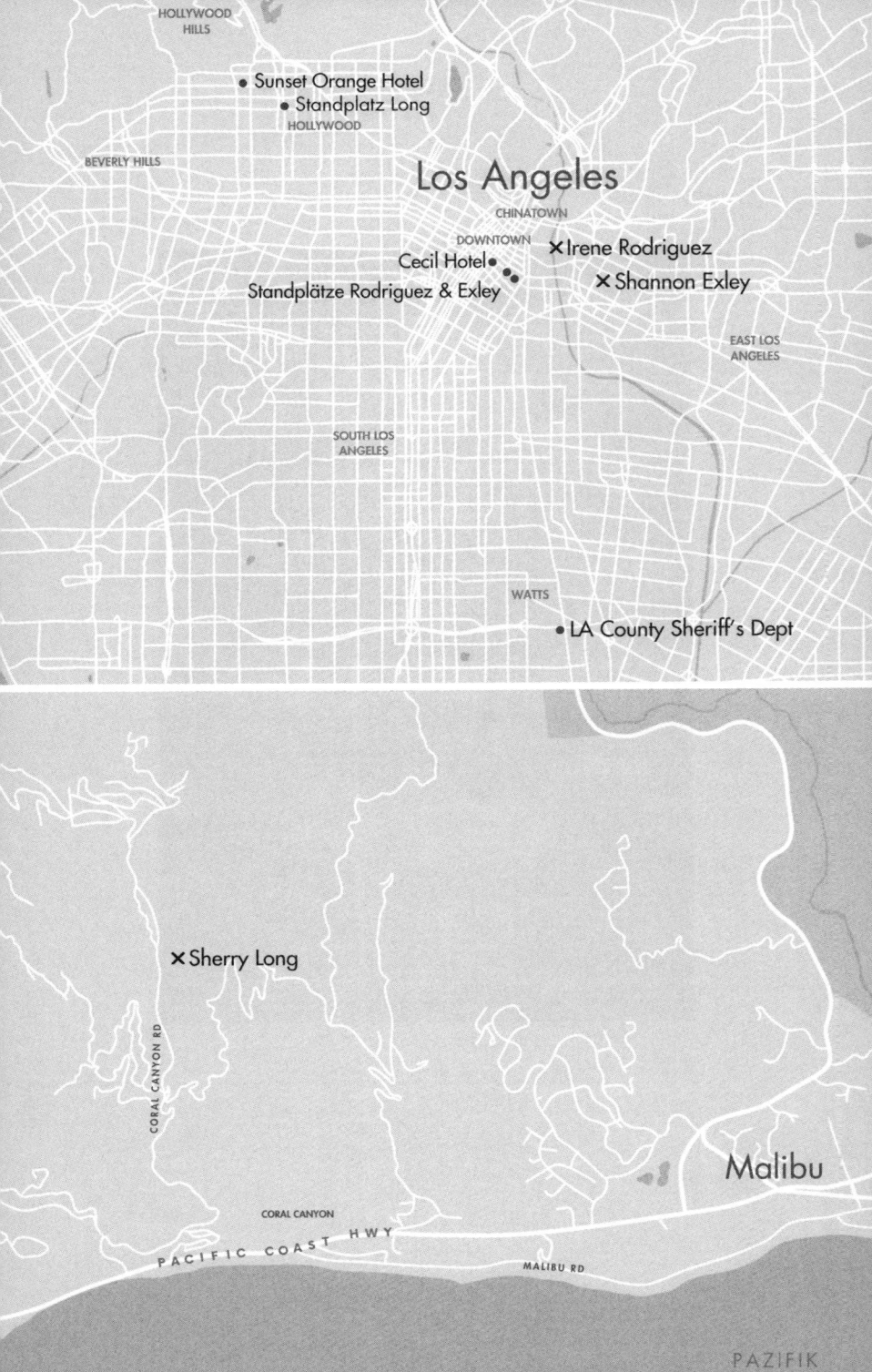

ERNST GEIGER

Nach wahren Begebenheiten

HEIM WEG

WIEN-KRIMI

edition a

DER ERSTE KRIMI VON **ERNST GEIGER**
HEIMWEG

Die ausklingenden 1980er- und die beginnenden 1990er-Jahre, ihre gesellschaftlichen und politischen Verwerfungen und ihr Frauenbild, abgemischt mit viel Wiener Lokalkolorit: Ernst Geiger, früher Chefermittler im Bundeskriminalamt und einer der prominentesten Polizisten der jüngeren Vergangenheit, verarbeitete die sogenannten »Favoritner Mädchenmorde« und die damit einhergehende größte Ermittlungsaktion in der österreichischen Geschichte zu einem packenden Polizeikrimi. »Heimweg« ist so spannend und dicht wie Henning Mankells Wallander-Krimis.

352 Seiten, 20€

ISBN: 978-3-99001-540-7

ERNST GEIGER

WIEN-KRIMI

GOLD RAUB

Nach wahren Begebenheiten

edition a

DER ZWEITE KRIMI VON ERNST GEIGER
GOLDRAUB

Ernst Geiger muss mit seinem Team den größten Kunstdiebstahl der österreichischen Kriminalgeschichte klären. Denn in den frühen Morgenstunden des 11. Mai 2003 verschwindet die Saliera, ein goldenes Salzfass, aus dem Wiener Kunsthistorischen Museum. Ihr geschätzter Wert: 50 Millionen Euro. Zeitgleich tobt in Wien ein Polizeikrieg, ausgelöst durch die Reformen des Innenministers und verstärkt durch persönliche Konflikte. In diesem Spannungsfeld muss Geiger eine riskante Entscheidung treffen.

432 Seiten, 22€

ISBN: 978-3-99001-592-6